城市轨道交通新线车辆段设备调试技术与管理

广州地铁集团有限公司运营事业总部　编

中国劳动社会保障出版社

图书在版编目(CIP)数据

城市轨道交通新线车辆段设备调试技术与管理/广州地铁集团有限公司运营事业总部编. --北京：中国劳动社会保障出版社，2023

ISBN 978-7-5167-6020-8

Ⅰ.①城… Ⅱ.①广… Ⅲ.①城市铁路-车辆段-设备管理 Ⅳ.①U239.5

中国国家版本馆 CIP 数据核字(2023)第 227891 号

中国劳动社会保障出版社出版发行

（北京市惠新东街 1 号 邮政编码：100029）

*

保定市中画美凯印刷有限公司印刷装订 新华书店经销

787 毫米×1092 毫米 16 开本 28 印张 577 千字

2023 年 12 月第 1 版 2023 年 12 月第 1 次印刷

定价：70.00 元

营销中心电话：400-606-6496

出版社网址：http://www.class.com.cn

《城市轨道交通新线车辆段设备调试技术与管理》编写人员

主　编： 陈希隽

副主编： 郭靖凡　陈　健　李兆新

编　者： 蓝相格　凌发荣　聂　畅　吴广生
程代钧　钟佳丽　范俊韬　林钦海
郑兴杰　黎明鑫　曾伟鹏　王洪峥
詹城伟　王志文　张三多　郑少彬
王炯怡　戴　斌　李福收　高　扬
侯品杨　王　超　柯远亮　邓文平
单振凯　贾朋磊　邱春福　洪春城
何灿洪　李　智　欧阳斌　杨　威
梁家辉　黄　明　何勇明　陈树标

前言

城市化进程有力地推动了我国城市轨道交通的快速发展，而城市轨道交通也在促进城市经济发展，在满足人民日益增长的美好生活需要的过程中扮演着极为重要的角色。截至 2023 年 2 月，31 个省（自治区、直辖市）和新疆生产建设兵团共有 54 个城市开通运营城市轨道交通线路 291 条，运营里程 9 628.2 km。城市轨道交通规划的不断发展，对城市轨道交通列车及各类附属设备设施提出了更新和更高的要求。

车辆段设备作为城市轨道交通列车维修的重要配套设施，在保障城市轨道交通列车高质量运营，达到“安全、快捷、舒适、准点”目标的过程中，发挥着重要的作用。城市轨道交通运营不断朝着“科学化、现代化、智能化、精细化”的方向发展，对车辆段设备整体质量的要求也越来越高，这就要求我们在设备出厂时便做好全程技术管理，在调试过程中把控安装质量及关键细节，将设备可能存在的不良状态消除在正式投用之前，使线路在开通之初便能够正常投入使用，为市民提供良好的乘坐体验，保证整个运营期内持续优秀的服务品质。

车辆段设备的运营质量与设备安装精度、联合调试质量息息相关，设备与土建、电力、供水等方面配合不到位将影响设备的整体功能，而这部分工作多为隐蔽工程，难以及时发现问题并跟进整改；在设备投用初期，可能由于设备自身问题或安装不良导致故障率较高，影响设备的正常使用。因此，在设备安装调试初期若能及时发现问题并督促厂家解决，可以极大地减少设备运营期间的故障。但车辆段设备数量多、涉及知识面广、问题分散，如何系统、高效地发现问题是车辆技术人员面临的一大难题。广州城市轨道交通车辆技术人员经历多条新线的调试，将丰富的经验沉淀、总结、提炼成书，可为城市轨道交通设备精益化调试提供思路和方向。

本书就电力蓄电池工程车、接触网辅助检修作业车、轨道平板车、桥梁检查车等城市轨道交通常用工程车，以及不落轮镟床、洗车机、立体仓库、架车机、在线检测系统等常见车辆段设备，从装运前检查、到货检查、设备安装、调试、型式试验、查线核图、设备验收的全过程中，分享广州城市轨道交通车辆技术人员积累的调试经验及典型案例，同时展望未来的新线车辆段设备调试技术与管理工作，相信读者通过阅读本书将对车辆段设备调试阶段的技术与管理有一个全面的了解。

由于编者水平有限，书中内容存在不足之处，望各位读者不吝赐教，共同提高，谨表谢意！

编　者

目录

城市轨道交通新线车辆段设备调试技术与管理

专业术语缩写 …… (1)

专业术语解释 …… (3)

绪论 …… (4)

第一篇　电力蓄电池工程车

第一章　调试筹备 …… (13)

第一节　人员筹备 …… (13)

第二节　技术资料筹备 …… (14)

第三节　物资筹备 …… (15)

第四节　场地筹备 …… (16)

第二章　装运前检查 …… (19)

第一节　装运前检查概述 …… (19)

第二节　装运前检查工作内容 …… (20)

第三节　关键控制点管理 …… (31)

第四节　经验小结 …… (33)

第三章　开箱检查 …… (38)

第一节　开箱检查概述 …… (38)

第二节　开箱检查工作内容 …… (39)

第三节　关键控制点管理 …… (44)

第四节　经验小结 …… (45)

第四章　预验收调试 …… (47)

第一节　主电路及牵引系统 …… (47)

第二节　电气控制系统 …… (63)

第三节　制动及供风系统 …………………………………………………… (87)
第四节　辅助系统 …………………………………………………………… (105)
第五节　受流系统 …………………………………………………………… (115)
第六节　走行部及车体车架 ………………………………………………… (125)
第七节　蓄电池 ……………………………………………………………… (146)
第八节　经验小结 …………………………………………………………… (153)
第五章　关键性试验 ……………………………………………………… (156)
第一节　试验工作思路及目标 ……………………………………………… (156)
第二节　工程车例行试验 …………………………………………………… (156)
第三节　工程车型式试验 …………………………………………………… (164)
第四节　关键控制点管理 …………………………………………………… (177)
第五节　型式试验案例 ……………………………………………………… (180)
第六节　经验小结 …………………………………………………………… (187)
第六章　电力蓄电池工程车的隐患排查 ………………………………… (189)

第二篇　其他工程车

第七章　其他工程车的调试思路及目标 ………………………………… (203)
第八章　其他工程车的调试实施 ………………………………………… (205)
第一节　轨道平板车（含随车吊）的调试 ………………………………… (205)
第二节　接触网辅助检修作业车的调试 …………………………………… (208)
第三节　桥梁检查车的调试 ………………………………………………… (215)
第九章　其他工程车的隐患排查 ………………………………………… (235)

第三篇　车辆段工艺设备

第十章　调试技术要求 …………………………………………………… (243)
第一节　调试目的 …………………………………………………………… (243)
第二节　工作组织 …………………………………………………………… (243)
第三节　技术管理 …………………………………………………………… (245)
第四节　接口管理 …………………………………………………………… (247)
第五节　安全质量控制 ……………………………………………………… (255)
第十一章　不落轮镟床 …………………………………………………… (257)
第一节　调试筹备 …………………………………………………………… (257)

第二节　设备安装 …………………………………………………………………… (259)
第三节　设备调试 …………………………………………………………………… (264)
第四节　经验小结 …………………………………………………………………… (308)
第十二章　固定式架车机 ……………………………………………………………… (312)
第一节　调试筹备 …………………………………………………………………… (312)
第二节　设备安装 …………………………………………………………………… (314)
第三节　设备调试 …………………………………………………………………… (321)
第四节　经验小结 …………………………………………………………………… (332)
第十三章　移动式架车机 ……………………………………………………………… (334)
第一节　调试筹备 …………………………………………………………………… (334)
第二节　设备安装 …………………………………………………………………… (336)
第三节　设备调试 …………………………………………………………………… (337)
第四节　经验小结 …………………………………………………………………… (350)
第十四章　自动化立体仓库 …………………………………………………………… (352)
第一节　调试筹备 …………………………………………………………………… (352)
第二节　设备安装 …………………………………………………………………… (355)
第三节　设备调试 …………………………………………………………………… (355)
第四节　经验小结 …………………………………………………………………… (377)
第十五章　列车自动清洗机 …………………………………………………………… (381)
第一节　调试筹备 …………………………………………………………………… (381)
第二节　设备安装 …………………………………………………………………… (383)
第三节　设备调试 …………………………………………………………………… (384)
第四节　经验小结 …………………………………………………………………… (400)
第十六章　在线检测系统 ……………………………………………………………… (404)
第一节　调试筹备 …………………………………………………………………… (404)
第二节　设备安装 …………………………………………………………………… (406)
第三节　设备调试 …………………………………………………………………… (412)
第四节　经验小结 …………………………………………………………………… (421)
第十七章　列车360°外观图像故障检测系统 ………………………………………… (422)
第一节　调试筹备 …………………………………………………………………… (422)
第二节　设备安装 …………………………………………………………………… (423)

第三节　设备调试 …………………………………………………………………………… (424)
第四节　经验小结 …………………………………………………………………………… (431)
后记 …………………………………………………………………………………………… (434)
参考文献 ……………………………………………………………………………………… (437)

专业术语缩写

缩写	专业术语
AXM	模拟量输入输出模块
BCU	制动控制单元
BMS	蓄电池管理系统
DCU	牵引控制单元
DIM	数字量输入模块
DIN	德国工业标准
DSP	数字信号处理器
DXM	数字量输入输出模块
EDRM	事件数据记录模块
EMC	电磁兼容性
EN	欧洲标准
ERM	事件记录模块
GB	国家标准
GWM	网关模块
HMI	人机交互
HSCB	高速断路器
IGBT	绝缘栅双极型晶体管
ISO	国际标准化组织
LCU	可编程逻辑控制单元
LED	发光二极管
MVB	多功能车辆总线
OCI	开箱检查
PLC	可编程控制器
PSI	装运前检查
PWM	脉冲宽度调制
SOC	电池荷电状态

续表

缩写	专业术语
SOH	电池健康状态
TB	铁道行业标准
UIC	国际铁路联盟
UPS	不间断电源
USB	通用串行总线
VCU	车辆控制单元
VDU	视频显示单元
VVVF	可变电压、可变频率
WTB	绞线式列车总线

专业术语解释

专业术语	解释
车辆	采用轮轨支撑负荷，具有牵引动力或无牵引动力，可编成列车运行的载客工具
机车	用于牵引其他车辆，本身不带营业载荷也不构成列车单元一部分的动车
车辆项目采购单位	订购机车车辆设备的机构
运营单位	使用机车车辆设备的机构
架大修基地	负责车辆架大修实施的机构
车辆总承包商	制造并对供应的机车车辆系统负有技术、质量责任的机构
供应商	负责向车辆总承包商供应单个设备或成套设备的机构
出厂检验	确定每台机车车辆在制造期间或之后是否符合规定准则的检验
型式检验	验证一个或多个装置、系统或整车的设计是否满足规定的技术条件与有关标准的检验
开口项	对照设计单位、施工单位及供应商提供的机械、电气等方面的设计、施工图等技术资料，核查现场各设备的选型不满足设计要求，不按照施工图施工，设备安装、接线不符合标准及不满足规范要求的问题

绪 论

党的二十大强调加快建设交通强国，这也是当前的时代课题。各城市轨道交通在新一轮的交通布局中大步前进，城市轨道交通的发展面临大量的机遇和挑战。

城市轨道交通的开通涵盖需求调研、项目立项、可行性分析、设计、建设、调试、开通运营等阶段。车辆段设备调试是新线开通运营前专业设备调试中的一项，高标准完成调试任务是新线顺利开通运营的重要保障。

高效完成各项调试工作需要明确调试目标和方案，实现调试的标准化和规范化，非常有必要组织总结调试经验，编制一套科学的作业流程及作业工序，形成科学完善的车辆段设备调试体系，用于指导开展新线车辆段设备调试工作。

一、设备类型

（一）工程车

1. 动力工程车

目前城市轨道交通动力工程车主要有内燃工程车（见图1）、混合动力工程车、电力工程车等。电力蓄电池工程车（见图2）作为新型工程车在环保方面具有极大的优势，采用动力蓄电池、接触网、接触轨等多种供电模式，对环境影响小。

图1 内燃工程车

2. 无动力工程车

无动力工程车就是不带动力的工程车，主要有接触网辅助检修作业车（见图3）、轨道平板车（见图4）、放线车等。无动力工程车根据编组及作业内容需要，通过动力工程车连挂进行作业，可完成物料运送、无线漏缆检查、接触网/第三轨检查等施工作业。

图 2　电力蓄电池工程车

图 3　接触网辅助检修作业车

图 4　轨道平板车

（二）不落轮镟床（见图5）

不落轮镟床主要用于车辆不解编状态下的轮对镟修。系统具备自动测量、加工、数据记录存储、自动润滑、故障诊断、铁屑破碎和排送等基本功能，同时具备对轮对踏面廓形的不同曲线进行编程加工的功能。

图5　不落轮镟床

（三）洗车机（见图6）

洗车机用于清洗列车外表面在运营过程中产生的灰尘、油污及其他污渍，保持列车表面美观清洁，其清洗效果决定了列车表面的清洁度。洗车机的工作方式如下：列车自行牵引低速通过清洗线，洗车机自动进行列车两侧的刷洗和冲洗工作。洗车机主要由机械洗刷系统、喷淋系统、控制系统、水供给系统、压缩空气供给系统、洗涤剂供给系统、水循环系统、水处理过滤系统、闭路监控系统等组成。

图6　洗车机

（四）架车机

架车机用于列车转向架和轮对的拆卸、装配及维修，能满足编组列车（如 6 节车或 3 节车）不解编状态下的同步架车作业，以及列车和工程车的架车整改作业。架车机分为移动式架车机（见图 7）和固定式架车机（见图 8）。移动式架车机是地面移动设备。固定式架车机安装在若干个基础坑内（每个转向架对应一个基础坑），主操作台一般设置在整列车侧面中部位置。

图 7　移动式架车机

图 8　固定式架车机

（五）立体仓库（见图 9）

立体仓库用于存放各种专业设备的备件，利用货架及堆垛机实现车辆段内材料备件的自动出入库，提高备件配送周转效率。立体仓库设备集光、机、电及微机控制和管理为一体，实现材料及配件的储运、领用、记转账、周转、点算、报废、统计等全部自动化处理，对材料及配件的流向进行全方位、全过程的跟踪，对检修质量、资金占用情况等进行精确的分析与考核，确保检修和物流原始数据齐全、准确、及时。

图9　立体仓库

（六）在线检测系统

随着新时代城市轨道交通技术的发展，通过新设备、新技术实现车辆数据采集和识别，辅助检修人员提高检修效率已是大势所趋。在线检测系统主要包含轮对尺寸检测系统、轴温振动检测系统、360°列车图像识别检测系统等。其中，轮对尺寸检测系统通过激光传感器对车辆轮对的轮缘厚度、轮缘高度、轮对直径等参数进行在线动态检测，对轮对异常状态进行预警；轴温振动检测系统通过振动传感器、温度传感器对车辆通过钢轨的振动、轴箱温度、电动机温度等信息的实时在线检测，帮助车辆检修人员更好地掌握车辆状态；360°列车图像识别检测系统采用高频图像传感技术，对走行部关键部位进行高清成像，通过计算机视觉、模式识别和基于数据驱动的分级预警等技术，进行城市轨道交通列车故障检查、故障管理、故障预测，实现检修过程的自动化、智能化。在线检测系统设备如图10所示。

图10　在线检测系统设备

二、调试管理

新线车辆段设备调试主要包括工程车（动力工程车和无动力工程车）、不落轮镟床、洗车机、架车机、立体仓库等设备的调试，整个调试过程主要包括以下阶段。

（一）计划管理

在调试工作开展前，必须做好整项工作的计划安排，预设调试周期，根据调试策划提前申报调试作业计划，掌握调试进度，尤其是在新线建设运营初期涉及各专业系统调试时，整体的生产管理规划可避免因正线作业计划资源紧张导致的调试工作滞后，提高整个调试过程的工作效率。

（二）人员管理

调试内容多样复杂、专业性强，要根据调试内容配置相关的调试工种及其人员。在调试工作前需对调试人员开展培训，确保调试人员熟知调试内容及工作要点，同时要对现场厂家人员按照运营所在场地要求进行管理。

（三）技术管理

技术管理包括技术资料、过程记录的管理，以及技术人员对调试过程的技术支持。其中，到货检查记录、调试问题记录、开口项问题清单等，需要专人分类管理保存。相关的现场整改需要设备生产厂家提供技术方案，由设备归属部门组织审核。

（四）质量管理

调试质量过程把控中要确保调试工艺齐全、调试人员严格落实调试方案。调试过程必须安排经验丰富的专业技术人员承担质量督查工作，对调试结果进行验收，对质量不达标的项目进行返工整改。

（五）安全管理

一切调试作业必须以安全生产为前提，不可逾越安全红线。新线车辆段设备调试过程中涉及高空、动火、高压电等存在人身安全风险隐患的生产作业，其作业方案必须经过审核批准。不允许开展安全防范措施不完善及安全预想不充足的作业。同时，作业人员需接受三级安全教育，做好安全防护，正确穿戴劳保用品。

三、调试内容

新线车辆段设备调试主要分为装运前检查、开箱检查、预验收调试、型式试验等流程，各流程环环相扣，缺一不可。未对设备的安装、接线、紧固等状态进行最终确认前，设备不允许上线开展动态调试。

（一）装运前检查

装运前检查指车辆段设备在生产调试完成后，由设备采购单位到生产工厂对车辆段设备开展检查，以保证车辆段设备发运前的质量和功能状态基本满足现场要求。

（二）开箱检查

开箱检查指出厂验收后对到货现场设备的初步检查确认，以确保设备、系统、工器具、材料等包装完好，型号、数量等一致。

（三）预验收调试

预验收调试指车辆段设备安装调试完成后开展的外观、静态和动态功能检查，以检验车辆段设备是否满足现场投入使用要求的初步验收。

（四）型式试验

型式试验是指对合同要求的车辆性能的相关试验。受制于试验条件，部分试验项目在设备生产场地开展，剩余试验项目根据实地条件在车辆段进行，以确认设备本身性能是否满足合同要求。

本书通过提炼总结城市轨道交通新线车辆段设备调试经验，明确调试工作定义，规范调试作业流程，为新线车辆段设备同行提供指导意见。

第一篇
电力蓄电池工程车

工程车作为城市轨道交通的重要设备，承担着调车牵引、桥梁检查、接触网辅助检修、运送轨料等物资、隧道设备辅助检修等作业任务。其运行的可靠性和安全性，是城市轨道交通安全运营的重要保障。

工程车按有无动力可分为动力工程车和无动力工程车，按作业类型可分为调车机车、接触网辅助检修作业车、轨道平板车（分为带吊臂和不带吊臂两种）、特种工程车等。本篇主要介绍电力蓄电池工程车（又称蓄电池电力工程车）的调试验收工作，为同类型工程车验收提供参考。

本篇主要内容分为调试筹备、调试内容及隐患排查三个部分。第一部分调试筹备总体上介绍了电力蓄电池工程车调试的前期准备工作；第二部分调试内容涵盖了电力蓄电池工程车从装运前检查、开箱检查、预验收调试到关键性试验的内容，介绍了调试关键点以及调试经验，尤其着重介绍了预验收阶段针对电力蓄电池工程车各系统的具体调试内容及故障案例；第三部分隐患排查分系统介绍了电力蓄电池工程车的设备隐患及整改案例。

第一章 调试筹备

凡事预则立，不预则废。在新车调试过程中，需要训练有素的调试人员、完备全面的技术资料、种类繁多的调试物资以及专门的调试场地，以保证新车调试工作高效、高质量地开展。下面将分别针对新车调试过程中人员、技术资料、物资、场地的筹备进行介绍。

第一节 人员筹备

调试人员是实施调试工作的主体，决定着新车调试工作能否顺利开展。技能全面、经验丰富的调试人员对于新车调试工作的开展能起到事半功倍的效果。一般来说，调试人员是由运营单位提前分配、培训的，并且经考核合格之后才能上岗。

一、岗位设置原则

新车调试工作是一个长期持续的过程，合理地进行岗位人员的配置是在调试工作开始前必须考虑的。一般来说，调试人员的配置需要按照管理人员、专业技术人员、生产作业人员来划分。其中，管理人员和专业技术人员需要具备一定的调试经验，生产作业人员应以中级工及以上为主，并调配一定数量的初级工作为储备人员。运营单位应提前筹备相应岗位的人员，为即将开展的调试工作做足准备。

二、人员配备的能力要求

新车的调试过程按照调试类别分为外观检查、静态检查、动态功能试验，按照调试内容又分为外观检查、尺寸测量、扭力校正、查线核图以及开口项整改。根据新车调试作业的特点，合理进行岗位设置和人员安排，是保证调试作业高效推进的前提。例如，技能水平一般的调试人员主要参与调试难度较低的作业，如外观检查、扭力校正等；技能水平较高的调试人员主要参与具有一定调试难度的作业，如尺寸测量、查线核图、开口项整改等作业。

三、建立健全岗位培训体系

人员筹备完成后，应根据新车调试人员的岗位进行分类，并按需进行管理人员、技术人员和生产作业人员的三大类岗位培训。岗位培训根据实施方式可分为定向培训、供应商培训和自主培训三种。

（一）定向培训

定向培训主要针对大、中专院校铁道车辆方向的学生进行订单培养，是企业引进新员工的主要途径，可按照调试工作对人员素质和知识、技能的要求，提前在学校培养新员工。定向培训以生产作业人员的培训为主。

（二）供应商培训

供应商培训主要是运营前期由车辆供应商组织的专业知识和管理知识培训。负责调试工作的管理人员、技术人员及生产作业人员需要参加供应商培训，以便尽快掌握技能。

（三）自主培训

自主培训是新车调试岗位的主要培训方式，主要针对生产一线的在职员工。自主培训通常包括调试技术规程培训、工艺操作培训以及安全、质量培训等，一般由运营单位内部组织内训师授课、师徒带教、专业技术人员授课等。

第二节　技术资料筹备

在新车调试工作开始之前，运营单位的调试人员需要对调试作业进行有针对性的、充分的技术评估，评估的基础来源于与维修相关的技术资料。

工程车维修手册等资料：由车辆总承包商提供，包含维修计划、必换件与选换件清单、相关技术标准、维修工艺方法、部件结构剖面图等内容。

工程车操作手册：包含工程车的设备常规操作、驾驶操作、安全设置等内容。

用户需求文件：这是车辆项目采购单位联合运营单位在项目招标之前根据实际运营需求拟定的设计需求文件，应与采购合同中所规定的需求条款保持一致。

采购合同技术规格书：包含运营单位与车辆总承包商协议规定的产品技术要求，包含产品及其子部件的使用功能、设计细节、使用年限等内容。

通用产品规格书或说明书：由供应商提供，涉及紧固件、电气元件、接触器等。

出厂前调试数据：包含各系统软件版本号、元器件动作频次、运行时间、故障更换频次、测量调整间隔等数据。

改造业联资料：在出厂前收集所有设计变更后的业联改造方案，包含改造背景、具体实施方案及改造后评估效果报告。

行业数据：建议通过国际城市轨道交通协会或国内具有丰富调试经验的城市轨道交通公司，针对各系统交流、学习调试经验。

第三节　物资筹备

物资筹备是整个物资管理的重要环节，也是库存控制的关键环节。调试物资计划在信息系统的支持下，得以快速、准确地编制。

一、物资需求计划的确定

物资需求计划是根据企业的主产品生产计划、主产品物料单和结构文件以及库存文件，分别计算所需物资的需求数量和需求时间，从而确定材料的加工进度和订货日程的一种实用方法，也是企业内部物资计划管理的一种模式。

调试物资需求主要包含易损易耗件、工器具、三包备件的需求。其中，应在项目筹备初期制定易损易耗件的需求原则，并结合维修手册更新计划。通常由车辆总承包商统筹管理物资采购的总体工作。

二、制定采购计划及清单

根据新车调试的总体实施计划，需要确定各类物资的到位时间节点，并以此倒排采购计划，包括市场调研、清单编制、经营审核、技术审核、招标比价、到货验收等节点，各节点应预留一定的时间余量。

采购清单一般按照工程车类型分别编制，应包含物资企业编码、物资名称、详细规格型号、采购单价、数量、到位时间等。已开展的项目也应将库存、在途及过往消耗等数据纳入清单表格，以便审查。

三、确定仓储及配送方式

机车调试所需的物资种类多，应根据物资特性预留充足的存储空间。存储空间一般分为精密元件及仪器库、危险化学品库、密闭式存放库及普通敞开式存放库等。同时，应考虑设置废旧物资的存储区域，如存储车辆用废旧件、化工用品遗弃物等。

第四节　场地筹备

在新车正式投入运营之前，都要对其进行调试和试验。调试和试验的目的在于确保机车各项指标满足设计要求。从合同的角度来说，进行新车调试是车辆总承包商在运营单位所在地应履行的责任，必须得到运营单位全方位的支持。在完成新车调试之后，车辆总承包商将机车交付给运营单位，由其进行检查、试验。

通常以技术规格书、图样资料、操作手册以及相关的技术资料为蓝本，制定机车调试大纲，对机车调试进行指引。

一、调试场地及设备配置要求

在机车进入车辆段开始调试之前，需要对调试场地进行选择。调试场地必须能够满足机车连挂、编组、检查、维修、更换部件等多项作业的要求。

（一）调试场地设置

工程车库是进行机车维修的重要场所，根据功用不同一般分为工程车检修库和调机库。工程车检修库是指用于工程车扣修维修的库房，调机库是指用于工程车日常运用整备、停放的库房。在实际应用中，工程车检修库和调机库经常统称为工程车库，均可以用于工程车的扣修维修、日常运用整备以及停放。

工程车库建设与工艺设备设施配置应满足工程车的自主维修保养作业要求，包括日常整备、月检、年检、系统修、故障修等各类中修以下的作业需求。

1. 库房建设要求

（1）库房宜独立设置，应包含运用检修库及生产办公房。

（2）线路方向应与检修库、运用库保持同方向，便于日常运作出车。

（3）库房在功能上应按整备库与维修库进行设置，各两股道，中间隔离。

（4）库房两侧宜设计自然采光窗户，不设库房大门。

（5）库房一楼的房门高度必须满足 5 t 叉车通行的需要。

（6）维修库部分应设置车顶作业防护设施，便于作业人员在车顶作业时系安全带。

（7）防护设施不能与接触网辅助检修作业车工作限界发生干涉。

2. 检修地沟设置要求

（1）检修地沟的长度不宜小于 50 m，股道两端应设置阶梯，两侧画黄黑警示线。

（2）库房股道两端应预留足够的空间，以便叉车、电瓶车等通行。

(3) 检修地沟两立面应涂刷颜色统一的面漆，同时保证美观，不能呈现毛坯状。

(4) 检修地沟下应设置集水井，两侧设置带格栅盖板的排水沟。

(5) 维修库检修地沟应满足移动式架车机承重基础与地面的平整度要求。

3. 接触网设置要求

(1) 工程车整备库应设置接触网，便于电力蓄电池工程车动态调试和升弓充电，但维修库可不设置接触网。

(2) 接触网断送电的五防系统接地位置应在库内地面处，避开检修地沟阶梯，同时需要关注库外轨道绝缘节的设置情况。

4. 生产办公用房要求

(1) 应根据运营要求设置相应的生产办公用房，并配置网络、电话端口。

(2) 生产办公用房应设置消防疏散指示牌。

5. 安全标识要求

(1) 库房地面应根据设计功能划分区域，并设置相应的警示线、名称标识牌。

(2) 应根据运营要求设置防触电、防滑、禁止吸烟、佩戴安全帽、禁止持长杆入内等安全标识。

(二) 设备配置

调试场地除了相关的场地建设和布局需要满足机车调试及后续工作要求之外，还需要配置相应的设备。常用设备的配置情况具体如下：

1. 移动式空压机

维修库应配置一台移动式空压机（空气压缩机的简称），并配有空气干燥器。移动式空压机主要用于部件的清洗、吹尘等。

2. 蓄电池充放电机

维修库应配备若干台蓄电池充放电机，用于机车蓄电池或者厂内机动车的充放电。

3. 库房照明设备和插座箱

(1) 工程车库应设置库顶照明灯，建议采用 LED（发光二极管）照明灯，可减少维修工作量。

(2) 照明控制箱应设置在库房端墙上，以满足各股道照明单独集中控制的要求，同时应具备漏电保护功能。

(3) 检修地沟下应设置安全照明系统，同时设置漏电保护功能。

(4) 库房两侧墙上应设置动力工业插座箱。

(5) 库房各处应设置应急照明灯（不间断电源设备集中供电或单独干电池供电）与应急疏散指示灯。

二、限界调试的场地要求

机车到段之后，通常要先核实机车是否满足限界要求。一般来说，每个车辆段都有专门的股道来承担新车的限界调试任务，这条股道通常位于检修库内，称为“静调线”。“静调线”用于新车的静态调试。在这条股道上会安装限界门，但是该限界门往往依据车辆的限界来设计，因此不一定满足机车的限界要求。为了核实机车的限界要求是否能满足，运营单位应要求车辆总承包商根据机车的限界要求，按 1∶1 比例还原机车限界门，并安装在原有的限界门上，便于运营单位后续开展机车的限界调试。

三、试车线的场地要求

车辆段的试车线是城市轨道交通车辆或机车进行动态调试和试验的线路，新车和检修后的车辆或机车都要在试车线上进行系统的调试及性能试验后才能上线运营。国家标准《地铁设计规范》（GB 50157—2013）对车辆试车线的设计进行了规定。

（一）试车线应为平直线路，在受地形条件限制时允许在线路端部设部分曲线，其线路应满足车辆试验速度的要求；试车线的其他技术标准宜与车场线标准一致。

（二）试车线有效长度应根据车辆性能和技术参数以及试车综合作业要求来确定。试车线两端宜设置缓冲滑动式车挡。

在新车调试阶段，机车在试车线上主要进行动态调试和试验，常见的试验项目见表 1-1。

表 1-1　　新车调试阶段常见的试验项目

序号	试验项目
1	功能检查：警惕按钮功能检查、紧急制动按钮功能检查、速度表检查
2	牵引性能检查：正常牵引性能检查、紧急牵引性能检查、退行性能检查、定速运行性能检查等
3	制动性能试验：常用制动性能试验、快速制动性能试验、紧急制动性能试验、停放制动性能试验等

试车线的设计要考虑不同试验工况的要求，对长度、曲线半径及坡度都要进行合理的设计和布置。

第二章 装运前检查

第一节 装运前检查概述

装运前检查（pre-shipment inspection）英文简称 PSI。装运前检查是指在电力蓄电池工程车（以下简称工程车）生产调试完后，由项目采购单位和车辆总承包商对工程车进行装运前检查，以保证工程车的质量和功能状态基本满足现场要求。

一、工作思路及目标

PSI 的主要目的在于核查工程车是否存在零件遗失或者某些功能失效等设计问题，而车辆总承包商则需要在装运工程车前完成 PSI 相关问题的整改，以保证工程车的基本功能及整体质量符合要求。

PSI 主要依据车辆总承包商提供的调试大纲进行，工作内容主要包含外观检查、静态通电检查、动态检查和调试记录检查。PSI 的主要思路及相关工作安排如下：

（一）车辆项目采购单位相关人员到车辆总承包商车间后立即进行工程车外观检查，主要检查车体和各设备的外观、接线和安装等情况，同时建立现场问题汇总表，记录并通知车辆总承包商在整个调试期间所发现的问题。

（二）完成外观检查后，由车辆总承包商提供工程车调试司机，配合进行静态通电检查，主要核查工程车基本功能是否满足用户需求书要求。

（三）之后是动态检查，测试工程车的动态功能情况。

（四）车辆总承包商提前准备好工程车制造期间的各系统履历本，供车辆项目采购单位进行现场检查，应检查工程车工艺制造过程文件的完整性、准确性及合格情况。

（五）车辆总承包商组织出厂验收会议，车辆总承包商及车辆项目采购单位共同讨论发现的工程车问题，明确各问题的处理方式及整改期限，双方达成一致后签订 PSI 报告。

二、人员组织及职责

为了保障工程车 PSI 工作的顺利推进，应统筹管理并进行实时监控，同时成立 PSI 工作组及项目支持组。PSI 工作组主要由车辆项目采购单位和运营单位的调试人员及相关技术人员组成，而项目支持组则由车辆总承包商的调试人员及相关技术人员组成。应明确两个工作组的相关职责。

（一）PSI 工作组

组长：车辆项目采购单位相应的项目负责人。

组员：运营单位人员。

职责：

1. 根据调试大纲内容逐项进行外观检查、静态通电检查、动态检查并记录检查结果。
2. 检查是否存在车辆质量缺陷、疏漏以及外观破损等不合格问题。
3. 核查车辆履历本的完整性，以及相关报告参数是否符合技术标准。
4. 参与车辆出厂验收会议，讨论现场发现的问题，与车辆总承包商共同确认处理方式及整改期限。

（二）项目支持组

组长：车辆总承包商相应的项目负责人。

组员：车辆总承包商各车间技术员、调试组成员、总体负责技术员。

职责：

1. 保证车辆在装运前已完成各项功能调试。
2. 配备符合要求的劳动保护用品，以在现场进行车底、车顶检查。
3. 配合车辆项目采购单位进行静态检查，并记录车辆存在的问题。
4. 提前申报试车线计划，保证车辆动态试验条件。
5. 提供调试司机，配合进行静态通电试验及试车线动态检查。
6. 准备车辆履历本，供车辆项目采购单位相关人员查阅。
7. 组织召开车辆出厂验收会议，商讨检查过程中所发现问题的情况、处理方式及整改期限，汇总问题清单并编制出厂验收会议纪要。
8. 整改出厂验收会议纪要中的开口项问题，保证在检查后一周内完成整改，经车辆项目采购单位确认后，方可组织装运出厂。

第二节　装运前检查工作内容

装运前检查是工程车在出厂前进行的检查，车辆项目采购单位通常选择机车的基本功能进行现场检查，检查项目一般包括外观检查、静态通电检查、动态检查及记录检查。全面的检查可以评定该工程车在出厂时是否满足型式试验的质量要求，是否满足运营单位的生产作业需求。当车辆项目采购单位评定该工程车出厂检验合格后，该工程车才可作为合格品进行交付，否则，车辆总承包商需要及时针对车辆项目采购单位提出的问题进行返工或返修，直至检验合格。

一、外观检查

在进行外观检查之前，工程车应停放在配有检修地沟的股道。当股道上方有接触网时，必须先停电挂地线。检修地沟内应设有辅助照明灯具，方便调试人员检查车底及车顶设备的状态。调试人员需要先将工程车三位置开关调至接地位，将蓄电池隔离开关调至 OFF（关）位，隔离电源并维持断电状态 15 min，确保工程车各电气部位不带电，以保证调试人员的人身安全。调试人员需要提前穿戴好劳动保护用品，同时调试现场工作人员应提前准备手电筒、安全带、升降平台或梯子等专用工器具，以确保后续检查项目有序开展。

外观检查是工程车在未通电状态下的检查，主要用于快速识别工程车外观缺陷，如凹坑、裂纹、翘曲、缝隙、污渍、鼓包等。外观检查主要针对车顶、机械间、走行部、车体车架及司机室，检查人员目视检查车体外观、设备安装位置及安装紧固情况等。下面详细介绍外观检查五大项目的技术要求。

（一）车顶

车顶设备主要有受电弓、制动电阻器、空调机组、避雷器、登顶门及车顶通风窗。车顶设备图如图 2-1 所示。

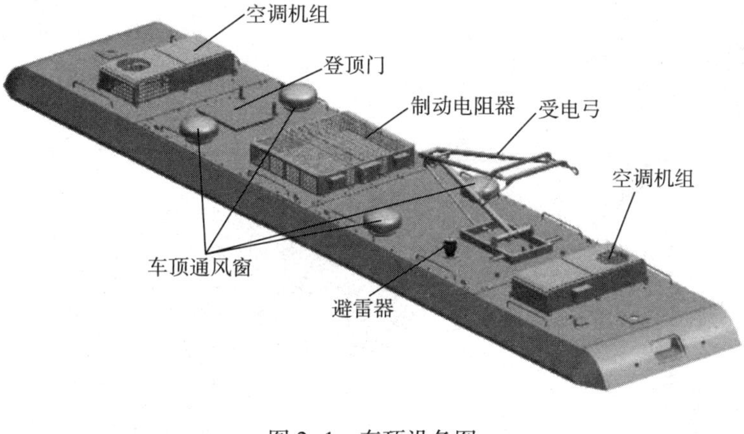

图 2-1 车顶设备图

车顶设备的主要检查内容：电缆、接地线及设备的安装紧固性，铭牌位置、防松标记及设备外观情况。车顶设备检查技术要求见表 2-1。

表 2-1 车顶设备检查技术要求

序号	项目	技术要求
1	受电弓	检查电缆、机械结构等，要求器件齐全、无缺陷，活动件活动灵活，固定件无松动现象，防松标记清晰
2	制动电阻器	1. 检查电缆、接地线、制动电阻器及接线盒的安装情况，要求器件齐全、无缺陷，固定件无松动现象，防松标记清晰 2. 铭牌字迹清晰、内容正确，高压、高温警示牌内容清晰、安装位置正确 3. 外观无损伤、变形现象
3	空调机组	检查电缆、接地线及空调的安装情况，要求器件齐全、无缺陷，固定件无松动现象，防松标记清晰
4	避雷器	检查电缆、机械结构、接地线等，要求器件齐全、无缺陷，紧固件无松动现象，防松标记清晰
5	登顶门	检查器件是否齐全、助力机构功能是否正常，要求紧固件防松标记清晰，钥匙转动灵活
6	车顶通风窗	检查器件是否齐全、无缺陷，要求紧固件无松动现象，防松标记清晰

（二）机械间

机械间设备主要有低压电器柜（简称低压柜）、辅助变流器及蓄电池充电机、控制电源柜、斩波电抗器、空压机紧急逆变电源、牵引蓄电池箱、空气压缩机及空气干燥器、气动设备、制动单元、制动控制单元等。部分机械间设备图如图 2-2 所示。

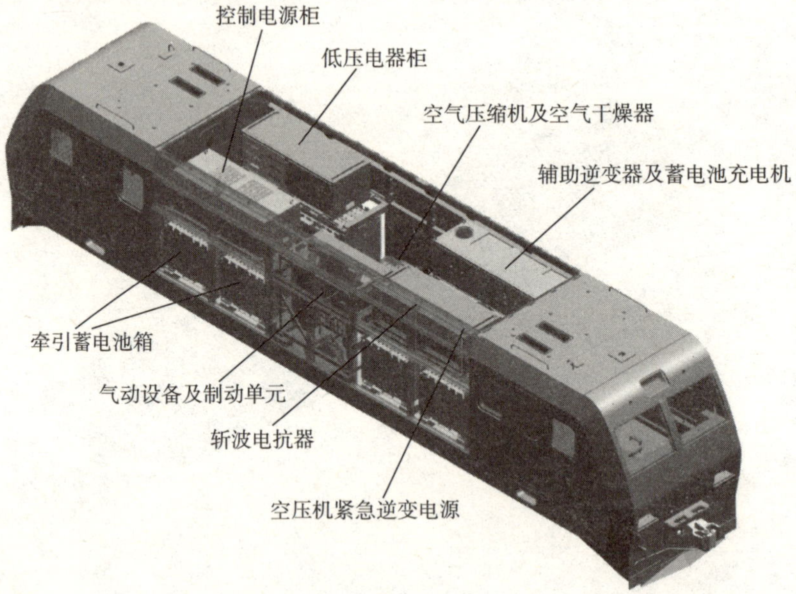

图 2-2 部分机械间设备图

机械间设备的主要检查内容：外观有无损伤、变形现象，各电器件安装是否齐全、牢固，紧固件及连接器插件是否松动，铭牌字迹是否清晰，制动供风系统管路是否安装牢固及气密性是否符合要求等。部分机械间设备检查技术要求见表 2-2。

表 2-2 部分机械间设备检查技术要求

序号	项目	技术要求
1	低压电器柜	1. 外观无损伤、变形现象，内部整洁、无污物 2. 紧固件无松动现象，防松标记清晰，内外电气接口插接牢固 3. 设备位置正确，位置代码清楚、正确 4. 铭牌字迹清晰、内容正确，警示牌内容清晰、位置正确
2	控制电源柜	1. 外观完好，柜体无损伤、变形现象 2. 各器件及部件安装齐全 3. 紧固件无缺失、松动现象，器件及线号标识完整、清晰 4. 内外电气接口插接牢固 5. 门盖板的密封条牢固
3	斩波电抗器、空压机紧急逆变电源	1. 柜体无损伤、变形现象 2. 各器件及部件安装齐全 3. 紧固件无缺失、松动现象，器件及线号标识完整、清晰 4. 铭牌字迹清晰、内容正确，警示牌内容清晰、位置正确
4	牵引蓄电池箱	1. 外观完好，柜体无损伤、变形现象 2. 箱体的安装紧固件牢固，防松标记清晰 3. 箱内线缆接线完整，绝缘胶盖完好 4. BMS（battery management system，蓄电池管理系统）数据采集盒安装牢固，BMS 接线完整 5. 铭牌字迹清晰、内容正确，警示牌内容清晰、位置正确
5	空气压缩机及空气干燥器	检查空气压缩机油液面高度，要求管路和阀良好连接，各部件无缺陷，螺栓紧固、无松动，防松标记清晰；空气干燥器的湿度显示器颜色正常
6	气动设备	部件无缺陷，安装正确，固定螺栓连接牢固，固定件无松动
7	制动单元	检查所有螺钉及锁紧垫片是否安装齐全、紧固，制动器与管路接头的连接部位是否漏气；检查制动、缓解动作是否灵活，功能是否良好；检查停放制动功能是否正常
8	制动控制单元	外观正常，固定螺栓连接牢固，密封条安装牢固，内外电气接口插接牢固

（三）走行部

走行部一般指转向架。转向架设备主要有轴箱、一系悬挂、二系悬挂、减振器、车轴、轮对、齿轮箱、牵引装置、制动装置、轮缘润滑装置等。部分转向架设备图如图 2-3 所示。

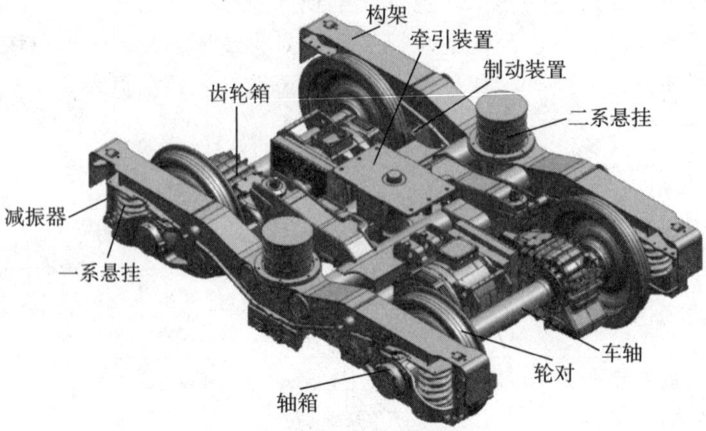

图 2-3 部分转向架设备图

转向架设备的主要检查内容：外观有无损伤、脱漆、裂纹、锈蚀现象，紧固件是否牢固安装、有无松动现象，防松标记、铭牌字迹是否清晰，橡胶件是否良好无损、有无渗油情况，连接器插接是否牢固等。转向架设备检查技术要求见表 2-3。

表 2-3 转向架设备检查技术要求

序号	项目	技术要求
1	转向架和车体的连接装置（包括机械、电气和气路连接装置）	各部件无缺陷且安装正确，固定螺栓连接牢固，固定件无松动现象，防松标记清晰
2	轴箱	检查轴箱端盖有无损伤、脱漆、锈蚀现象，安装件紧固螺母有无松动现象，要求防松标记清晰
3	一系悬挂	检查表面油漆是否破损、有无裂纹，安装有无松动现象，要求防松标记清晰，一系弹簧完好，对位标识完整、清晰
4	二系悬挂	检查二系橡胶堆的橡胶有无裂缝、裂纹、老化或金属与橡胶剥离等现象，检查紧固件是否紧固到位，目视检查各部件是否损坏
5	减振器（包括横向和垂向的）	连接螺栓及垫片良好、无松动，防松标记清晰；橡胶件良好无损；橡胶衬套应无破裂现象；润滑油无渗漏情况
6	车轴	车轴及表面油漆无损伤，车轮内侧凸悬部位与车轴间缝隙涂有胶黏剂
7	轮对	踏面及轮缘无变形及损伤现象，轮对迟缓线无错位现象
8	齿轮箱	紧固件防松标记清晰；支撑橡胶件无老化、破损情况；安装件紧固良好，箱体无变形、损伤现象；润滑油无渗漏情况，油面在上下线之间

续表

序号	项目	技术要求
9	牵引装置	与构架的连接牢固、无松动现象，电动机电缆连接紧固，无烧焦异味，铭牌固定牢靠
10	制动装置	外观无损伤、变形现象，工作性能良好
11	轮缘润滑装置	螺栓连接牢固，润滑油液面高度符合要求，管路及控制系统连接良好

（四）车体车架

车体车架设备主要有车钩及缓冲器、牵引逆变器、高压柜、线路电抗器、高速断路器、避雷器、受流器汇流盒、熔断器箱、线管线槽、锁闭装置等。其中，部分车底设备图如图 2-4 所示。

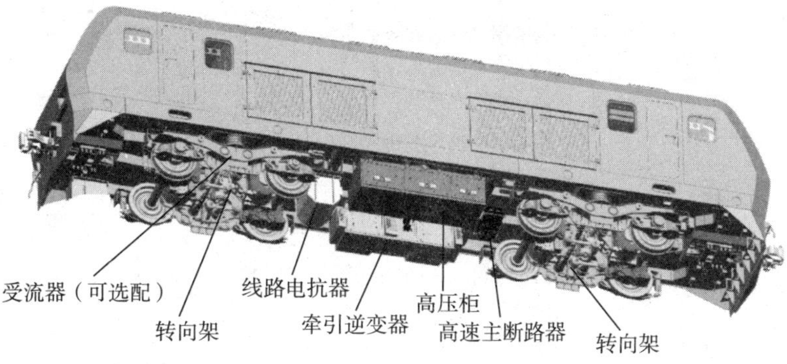

图 2-4　部分车底设备图

车体车架的主要检查内容：车钩“三态”及外观状态，车体外观有无脱漆、起泡现象，车体标识是否清晰、牢固，紧固件及电气接口插接是否牢固等。车体车架检查技术要求见表 2-4。

表 2-4　车体车架检查技术要求

序号	项目	技术要求
1	车钩及缓冲器	1. 车钩“三态”（闭锁状态、开锁状态、全开状态）必须良好 2. 车钩复原装置功能良好，吊杆无变形、裂损现象，提杆装置完好 3. 车钩中心距轨面高度符合限度要求 4. 各紧固件连接牢靠、无松动现象 5. 缓冲器外观无裂纹
2	外表面油漆	油漆无脱落、起泡、刮花、污染等表面缺陷
3	各种标识及铭牌	文字、图案清晰，安装牢固

续表

序号	项目	技术要求
4	牵引逆变器	1. 柜体无损伤、变形现象 2. 各器件及部件安装齐全 3. 紧固件无缺失、松动现象，器件及线号的标识完整、清晰 4. 内外电气接口插接牢固 5. 门盖板的密封条牢固
5	高压柜	1. 柜体无损伤、变形现象 2. 各器件及部件安装齐全 3. 紧固件无缺失、松动现象，器件及线号的标识完整、清晰 4. 内外电气接口插接牢固 5. 门盖板的密封条牢固 6. 闸刀开关动作顺畅，开关位置标识清晰、牢固
6	线路电抗器	1. 通过格栅检查线圈表面漆膜是否均匀，无绝缘层外翻、翘起现象 2. 电抗器表面油漆色泽均匀 3. 接地点表面无油漆 4. 各处紧固件做好防松标记
7	高速断路器	1. 柜体无损伤、变形现象 2. 各器件及部件安装齐全 3. 紧固件无缺失、松动现象，器件及线号的标识完整、清晰 4. 内外电气接口插接牢固
8	避雷器	检查电缆、机械结构、接地线，要求器件齐全、无缺陷，紧固件无松动现象，防松标记清晰
9	受流器汇流盒	检查电缆、机械结构、接地线，要求器件齐全、无缺陷，紧固件无松动现象，防松标记清晰
10	熔断器箱	检查电缆、机械结构，要求器件齐全、无缺陷，紧固件无松动现象，防松标记清晰
11	线管、线槽	安装正确、牢固，紧固标记清晰，能保证电线安全以及风路、电路相互不发生干涉
12	车底线缆及波纹管	线缆布置牢固且不晃动、不发生干涉，端部旋紧件紧固、无松动现象；波纹管布置牢固且不晃动、不发生干涉，端部插头紧固、无松动现象
13	锁闭装置 （含二次防护）	牵引逆变器、高压柜及侧墙门二次锁闭装置可操作，且便于观察锁闭状态

（五）司机室

司机室主要有司机台（包括主操纵台、副操纵台等）、窗和帘、内顶板、墙板、地板、司机座椅、添乘座椅、设备柜、司机室通道门、刮水器、灭火器、照明装置等。司机室布置俯视图如图 2-5 所示。

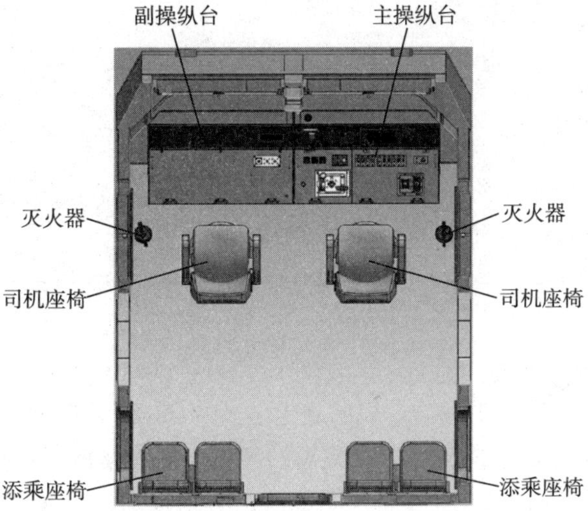

图 2-5　司机室布置俯视图

司机室设备的主要检查内容：检查司机台各活动件是否灵活、有无卡滞现象，标识是否齐全、有无缺陷，座椅是否舒适且方便调整等。司机室检查技术要求见表 2-5。

表 2-5　**司机室检查技术要求**

序号	项目	技术要求
1	司机台	1. 标识符合要求，器件齐全、无缺陷 2. 活动件活动灵活，固定件无松动现象 3. 按钮、旋钮开关安装整齐，标识清晰，手动操作顺畅、无卡滞现象
2	司机台前窗、侧窗、遮阳帘	1. 司机室前窗、侧窗玻璃完整，无裂纹，无污渍 2. 窗框内密封条无破损现象 3. 锁挡能正常使用 4. 遮阳帘升降功能正常、无卡滞现象
3	内顶板、墙板、地板	表面平整、无污染、无气泡，相邻两板之间缝隙均匀，边缘密封到位
4	司机座椅、添乘座椅	1. 座椅以最大倾斜度及伸出度转动时，与打开的通道门不发生干涉 2. 座椅应便于安装，并能依据司机或乘客的要求进行调整，即高度调节、前后调节、靠背调节应满足要求
5	司机室通道门 （司机室入口门、走廊门）	通道门门锁转动顺畅、无卡滞现象
6	刮水器	刮水器工作范围适当，受力均匀

续表

序号	项目	技术要求
7	灭火器	1. 灭火器在有效期内 2. 压力指示器指在绿色区域
8	照明装置 （顶棚灯、记点灯）	检查安装件紧固情况
9	司机室及机械间的电气柜、设备柜	1. 门锁闭装置正常开关，转动顺畅，对位标识清晰 2. 柜门无锋利边缘
10	司机台下方柜	

二、静态通电检查

在进行静态通电检查之前，工程车需要转线至上方有接触网的股道，方便后续测试受电弓供电模式及工程车各功能情况。调试前，将工程车三位置开关调至受电弓/第三轨位，将蓄电池隔离开关调至 ON（开）位，调试人员需要穿戴好劳动保护用品，同时调试现场工作人员应提前准备手电筒、秒表、升降平台或梯子等专用工器具。工程车通常可支持接触网/轨供电和车载蓄电池供电，调试人员应根据静态通电检查要求匹配对应的供电模式，逐步开展后续功能调试工作。

静态通电检查是在工程车通电状态下（静态不能动车）进行的功能试验，主要检测工程车设计功能是否满足用户需求书要求，核实机车电气系统的运行安全性，同时也对电气系统的各重要设备运行状态进行检测，以尽早发现电气设备的不良状态。工程车静态通电检查项目主要包含司机台功能试验、照明试验、辅助系统试验、空调试验、制动试验、受电弓及集电靴升降功能试验等。以辅助系统及空调通风系统为例，其静态通电检查技术要求见表 2-6。

表 2-6　辅助系统及空调通风系统的静态通电检查技术要求

序号	项目	技术要求
1	辅助系统	
1.1	AC 380 V 输出	在机械间检查空气压缩机状态，若正常工作则视为辅助系统 AC 380 V 输出正常
1.2	DC 110 V 输出	若辅助逆变器（简称辅逆）工作后，双针压力表控制蓄电池电压>90 V，则视为 DC 110 V 输出正常
1.3	空气压缩机紧急逆变电源转换开关	当旁路辅助系统启用后，可正常启用紧急应急电源
2	空调通风系统	

续表

序号	项目	技术要求
2.1	司机室空调	通过空调控制屏分别检查空调高、低风挡及自动、通风、制冷、停止挡，将温度开关分别调至 18~26 ℃，检查空调在不同模式下运行状况是否良好，应无异响
2.2	机械间风扇	打开机械间风扇开关，机械间风扇应转动良好、无异响
2.3	司机室风扇	打开司机室风扇开关，司机室风扇应转动良好、无异响

三、动态检查

在进行动态检查之前，需要提前申报试车线计划，车辆总承包商应配备两名工程车调试司机、一名调试技术员，通常由调试司机将工程车转线至试车线上。试车线应同时具备接触网及接触轨，以测试工程车在三种供电模式下的各项功能情况。调试前，将工程车三位置开关调至受电弓/第三轨位，将蓄电池隔离开关调至 ON 位，调试人员需要正确穿戴劳动保护用品，同时调试现场工作人员应提前准备手电筒、秒表等专用工器具。调试人员应根据动态检查要求匹配对应的供电模式并选择开关，逐步开展动态检查工作。

动态检查是由车辆总承包商在试车线上操作工程车进行高速试跑，分别在三种供电模式（蓄电池供电模式、受电弓供电模式、第三轨供电模式）下进行紧急制动试验、常用制动试验、惩罚制动试验、超速试验、正常牵引及后退试验、紧急牵引试验、低恒速试验、切转向架试验、轮缘润滑试验、重联试验等，以检验工程车基本功能是否满足现场需求。动态检查技术要求见表 2-7。

表 2-7　　动态检查技术要求

序号	项目	技术要求
1	紧急制动	
1.1	紧急停车按钮	当车速达到 40 km/h 时，按下紧急停车按钮，此时工程车应该满足以下要求：高速断路器断开；工程车施加紧急制动，制动距离应≤300 m
1.2	警惕按钮	当工程车车速不为零时，松开警惕按钮 3 s 后 VDU（video display unit，视频显示单元）蜂鸣器响，6 s 后牵引封锁并施加惩罚制动
1.3	超速紧制	当工程车在蓄电池供电模式下速度超过 40 km/h 时，牵引封锁；当工程车在受电弓/第三轨供电模式下速度超过 80 km/h 时，牵引封锁
2	常用制动（正常）	当车速达到 40 km/h 时，操作大闸手柄至制动位，工程车施加常用全制动，制动距离应≤250 m
3	主风管压力不足，牵引封锁	当主风管压力低于 550 kPa 时，工程车牵引封锁，并施加紧急制动

续表

序号	项目	技术要求
4	紧急停车按钮	当车速达到 40 km/h 时，按下紧急停车按钮，此时工程车应该满足以下要求：受电弓降下或集电靴降下；高速断路器断开；工程车施加紧急制动，制动距离应≤300 m
5	正常牵引	在司机室一端，方向手柄向前，推动牵引手柄，工程车加速向前运行，从 0 km/h 加速至 18 km/h
6	紧急牵引模式	将低压柜上的 24-F04、24-F05 开关断开，将紧急旋钮 75-S03 调至紧急牵引位，占用端方向手柄向前，推动牵引手柄，工程车可运行，速度表仍有显示
7	低恒速运行	在低恒速模式下正常运行
8	切除 DCU1 或 DCU2（即牵引控制单元 1 或牵引控制单元 2，DCU 是指 drive control unit）测试	将 DCU1 或 DCU2 切除后，推动工程车牵引制动手柄，给定速度来移动工程车，并通过空气制动来制动工程车
9	三位置开关在库内电源位，牵引封锁	动车前，三位置开关在库内电源位，工程车应不能牵引
10	供电模式未确定或供电模式错误，牵引封锁	动车前，供电模式未确定或者选择开关设置错误，工程车应不能牵引
11	停放制动，牵引封锁	动车前，在司机室施加停放制动，工程车应不能牵引
12	施加紧急制动，牵引封锁	在工程车行驶过程中施加紧急制动，工程车牵引封锁直至停车
13	轮缘润滑试验	操作司机台上的轮喷按钮，轮缘润滑装置喷出润滑脂
14	重联试验	
14.1	受电弓及集电靴（仅对第三轨试验）	确认工程车重联模式配置成功后，在主车实施相关操作，主车和从车应同时控制受电弓或集电靴升起或降下
14.2	主断（即高速断路器）	可以同时控制主断合上或断开
14.3	方向	重联工程车按同一方向运行（前进或后退）
14.4	VDU	主车和从车的显示信息相同

四、文件检查

车辆总承包商需要提前准备好工程车设计制造过程履历本，履历本清单内容参考表 2-8。车辆项目采购单位现场核查车辆履历本的完整性及报告合格性，重点关注调试试验是否符合行业标准要求。对于调试试验结果不符合相关标准要求的，车辆总承包商需要重新开展相关调试并提供专业说明报告，同时应提供车辆履历本的电子文档并刻录光盘，方便运营单位后续归档及查阅车辆信息。

表 2-8 工程车履历本清单内容

序号	类别	明细
1	工程车状态	合格证
2	目录	工程车履历本目录
3	调试试验报告	安全装置试验、保护装置动作正确性试验、辅助系统试验、紧急和快速制动试验、空气制动系统静态试验、牵引制动和电制动性能试验、受电弓试验、照明试验、整车功能试验、主电路电气设备操作试验、接地回流试验、故障诊断系统试验
4	项目及工程车介绍	项目及工程车简介

第三节 关键控制点管理

一、质量管理

质量是一个受到设计、制造、安装、使用、维护等因素影响的复杂系统。质量管理的主要目的是使设备处于很好的控制状态，保证设备满足规定的质量要求。加强质量管理，需要专业管理人员对车辆整体做出系统分析，找出重点部位和薄弱环节并加以控制。简单来说，专业管理人员需要识别生产过程中影响车辆质量的各个因素。如有车辆监造环节，则在监造过程中负责核查设备制造过程的三级检，保证生产作业按规定工艺和规程在受控状态下进行，核查制造工序、材料及工艺文件等。如仅有车辆出厂前检查，则需要在检验前明确检验程序，梳理检验质量关键点，识别检验过程中的隐患风险并进行安全交底，同时落实好开口项管理，对于现场发现的问题应进行闭环管控，保障调试作业的验收质量。

二、作业风险评估及应对措施

为了保障现场调试工作安全有序开展，在进行调试之前，PSI 工作组需要先评估作业风险隐患及制定预防措施，防患于未然。PSI 作业一般存在人员受伤、人员触电及车辆受损的安全隐患，所以参与调试的人员在作业前，需要由现场作业负责人宣贯作业风险隐患及预防措施。作业风险隐患及预防措施见表 2-9。

表 2-9　　作业风险隐患及预防措施

序号	风险评估	预防措施
1	从工程车上跳下、穿越车辆和地沟等行为存在人身伤害风险	1. 调试人员必须以安全的方式上下、穿越工程车和地沟，不得从车辆上直接跳跃至地面，不得从非检修车下方穿越，不得跳过地沟 2. 加强调试人员的安全培训 3. 调试人员按要求穿戴劳动保护用品
2	管线干涉或存在被拉伤、拉断的风险	1. 对车辆进行静态检查时重点核查车底悬挂件各管路及线缆布置是否清晰、整齐，不应存在干涉情况，如存在干涉情况则应要求车辆总承包商立即整改，整改完后才可继续进行后续动态试验 2. 进行动态试验时，若发现异常应立即停车
3	牵引蓄电池容量不足	1. 试验前加强对工程车的状态检查，确认控制软件无误、工程车无故障、牵引蓄电池容量已充满，确保工程车状态满足试验要求 2. 试验时，连挂另外一台电动工程车，当试验车发生故障时，由备用的动力车牵引回厂
4	牵引蓄电池上金属部件的带电风险	1. 禁止将物品及工具置于牵引蓄电池上 2. 禁止用手直接触摸牵引蓄电池极柱和连接条
5	人员触电风险	1. 严格执行高压安全联锁流程，要求打开或关闭工程车电气箱柜门，严禁简化流程 2. 严禁互相借用钥匙，本车钥匙只能用于本车，不得用于他车 3. 进行车辆电气作业之前必须断开牵引蓄电池隔离开关 11-S02，挂严禁合闸标识牌，在电气箱放电 20 min 后才允许打开电气箱；触摸主电路前必须用量程为 2 000 V 的电压表检测电位，在低于 36 V 的安全电压下方可操作
6	车辆制动系统失灵	1. 进行动车、重联、连挂、整备、换端作业时必须进行制动试验，在确保制动系统正常及风压达到规定数值后再动车 2. 连挂车辆后必须打开工程车管折角塞门 3. 进行工程车制动试验时，确认各风管均能在规定时间内达到限定压力值，制动手柄动作顺畅、无卡滞现象 4. 确认各风管及风缸的泄漏量在标准范围内，且制动保压性能稳定
7	误动车	确认工程车已施加停放制动，主断未闭合，制动手柄在抑制位，牵引车辆及方向手柄在零位后，方可进行司机室功能检查，谨防误动车

三、开口项管理

开展 PSI 工作时，车辆项目采购单位应实时更新现场问题情况或拍摄相关问题照片。车辆总承包商在现场陪同进行调试时，应及时解答车辆项目采购单位提出的疑问，针对设计缺陷、功能缺失或其他不符合验收条件的问题，需要提出整改措施并承诺整改期限。车辆项目采购单位在完成 PSI 所有检查项目后，需要及时梳理并汇总现场问题。

为了尽可能详细地记录问题情况，分清轻重缓急，同时方便车辆项目采购单位后续跟进问题整改进度，建议表格内容包括但不限于发现时间、所属系统、位置、问题等级(A/B/C)、问题描述、整改前照片、整改建议等。

四、PSI 报告签署

一般情况下，在 PSI 工作组完成所有调试项点后，车辆总承包商将组织召开工程车出厂验收会议。该会议主要由车辆项目采购单位调试人员、车辆总承包商调试配合人员及相关领导（包括车体总装负责人、电气负责人及各车间相关负责人员）参加。

由 PSI 工作组介绍本次 PSI 工作中发现的所有问题，车辆总承包商应逐一进行答复，并提供相关问题的整改形式、整改方案、整改完成时间等。对于未处理完的问题，应将其设置为开口项（部分小问题在现场被提出，车辆总承包商已安排整改），每一项问题的整改期限均要写入工程车出厂验收会议纪要。原则上，PSI 工作组现场发现的所有问题均要在出厂前完成整改。如果个别小问题无法在出厂前完成整改，经车辆项目采购单位与车辆总承包商讨论，一致认为这类问题不影响工程车功能及行车安全且不构成不出厂理由，也可先由车辆项目采购单位记录问题详情，后续由车辆总承包商派专人到车辆项目采购单位进行处理（务必对所有记录问题都进行整改）。在车辆总承包商与车辆项目采购单位对 PSI 的开口项问题达成一致后，由车辆总承包商将问题清单列入出厂验收会议纪要，双方进行 PSI 报告的签署。

第四节 经验小结

PSI 调试是到工程车生产现场进行的质量检查，调试时间通常为两天，调试内容包含静态检查、带电功能测试、试车线动态调试、履历本检查等。

如何在短时间内高效开展工程车 PSI 调试工作是调试人员面临的一大难题，需要调试人员及车辆总承包商配合人员做好前期准备。调试人员可先学习工程车调试流程，梳理工程车调试中容易出现问题的部位并列举问题清单，以便现场调试时有重点、有方向。调试人员应结合调试大纲内容及车辆总承包商线路情况，合理编排带电功能测试及试车线动态调试流程及项点，以提高现场调试效率。

车辆总承包商作为调试配合人员，应全面考虑调试过程中需要使用的工器具、劳动保护用品以及试车线调试计划申报、司机安排等；同时，应对照履历本清单开展自查工作，在 PSI 调试工作开展前确保资料的完整性，全方位保障 PSI 调试工作高效有序开展。

下面主要介绍 PSI 调试过程中外观检查、静态通电检查和动态检查的小结，将列举每一部分的调试关键点。

一、外观检查小结

（一）核查空气压缩机安全阀出厂日期及合格证是否在有效期内（有效期为一年），如接近有效期，则应由车辆总承包商安排送检并出具合格证等证明。

（二）核查各电气箱柜内电气元件、制动柜阀件、制动柜塞门等是否存在标识，若存在标识则该标识应与电气原理图一一对应。另外，各电气箱柜门锁、三位置开关、蓄电池闸刀开关应存在开、合标识。

（三）核查蓄电池组箱盖板方孔锁，高压柜、牵引逆变器柜半圆孔锁及机械间内各电器箱柜门锁是否存在红色锁闭到位标记，各电气箱柜门锁、机械间门锁、司机室面板应开启顺畅、无卡滞现象，各柜门锁与柜内接地线应无干涉。

（四）为了保证车辆设备的安全，建议在工程车车顶刷涂绝缘漆，避免车顶接触网接地短路而存在车顶烧损的风险。

二、静态通电检查小结

（一）工程车库内不存在第三轨，因而在测试集电靴升、降靴功能时，建议在集电靴升起后 10 s 内拨动降靴开关，否则可能存在集电靴检测不到网压报降靴故障的情况，这种情况需要大复位后才可恢复正常。

（二）应设计停放制动指示灯，当切换为紧急牵引模式（显示屏失效）时，司机可通过停放制动指示灯确认工程车停放制动的施加情况。

（三）制动风表表盘及指针应有荧光设计，方便司机夜间观看制动风表，掌握当下制动情况，以保证工程车的行车安全。

三、动态检查小结

工程车试车线调试时间为一天，受工程车转线、试车线请销点流程及调试车数量影响，现场实际调试时间有限。在动态调试项目中，工程车需要以三种供电模式（蓄电池供电模式、接触网供电模式及第三轨供电模式）进行调试。为了提高工程车调试效率，同时保证调试质量，可综合考虑试车线线路长度合理安排动态调试检查内容，在往返调试过程中科学统筹，合并试验项点。三种供电模式下的详细调试流程具体如下。

（一）蓄电池供电模式

为了保证行车安全，首次上试车线应限速 15 km/h 对试车线路进行压道，随后第一趟上行调试进行 40 km/h 的常用全制动试验，依据路标计算制动距离；接着设定 6 km/h 低恒速模式，运行 10 m 后施加制动停稳；人为操作供电模式未确定或供电模式错误，触发牵引封锁；施加停放制动动车，触发牵引封锁；缓解停放制动后，以 5 km/h 速度动车，适时松开警惕按钮，触发惩罚制动。

换端第一趟下行调试，进行 40 km/h 的紧急制动试验，停稳后通过制动信息界面获取制动距离；先后切除 DCU1 和 DCU2，分别提速至 10 km/h 后电制动停车。

换端第二趟上行调试，将工程车速度提升至 5 km/h 后排放总风，检测工程车是否触发牵引封锁，观察紧急制动风压值；待工程车制动停稳后切换为紧急牵引模式，运行至公里标 20 m 处停稳；将工程车切换回双机重联正常牵引模式，检查空气压缩机、制动、牵引、辅助系统、VDU 显示界面是否同步，提速至 15 km/h 后制动停车。至此，完成蓄电池供电模式下的动态调试，其对应调试流程图如图 2-6 所示。

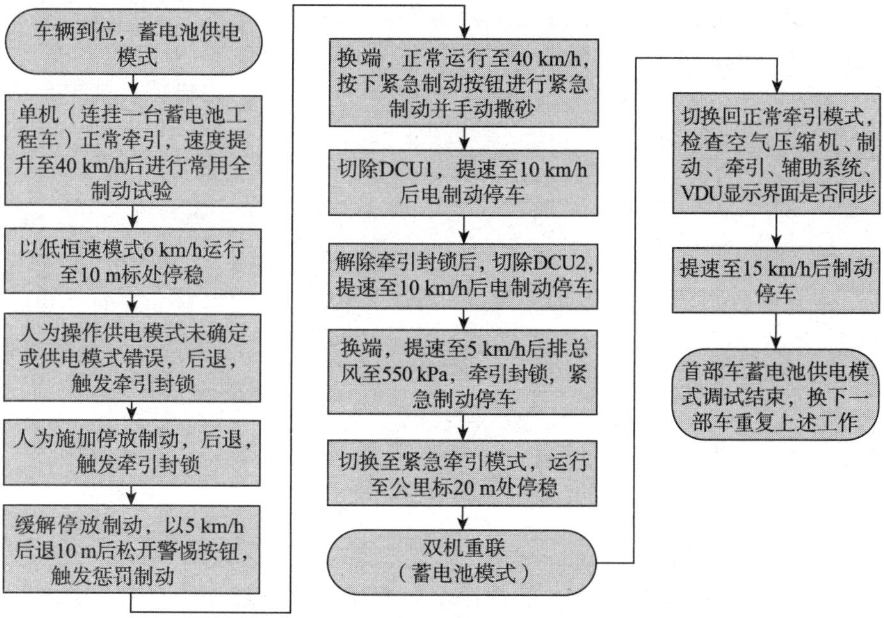

图 2-6　蓄电池供电模式调试流程图

（二）接触网供电模式

第一趟上行调试进行接触网供电模式下的双机重联试验，检查空压机、制动、牵引、辅助系统、VDU 显示界面是否同步，提速至 15 km/h 后制动停车；接着单机提速至 60 km/h 后进行紧急制动试验（如试车线无法满足该速度要求则需要在正线开展）；接着设定 6 km/h 低恒速模式，运行 10 m 后施加制动停稳；人为操作供电模式未确定或供电模式错误，施加停放制动动车，触发牵引封锁；缓解停放制动后，以 5 km/h 速度动车，适时松开警惕按钮，触发惩罚制动。

换端第一趟下行调试，进行 60 km/h 的常用全制动试验，停稳后通过路标计算制动距离；先后切除 DCU1 和 DCU2，分别提速至 10 km/h 后电制动停车。

换端第二趟上行调试，将工程车速度提升至 5 km/h 后排放总风，检测工程车是否触发牵引封锁，观察紧急制动风压值；待工程车制动停稳后切换为紧急牵引模式，运行至公里标 100 m 处停稳。至此，完成接触网供电模式下的动态调试，其对应调试流程图如图 2-7 所示。

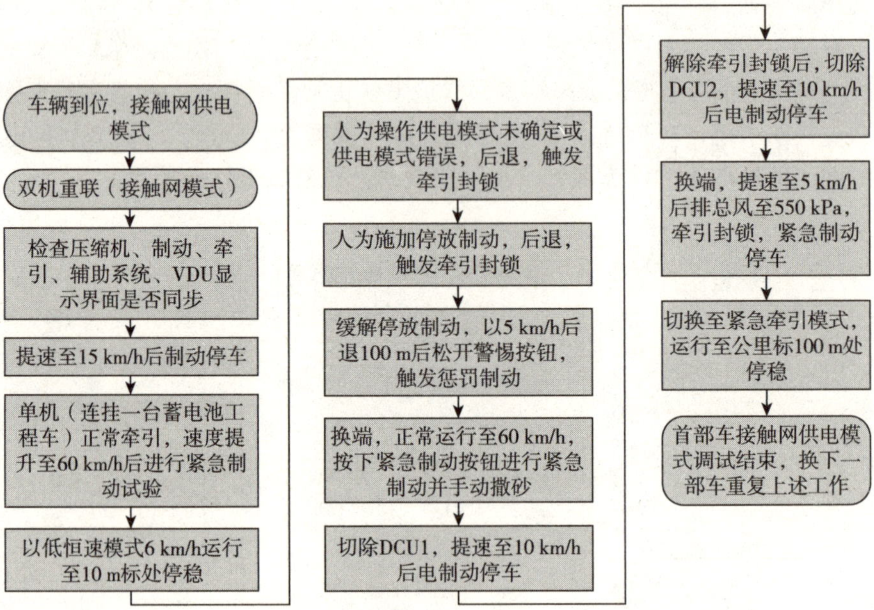

图 2-7　接触网供电模式调试流程图

（三）第三轨供电模式

第一趟上行调试进行 60 km/h 的常用全制动试验，依据路标计算制动距离；接着设定 6 km/h 低恒速模式，运行 10 m 后施加制动停稳；人为操作供电模式未确定或供电模式错误，施加停放制动动车，触发牵引封锁；缓解停放制动后，以 5 km/h 速度动车，适时松开警惕按钮，触发惩罚制动。

换端第一趟下行调试，进行 60 km/h 的紧急制动试验，停稳后通过制动信息界面获取制动距离；先后切除 DCU1 和 DCU2，分别提速至 10 km/h 后电制动停车。

换端第二趟上行调试，将工程车速度提升至 5 km/h 后排放总风，检测工程车是否触发牵引封锁，观察紧急制动风压值，工程车制动停稳后切换为紧急牵引模式，运行至公里标 20 m 处停稳；将工程车切换回双机重联正常牵引模式，检查空气压缩机、制动、牵引、辅助系统、VDU 显示界面是否同步，提速至 15 km/h 后制动停车。至此，完成第三轨供电模式下的动态调试，其对应调试流程图如图 2-8 所示。

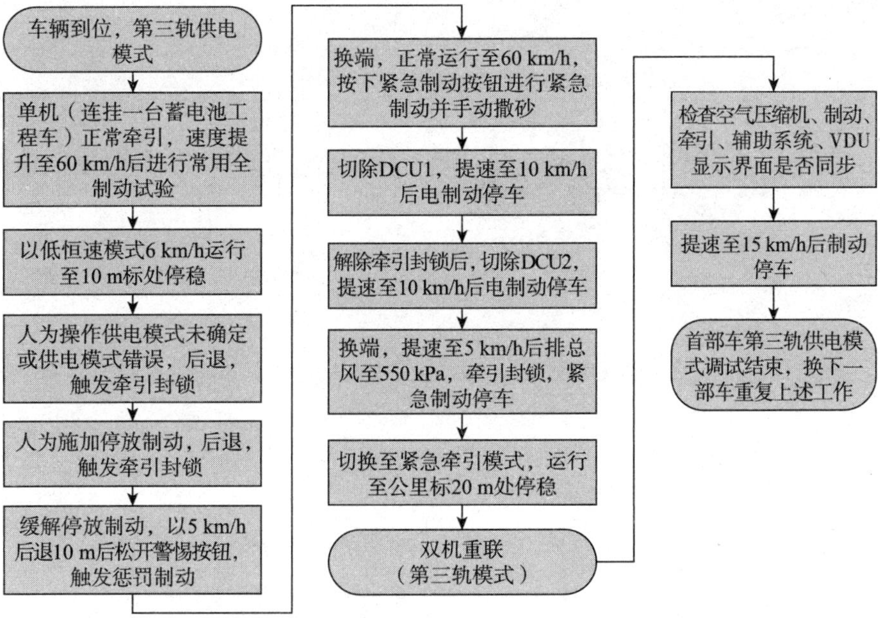

图 2-8　第三轨供电模式调试流程图

第三章 开箱检查

第一节　开箱检查概述

开箱检查（open-case inspection）英文简称 OCI，是在出厂验收后对设备到货现场进行的初步检查、确认，以确保设备、系统、工器具、材料等包装完好，型号、数量一致。

一、工作目标和思路

开箱检查的目的是确保车辆总承包商供货质量，加强设备管理，规范设备验收工作。在运营单位收到相关设备及物资后，由运营单位与车辆总承包商共同核查外包装、箱内物资及数量。注意，开箱检查仅作为双方设备与物资数量清点及接收的确认凭证，不代表功能验收确认。

二、人员组织及职责

为了确保工程车 OCI 验收工作顺利开展，需要各方人员在现场共同确认验收内容。参与该项工作的单位主要有车辆项目采购单位、运营单位与车辆总承包商。各单位职责及人员构成如下。

（一）车辆项目采购单位

车辆项目采购单位是该项工作的牵头负责单位，负责协调各单位开展此项工作，同时组织协调设备及物资到货时间、OCI 时间、OCI 地点、OCI 验收内容以及接车工作。

（二）运营单位

运营单位负责与车辆总承包商对相关设备及物资进行外观检查及功能确认，配合开展接车工作，并记录 OCI 存在的问题。在与车辆总承包商及车辆项目采购单位共同确认后，现场进行整改或将问题作为开口项，限期进行整改。

（三）车辆总承包商

车辆总承包商负责按照三方前期谈判确定的要求准备 OCI 验收工作所需的设备和物资，同时协调运输公司进行货物发运。

第二节　开箱检查工作内容

OCI 检查清单主要包括开箱检验清单、随车物品清单、随车资料清单、开口项清单。为了提高工作效率，车辆总承包商在发运前应先对清单内容进行核对，查漏补缺，再将清单交运营单位检查确认。开箱检查流程及相关工作安排如下。

一、开箱检验

开箱检验主要是检查设备部件的安装和外观情况，要求部件安装牢固且外观无破损。OCI 开箱检验清单见表 3-1，检查要求如下。

（一）检查设备内外包装是否完好，有无破损、碰撞、受潮、变形等情况，各类标识是否清晰可见。

（二）检查设备及附件外表有无锈蚀、碰撞及零件缺失等情况。

（三）对于发现的问题进行记录，并拍照存档。

表 3-1　　OCI 开箱检验清单

序号	检查部件	检查项目
1	车顶部件	
1.1	受电弓	检查电缆、风管和接地线
		目测外观
1.2	空调	检查电缆和接地线
		检查空调安装情况
1.3	制动电阻	检查电缆和接地线
		检查制动电阻安装情况
2	转向架	

续表

序号	检查部件	检查项目
2.1	接地装置	目测外观
2.2	一系悬挂	目测外观
2.3	二系悬挂	目测外观
2.4	轮缘润滑装置	目测外观
3	空气制动系统	
3.1	风源系统	检查空气压缩机油液面高度
		目测管路和阀的连接及位置
3.2	制动模块	目测管路和阀的连接及位置
3.3	管路系统	目测管路和阀的连接及位置
3.4	各辅助风缸	目测外观
4	司机室	检查设备是否齐全，安装是否正确
5	机械间各电器柜、设备柜	检查机械和电气连接
6	车钩	“三态”检查
7	标签	检查是否齐全、准确
8	外观	检查油漆、玻璃等

二、随车物品检查

随车物品检查主要是对随车工具及随车备件的检查。随车工具为随车必备的工器具，包括但不限于手电筒、电工刀、钢丝钳、尖嘴钳、旋具、活动扳手、工具箱、软件读取装置（如有）、测力计等。随车备件包括但不限于止轮器、控制重联电缆、380 V供电电缆、升弓脚踏泵、机车钥匙、门锁钥匙、方孔钥匙等。

三、随车资料检查

随车资料检查主要针对根据合同谈判要求由车辆总承包商提供给车辆项目采购单位的用户资料，包括但不限于用户手册、司机操作手册、机车履历本清单、随车工具清单、随车资料清单、连接器接插件备件清单、专用工具清单、设备总图、设备布置总图、子部件布置图、各系统布线图、油漆总图、标识总图、电路原理图、型式试验大纲、例行试验大纲、研究性试验大纲等。

四、开口项检查

在随车物品检查及随车资料检查中若发现内容缺失或数量不足，可通过开口项清单进行登记，并限期要求车辆总承包商补充提交。建议开口项清单内容包含车号、位置、问题或现象、建议的解决方案及开口项状态 5 大部分，方便持续跟踪问题的解决进度。开口项清单见表 3-2。

表 3-2　　开口项清单

序号	车号	位置	问题或现象	建议的解决方案	开口项状态
1					
2					

五、接车管理

完成出厂验收后，车辆总承包商对出厂验收问题进行整改，整改完成后按照约定时间将设备发运现场，车辆项目采购单位为落车提供场地，以便落车后开展 OCI 验收工作。

由于工程车未经过限界检查，无法通过城市轨道交通线路转线，因此应根据工程车质量、现场设备设施和卸车场地情况，采用汽车吊或者其他吊装设备进行卸车。

（一）吊装运输流程

由车辆总承包商联系运输公司和吊装人员，对卸车场地进行勘察，提供吊装运输方案。卸车场地原则上优先选择空旷区域，避免吊装设备对周边建筑结构造成破坏。吊装运输方案包含以下要点：根据现场勘察情况选择合适的吊装设备、运输车辆、吊具、安全防护设备，确认吊装方式，采取吊装安全预防措施、道路运输、安全措施、现场运输人员安全措施并制定专项应急预案，以及勘察运输线路、审查吊装资质等。

根据吊装运输方案制定现场的接车方案，明确岗位职责和安全风险。接车方案包含以下要点：进行吊装作业时的天气状况说明、吊装前现场运输线路和场地的出清、现场的围蔽防护、安全帽及荧光衣配置、作业前安全培训、作业资质审查、吊具检查、现场作业安全监控等。

在顺利落车并做好防溜措施后，应重点检查确认转向架、轮对等有无异常，之后开展相关的开箱检查工作。工程车吊装现场如图 3-1 所示。

（二）接车流程

车辆项目采购单位需要组织相关单位对吊装运输方案进行会签审核，运营单位需要根据接车场地和时间协调各部门配合进行作业请销点、沿途道路出清、资格资质审核、作业安全监控等。在车辆发运到现场后，按照接车流程开展接车工作即可。接车工作流程见表 3-3。

图 3-1　工程车吊装现场

表 3-3　　　　　　　　　　　　　　　　接车工作流程

序号	工作内容	负责部门
1	出厂验收确定最终接车日期	车辆项目采购单位
2	申请工程车段内接车计划，确认电力蓄电池工程车停放股道，安排其他工程车进行牵引	运营单位
3	在接车前一天，车辆总承包商将电力蓄电池工程车运输至工程车段卸车平台	车辆总承包商
4	在接车当日，车辆总承包商提前安排汽车吊至卸车平台	车辆总承包商
5	车辆总承包商及运输公司进行首台电力蓄电池工程车的吊装作业	车辆总承包商、运输公司
6	在吊装完成后放置制动铁鞋，确认首台电力蓄电池工程车已安全吊装至卸车股道上，并确认其满足调车状态	车辆总承包商、运营单位（配合）
7	撤出制动铁鞋，由现场接车组接手调车指挥权，将牵引工程车连挂首台电力蓄电池工程车并将其牵引出卸车平台区域	运营单位
8	由车辆总承包商及运输公司进行第二台电力蓄电池工程车的吊装作业	车辆总承包商、运输公司
9	在吊装完成后放置制动铁鞋，确认第二台电力蓄电池工程车已安全吊装至卸车股道上，并确认其满足调车状态	车辆总承包商

续表

序号	工作内容	负责部门
10	撤出制动铁鞋，由现场接车组接手调车指挥权，将由工程车与首台电力蓄电池工程车形成的编组工程车与第二台电力蓄电池工程车进行连挂	运营单位
11	检查确认编组工程车状态	运营单位、车辆总承包商（配合）
12	将编组的电力蓄电池工程车牵引至指定股道，并放置制动铁鞋	车辆总承包商

（三）人员及职责

参与该项作业的单位主要有车辆项目采购单位、运营单位、车辆总承包商及运输公司。各单位职责及人员构成如下：

1. 车辆项目采购单位

车辆项目采购单位是该项作业的牵头负责单位，负责协调各单位开展此项作业，同时负责监控整个作业过程中车辆吊装、运输、卸车及连挂的安全管理。

2. 车辆总承包商及运输公司

车辆总承包商及运输公司为本次车辆运输及接车主要作业单位，负责作业过程中的安全监控及解编连挂，并保障接车作业保质保量完成。

3. 运营单位

运营单位是接车作业的主要配合单位，负责卸车场地的接车事宜及安全监控，同时负责协调其他部门开展此项作业，如对接车辆总承包商等外单位。在接车及调车前，运营单位应确保运输道路清理、办理工程车及吊车进出车辆段手续及协调施工作业点审批等工作顺利完成。

（四）注意事项

吊装作业风险性较高，为了确保人员及设备安全，避免人员受伤及车辆侧翻，整个过程需要注意以下要点：

1. 作业人员进入施工现场时必须戴好安全帽、扣好帽带，严禁穿拖鞋进入施工现场，应正确使用劳动保护用品，并在起重作业区进行安全警示。
2. 汽车吊有四个支腿，应做好相应的安全防护措施及辅助加固措施，并进行试压确保支腿稳固。
3. 吊装前进行试吊，确保安全。
4. 确认吊装场地符合平板车辆及汽车吊的摆放要求。
5. 汽车吊应具有安全检验合格证并在有效期内。
6. 吊装人员必须身体健康，并经过专业培训，取得培训合格证书和上岗作业证书。
7. 吊装作业必须有专人指挥，做到手势统一、信号明确。汽车吊司机工作时，必须听从地面指挥人员的指令（只能由一人指挥），但是无论什么人发出停车信号，司机均应停车，待查明情况确认安全后再开车。地面指挥人员应视野开阔、精力集中，密切注意起重物及起重机械周围情况，在起重前应仔细检查吊具、起重物是否捆绑牢固，确认安全后方可起吊，在起重物未落稳、放实前不得离开现场。

8. 吊装前应检查索具、夹具、吊环等是否符合要求并应进行试吊。

9. 在起重臂下方及其回转半径内、起重物下方以及吊物有可能发生意外情况的范围内严禁站人，严禁非作业人员进入施工现场。

10. 禁止超负荷吊装，禁止倾斜吊运物品，禁止人随物品一起升降，同时严格控制起重物的水平移动速度。

11. 吊运物品时，应鸣铃让现场人员躲开或绕开，禁止从人员头顶吊运物品。汽车吊司机开车前必须发出开车警告信号，应由专人跟随或提前检查走行轨及机载电缆线，防止因轨道变形、轨道上有异物、电缆线缠绕或有人员、车辆侵限而发生意外。

12. 不允许长时间吊挂重物于空中停留，且吊装重物时汽车吊司机不得离开。

13. 在地面 2 m 以上进行作业的人员必须系好可靠的安全带。

14. 吊车行走道路和工作地点应坚实、平整，以防因沉陷而发生事故。

15. 吊装所用的钢丝绳等不应触及有电线路和电焊搭铁线，也不应与坚硬物体摩擦。

16. 遇大风和雷雨、大雾天气时，应暂停露天吊装作业。

17. 严格遵守吊装的“十不吊”规定：超过额定负荷不吊；指挥信号不明、起重量不明、光线暗淡不吊；吊索和附件捆缚不牢，不符合安全要求不吊；行车吊挂重物直接进行加工的不吊；歪拉斜挂不吊；物品上站人或物品上浮放活动物件的不吊；对于氧气瓶、乙炔发生器等有爆炸性的物品不吊；带棱角快口物品尚未垫好（防止钢丝绳磨损或割断）不吊；埋在地下的物品未采取措施不吊；违章指挥不吊。

第三节　关键控制点管理

在开箱验收过程中需要关注重点任务和重点问题，即兼顾质量、安全、生产三方面要求的同时，落实调试开口项的整改。

一、质量管理

在开箱验收工作开展前，相关技术人员应明确车辆及相关备件型号及数量，把控备件验收过程质量关键点，找出重点部位和薄弱环节并加以控制。在执行过程中，应由技术人员或生产骨干作为质检员，落实质量责任制，对调试过程进行全程把控。

二、安全管理

开箱验收工作包含吊装作业，属于高风险作业，除了应注意对现场进行封锁防护外，还需要关注环境因素如风力、雷雨等，同时做好相关人员上岗作业证书的审查，避免造成意外人员伤亡。

开箱验收工作正常来说不涉及接触网断送电及车辆带电，如有带电动车的需要，作业人员需要持证上岗，并熟悉相关的设备操作规范，同时需要严格落实作业前安全交底工作和安全防护措施。对于高风险作业，需要有专业技术人员现场监督。

三、生产管理

生产管理关系到整个调试过程的工作效率，在车辆到现场前，车辆总承包商、车辆使用部门、车辆项目采购单位三方应充分沟通，根据到货情况提前申报卸车计划。

在预验收调试前应根据调试策划提前申报调试作业计划，掌握调试进度，尤其是在新线建设运营初期涉及各专业系统调试时，整体的生产管理规划可避免因正线作业计划资源紧张导致的调试工作滞后。

四、开口项管理

在开箱验收工作中，对于现场发现的问题，工程车使用部门应通过文字、图片、视频等形式进行记录，一方面可积累设备运用经验，另一方面在解决问题及处理故障时可提高效率。对于影响工程车重要功能的问题，工程车总承包商应安排专业技术人员对问题进行分析处理，并向工程车使用部门提交完整的分析处理报告，经工程车使用部门确认后方可关闭开口项。所有开口项问题应统一汇总至调试问题台账，台账中需要完整记录问题车号、时间、地点、系统、问题描述、现场照片、整改情况、关闭情况等。工程车使用部门应针对开口项问题定期与工程车总承包商开会讨论，并将开口项整改质量和数量与最终的预验收确认挂钩，督促工程车总承包商尽快完成整改。若剩余开口项问题不影响工程车主要功能，即 A 类问题全部完成整改，可带开口项预验收，并要求限期对剩余的 B 类、C 类问题进行整改。

第四节　经验小结

与 PSI 不同，OCI 是在工程车到货之后在运营方场地对工程车开展的检查。OCI 不针对工程车本身的结构和功能进行检查，而是检查随车检验清单、随车物品清单、随车资料清单、开口项清单是否齐全，以及随车备件数量是否满足合同要求。运营单位调试人员需要提前打印随车备件清单逐条核对，确保无误后才能签名确认。待各清单核对完毕，应将随车备件做好登记管理，以便随时取用以及后期验收。对于缺少的随车备件，应及时督促车辆总承包商补充。

在 OCI 过程中应重点关注随车备件的接收事宜，避免后期出现随车备件管理不规范的问题，比如未及时建立台账、台账与实际数量不一致等问题。现场需要统计好随车备件的数量、品类以及缺陷，做好签收记录，对于未入库的随车备件要做好清单管理，以防后期入库的数量和品类无法对应。

第四章

预验收调试

第一节　主电路及牵引系统

一、系统概述

电力蓄电池工程车既可以通过 DC 1 500 V 接触网及第三轨供电，也可以通过 DC 800 V 牵引蓄电池供电。电气牵引系统采用由 VVVF（variable voltage and variable frequency，可变电压、可变频率，指变频调速系统）逆变器、三相异步电动机构成的交流电传动系统。电制动采用再生制动，将制动能量反馈回电网，当电网不能吸收时逐步通过制动电阻消耗能量。制动时优先使用电制动，电制动不足部分则由空气制动补充。紧急制动仅使用空气制动。

电力蓄电池工程车主电路及牵引系统主要由受电弓或集电靴、高压柜（包含接触器、传感器、熔断器等元器件）、牵引蓄电池、高速断路器、电抗器、牵引逆变器、辅助逆变器、牵引蓄电池充电机柜、制动电阻、牵引电动机、回流接地装置等设备组成。电力蓄电池工程车通过微机网络控制系统实现牵引、制动及各类状态的监测和反馈。

二、工作原理

电力蓄电池工程车牵引系统主电路采用电压型直交逆变电路，经受电弓或集电靴受流输入的 1 500 V 直流电由 VVVF 逆变器变换成频率、电压均可调的三相交流电，向异步牵引电动机供电。VVVF 逆变器由两个 IGBT（insulated gate bipolar transistor，绝缘栅双极型晶体管）逆变模块组成，每个 IGBT 逆变模块驱动两台电动机，IGBT 逆变模块将逆变单元与制动斩波单元集成在一起。

（一）电力蓄电池工程车供电模式

电力蓄电池工程车供电模式主要包括接触网供电模式、第三轨供电模式和牵引蓄电池供电模式，三种供电模式通过直流接触器进行切换。下面分别对这三种供电模式进行阐述：

1. 接触网供电模式

当电力蓄电池工程车处于接触网受流工况时，接触网的 1 500 V 直流电经过受电弓、三位置开关（至受电弓位）、熔断器、接触器、电流传感器、高速断路器、直流母线（包含预充电电路、电抗器续流电路、过电压保护电路等）、电抗器向牵引逆变器供电，且逆变后向牵引电动机供电。牵引逆变器包含两个逆变模块，每个逆变模块由相应的 DCU 单独控制，向一个转向架的两台异步牵引电动机供电。当转向架的某一台异步牵引电动机发生故障时，可以切除一个逆变模块，仅由另一个逆变模块供电，从而实现架控模式。再生制动过程则相反，再生能量被本车辅助逆变器消耗，剩余能量则被制动电阻消耗。

2. 第三轨供电模式

当电力蓄电池工程车处于第三轨受流工况时，第三轨的 1 500 V 直流电经过集电靴、三位置开关（至受电弓位）、熔断器、接触器、电流传感器、高速断路器、直流母线（包含预充电电路、电抗器续流电路、过电压保护电路等）、电抗器向牵引逆变器供电，且逆变后向牵引电动机供电。牵引逆变器包含两个逆变模块，每个逆变模块由相应的 DCU 单独控制，向一个转向架的两台异步牵引电动机供电。当转向架的某一台异步牵引电动机发生故障时，可以切除一个逆变模块，仅由另一个逆变模块供电，从而实现架控模式。再生制动过程则相反，再生能量被本车辅助逆变器消耗，剩余能量则被制动电阻消耗。

3. 牵引蓄电池供电模式

在此模式下，牵引蓄电池正极通过隔离开关、防反充二极管、接触器、高速断路器、直流母线、线路电抗器等向牵引逆变器供电。当电力蓄电池工程车处于再生制动工况时，反馈的再生能量为辅助逆变器供电或者经斩波充电模块为牵引蓄电池充电，剩余能量则被制动电阻消耗。

（二）电力蓄电池工程车牵引蓄电池充电原理

辅助变流柜内包含一个辅助逆变模块和一个斩波充电模块。其中，斩波充电模块将直流母线中的直流电降压斩波后为牵引蓄电池充电，可以实现牵引蓄电池的恒流、恒压、浮充、均充过程，并能在再生制动工况下使牵引蓄电池快速进入充电过程。牵引蓄电池充电电源有以下两种来源：

1. 接触网供电模式

接触网的 1 500 V 直流电经过受电弓或者集电靴、三位置开关（至受电弓位）、接触器、牵引蓄电池斩波充电模块为牵引蓄电池充电。

2. 库内充电模式

在库内充电模式下，库内 1 500 V 直流电经过库内充电插座、三位置开关（至库内位）、辅助逆变模块、牵引蓄电池斩波充电模块、接触器为牵引蓄电池充电。

（三）主要部件

1. 牵引逆变器

电力蓄电池工程车配置一台 VVVF 逆变器，该逆变器内装有两个 IGBT 逆变模块和一个 DCU，DCU 同时对两个 IGBT 逆变模块进行控制并与列车通信。采用两个 IGBT 逆变模块驱动四台电动机的优点如下：单个 IGBT 元件负荷小、过载能力更大，使逆变器系统运行能力更强、更安全可靠。VVVF 逆变器原理图如图 4-1 所示。

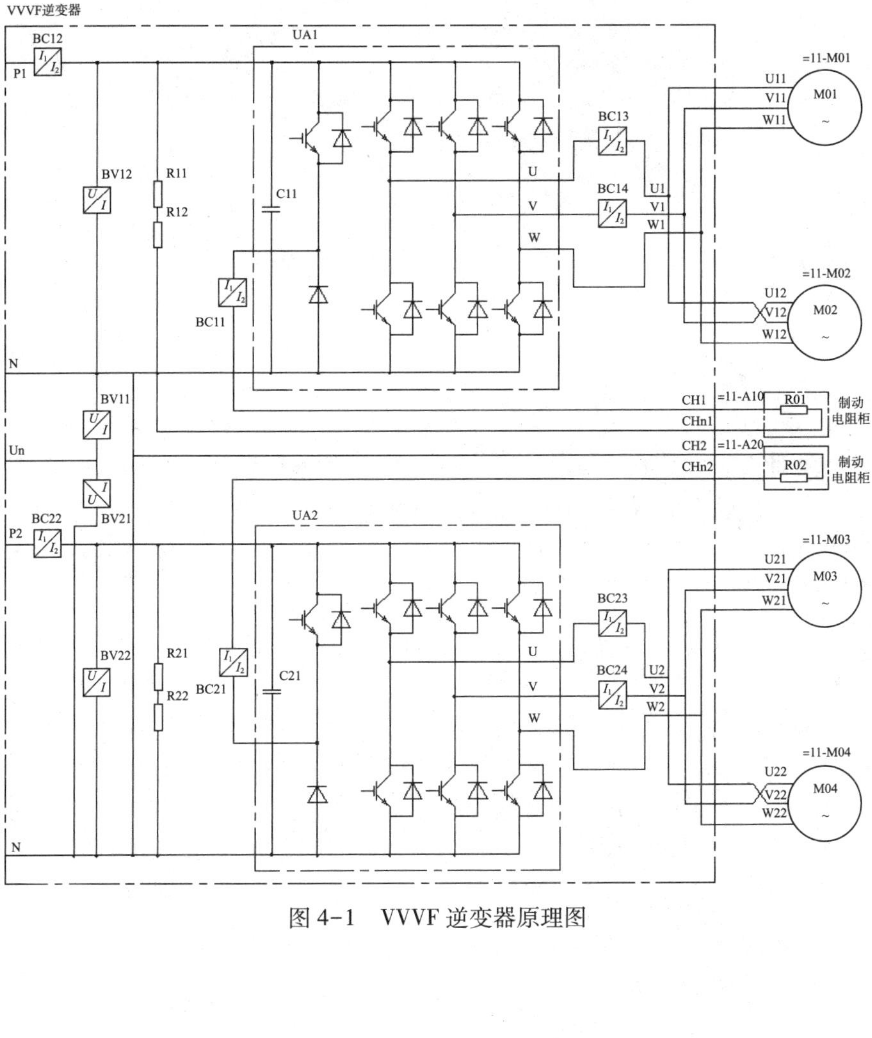

图 4-1　VVVF 逆变器原理图

电力蓄电池工程车牵引逆变器采用模块化设计、抽屉式结构，共集成八个 3 300 V/800 A IGBT 元件，其中六个用于逆变控制，两个用于斩波控制。用于斩波控制的两个 IGBT 元件中的一个（即斩波下管）仅使用了二极管功能，作为三相逆变器的三相桥臂及制动相桥臂。模块还集成了热管散热器、温度传感器、门控单元、门控电源、脉冲分配单元、支撑电容器（C11/C21）等元器件或部件。

2. 高速断路器

高速断路器是一种直流高速限流空气断路器。该设备用来对线路是否出现短路进行检测，并能保证自由脱扣、快速断开主触点，在切断电路的过程中，还能通过产生恒定的过电压来快速灭弧。高速断路器外观如图 4-2 所示。

图 4-2　高速断路器外观

3. 线路电抗器

线路电抗器为干式空心电抗器，吊挂安装于车体下方，采用走行风冷却。线路电抗器柜由两个线圈、固定端板和通风外罩组成。线路电抗器如图 4-3 所示。线路电抗器及支撑电容器能使直流电路电压保持稳定并将电压波动限制在允许范围内，能吸收直流输入端的谐波电压，抑制逆变器对输入电源的干扰，在逆变器发生短路时能抑制短路电流并满足逆变器开关元件换相的要求。

4. 制动电阻

电力蓄电池工程车配有一个制动电阻箱，它安装在车顶（双司机室工程车）或车底（单司机室工程车），主要功能为实现牵引电动机的能耗制动控制，同时实现相应的监测、保护控制等功能。制动电阻采用自然风冷却，电阻底面为通风网格，电阻带上方带有空气导流板，促使空气受热上升后能从制动电阻箱另一侧排出。整个制动电阻箱包含 10 框电阻，其中最上面一框为测温电阻，各电阻通过瓷件卡在电阻框上，电阻框与箱体通过螺栓等连接，电阻框之间采用螺栓连接。整个制动电阻箱包含两个接线盒，分别是电阻接线盒和温控接线盒。

图 4-3　线路电抗器

5. 牵引电动机

电力蓄电池工程车牵引电动机为自通风三相笼型异步牵引电动机，它安装于车体下方。该电动机在运行中能承受机械和电气原因引起的正常振动和冲击，由 VVVF 逆变器供电。同型号电动机的零部件具有互换性。牵引电动机由定子、转子、支撑转子的前端盖（非传动端端盖）、后端盖（传动端端盖）、轴承、总装零件、测速装置等部件组成。牵引电动机外形示意图如图 4-4 所示。

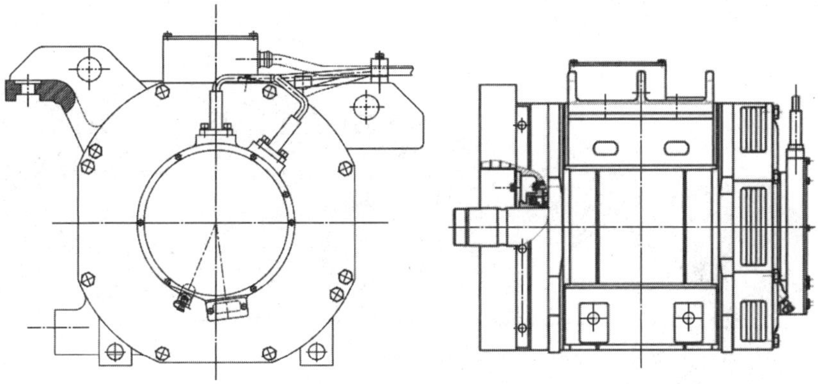

图 4-4　牵引电动机外形示意图

三、系统调试

主电路及牵引系统是电力蓄电池工程车的关键系统之一，关乎电力蓄电池工程车的正常牵引和制动。主电路及牵引系统的调试工作主要分为外观检查、软件版本核查、静态带电功能检查及动态功能检查，全方位的检查可以确保电力蓄电池工程车通过高质量验收。

（一）外观检查

1. 牵引逆变器

（1）检查外观有无损伤、变形，检查门盖板的密封条是否牢固。正常的牵引逆变器外观如图 4-5 所示。

图 4-5　正常的牵引逆变器外观

（2）检查各元器件及部件是否安装齐全，牵引逆变器内有无异常现象。牵引逆变器结构示意图如图 4-6 所示。

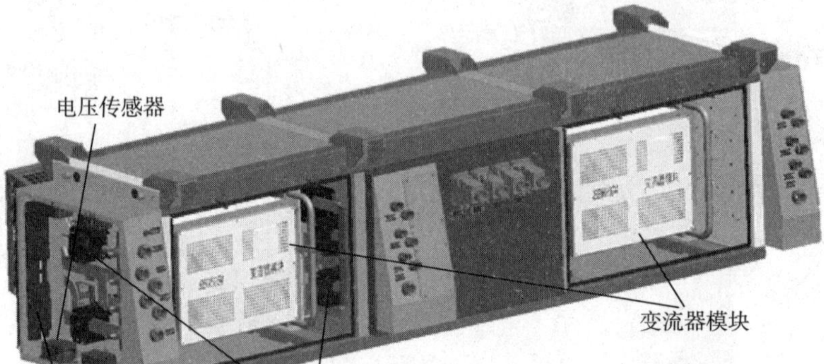

图 4-6　牵引逆变器结构示意图

（3）检查紧固件有无缺失、松动等情况，器件及线号标识是否完整、清晰。检查内外电气接口插接是否牢固。检查主电路电缆的连接情况，正常的牵引逆变器主电路电缆连接情况如图 4-7 所示。

（4）检查门挂扣、门锁是否紧固和能否锁紧，防脱装置是否完好。牵引逆变器防脱装置如图 4-8 所示。

图 4-7　正常的牵引逆变器主电路电缆连接情况

图 4-8　牵引逆变器防脱装置

(5) 检查散热器护罩是否堵塞、腐蚀、破损，检查散热器的积灰情况。散热器护罩如图 4-9 所示。

图 4-9　散热器护罩

(6) 检查控制插头、插座是否松动，有无裂纹、伤痕。检查布线端子、连接器、护线套有无松动、生锈、破损等情况。检查电容器是否漏液或塌陷。各类布线端子及连接器如图 4-10 所示。

图 4-10　各类布线端子及连接器

(7) 检查电阻组件外观，检查接线端子的积灰情况并除尘，检查电阻器表面有无变色、开裂、剥落等情况。牵引逆变器的内部检查如图 4-11 所示。

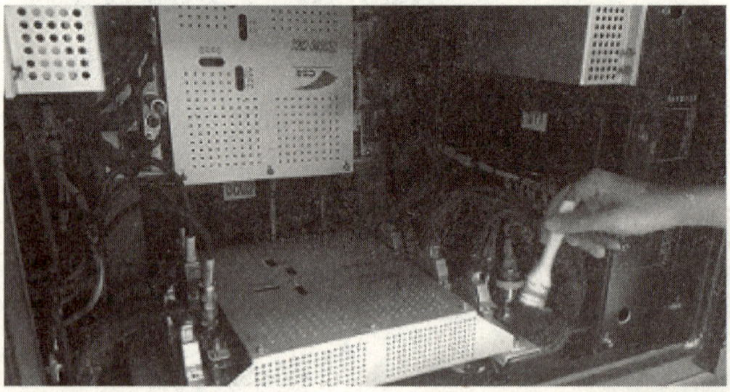

图 4-11　牵引逆变器的内部检查

2. 高压箱

(1) 检查箱体外观是否完好无损，门盖板方孔锁闭是否正常，密封条是否牢固，警示标语是否清晰可见。高压箱外观示意图如图 4-12 所示。

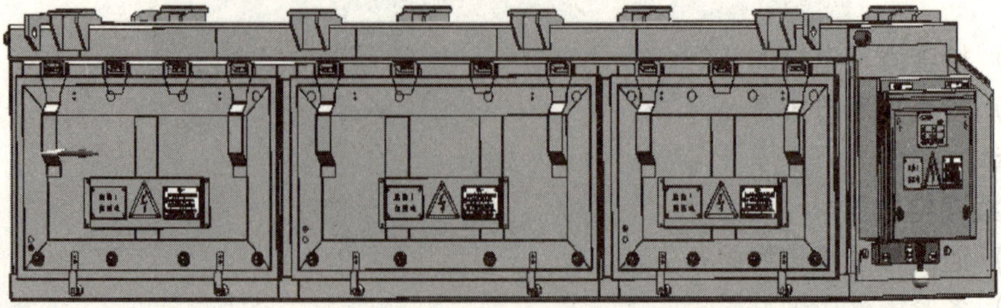

图 4-12　高压箱外观示意图

（2）检查各元器件及部件是否安装齐全，紧固件有无缺失、松动等情况，器件及线号标识是否完整、清晰。检查内外电气接口插接是否牢固。

（3）检查三位置开关部件及底座是否紧固安装。检查三位置开关有无明显烧损现象，若有则应进行更换。检查三位置开关手柄，要求表面光洁、动作顺畅。检查三位置开关各连接线，要求牢固、可靠。三位置开关如图 4-13 所示。

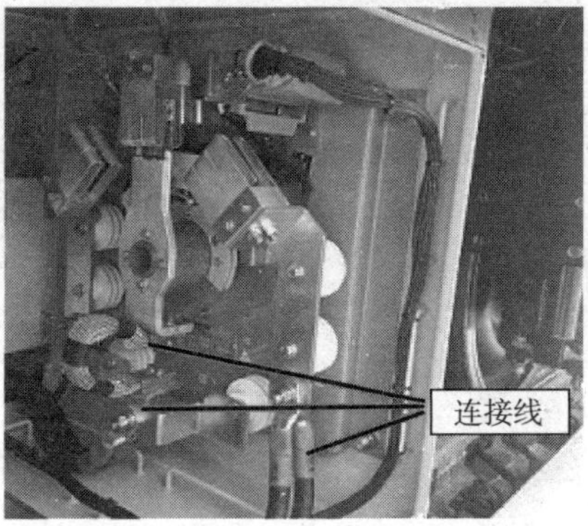

图 4-13 三位置开关

（4）目视检查所有电压传感器、电流传感器的壳体表面及内部器件，壳体表面应无灰尘、杂物。传感器内部器件检查如图 4-14 所示。

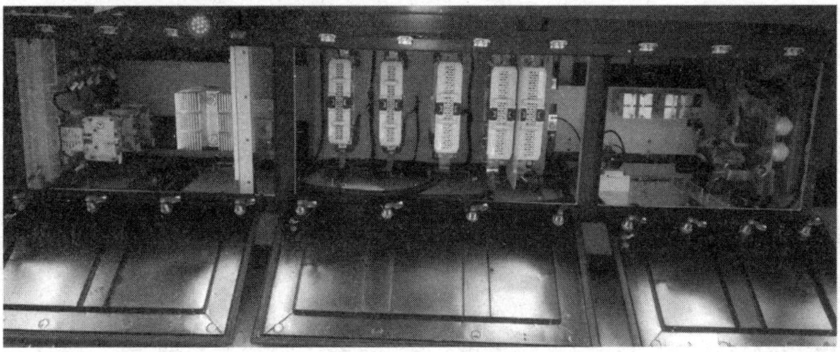

图 4-14 传感器内部器件检查

（5）检查固定电缆的密封套底座有无裂纹，若有裂纹则应及时更换并锁紧螺母。

（6）检查高压母排有无烧损现象。检查电器安装板等配件，要求安装紧固、连接线无松动。

3. 线路电抗器

（1）通过格栅检查线圈表面漆膜是否均匀，应无绝缘层外翻、翘起现象。

（2）各紧固件应做好防松标记。线路电抗器紧固检查点如图 4-15 所示。

图 4-15　线路电抗器紧固检查点

4. 高速断路器

（1）检查外观有无损伤、变形。检查高速断路器外罩，要求安装紧固、无裂纹。

（2）检查紧固件有无缺失、松动情况，器件及线号标识是否完整、清晰。

（3）检查内外电气接口插接是否牢固。高速断路器接线、接地线、插接线如图 4-16 所示。

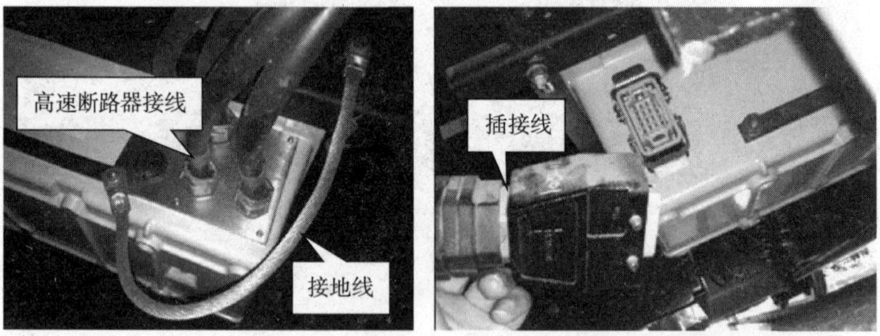

图 4-16　高速断路器接线、接地线、插接线

5. 牵引电动机

（1）检查牵引电动机与构架的连接是否牢固，电缆的连接是否紧固、无烧焦异味。检查铭牌是否可靠固定。检查部件外观是否完好，螺栓的防松画线应清晰可见、无错位现象。牵引电动机紧固检查如图 4-17 所示。

（2）检查牵引电动机机座底座有无裂纹。检查接线盒，连接引线应无损坏现象。

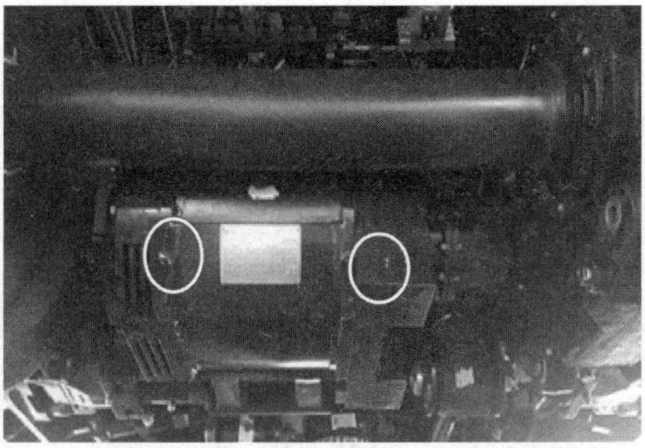

图 4-17 牵引电动机紧固检查

（3）检查传动端油封（见图 4-18）是否有油脂渗出。

图 4-18 传动端油封

6. 制动电阻

（1）检查电缆、接地线、制动电阻及电阻接线盒的安装情况，要求器件齐全、无缺陷，固定件无松动现象，防松标记清晰。电阻接线盒接线情况如图 4-19 所示。

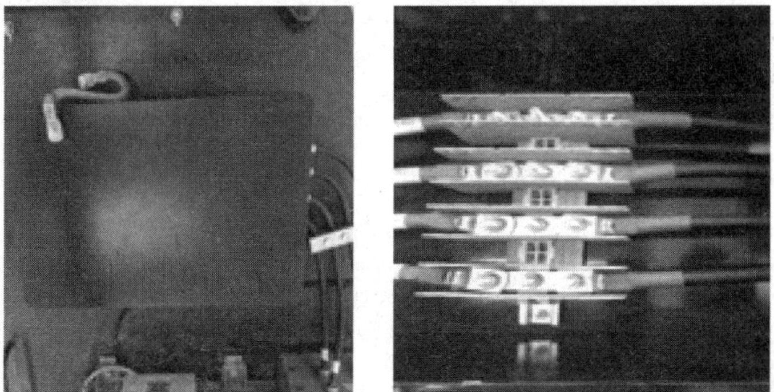

图 4-19 电阻接线盒接线情况

（2）检查铭牌字迹是否清晰、内容是否正确，高压、高温警示牌内容是否清晰、安装位置是否正确。

（3）检查制动电阻箱外观有无损伤、变形等异常现象。制动电阻箱如图 4-20 所示。

图 4-20　制动电阻箱

（4）检查箱体与车体的连接是否紧固、无松动。检查电阻接线盒、温控信号盒外观是否破损。检查箱体吊座有无裂纹。制动电阻箱接地线及连接螺栓如图 4-21 所示。

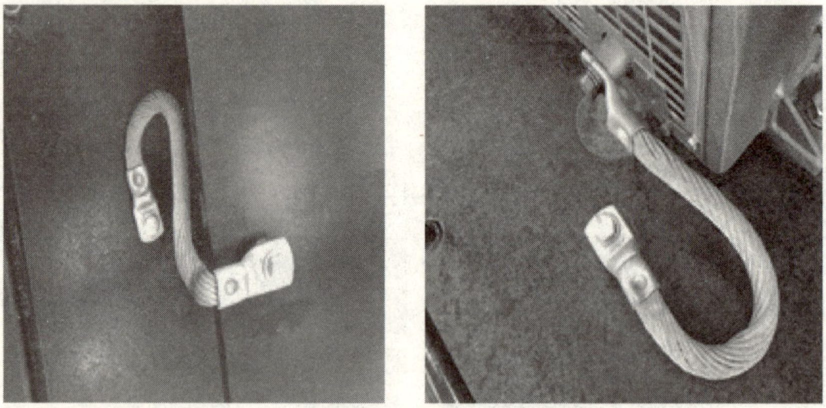

图 4-21　制动电阻箱接地线及连接螺栓

（5）测试绝缘电阻。断开接地线及端子接头，用 1 000 V 绝缘电阻表测试端子与箱体的绝缘电阻值，绝缘电阻值应大于或等于 10 MΩ，否则应进行全面绝缘检查。

（6）检查制动绝缘子（见图 4-22）外观，应无破损现象。

图 4-22　制动绝缘子

（二）软件版本核查

核查网络控制系统各控制模块的软件是否为最新版本，确保电力蓄电池工程车逻辑关系的准确性、稳定性及安全性。系统、部件（模块）的应用软件见表 4-1，其中，VCM（vehicle control module）是车辆控制模块，ERM（event recording module）是事件记录模块，DSP（digital signal processor）是数字信号处理器。

表 4-1　　系统、部件（模块）的应用软件

序号	系统、部件（模块）名称	软件名称
1	VCM 模块	VCM 应用软件
2	ERM 模块	ERM 应用软件
3	VDU 模块	VDU 应用软件
4	牵引逆变器	牵引逆变器逻辑应用层软件
5	辅助逆变器	辅助逆变器 DSP 应用软件
		辅助逆变器 MultiProg 应用软件
6	蓄电池管理系统	BMS 应用软件

（三）静态带电功能检查

1. 车间电源功能检查

（1）当高压箱三位置开关在车间电源位时，操作升弓或升靴扳键开关，应无法升弓或升靴；合上主断扳键开关，主断应无法闭合。

（2）当高压箱三位置开关在接地位置时，操作升弓扳键开关，应无法升弓；合上主断扳键开关，主断应无法闭合。

2. 主电路绝缘测试

送电前对主电路进行绝缘测试，绝缘电阻值应大于或等于 10 MΩ。在电力蓄电池工程车降弓或降靴后进行测试，先将三位置开关置于接地位，对辅助主电路进行放电，待放电完毕（约10 min）且测量主电路无电压后再进行绝缘测试。

（四）动态功能检查

在对主电路及牵引系统进行首次动态功能检查时，需要先在库内完成动车调试，在确认牵引和制动功能无异常后再上试车线进行测试，然后在正线结合制动距离试验等其他功能试验进行全功能测试。主电路及牵引系统的动态功能检查必须保证在受电弓、集电靴、蓄电池三种供电模式下完成，且每种供电模式都必须在司机室两端分别完成测试，具体要求见表4-2。

表4-2　　主电路及牵引系统的动态功能检查要求

序号	检查项点	操作及检查要求
1	正常牵引	在司机室Ⅰ端及Ⅱ端操作台，方向手柄向前，推动牵引手柄，工程车加速向前运行，从0 km/h加速至40 km/h，运行平稳
2	正常后退	在司机室Ⅰ端及Ⅱ端操作台，方向手柄向后，推动牵引手柄，工程车加速向后运行，从0 km/h加速至5 km/h，运行平稳
3	紧急牵引模式	将低压柜上的开关24-F04、24-F05断开，将紧急旋钮75-S03调至紧急牵引位，占用端方向手柄向前，推动牵引手柄，工程车可运行，速度表仍有数值（代表实际速度）显示
4	低恒速运行	在低恒速模式下，分别设置速度为5 km/h及8 km/h，工程车均在正常误差范围内运行
5	切除DCU1或DCU2测试	在DCU1或DCU2被切除后，推动牵引制动手柄，以速度10 km/h来移动工程车，并通过空气制动来制动工程车
6	三位置开关在库内电源位，牵引封锁	动车前，三位置开关在库内电源位，工程车应不能牵引
7	供电模式未确定或供电模式错误，牵引封锁	动车前，供电模式选择开关挡位不确定或者错误，工程车应不能牵引
8	停放制动，牵引封锁	动车前，在司机室施加停放制动，工程车应不能牵引
9	施加紧急制动，牵引封锁	在工程车行驶过程中施加紧急制动，工程车牵引封锁直至停车

四、故障案例

（一）制动电阻绝缘子损伤案例

1. 故障概况

在对电力蓄电池工程车进行制动电阻绝缘子检查时，发现绝缘子存在损伤，故障现象如图 4-23 所示。

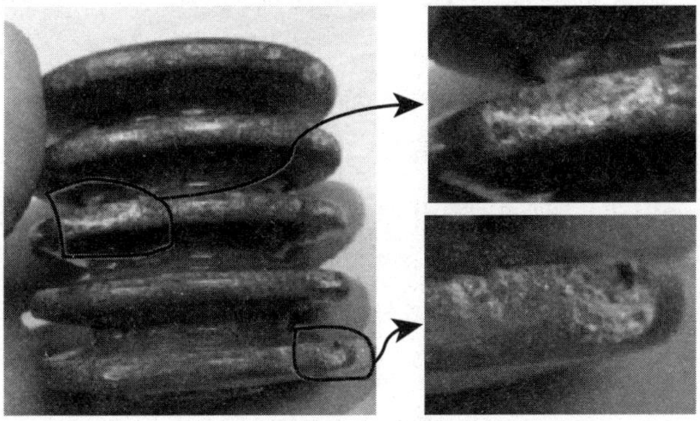

图 4-23 制动电阻绝缘子故障现象

2. 故障原因

绝缘子的结构和外力损伤示意图如图 4-24 所示。

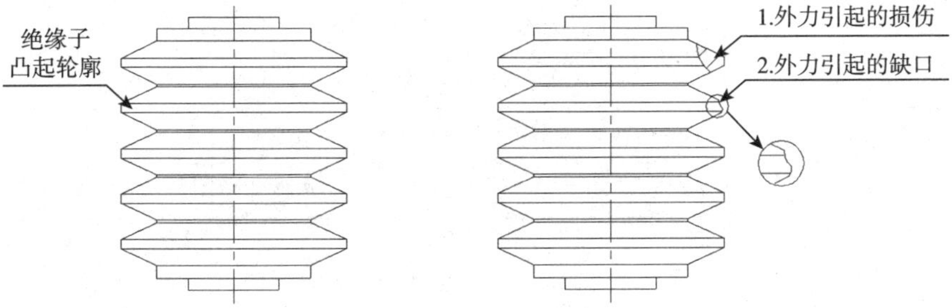

图 4-24 绝缘子的结构和外力损伤示意图

案例中的绝缘子为 TZZ60-B 制动电阻用绝缘子，材质为云母，型号为 MC6060S4，其技术参数见表 4-3。

表 4-3 绝缘子技术参数

型号	爬电距离	耐电压	扭矩	抗拉强度	抗压强度	抗弯强度	绝缘电阻值
MC6060S4	116 mm	32 kV	50 N · m	19 kN	40 kN	6 kN	10^6 MΩ

引起损伤的原因总结为以下两点：

(1) 云母这种材料较硬较脆，且为增加爬电距离，绝缘子结构强度并不足够强，因此在受到一定强度的碰撞后，绝缘子的凸起轮廓会出现局部损伤。

(2) 绝缘子供应商对不同批次的产品质控不一致，出现损伤的绝缘子内部可能本就存在微裂纹，经使用微裂纹扩大而形成局部损伤。

以上两点原因引起的损伤不影响制动电阻的电气间隙，对制动电阻的爬电距离影响也较小，且爬电距离 116 mm 大大高于标准要求值 45 mm（按工作电压 1 500 V）；另外，在结构上，仅凸起轮廓边缘出现缺口，绝缘子主体结构仍是完好的。因此，绝缘子虽然出现局部损伤，但不会降低绝缘性能和整体结构强度。

3. 优化情况

(1) 更换绝缘子。若发现绝缘子存在损伤，应进行重新选型，将原型号绝缘子进行更换。绝缘子换型对比如图 4-25 所示。新旧绝缘子技术参数对比见表 4-4。

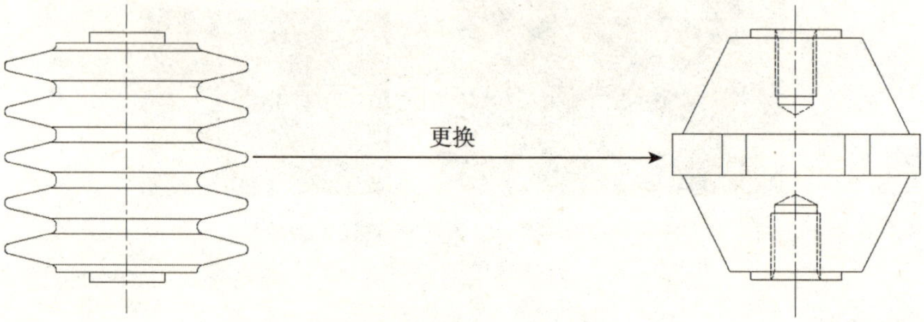

图 4-25　绝缘子换型对比

表 4-4　新旧绝缘子技术参数对比

型号	爬电距离	耐电压	扭矩	抗拉强度	抗压强度	抗弯强度	绝缘阻值
MC6060S4	116 mm	32 kV	50 N · m	19 kN	40 kN	6 kN	10^6 MΩ
MC6060Bx	73 mm	27 kV	90 N · m	28 kN	50 kN	7 kN	10^6 MΩ

根据国家标准《轨道交通　绝缘配合　第 1 部分：基本要求　电工电子设备的电气间隙和爬电距离》(GB/T 32350. 1—2015) 中的表 A. 7，1 500 V 工作电压对应的额定绝缘电压为 1 800 V，按 II 类材料要求，PD4 等级的最小爬电距离为 30 mm/kV，即爬电距离为 54 mm。故更换后绝缘子的绝缘性能完全满足要求。

(2) 优化制动电阻固定杆螺纹规格。以 TZZ60-B 制动电阻为例，原有固定型号的云母绝缘子两端的安装螺纹均为粗牙螺纹，后续批量生产的 TZZ60-B 制动电阻对固定杆螺纹进行了优化，由细牙螺纹 M12×1. 5 优化为粗牙螺纹 M12，这样，绝缘子供应商的供货效率提高了，同时不影响制动电阻的对外接口及产品性能。

(二) 牵引逆变柜烧损案例

1. 故障概况

牵引逆变柜烧损现象如图 4-26 所示。在某次调试过程中，司机室显示屏先显示“牵引回路接地：2 级接地报警激活，差动电流大于 50 A”，又显示“局部封锁：21K01 合故障”“逆变器 2B 相上管故障”，同时在各种模式下电力蓄电池工程车动车时抖动严重，虽然切除转向架 2 后能正常牵引，但是切除转向架 1 后无法牵引。

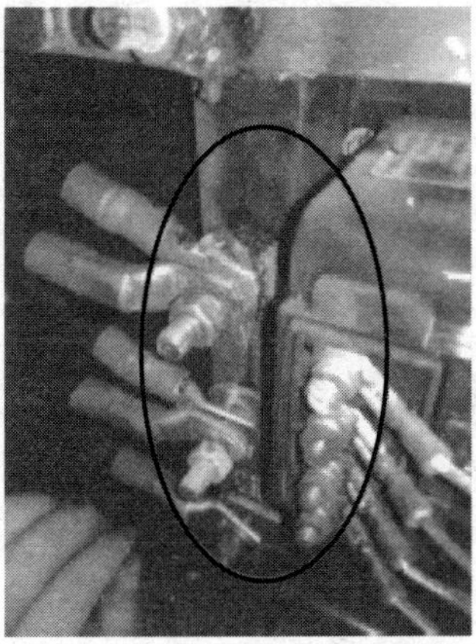

图 4-26　牵引逆变柜烧损现象

2. 检查、故障原因分析及解决办法

车辆依靠自身动力（使用一个转向架）回库后，现场人员立即进行检查，发现逆变器 U、V、W 相线缆有不同程度的烧损，其中 U 相线缆接头已烧断。经现场确认，发现牵引电动机 3、4 至牵引逆变器的 6 根线缆未紧固，而牵引电动机 1、2 至牵引逆变器的 6 根线缆及牵引逆变器的 1~4 线缆均紧固到位。

故障原因如下：出厂时作业人员紧固线缆接头时未按要求作业，遗漏了牵引电动机 3、4 至牵引逆变器的 6 根线缆的紧固作业，因螺栓未紧固到位，造成线缆接头与接线柱之间存在电气间隙，增大了接触电阻，进而造成局部烧损。

解决办法是更换烧损线缆，同时更换三个电流传感器、两根接线铜排。

3. 隐患分析

高压线缆的紧固性关系到电力蓄电池工程车的正常功能，紧固不到位将直接导致线缆及相关部件烧损，严重时将导致电力蓄电池工程车丧失牵引能力，甚至造成人员伤亡。因此，在调试过程中务必对高压线缆及部件进行紧固性检查，确保紧固良好。

第二节　电气控制系统

一、系统概述

电力蓄电池工程车的电气控制系统控制车内各电气部件在不同工况下的工作，实现功能自检、模式匹配、故障诊断、状态显示等，为司机提供良好的驾驶环境，同时又能辅助司机及时判断电力蓄电池工程车的功能状态，保障行车作业安全。

电力蓄电池工程车电气控制系统主要由控制电源柜、低压柜、网络控制系统等组成。

各电气部件的控制命令均来自列车网络控制系统，由列车网络控制系统实现功能的逻辑判断。例如，当列车网络控制系统检测到电力蓄电池工程车同时满足若干条件后，将有效输出特定功能（供电模式匹配、升弓升靴等）。

二、功能

电力蓄电池工程车电气控制系统的电源主要来自控制电源柜。在列车静置情况下，电气控制系统的电源是控制电源柜内的控制蓄电池；在列车运行过程中，控制蓄电池始终处于浮充状态，电气控制系统的电源主要是控制电源柜内的控制蓄电池充电机。

电气控制系统的整体功能如下：

一是分配直流电源，即从控制电源柜将 110 V、24 V 直流电输送给照明系统、微机系统、控制开关、仪器仪表等。

二是传递司机控制器（简称司控器）、扳键开关、继电器、方向或供电模式选择开关等的指令信号。

三是控制接触器、继电器、表盘、信号灯等部件的动作。

四是控制仪表的显示，显示网压、速度、里程、蓄电池工况、辅助系统故障、各气缸压力、制动状态、故障提示信息等。

五是控制司控器，包括牵引/制动力级位控制、速度控制、两个操作台的司控器互锁等。

六是控制方向和占用端，包括向前、向后、无方向控制，以及操作端占用控制。

七是控制辅助系统，完成受电弓、主断路器、空气压缩机、风机、照明系统、空调、信号系统等设备的控制。

八是控制变流器及电动机，如控制设备的启停，控制变流器及电动机的隔离。

九是控制保护逻辑，即对重要部件做保护处理，防止设备因过电压、过电流等原因损坏或存在潜在的安全风险。

十是监控系统及提示故障，主要由微机控制系统完成。

三、工作原理

（一）控制电源柜

控制电源柜主要由控制蓄电池、牵引蓄电池隔离开关、三个 AC/DC 模块和一个监控模块等组成。控制电源柜的左部为牵引蓄电池隔离开关；中下部为两个控制蓄电池箱（每个箱体由四个控制蓄电池组成），中上部为刀开关、自动开关等；右上部为 AC/DC 模块，右中部为监控模块等，右下部为滤波器，输出端子组件安装在最右侧。控制电源柜内部图如图 4-27 所示，部件明细见表 4-5。

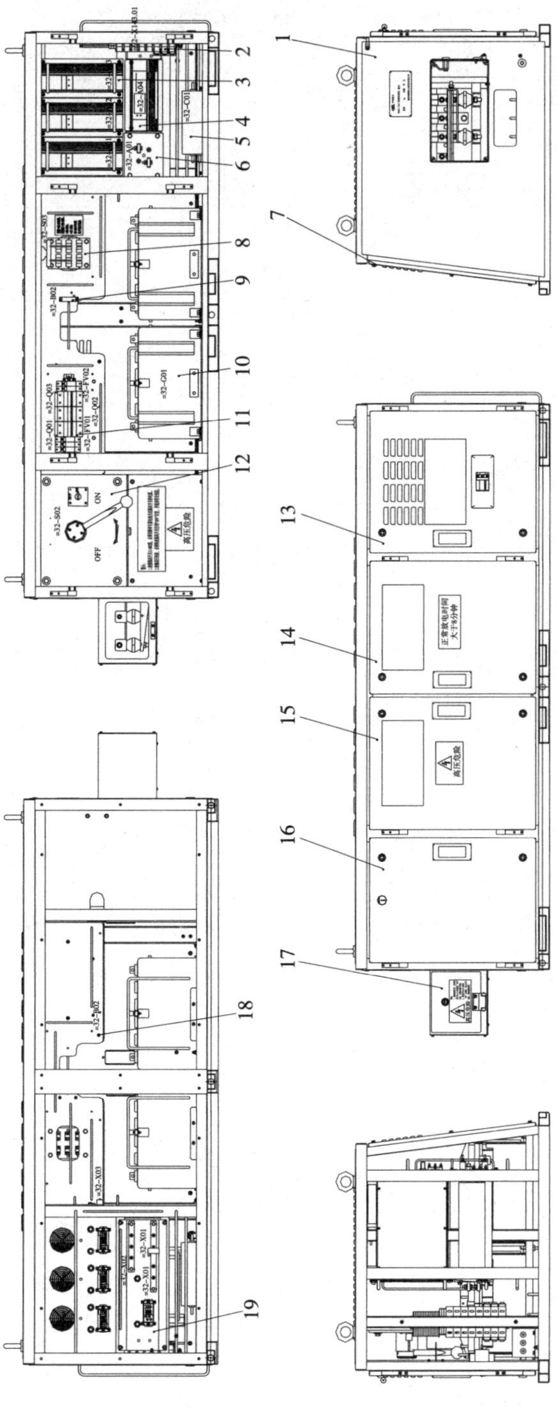

图 4-27　控制电源柜内部图

表 4-5 控制电源柜部件明细

序号	名称	型号/图号	数量
1	柜体	AQ01006265	1
2	输出端子组件	AQ01004205	1
3	AC/DC 模块	TGY110-A6	3
4	监控模块	380V110V1C	1
5	滤波器	DL-65EBK5	1
6	硅元件	ZP300-10	1
7	后盖板	AQ01004201	2
8	刀开关	DKG-XY-SYZ	1
9	电流传感器	LT208-S7/SP8 200A	1
10	控制蓄电池箱	AQ01006301	2
11	自动开关	AQ01004211	1
12	牵引蓄电池隔离开关	TKH13A	1
13	门板二组件	AQ01004180	1
14	门板四组件	AQ01004186	1
15	门板三组件	AQ01004183	1
16	门板一组件	AQ01006352	1
17	盖板一组件	AQ01006345	1
18	`温度传感器	PT100	1
19	插座安装板组件	AQ01004207	1

控制电源柜的主要功能：AC/DC 模块将 3AC 380 V 电源变为 DC 110 V 电源，为控制蓄电池充电，并为 DC 110 V 负载供电。控制电源柜配置了监控显示屏，可设置参数、查询运行状态及故障记录；配置了牵引蓄电池库内的充放电接线盒，方便库内充放电时接入，同时柜内牵引蓄电池隔离开关与整车高压操作形成安全互锁，提高了维护检修的安全性。

（二）低压柜

低压柜外观示意图如图 4-28 所示。柜内左侧后部安装了控制回路的继电器及接触器，柜内右侧前部安装了用于控制电力蓄电池工程车的 LCU（logic control unit，可编程逻辑控制单元）模块，柜内底部安装了接线端子及电源模块，柜前方表面安装了断路器、转换开关等。

低压柜主要装有 380 V 负载、220 V 负载、LCU 模块、24 V 直流电源等功能电路的电器元件。低压柜主要实现电源分配及辅助系统控制，为仪表、电压传感器、电流传感器提供电源，同时通过接触器间接控制受电弓、高速断路器等。当电力蓄电池工程车网络通信出现故障时，紧急牵引模块可将网络模块旁路，实现电力蓄电池工程车的正常运行，减少救援隐患。

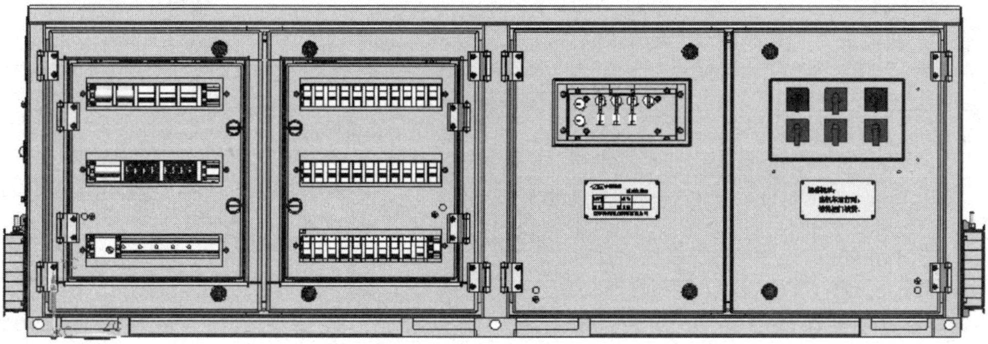

图 4-28　低压柜外观示意图

（三）网络控制系统

网络控制系统主要由 VCM、EDRM（event data recording module，事件数据记录模块）、GWM（gateway module，网关模块）、DXM（digital input/output module，数字量输入输出模块）、DIM（digital input module，数字量输入模块）、AXM（analog input/output module，模拟量输入输出模块）以及 BCU（brake control unit，制动控制单元）、DCU、VDU 等组成。网络控制系统拓扑图如图 4-29 所示。电力蓄电池工程车内模块配置见表 4-6。

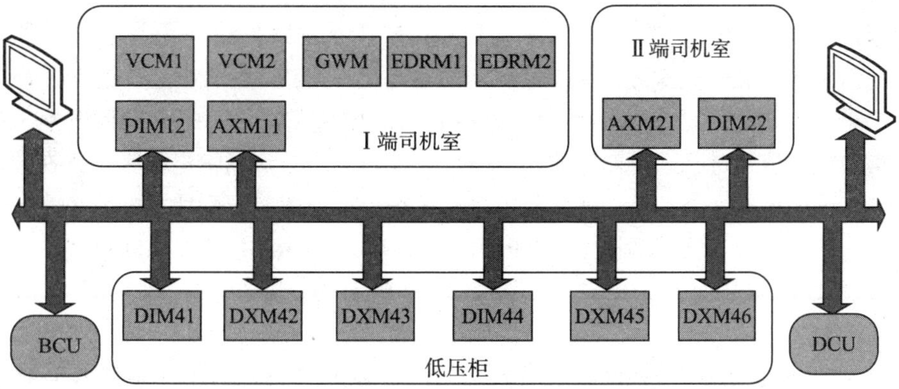

图 4-29　网络控制系统拓扑图（未画出 VDU）

表 4-6　**电力蓄电池工程车内模块配置**

司机室 I	司机室 II	低压柜
DIM12	DIM22	DIM41
AXM11	AXM21	DXM42

续表

司机室Ⅰ	司机室Ⅱ	低压柜
VDU1	VDU2	DXM43
VCM1		DIM44
VCM2		DXM45
GWM		DXM46
EDRM1		
EDRM2		

网络控制系统具备牵引/制动控制、空电混合控制、低恒速控制、系统监视等功能。牵引/制动控制功能主要通过牵引控制单元完成，可实现运行方向控制（向前、向后、无方向）、牵引/制动控制（牵引、制动、惰行）、牵引/制动级位控制（司控器级位信号）。空电混合控制功能是在尽可能发挥电制动力的基础上，通过制动控制单元控制输出空气的制动力，以满足总制动力的要求。低恒速控制功能是指在电力蓄电池工程车运行过程中，司机可通过显示屏选择“低恒速”控制模式，并设定运行速度值。系统监视功能是由中央控制单元收集并在故障数据库中存储列车的事件、故障、状态等相关信息。故障信息在司机台上通过人机接口显示，并且通过其他设备上传到地面维修和服务系统中，以供长期储存和进行深入的地面分析。

网络控制系统中部分子模块的功能如下：

1. VCM 功能

VCM 实物图和示意图如图 4-30 所示。其中，USB（universal serial bus）是通用串行总线。一方面，VCM 管理电力蓄电池工程车在正常条件或非正常条件下的所有牵引/制动控制功能等，并按照所给条件使电力蓄电池工程车投入特定的工作状态。在正常条件下电力蓄电池工程车启动后，网络控制系统自检正常，此时电力蓄电池工程车可按照正常的操作流程进行运行；在非正常条件下即当某个节点通信出故障时，在显示器的拓扑图中，该节点显示为红色，表示无电源或无通信，此时需要网络控制系统进行复位操作。另一方面，VCM 通过 MVB（multifunction vehicle bus，多功能车辆总线）向牵引控制单元（DCU）和制动控制单元（BCU）传输牵引/制动控制指令，即具有通信管理功能。

（1）过程控制功能。过程控制功能包括牵引/制动控制功能、主电路控制功能、空电混合控制功能、超速保护功能等。

（2）通信管理功能。VCM 具有 MVB 管理能力，可进行主从控制转换；具有故障诊断能力，可收集车辆状态信息或故障信息，并将它们显示在 VDU 上。

2. EDRM 功能

EDRM 实物图如图 4-31 所示。EDRM 是数据转储的关键部件，它通过 MVB 与其他设备通信。它具备司机操作数据、故障数据、事件数据的记录功能，可将 VCM 的故障数据具体化，同时可下载记录的数据，供便携式维护工具分析。

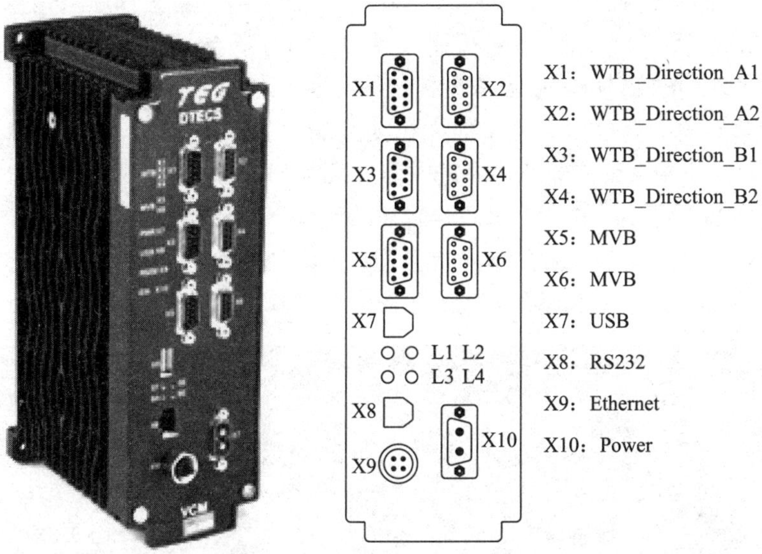

图 4-30　VCM 实物图和示意图

3. GWM 功能

GWM 是网络控制系统实现电力蓄电池工程车重联运行的核心模块，可执行诸如牵引/制动控制等一系列与电力蓄电池工程车重联运行有关的控制功能，可与 VCM 进行电力蓄电池工程车重联运行数据的交换，具有绞线式列车总线的管理能力。

4. DXM 功能

DXM 实现数字量信号的采集输入和控制输出，可将车辆间电气信号转换成控制信号，经由网络控制系统传送给 VCM，完成各种控制功能；同时，能将网络控制信号转换成电气信号，控制指示灯、继电器等设备。

5. DIM 功能

DIM 实现数字量信号的采集输入，主要是将车辆间电气信号转换成控制信号，经由网络控制系统传送给 VCM，完成各种控制功能。

6. AXM 功能

AXM 实现模拟量信号的采集输入和控制输出，主要是将车辆间电气信号转换成控制信号，经由网络控制系统传送给 VCM，完成各种控制功能；同时，能把网络控制信号转换成电气信号，控制仪表等设备。

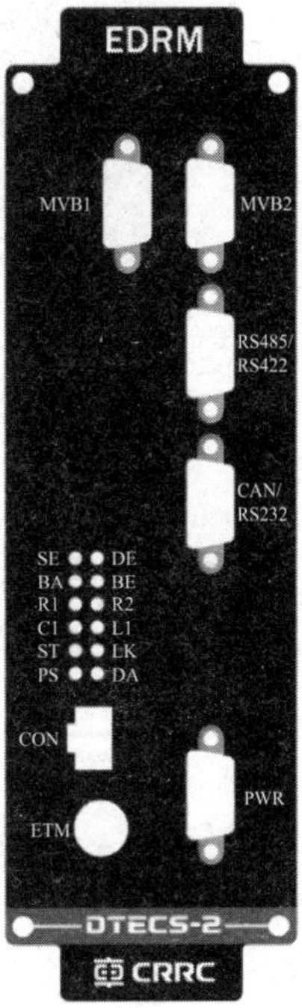

图 4-31　EDRM 实物图

7. VDU 功能

VDU 是网络控制系统的显示终端设备，是司机和维护人员操作电力蓄电池工程车的“窗口”，可向司机和维护人员提供车辆综合信息、各设备工作状态信息、故障信息等，同时能对轮径、列车质量、低恒速、时间、日期等参数进行更改与设定。此外，VDU 设置有 USB 接口，可将故障信息转储进行地面统计、分析。

VDU 可实现电力蓄电池工程车的人机交互功能。VDU 采用 MVB 电缆与电力蓄电池工程车及网络控制系统其他部件进行连接，采用 MVB 通信方式进行信息交换，通过 MVB 网络接收其他设备（VCM、EDRM、GWM、DCU、AXM、DXM、DIM 等）的信息，并以适当形式显示在液晶显示屏上，同时 VDU 还提供输入接口，通过 MVB 网络将指令传送至其他设备，完成数据信息交换。VDU 单机模式界面如图 4-32 所示。

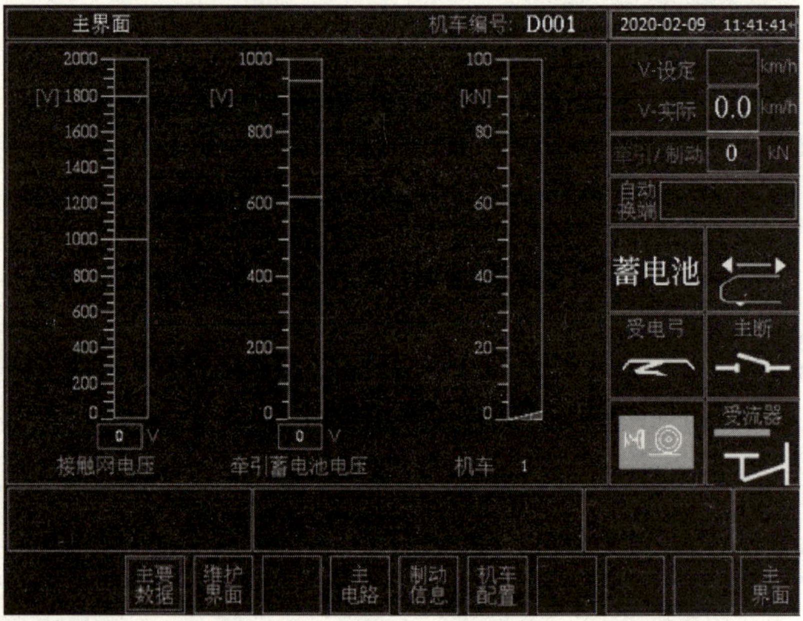

图 4-32 VDU 单机模式界面

四、系统调试

控制系统是电力蓄电池工程车的关键系统之一，关乎电力蓄电池工程车功能表现及运行的稳定性。控制系统的调试工作主要分为外观检查、软件版本核查、查线核图、静态带电功能检查及动态功能检查，全方位的检查可以确保电力蓄电池工程车通过高质量验收。

（一）外观检查

1. 控制电源柜

（1）检查控制电源柜外观（见图 4-33）是否完好，柜体应无损伤、变形。检查柜体表面油漆的完好程度，应无大面积刮痕或脱落，否则应及时补漆。

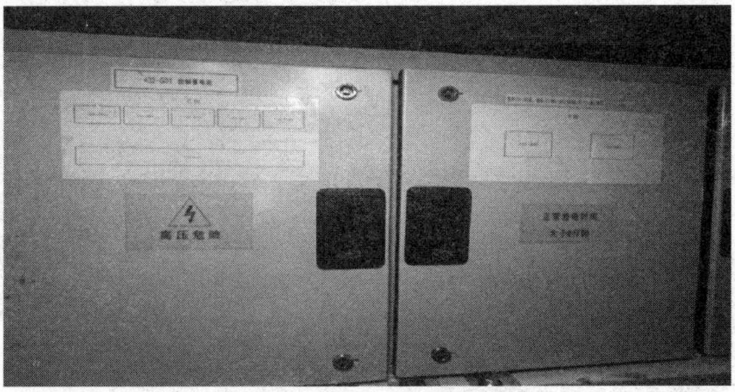

图 4-33 控制电源柜外观

（2）检查控制电源柜内各部件是否安装齐全，安装螺栓均应标有防松标记。各电气部件的安装情况如图 4-34 所示。

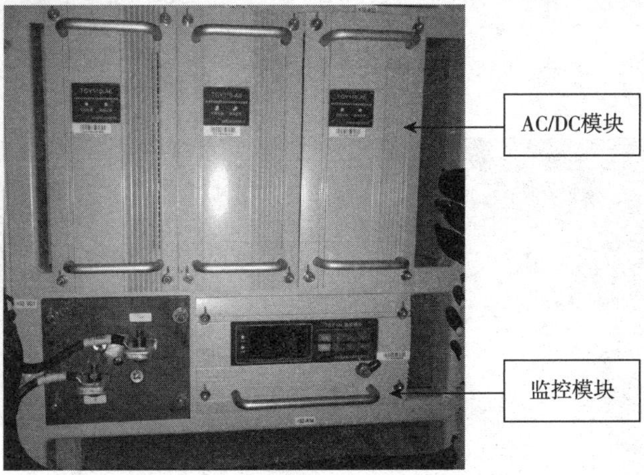

图 4-34 各电气部件的安装情况

（3）检查紧固件有无缺失、松动等情况，器件及线号标识是否完整、清晰。检查紧固件防松标记是否清晰、无错位，各线缆线号是否齐全、完整、清晰，如图 4-35 所示。

（4）检查内外电气接口插接是否牢固。检查内外连接器及内部各接线端子插接是否牢固。

（5）检查门盖板密封条（见图 4-36）是否牢固，密封条应无老化、裂纹、脱落等现象。

（6）检查过电压保护器和断路器是否损坏。过电压保护器、断路器应无烧损或跳闸现象；用手轻摇断路器上的连接电缆，应紧固、无松动；用手轻摇接地电缆，应紧固、无松动、无损坏。过电压保护器、断路器和接地电缆如图 4-37 所示。

图 4-35　各线缆线号齐全、完整、清晰

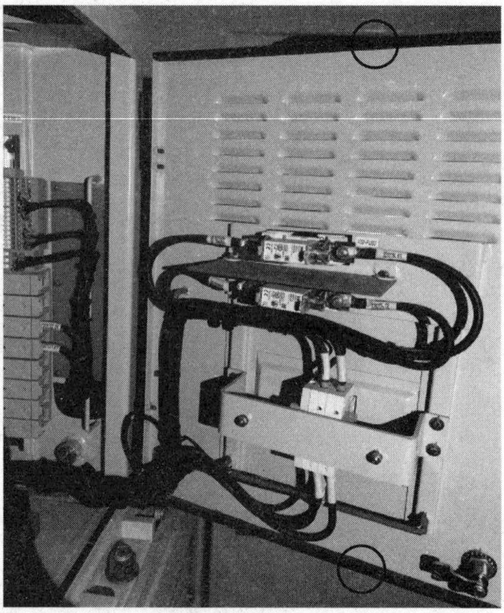

图 4-36　门盖板密封条

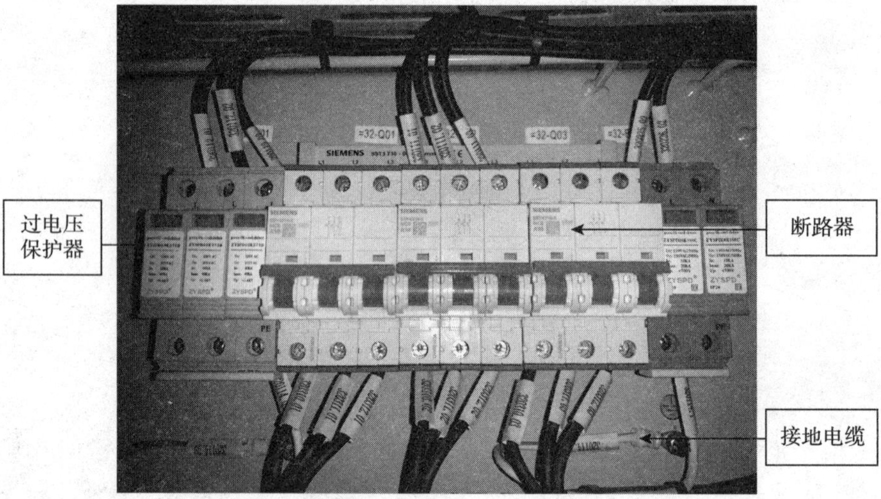

图 4-37　过电压保护器、断路器和接地电缆

（7）检查接线端子（见图 4-38）是否损坏或变色。观察接线端子，应无损坏或变色、松动、散股等现象，点位标识应清晰可见，线套应完好无损且线号清晰可见。

（8）检查控制蓄电池外观（见图 4-39）是否正常。检查控制蓄电池的设备标识与铭牌是否清楚、齐全，正负极标志是否良好且明显，绝缘帽安装是否紧固、无松脱，表面有无变形、漏液、结晶等异常情况。

图 4-38 接线端子

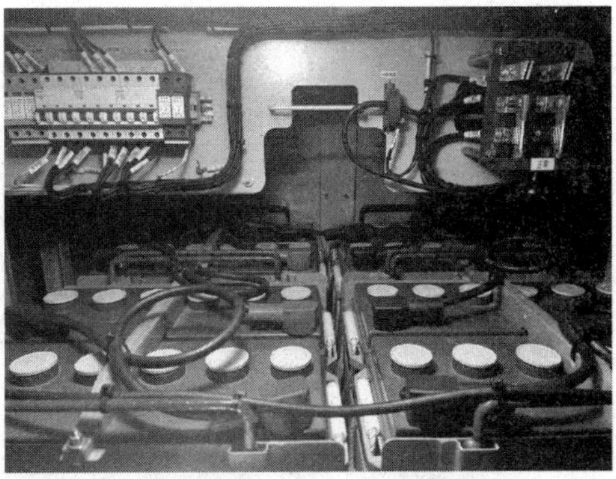
图 4-39 控制蓄电池外观

2. 低压柜

(1) 检查柜体有无损伤、变形现象，内部是否整洁、有无污物，油漆表面是否破损。低压柜外观如图 4-40 所示。

(2) 检查紧固件有无松动现象，防松标记是否清晰，内外电气接口插接是否牢固。检查低压柜所有螺栓的紧固状态，防松画线应清晰、无错位。低压柜紧固件的检查如图 4-41 所示。

图 4-40 低压柜外观

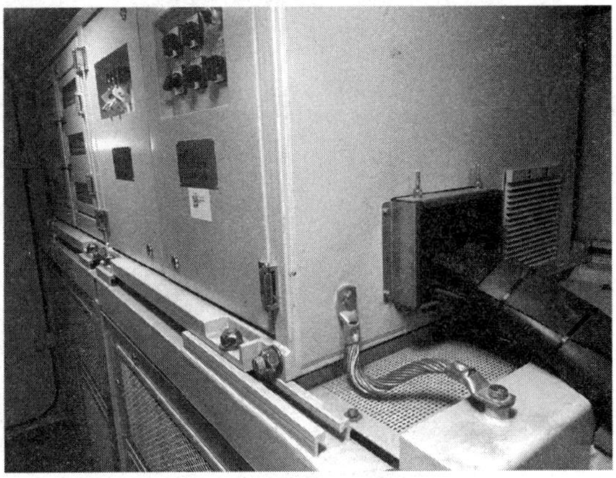
图 4-41 低压柜紧固件的检查

(3) 检查低压柜内设备位置是否正确，位置代码是否正确，如图 4-42 所示。

(4) 检查铭牌字迹是否清晰、内容是否正确，警示牌字迹是否清晰、位置号是否正确。

(5) 检查各部件是否损坏或变色。检查低压柜外部微动开关（见图 4-43）的安装是否紧固、无松动，外观是否完好无损，动作是否顺畅、无卡滞，线缆有无老化、龟裂现象以及与柜体有无干涉现象。检查风扇转动是否正常，接线是否紧固、无松动。检查熔断器（见图 4-44）中心位置的红色圆点部分是否跳出，若跳出则表明熔断器已经断开。检查电阻（见图 4-45）涂层有无碳化变色、剥落等现象。

图 4-42　检查低压柜位置代码

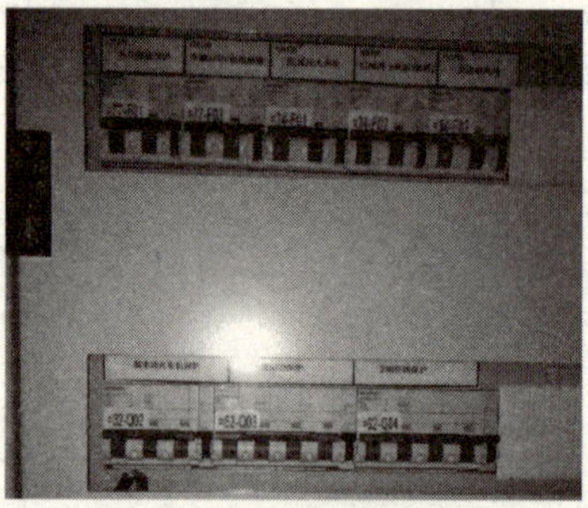

图 4-43　低压柜外部微动开关

图 4-44　熔断器

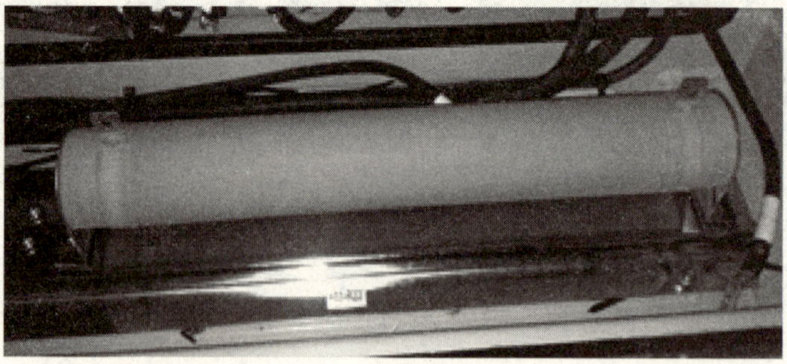

图 4-45　电阻

（6）检查低压柜柜门的密封条（见图 4-46）是否破损或剥落。

（7）检查低压柜线缆（见图 4-47）及其接头。低压柜所有线缆应连接牢固、无松动，接头应压接牢固、可靠，线缆本体应无老化、龟裂现象且与柜体无干涉现象。如线缆严重损坏或变色，应及时更换。

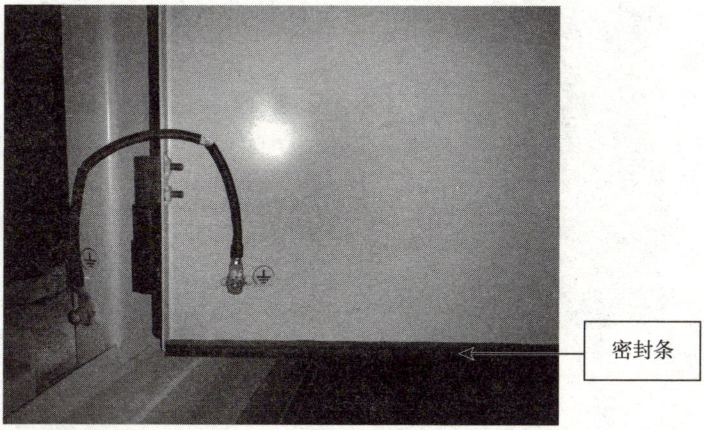

图 4-46　低压柜柜门的密封条

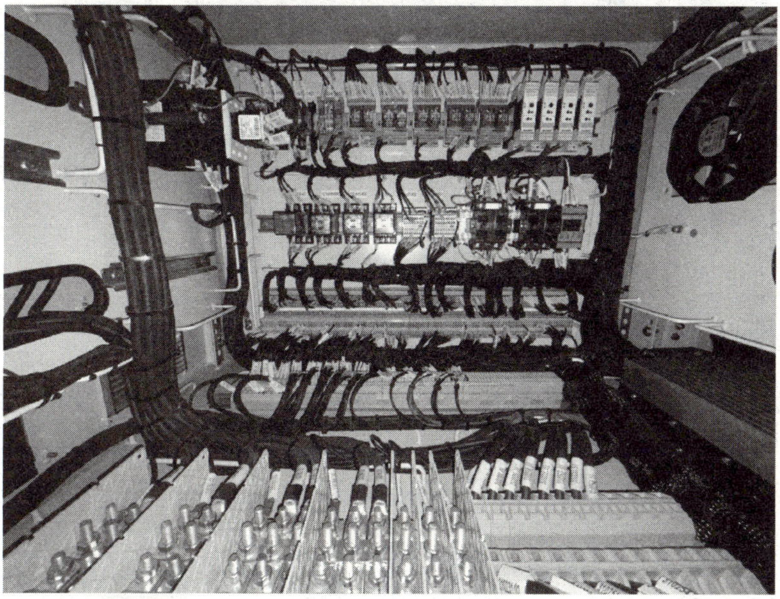

图 4-47　低压柜线缆

(8) 检查高压联锁装置（见图 4-48）和转换开关有无缺损。检查高压联锁装置上的 6 把钥匙是否齐全，包括 2 把黄色钥匙（蓄电池隔离开关联锁钥匙和电网接地开关联锁钥匙）和 4 把绿色钥匙（电气柜门钥匙与车顶门钥匙）。

(9) 检查紧急牵引旋钮开关（见图 4-49）动作是否灵活。该开关应动作灵活，在正常位置且保护盖有效，其他开关应在规定位置。

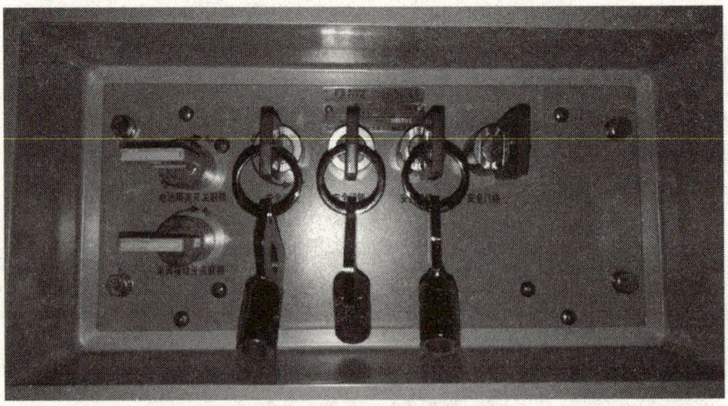

图 4-48　高压联锁装置

图 4-49　紧急牵引旋钮开关

（二）软件版本核查

核查网络控制系统各控制模块的软件是否为最新版本，确保车辆逻辑关系的准确性、稳定性及安全性。系统、部件（模块）应用软件的版本信息见表 4-7。

表 4-7　　系统、部件（模块）应用软件的版本信息

序号	系统、部件（模块）名称	软件名称	版本信息
1	VCM 模块	VCM 应用软件	VCM1：5.0.0、5.1.1、1.0.1
			VCM2：5.0.0、5.1.1、1.0.1
2	ERM 模块	ERM 应用软件	4.1.0、4.4.0、0.1.12
3	VDU 模块	VDU 应用软件	1.0.5、0.0.0、1.1.1
4	牵引逆变器	牵引逆变器逻辑应用层软件	SMC：1.0.0、1.0.0、0.2.5
			MCU：1.0.0、1.0.0、1.2.0
5	辅助逆变器	辅助逆变器 DSP 应用软件	1.0.0、1.0.0、1.0.4
		辅助逆变器 MultiProg 应用软件	1.0.0、1.0.0、1.0.2
6	蓄电池管理系统	BMS 应用软件	GZMTR-V1.0.8.53_alpha_500K

（三）查线核图

查线核图是在对电力蓄电池工程车进行初步外观检查之后进行的，是静态检查过程中的关键步骤之一。查线核图结果体现了电力蓄电池工程车的设计水平和工艺质量，在核查过程中应对发现的问题进行汇总，并在每周的现场调试例会上进行总结。对于重大设计缺陷，需要车辆总承包商组织专业工程师核实，并限期完成设计整改。

为了方便检查、记录，可根据接线表、电路图制作查线核图检查记录表。查线核图所需的工器具主要有万用表、一字旋具套装、十字旋具套装、辅助电缆等。查线核图时主要对整车线缆线号与点位是否对应、接线是否紧固完好等进行检查，应确保电力蓄电池工程车接线稳定可靠且电路图与现场实物一致，避免因接错线而导致设备烧损。

1. 各继电器柜内继电器相关接线应紧固、无松动，线缆应无老化、破损现象且与车体无干涉现象，线号应清晰、完好无损且与检查记录表中的线号相对应，继电器标签应清晰可见，若有异常应在检查记录表中做好记录并及时通知相关负责人。继电器的接线状态如图 4-50 所示。

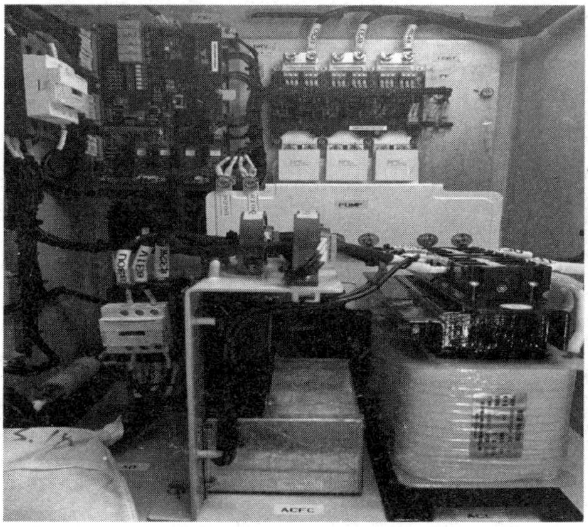

图 4-50 继电器的接线状态

2. 司机室内开关、低压柜微动开关、旋钮、按钮应安装紧固、无松动，外观应完好无损，动作应顺畅、无卡滞，接线应紧固、无松动，线号应与对应检查记录表中的线号相对应，线缆应无老化、龟裂现象且与车体无干涉现象。

3. 检查司控器内部接线、螺钉紧固、外观、各微动开关点位与线号对应等情况。要求司控器内部接线紧固、不露芯，线缆绝缘层、外观无破损，对应线号与司控器接线表一致。司控器内部状态如图 4-51 所示。检查司控器各螺钉是否紧固、无缺失。可插入主控钥匙，检查钥匙开关、方向选择开关、主控手柄、警惕按钮动作是否顺畅，联锁功能是否正常。检查插头的插针是否缩针，测量各对触点接通时的电阻值。

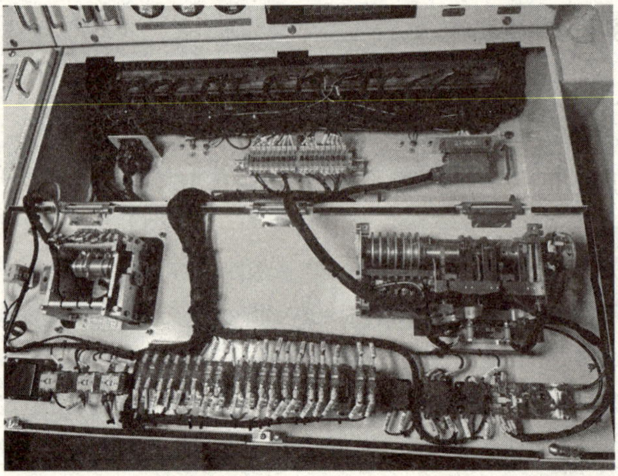

图 4-51　司控器内部状态

4. 检查相关端子排接线（见图 4-52）是否紧固、无松动、无散股，点位标识是否清晰可见，线套是否完好无损，线号是否清晰可见、与接线表对应。若存在二极管，则应用万用表测量二极管特性（正向导通，反向截止）。若存在短接片，应检查短接片是否紧固、无松动。

图 4-52　端子排接线

5. 检查低压柜内接线排接线是否紧固、无松动，外观是否完好无损，对应线号与接线表是否一致。若存在短接片，应确认短接片紧固、无松动。检查各熔断器底座安装是否紧固、无松动，外观是否完好无损；变压器安装是否紧固、无松动，外观是否完好无损；相关接线是否紧固、无松动，与检查表线号是否相对应；线缆有无老化、龟裂现象，与车体有无干涉现象。检查接触器安装是否紧固，接线有无松动、散股现象，对应点位接线与接线表线号是否一致；线缆有无老化、龟裂现象，与车体有无干涉现象。

6. 检查连接器外观是否完好，插针有无烧蚀、缩针、断针现象，接线与外壳有无干涉、磨损现象，屏蔽线连接是否可靠。拆除连接器外壳后，检查相应点位线号与检查表是否一致。

（四）静态带电功能检查

1. 司机室功能

（1）司机室显示屏（见图4-53）所显示的车号（即机车编号）应正确，其他信息应清晰、可读，且能正确反映故障信息，蜂鸣器功能正常。

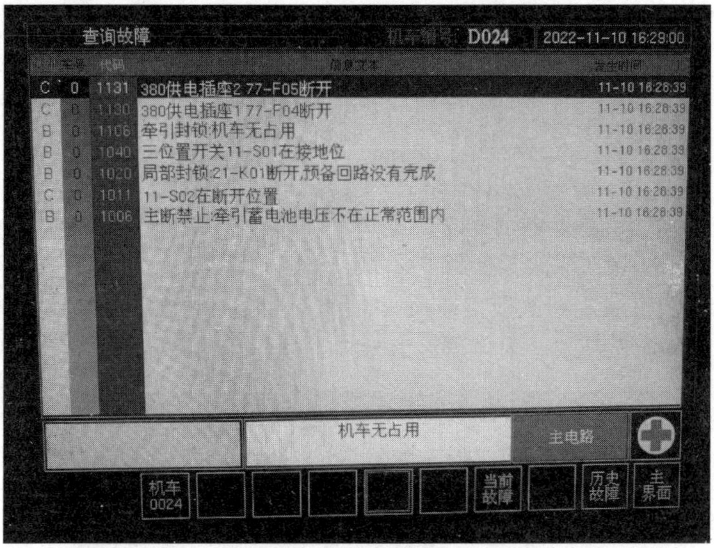

图4-53　司机室显示屏

（2）操作仪表灯扳键开关后，司机室内所有的仪表灯功能正常，如图4-54所示。

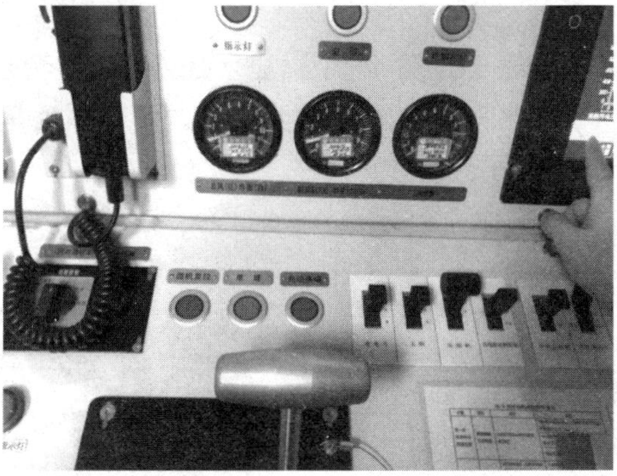
图4-54　仪表灯功能正常

（3）按压电喇叭按钮（见图4-55），喇叭声音正常。

（4）钥匙开关插入无卡滞，牵引手柄转动顺畅，警惕按钮按压正常，能正常施加制动。

图 4-55　电喇叭按钮

（5）除紧急按钮、重联开关匹配、机械间照明灯、阅读灯、头灯、风笛及刮水器功能正常外，非激活端司机室其他操作无效。

（6）检查司机室各旋钮及扳键开关（见图 4-56）动作是否顺畅、功能是否有效，操作功能旋钮或紧急按钮后，显示屏应有对应的提示信息及记录。

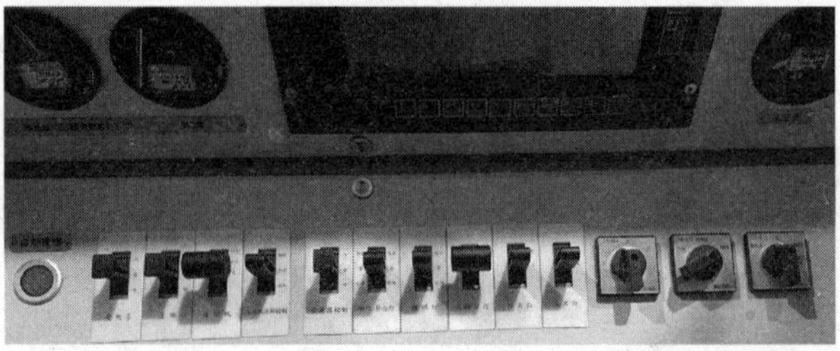

图 4-56　扳键开关

（7）检查电压表、速度表（见图 4-57）显示是否正常，指示灯是否正常。

（8）检查刮水器（见图 4-58）功能是否正常，摆动幅度是否适当，橡胶件有无裂纹。

图 4-57　电压表、速度表

图 4-58　刮水器

（9）手拉遮阳板至某位置，遮阳板应保持在该位置不动，释放后应能正常归位。

（10）检查司机室视频监控功能（见图 4-59）是否正常，能否读取视频监控数据，能否正常录制。

2. 照明功能

（1）检查头灯功能是否正常，如图 4-60 所示。

（2）检查辅助照明灯功能是否正常，如图 4-60 所示。

（3）检查标志灯功能是否正常，如图 4-61 所示。

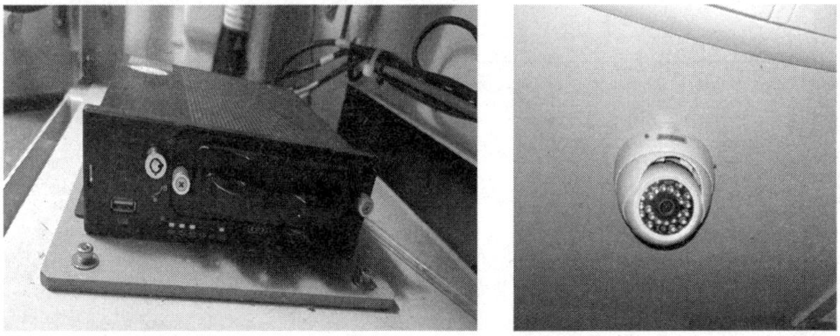

图 4-59　视频监控设备

图 4-60　检查头灯及辅助照明灯

图 4-61　检查标志灯

（4）检查司机室灯功能是否正常，如图 4-62 所示。

（5）检查阅读灯功能是否正常，如图 4-63 所示。

3. 冗余功能

（1）检查 HMI（human-machine interaction，人机交互）上的整车网络拓扑图（见图 4-64），总线和设备状态应正常，未出现红色故障信息。图中 CCU 是指中央控制单元，SIV 是指静态逆变器。

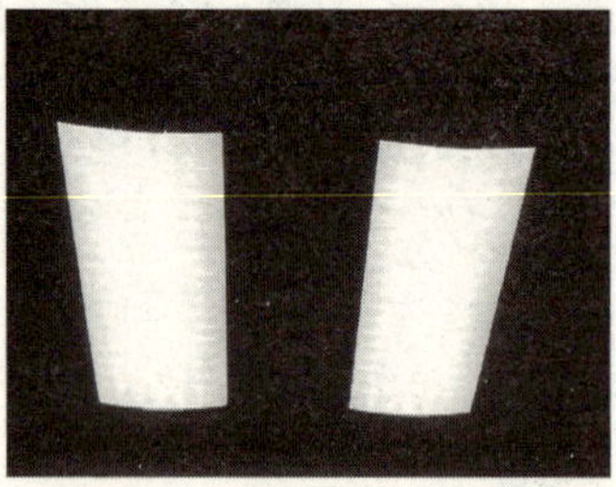

图 4-62　检查司机室灯

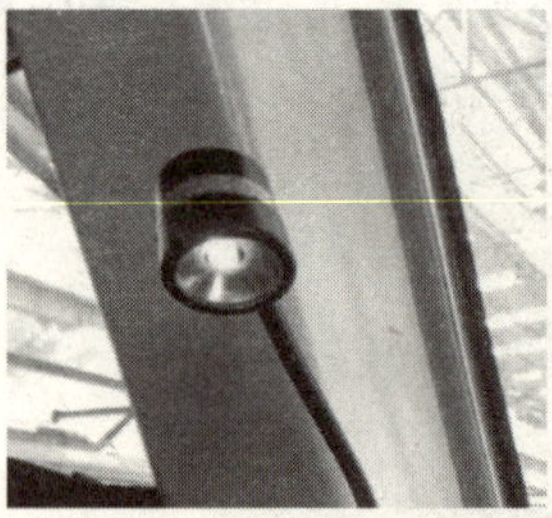

图 4-63　检查阅读灯

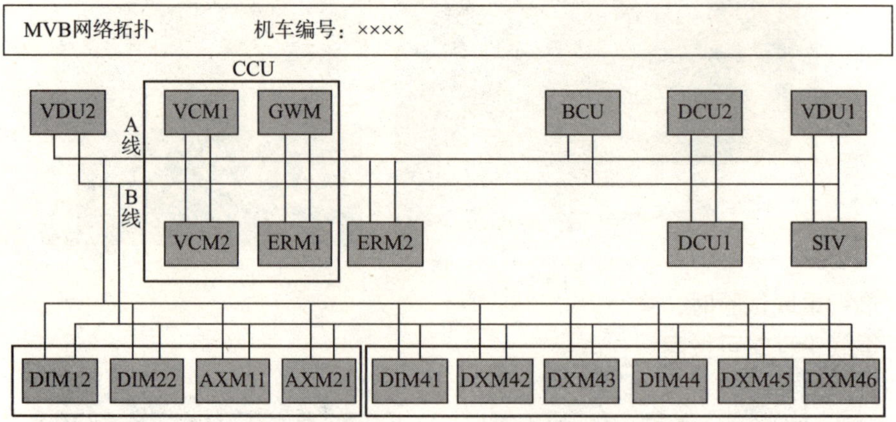

图 4-64　整车网络拓扑图

（2）断开 A 线，列车各项功能应正常；断开 B 线，列车各项功能应正常。

（3）激活列车后，断开 VCM1 微动开关，如图 4-65 所示，能自动切换为 VCM2 主列车控制单元，HMI 界面的通信图表正常，列车能正常动车。

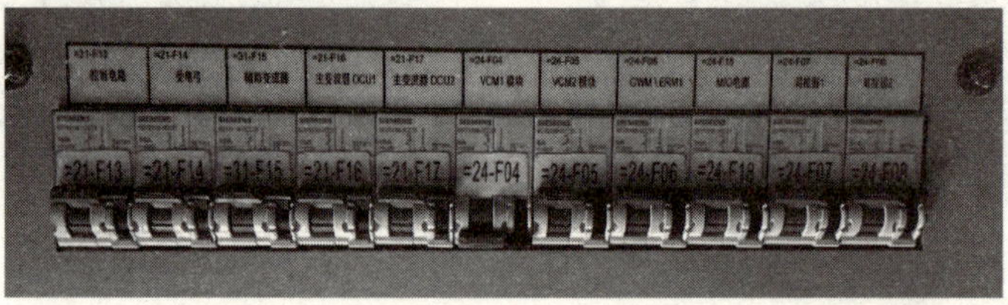

图 4-65　VCM 冗余功能检查

（五）动态功能检查

1. 合上蓄电池管理系统电源微断开关（=45-F29），管理系统显示屏显示当前蓄电池电量及电压情况，其电压值应与工程车电压表基本保持一致。BMS 显示屏如图 4-66 所示。

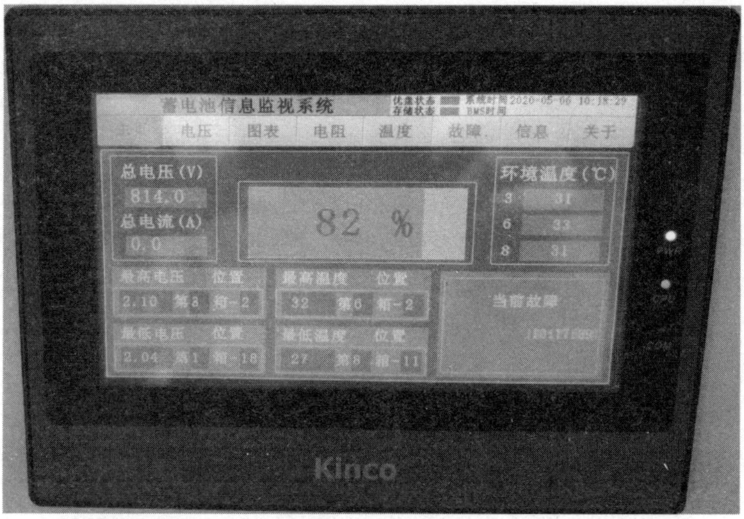

图 4-66　BMS 显示屏

2. 进行重联试验时，可以同时控制主断合上或断开。

3. 重联工程车可按同一方向运行（前进或后退）。

4. 进行紧急牵引模式检查（见图 4-67）。闭合低压柜的紧急牵引开关（=45-F10），断开低压柜的 VCM1、VCM2 开关，转动低压柜的紧急牵引开关（=75-S03）到紧急牵引位，选择正确的供电模式（受电弓/第三轨/蓄电池），合上主断后按规定进行牵引操作，工程车应能被正常牵引。

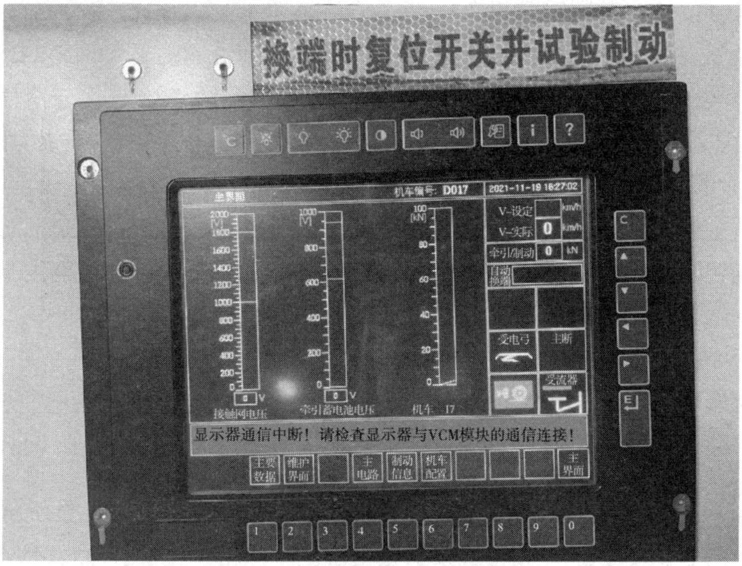

图 4-67　紧急牵引模式检查

五、故障案例

（一）警惕按钮失效

1. 故障概况

检查电力蓄电池工程车时发现司控器手柄松动，进一步核查发现司控器手柄及钢珠脱出（见图 4-68），将司控器手柄及钢珠复位后试机，发现蜂鸣器报警并触发惩罚制动故障。

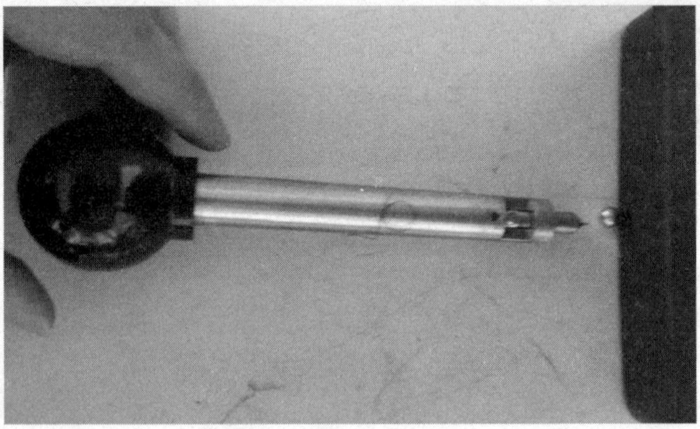

图 4-68　司控器手柄及钢珠脱出

2. 故障原因

拆出司控器按钮，发现钢珠进入手柄左侧通道（正常应在右侧通道）；正常情况下若司机按下警惕按钮，手柄圆柱会向下运动继而推动钢珠向右运动，钢珠再推动中心杆右移触发 S00 电位器开关动作，目前因钢珠已进入左侧通道，故无法将手柄圆柱下移的动量传递给中心杆，导致无法触发 S00 电位器动作。司控器内部结构图如图 4-69 所示。

因司控器手柄松动后，在复位钢珠时未安装到位导致警惕按钮失效，于是按下警惕按钮后，无法切断 S00 电位器常闭触点，导致网络一直认为电力蓄电池工程车无人操作，最终触发惩罚制动故障。

3. 存在问题

司控器检修项目属于司机室静态检查项目，在无电状态下，司控器手柄将一直锁死在零位无法移动，打开司机室盖板会发现司控器紧固螺栓的安装位置（见图 4-70）较隐蔽，在正视角度下无法发现，需要从侧面大角度斜视才可观察到。

4. 隐患分析

故障主要现象为电力蓄电池工程车触发惩罚制动，牵引封锁时无法动车，运行中出现该故障时可直接将无人警惕功能隔离，在缓解惩罚制动后可正常动车。

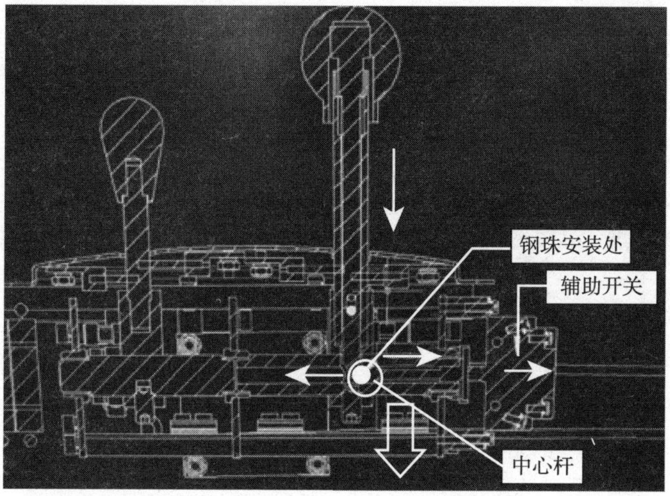

图 4-69 司控器内部结构图

图 4-70 司控器紧固螺栓的安装位置

（二）AC/DC 模块故障

1. 故障概况

为电力蓄电池工程车充电时发现无法充电，司机室显示屏显示“控制蓄电池充电机故障”（见图 4-71），检查发现电源柜内 AC/DC 模块两个“输出正常”指示灯不亮，且该模块控制低压断路器跳闸。

2. 故障原因

拆开模块盖板进行检查，内部接线良好，板卡器件无连锡、无虚焊，用万用表检测，发现主板 FU2、FU3 熔断器烧断，VD1、VD2 整流桥损坏。熔断器及整流桥烧损的检测结果如图 4-72 所示。

历史故障		机车编号：××××	
B	1020	局部牵引封锁：21-K01断开，预备回路没有完成	07-21 14:23:27
B	1119	牵引封锁：804紧急中继失电	07-21 14:23:27
A	1412	控制蓄电池充电机故障	07-21 14:23:27
A	1629	GWM节点故障	07-21 14:23:27
B	1106	牵引封锁：机车无占用	07-21 14:23:27

	机车预备回路 OK	开关	

机车 D026						当前 故障		历史 故障	主界 面

图 4-71　司机室显示屏显示故障

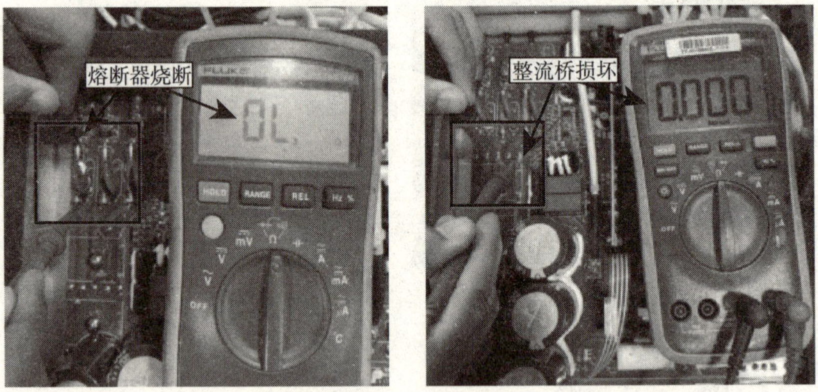

图 4-72　熔断器及整流桥烧损的检测结果

将失效器件（熔断器和整流桥）更换后进行通电验证，模块功能恢复正常，可正常带载输出。用万用表检测出现故障的整流桥，发现只有 V+脚到 W 相的内部方向二极管被击穿短路，因为二极管突然失效，所以 V、W 两相之间的 380 V 相电压直接通过坏的二极管形成闭合回路，产生大电流烧坏两相熔断器。主板整流桥原理图如图 4-73 所示。

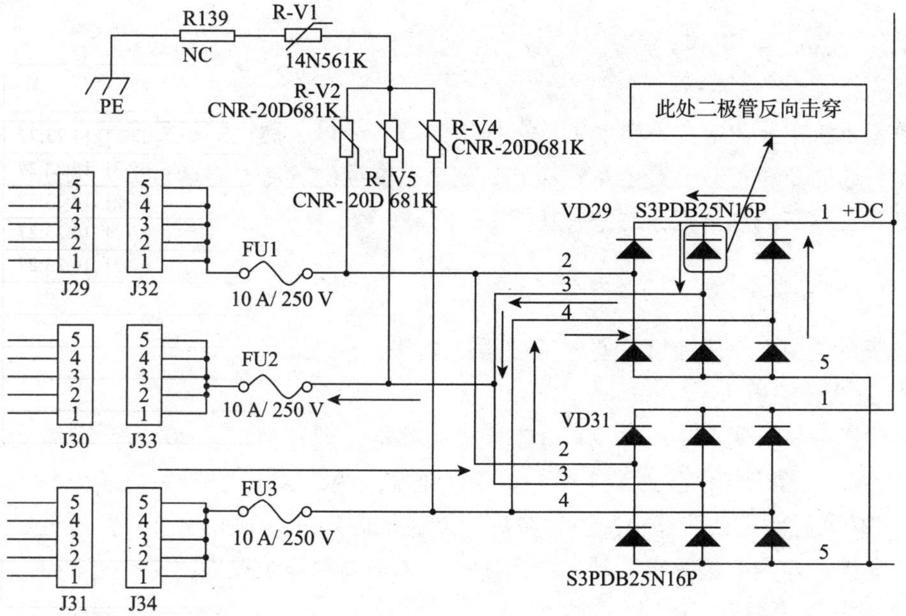

图 4-73　主板整流桥原理图

3. 隐患分析

故障导致控制蓄电池及牵引蓄电池无法正常充电，供电模式可切换为第三轨或接触网（作业区域未停电情况下），但整车控制电源均来自控制蓄电池。若作业区间较长，则需要切断大负载。否则，当控制蓄电池电压低于 88 V 时，蜂鸣器将报警；当控制蓄电池电压低于 77 V 时，电力蓄电池工程车出现牵引封锁，将需要救援。

第三节　制动及供风系统

一、系统概述

随着城市轨道交通行业的发展，电力蓄电池工程车引入了 DK-2 型制动机，使制动系统具有网络通信、混合制动、智能闭环精确控制等功能，可实现自动制动控制、单独制动控制、多机重联、故障诊断及记录等多种功能，有效地保障了城市轨道交通列车的高速性、安全性、准点性。

电力蓄电池工程车制动及供风控制系统主要由风源系统、制动系统等组成。当对车辆进行速度调整或者停车时将施行制动，电力蓄电池工程车的制动采用空电混合形式，原则上优先电制动，当电制动不足时再补充空气制动，空气制动是通过闸瓦压紧轮箍实现制动力有效输出的。

二、工作原理

风源系统主要为电力蓄电池工程车提供洁净、干燥、稳定的压缩空气。制动系统通过检测制动器及司控器位置信号，控制向制动缸充风的气压，并通过单元制动器实现电力蓄电池工程车的制动减速或停车功能。

（一）风源系统

风源系统由空气压缩机、空气干燥器、总风缸等组成。

1. 空气压缩机

空气压缩机（见图 4-74）采用螺杆式压缩机，型号为 TSA-0. 9AD，额定排量为 0. 9 m^3/min，额定排气压力为 1 MPa，输入电压为 AC 380 V，控制电压为 DC 110 V。TSA-0. 9AD 型螺杆式压缩机由弹性减振器平稳地固定在钢制底座上，并通过底座下方的 4 个安装孔与安装架固定。其主要用途是为车辆制动系统提供压缩空气。

2. 空气干燥器

空气干燥器（见图 4-75）的作用是处理经空气压缩机压缩后的空气中的水、杂质颗粒、油污等，可防止制动系统部件产生锈蚀、堵塞、凝结水、结冰等异常现象。电力蓄电池工程车采用的是 TADIIb 型干燥器，具有自动周期性排水、双塔循环、干燥剂状态监测等功能。

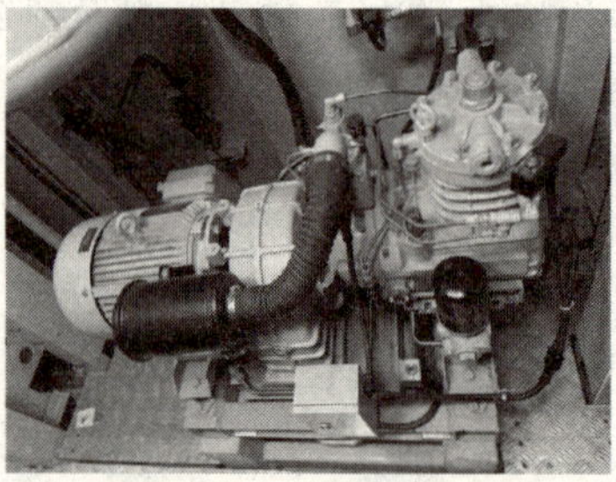

图 4-74 空气压缩机

图 4-75 空气干燥器

3. 总风缸

总风缸（见图 4-76）符合《机车用储风缸》（TB/T 304—2018）的相关要求，由两个 200 L 风缸串联组成，总容积为 400 L。其中一个总风缸与干燥器集成为一个模块，安装于空气压缩机上方的侧墙上；另一个总风缸安装于空气管路柜内，并设置了排水装置，应定期进行排水操作，其主要作用为储存风源，供制动时向制动缸充风。

（二）制动系统

制动系统主要由自动制动控制器（以下称大闸）、单独制动控制器（以下称小闸）、

图 4-76　总风缸

制动控制单元（以下称 BCU）和制动柜（内含均衡管控制模块、中继阀、制动缸预控模块、三通阀、紧急阀、电动放风阀、紧急制动控制模块等部件）等组成。大闸主要实现列车管压力的控制，小闸主要实现空电混合制动和快速制动控制。

DK-2 型制动机采用微机模拟技术实现电力蓄电池工程车的制动控制，通过操纵大闸手柄、小闸手柄至不同制动位置，控制器凸轮触发相应位置的电信号，并将其同步发送至 BCU，BCU 结合控制器电信号及传感器信号，经内部程序运算后控制相应电空阀动作，实现均衡风缸的压力控制，并通过电空阀及中继阀控制列车管压力与均衡风缸压力同步变化；同时，制动缸控制模块接收 BCU 控制信号，控制作用阀动作，以实现制动缸的压力控制。制动控制原理图如图 4-77 所示。

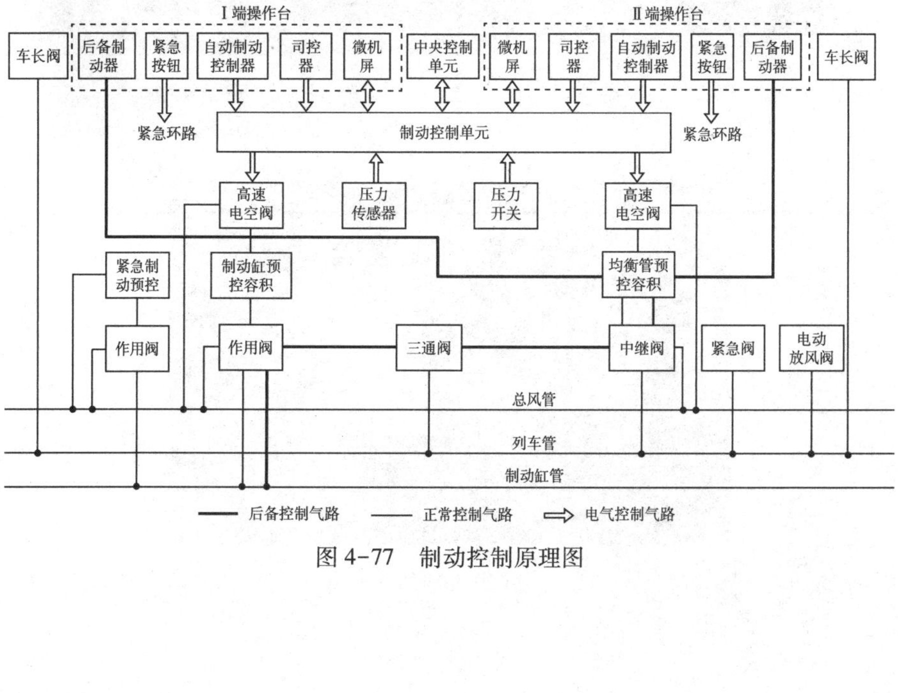

图 4-77　制动控制原理图

1. 自动制动控制器

自动制动控制器（见图 4-78）是通过控制列车管压力来操纵全列车制动或缓解的控制装置，其利用控制电路来间接控制电空阀的开启或关闭，使风路导通或截断，从而实现列车充风缓解或排风制动的目的。

2. 制动控制单元

制动控制单元（见图 4-79）接收制动控制器发出的指令，并结合传感器组信号及其他控制信号，经内部程序运算控制相应电空阀等电气设备动作，从而控制制动机动作。制动控制单元可以实现制动系统与列车网络的通信功能。制动控制单元是制动系统的核心控制部件，具有反应速度快、可靠性高、抗干扰能力强、结构紧凑、检修方便等特点。

3. 空气管路柜

空气管路柜集中了制动系统的主要阀类和控制单元等部件。为了便于操作和检修，空气管路柜一般安装在机械间。空气管路柜包含均衡风缸模块、制动缸及停放控制模块，两个模块分别通过两个高速电空阀和压力传感器形成闭环控制模块，实现均衡风缸和制动缸压力的精准控制，以及对电力蓄电池工程车的制动和缓解。空气管路柜正面图如图 4-80 所示。

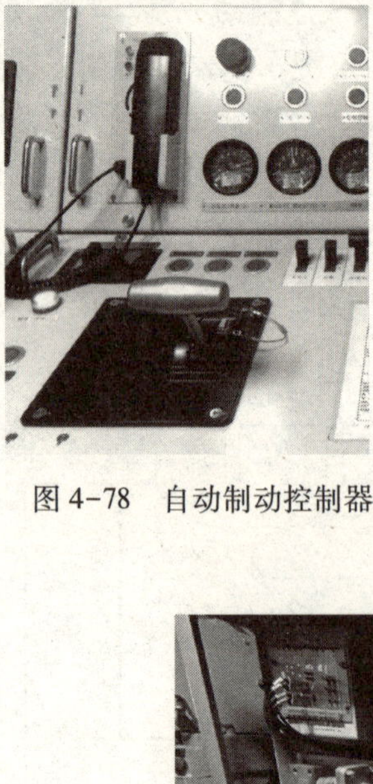

图 4-78　自动制动控制器

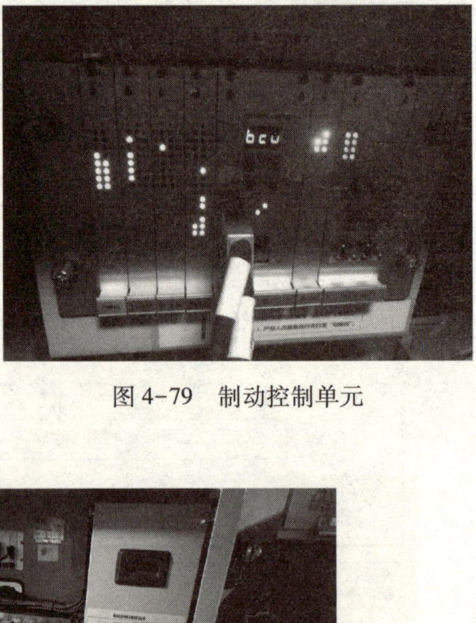

图 4-79　制动控制单元

图 4-80　空气管路柜正面图

4. 基础制动装置

电力蓄电池工程车的基础制动装置采用 JZZ-2 系列单元制动器。JZZ-2 系列单元制动器是一种运用于车辆的踏面单元制动装置，分为不带停放制动功能的 JZZ-2A 型单元制动器（见图 4-81a）和带停放制动功能的 JZZ-2B 型单元制动器（见图 4-81b）两种。紧急制动时的风压为 450 kPa，停放制动时的缓解风压大于或等于 500 kPa。

当电力蓄电池工程车在停放时要移动而又无司机操纵或无风时，可对停放制动施行手动缓解，即将停放制动缸的风压排尽后拉动手动缓解拉环（见图 4-82），在听到风缸的机械撞击声后松开手动缓解拉环，便可缓解停放制动。

5. 后备制动装置

后备制动为 DK-2 型制动机的冗余功能。在电力蓄电池工程车运行过程中，当 DK-2 型制动机电磁阀或 BCU 出现故障时，可直接切换为后备制动模式，通过操作司机室操作台上的后备制动手柄（见图 4-83），实现纯空气后备制动。而在正常情况下，后备制动转换电联锁塞门处于关闭位，此时操作后备制动手柄，DK-2 型制动机状态不受任何影响。

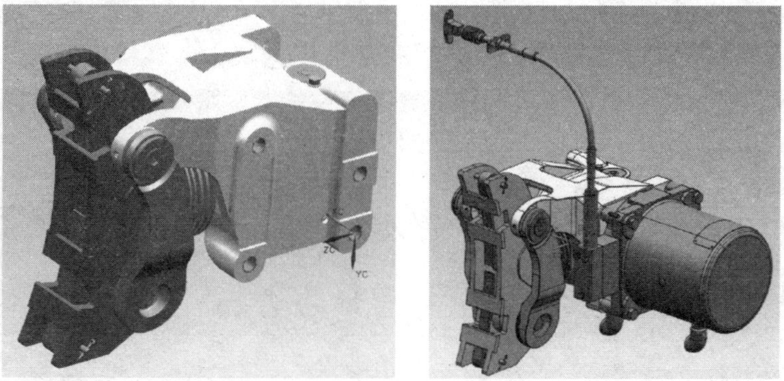

a）　　　　　　　　　　　　b）

图 4-81　JZZ-2 系列单元制动器

a）JZZ-2A 型单元制动器　b）JZZ-2B 型单元制动器

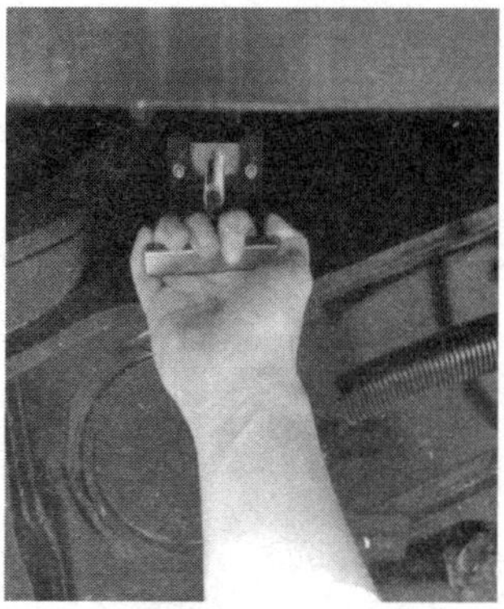

图 4-82　手动缓解拉环

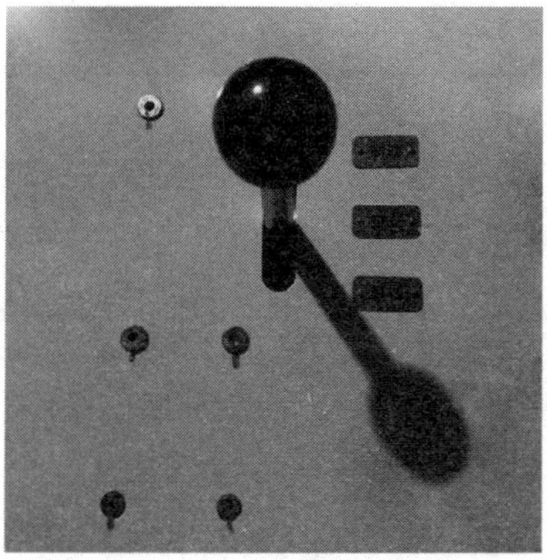

图 4-83　后备制动手柄

三、系统调试

制动及供风系统调试工作主要分为外观检查、尺寸测量、静态带电功能检查及动态功能检查。

（一）外观检查

制动及供风系统的外观检查主要是检查空气压缩机、空气干燥器、制动柜、单元制动器、撒砂装置等的外观情况，要求各紧固件防松标记清晰、无错位，柜内电气部件接线紧固、无松动，具体检查内容如下。

1. 空气压缩机

（1）检查空气压缩机油液面高度，润滑油应无乳化问题。从油气桶视油镜（见图 4-84）观察润滑油有无乳化、变色现象，同时确认油液面是否在视油镜的上限与下限之间。

（2）检查管路和阀的连接是否良好，各部件应无缺失，螺栓应紧固、无松动，防松划线应清晰，管路接头处无漏风问题。管路接头的紧固情况如图 4-85 所示。

图 4-84　油气桶视油镜

图 4-85　管路接头的紧固情况

（3）检查真空指示器（见图 4-86）是否显示红色。若真空指示器显示红色或箭头指向 5 kPa，则应对其进行清洁或更换空气过滤器滤芯，并倒掉后盖内的尘土。在重新装上空气过滤器后，应按下真空指示器顶端的复位按钮复位。

（4）目测检查电动机侧面的进气格栅（见图 4-87）是否完好，表面有无灰尘及杂物堆积。

（5）目测检查空气压缩机冷却器（见图 4-88）是否完好。检查空气压缩机油冷却器的散热翅片，其散热功能应良好，无灰尘及杂物堆积。

（6）检查温度开关（见图 4-89）、压力开关的接线是否紧固、可靠，接线绝缘层应无裸露现象。

图 4-86　真空指示器

图 4-87　电动机侧面的进气格栅

图 4-88　空气压缩机冷却器

图 4-89　温度开关

2. 空气干燥器

（1）检查空气干燥器连接螺栓有无松动，防松画线是否清晰、无错位。

（2）检查湿度显示器（见图 4-90）的颜色显示是否正常。当湿度显示器显示橘黄色时，空气干燥器输出空气正常；当湿度显示器显示浅绿色或墨绿色时，空气干燥器输出空气不正常。

（3）检查管路连接（见图 4-91）是否紧固，耳听应无漏风现象。

图 4-90　湿度显示器

3. 制动柜

（1）检查部件有无缺失，安装是否正确，固定螺栓连接是否牢固。如图 4-92 所示，固定螺栓应无松动。

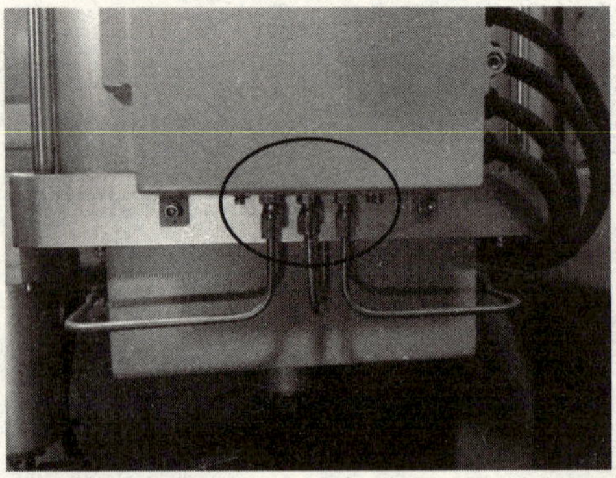

图 4-91　管路连接

（2）检查各部件标识是否清晰可见，检查所有螺钉及锁紧垫片是否安装齐全、紧固。如图 4-93 所示，各部件标识应清晰。

图 4-92　固定螺栓应无松动

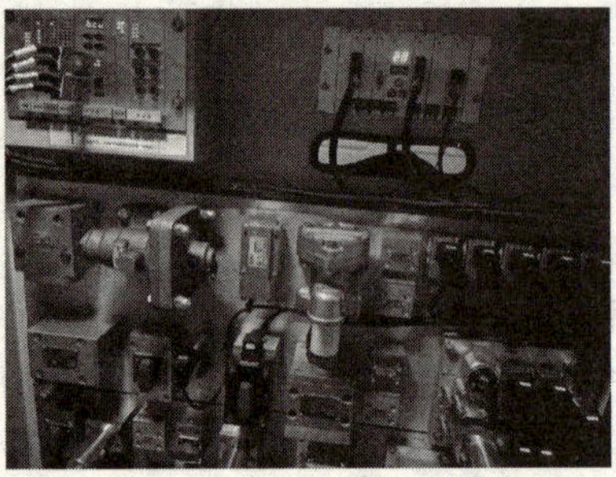

图 4-93　各部件标识应清晰

（3）检查制动器与管路接头的连接部位是否漏气，耳听风管接头（见图 4-94），应无漏风现象。

（4）检查制动控制单元及防滑主机箱外观（见图 4-95）是否正常，固定螺栓连接是否牢固，内外电气接口插接是否牢固。

图 4-94　风管接头

图 4-95　防滑主机箱外观

4. 单元制动器

（1）检查单元制动器的安装螺栓（见图 4-96）是否松动，单元制动器表面应无破损，各模块应安装良好、无松动。

（2）检查带停放制动单元制动器的手动缓解拉环，提拉时手动缓解拉环不会松脱，且能有效缓解停放制动。

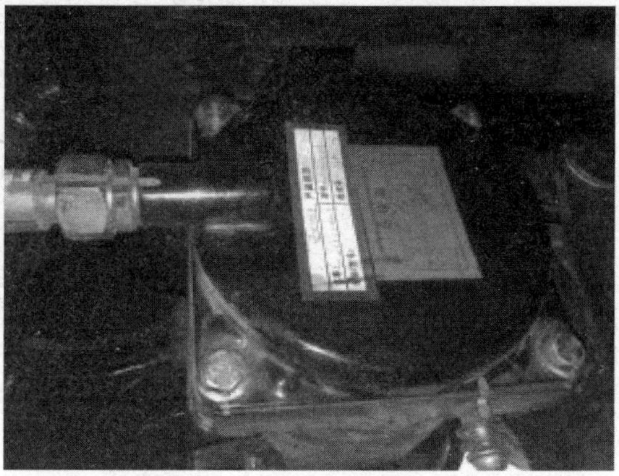

图 4-96　单元制动器的安装螺栓

（3）检查波形防尘罩和喉箍（见图 4-97）是否损坏或松动、脱落，其表面应无明显的老化裂纹。

5. 撒砂装置

检查撒砂装置各部件是否完好无损，紧固螺栓（见图 4-98）是否松动，防松标记是否清晰。

图 4-97　防尘罩和喉箍

1—防尘罩　2—喉箍

图 4-98　撒砂装置的紧固螺栓

（二）尺寸测量

1. 检查制动系统闸瓦间隙是否符合 4~8 mm 的要求，可以使用卷尺或游标卡尺进行测量，如图 4-99 所示，闸瓦应无明显偏移。

2. 检查撒砂管高度是否在标准范围内，检查撒砂喷嘴安装是否紧固，撒砂喷嘴离踏面距离应为 15~25 mm、离轨面距离应为 50~55 mm。

图 4-99　检查闸瓦间隙

（三）静态带电功能检查

1. 风源系统性能试验

（1）空气压缩机的压力试验。试验开始后，空气压缩机处于停止状态，先缓慢打开总风缸排水塞门（163、164），记录空气压缩机开始打风时的压力；再关闭排水塞门（163、164），总风缸停止排风，记录空气压缩机停止打风时的压力。空气压缩机压力试验的显示情况如图 4-100 所示。

空气压缩机启动时压力应为（750±20）kPa，空气压缩机停止时压力应为（900±20）kPa。

（2）空气干燥器工作状态检查。启动空气压缩机，维持空气压缩机处于连续运转

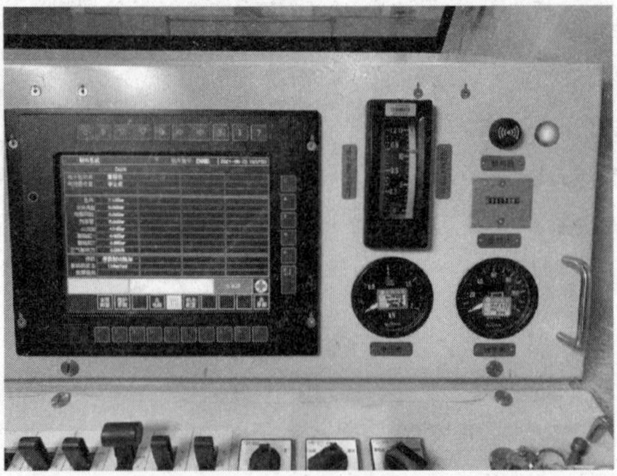

图 4-100　空气压缩机压力试验的显示情况

状态，记录空气干燥器吸附与再生时间。干燥塔转换周期为（80±4）s，观察在两塔刚好转换的瞬间是否有一次较大的排气量，如果没有则说明电磁阀不工作、控制风管堵塞或者组合阀排气阀芯卡死。

（3）空气压缩机打风能力试验

1）如图 4-101 所示，关闭车端列车管折角塞门，其余各阀以及各塞门均应处于运行状态，打开总风缸的排水塞门（163、164），将总风缸压缩空气全部排空，之后关闭排水塞门，并分别在司机室操纵台 1、司机室操纵台 2 启动空气压缩机，记录总风缸压力（压力值以司机室风压表为准）由 0 kPa 升至 900 kPa 的时间，该时间应不长于 5. 5 min。

2）检查空气压缩机的“强泵”“自动”开关功能是否正常。

3）检查空气压缩机运转控制的“持续”“自动”和“隔离”开关功能是否正常。

4）检查紧急辅逆模式下空气压缩机打风功能是否正常。

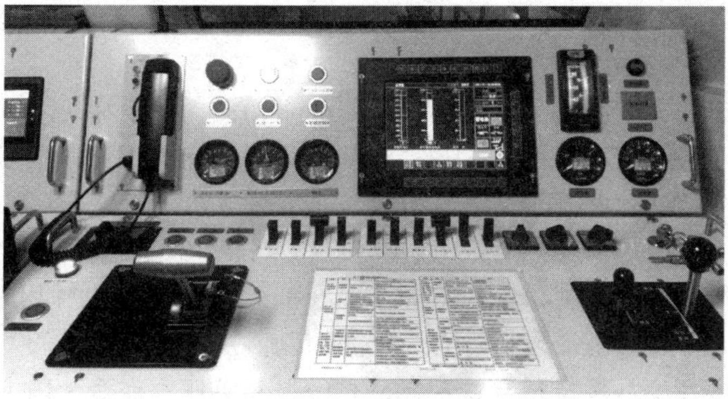

图 4-101　空气压缩机打风能力试验

（4）总风泄漏量试验。在制动缸完全缓解状态下，总风缸压力应为 900 kPa，当空气压缩机停止工作后，总风泄漏量每分钟不大于 10 kPa，测试时间不短于 3 min。

2. 制动系统性能试验（BCU 设置为一次缓解模式）

（1）单机性能试验。将操纵端司机室操纵台大闸手柄置于运转位，将司控器手柄置于零位，各压力值应符合以下要求：总风缸压力为 730～920 kPa，列车管压力为定压（500±10）kPa，均衡风缸压力为（500±5）kPa，制动缸压力为 0 kPa。

（2）紧急制动性能检查。将大闸手柄由运转位移至紧急位，应进行紧急制动。

（3）停放制动性能检查。通电后，当总风缸压力大于 500 kPa 时，先按下停放制动施加按钮，观察制动是否施加，司机室的制动状态显示灯是否熄灭；再按下停放制动缓解按钮，观察停放制动是否缓解，司机室内的停放状态显示灯是否点亮。停放制动施加及缓解按钮如图 4-102 所示。

（4）自动制动试验

1）初制动时，均衡管压力 = 列车管实测压力 ±10 kPa，制动缸压力 = 90～130 kPa，

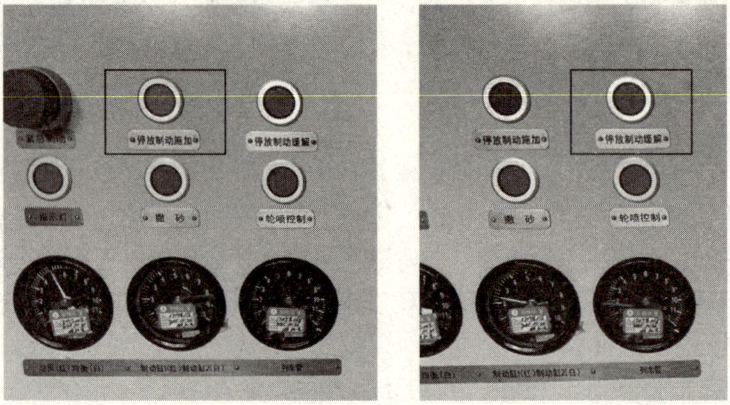

图 4-102　停放制动施加及缓解按钮

大闸手柄回到运转位后电力蓄电池工程车缓解，列车管和均衡管压力恢复至定压，制动缸压力缓解到 0 kPa。

2）最大制动位时，列车管减压（100±5）kPa，均衡管压力 = 列车管实测压力 ±10 kPa，制动缸压力 = 230～270 kPa，大闸手柄回到运转位后电力蓄电池工程车缓解，列车管和均衡管压力恢复至定压，制动缸压力缓解到 0 kPa。

（5）单独制动试验

1）将司控器手柄在初制动与最大制动位之间移动，阶段制动作用应稳定。

2）将司控器手柄移至最大制动位，制动缸压力应稳定在 360~380 kPa。

3）将司控器手柄从零位移至快速制动位，制动缸压力在 3 s 内上升至 400 kPa，并最终上升至 440～460 kPa。

（6）紧急制动试验。对电力蓄电池工程车实施紧急制动，将动力切除，列车管压力应为 0 kPa，制动缸压力应为（450±10）kPa。

（7）后备制动试验

1）当后备制动阀手柄置于缓解位时，可实现列车管的定压充风及制动的完全缓解。

2）当后备制动阀手柄置于制动位时，可实现列车管常用的制动排风功能及常用全制动功能。

3. 失电性能试验

当电力蓄电池工程车处于缓解状态时，切除制动电源，列车管压力应按常用制动减压速度下降至 0 kPa，且制动缸压力上升。

（四）动态功能检查

1. 紧急停车功能检查

当车速达到 40 km/h 时，按下紧急停车按钮，受电弓降下，高速断路器断开。紧急停车试验如图 4-103 所示。

图 4-103　紧急停车试验

2. 惩罚制动功能检查

当车速不为零时，松开警惕按钮 3 s 后触发牵引封锁并施加惩罚制动，6 s 后 HMI 蜂鸣器鸣响。

3. 常用制动功能检查

当车速达到 40 km/h 时，操作大闸手柄到制动位，施加常用全制动，制动距离应不大于 250 m。

4. 主风管压力不足时的牵引封锁功能检查

当主风管压力低于 530 kPa 时，电力蓄电池工程车牵引封锁，并施加紧急制动。主风管压力不足时牵引封锁显示情况如图 4-104 所示。

5. 施加停放制动时的牵引封锁功能检查

动车前在司机室施加停放制动，电力蓄电池工程车应不能被牵引。

6. 施加紧急制动时的牵引封锁功能检查

在电力蓄电池工程车行驶过程中施加紧急制动，电力蓄电池工程车牵引封锁直至停车。

7. 撒砂装置功能检查

操作司机室操作台上的撒砂按钮，撒砂装置喷出砂。

故障信息界面		机车编号：××××	
0	1131	380供电插座2　77-F05断开	07-21　14:23:27
0	1130	380供电插座1　77-F04断开	07-21　14:23:27
0	1040	三位置开关11-S01在接地位	07-21　14:23:27

	DKL紧急制动反馈	机车预备回路 OK	主电路	

机车 D026						当前故障		历史故障	主界面

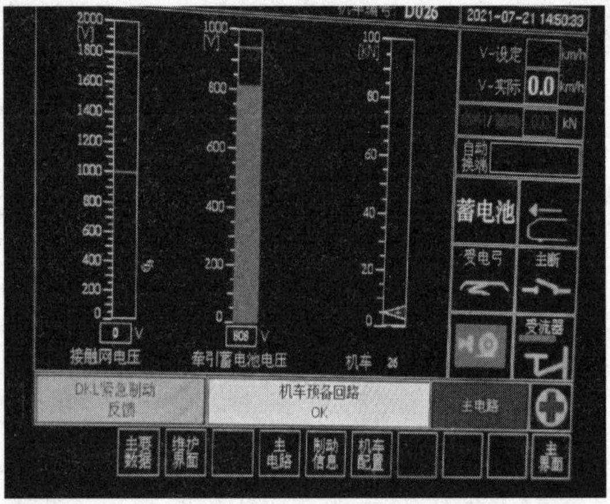

图 4-104　主风管压力不足时牵引封锁显示情况

四、故障案例

（一）紧急制动无法缓解故障 1

1. 故障概况

对电力蓄电池工程车进行整备作业时，发现在紧急制动情况下无法缓解，列车管压力一直为 0 kPa，制动缸压力为 440 kPa，如图 4-105 所示。

2. 故障原因

（1）紧急制动原理。紧急制动时，265YV、195YV 电磁阀失电，列车管在 3 s 内通过 94 放风阀、95SA 紧急排风阀将压力空气排向大气，总风管通过 195YV 电磁阀向制

图 4-105　紧急制动无法缓解故障 1 现象

动缸充风至压力为 440 kPa。

（2）现场检查。分别隔离紧急回路 116、160 塞门，发现隔离 160 塞门后，电力蓄电池工程车可正常缓解，故将故障锁定在 195YV 电磁阀，隔离总风管后拆下 195YV 电磁阀，测量其电阻值为 0 Ω（正常值为 1 060 Ω），据此判断故障原因为该电磁阀线圈烧损，导致总风管持续向制动缸充风。更换 195YV 电磁阀后，紧急制动缓解恢复正常。

3. 隐患分析

若运行中出现该故障影响电力蓄电池工程车制动，司机可先隔离 160 塞门，此时，电力蓄电池工程车除紧急制动无法缓解外，其他制动工况均正常，如遇突发情况，可操作司机室内车长阀紧急停车。

（二）紧急制动无法缓解故障 2

1. 故障概况

开展连挂平板车制动试验时，发现电力蓄电池工程车在紧急制动情况下无法缓解，列车管压力一直为 0 kPa，制动缸压力为 440 kPa。

2. 故障原因

现场检查时，分别隔离紧急回路塞门 116、160，发现隔离 116 塞门后，电力蓄电池工程车可正常缓解，测量 265YV 电磁阀电源电压为 108 V，故将故障锁定在 265YV 电磁阀、94 放风阀及 95SA 紧急排风阀，隔离总风管后拆下 265YV 电磁阀，测量其电阻值为 0 Ω（正常值为 1 060 Ω），如图 4-106 所示，据此判断故障原因为电磁阀线圈烧损，导致紧急电磁阀一直处于失电状态，列车管中的压力空气通过 94 放风阀及 95SA 紧急排风阀排向大气。更换 265YV 电磁阀后，制动恢复正常。

3. 隐患分析

该故障影响电力蓄电池工程车正常制动，若运行中出现故障可隔离 116 塞门，此时，电力蓄电池工程车除紧急制动无法缓解外其他制动工况均正常。如遇突发情况，可操作司机室内车长阀紧急制停。

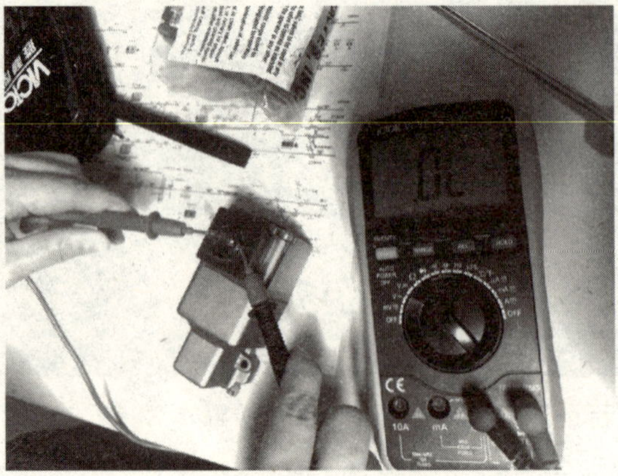

图 4-106　检测 265YV 电磁阀电阻值

(三) 列车管无法缓解故障

1. 故障概况

进行调车作业时发现电力蓄电池工程车制动无法缓解（即制动缸压力不下降），如图 4-107 所示，将制动手柄由全制位移回运转位，均衡管压力可上升直至维持定压，但列车管压力一直为 360 kPa，制动缸压力为 340 kPa。

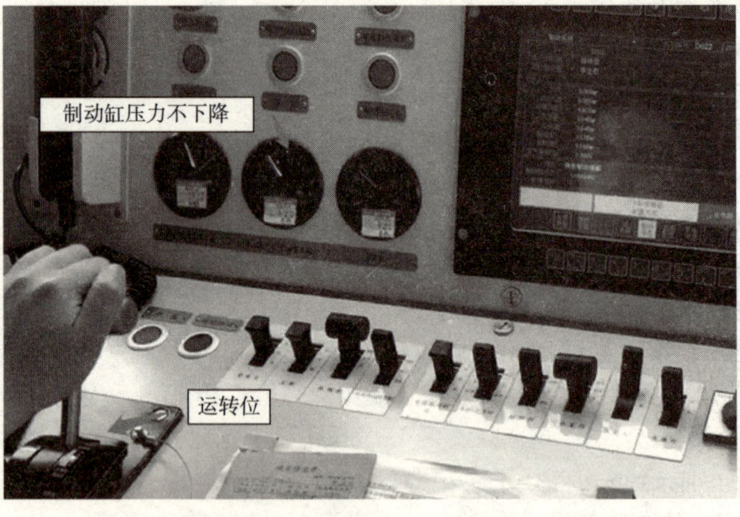

图 4-107　列车管无法缓解故障现象

2. 故障原因

操作停放制动缓解开关、气制动单独缓解开关、制动缸 1/2 切除开关转换至后备制动模式，均无法正常动车，读取 EDRM 数据，发现气制动状态一直记录为施加状态（高电平）。

结合故障现象分析控制原理图，列车管无法充风的原因可能有：104 中继阀发生故障，181 总风遮断阀发生故障，控制 181 总风遮断阀的 253YV 电磁阀发生故障。

现场更换 253YV 电磁阀后，列车管充风功能恢复正常，各项制动试验正常，测量 253YV 电磁阀电阻值为 0 Ω（正常值为 1 060 Ω），据此判断故障原因为该电磁阀线圈烧损，导致控制 181 总风遮断阀切断了总风管向列车管充风的通路，最终造成制动无法缓解。

3. 隐患分析

该故障影响电力蓄电池工程车正常制动（正常制动及后备制动模式下的列车管风压均无法正常缓解），若运行中出现该故障需要更换电磁阀，如无应急备件必须反转电磁阀垫圈（3C 朝上）。

（四）缓解后自动施加紧急制动故障

1. 故障概况

在进行整备作业时发现在重联工况下，对电力蓄电池工程车缓解紧急制动后可听见明显的排风声，偶尔出现紧急制动缓解后自动施加紧急制动的情况，将电力蓄电池工程车切换为单机工况后，电力蓄电池工程车紧急制动及缓解功能正常。

2. 故障原因

电力蓄电池工程车在单机及重联担任主车时运行正常，因此基本可排除紧急制动回路故障。当电力蓄电池工程车为重联工况下的从车时，259YV 电磁阀得电，主车通过列车管及 259YV 电磁阀给从车均衡风缸充风，此时，255YV 电磁阀得电切断了列车管与中继阀之间的通路，因此中继阀有较大的排风量（列车管气路通大气），正常情况下该通路为断开的，故初步判断为 255YV 电磁阀发生故障。

测量 255YV 电磁阀电源电压为 109. 2 V，线圈电阻为 0 Ω，据此判断为线圈烧损，更换 255YV 电磁阀后恢复正常。

3. 隐患分析

该故障影响机车的正常制动，若运行中出现该故障，可将机车切换为主车运行。

（五）单独制动失效故障

1. 故障概况

对电力蓄电池工程车进行整备作业时，发现司控器制动区无制动压力，如图 4-108 所示，但快速制动、后备制动功能均正常。

2. 故障原因

发生单独制动无制动压力输出故障，初步分析故障原因为 262YV 电磁阀得电卡滞。发生故障后开启后备制动控制气路（正常应开启电控制回路），因单独制动时列车管压力无变化，故无法通过三通阀控制工作风缸减压，也无法控制作用阀动作向制动缸充风。

现场测量 262YV 电磁阀电阻值为无穷大，而正常电磁阀电阻值为 1 108 Ω，如图 4-109 所示，据此判断为 262YV 电磁阀故障，现场更换该电磁阀后，制动功能恢复正常。

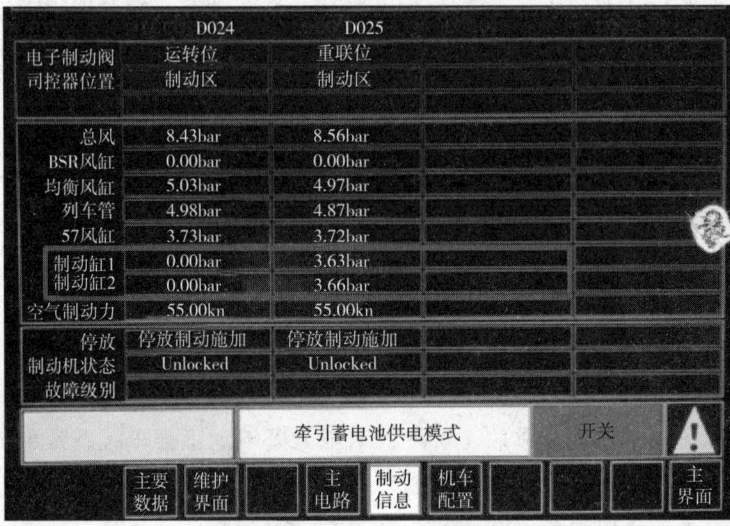

图 4-108　单独制动失效故障现象

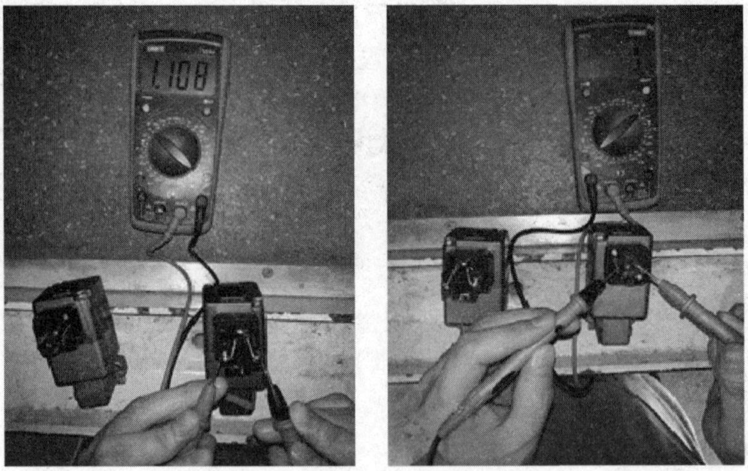

a）　　　　　　　　　　b）

图 4-109　电磁阀电阻值测量

a）正常电磁阀电阻值为 1 108 Ω　b）故障电磁阀电阻值为无穷大

3. 隐患分析

单独制动功能失效，但自动制动功能仍保留，故障现象与后备制动模式类似。运行中出现该故障时，因自动控制阀具备制动功能，司机可在该模式下限速运行，但施加制动及缓解时需要时刻关注制动风表，如发现异常情况，应直接施加紧急制动。

第四节 辅助系统

一、系统概述

电力蓄电池工程车辅助系统主要由辅助逆变器、充电机、紧急逆变器等设备组成，并通过辅助变流器输出三相四线制 AC 380 V/220 V/50 Hz 的交流电和 DC 921 V 直流电，向空气压缩机、空调、控制蓄电池充电机等交流负载供电以及为牵引蓄电池充电。辅助变流器的运行独立于牵引系统，包含逆变器和充电机两大设备。

二、工作原理

电力蓄电池工程车辅助系统包括常规辅助系统和紧急辅助系统，紧急辅助系统仅用于辅助系统异常时向空气压缩机供电，保证气制动风源正常。辅助逆变器控制系统通过对故障类别进行判定来决定辅助变流器是复位还是锁死，并存储故障数据，通过 MVB 通信反馈给司机室控制系统。辅助系统电气原理示意图如图 4-110 所示。

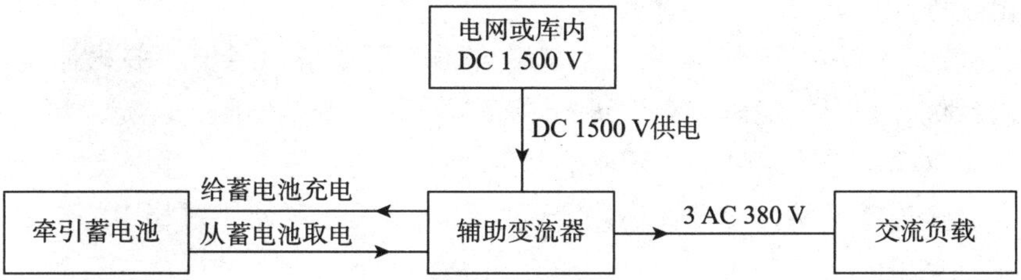

图 4-110 辅助系统电气原理示意图

（一）辅助逆变器

辅助逆变器与紧急辅助逆变器原理示意图如图 4-111 所示。电力蓄电池工程车辅助变流器在电网供电、库内 DC 1 500 V 供电、蓄电池 DC 800 V 供电等模式下工作。辅助逆变器以 DC 627~1 800 V 为输入电源，转换后输出三相四线 AC 380 V、50 Hz 的交流电源，向空气压缩机、空调、散热风机等交流负载供电，同时可以从 U、V、W 任意一相与中心线 N 之间获取 220 V 交流电。

（二）充电机

充电机在电网供电、库内 DC 1 500 V 供电等模式下工作。当满足充电条件时，与牵引蓄电池相连的接触器闭合，同时电力蓄电池工程车网络发给辅助变流器充电要求，

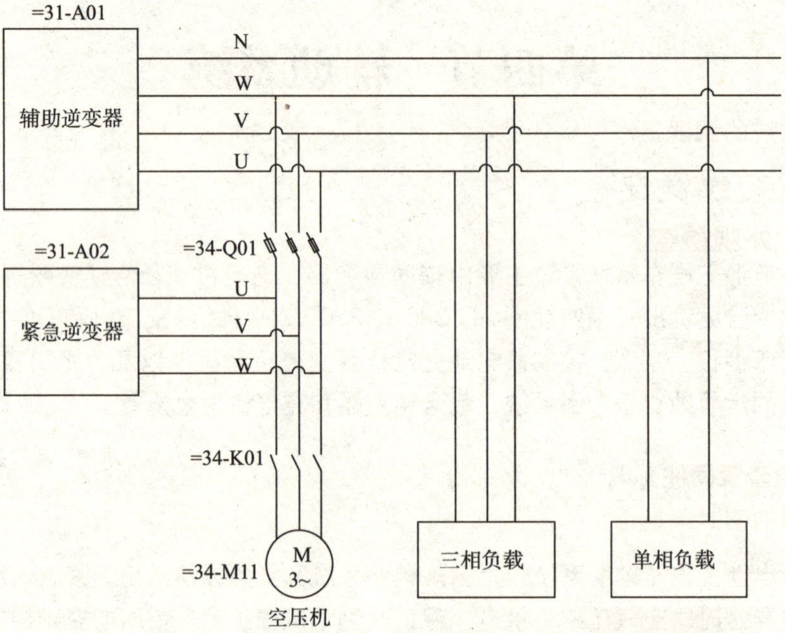

图 4-111　辅助逆变器与紧急逆变器原理示意图

充电机电路工作。

充电机输出 DC 0~912 V 电压，为车辆上的牵引蓄电池供电，并根据蓄电池管理要求和温度反馈，对充电电压和电流进行调节，实现恒流、恒压、浮充、均充过程，并能在电力蓄电池工程车再生制动工况下，对牵引蓄电池快速充电。蓄电池充电方式分为正常充电和均衡充电两种，正常充电用于牵引蓄电池组正常使用过程中的充电，均衡充电用于维护性充电。

（三）紧急逆变器

电力蓄电池工程车具备紧急逆变电源，在辅助逆变器发生故障时给空气压缩机提供应急电源，紧急逆变器的输入电源为 DC 800 V 牵引蓄电池。输入的 800 V 直流电通过防反充二极管、输入电感器、预充电电路、支撑电容器后供给三相逆变桥电路。当外部给予启动控制信号时，紧急辅助逆变器自行启动，通过控制逆变部分内的 IGBT 逆变桥产生 PWM（pulse width modulation，脉冲宽度调制）电压。该 PWM 电压经过电流传感器、正弦波滤波器后输出稳定的正弦波电压（AC 380 V/50 Hz）给车辆上的空气压缩机供电。

在辅助逆变器正常工作模式下，紧急逆变器通过内部的接触器自动切断输入电源，处于冷备用状态，无功率输出。在辅助逆变器发生故障的情况下，启用紧急逆变器为空气压缩机供电。紧急逆变器的输出端直接接至空气压缩机控制接触器前端，通过汇流母排汇流。

三、系统调试

辅助系统的调试工作主要分为外观检查、软件版本核查、静态带电功能检查及动态功能检查。

（一）外观检查

1. 辅助逆变器

（1）检查柜体有无损伤、变形，外观应完好。检查内外电气接口插接是否牢固。检查柜门、锁是否完好。检查结构件是否开裂、变形。检查各器件及部件安装是否齐全。

（2）检查紧固件有无缺失、防松标记是否清晰，器件及线号标识是否完整、清晰。检查门盖板的密封条是否牢固、有无老化现象。

（3）检查进风口与出风口有无阻挡物，如图 4-112 所示。

a）

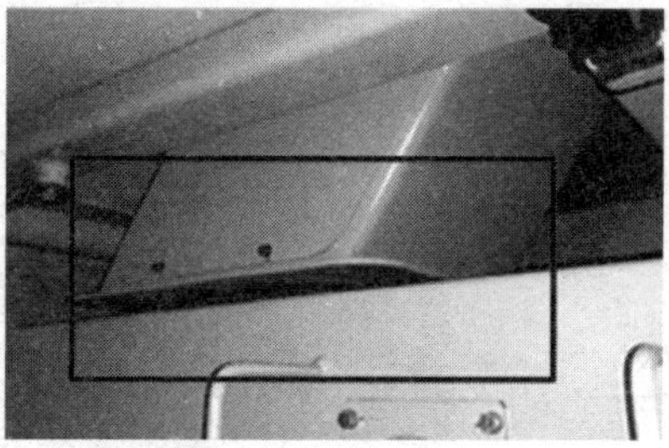

b）

图 4-112 辅助逆变柜的进、出风口检查

a）进风口 b）出风口

（4）检查变流器有无异响。

（5）检查散热风机能否工作，有无异响。

（6）检查电阻器、电容器是否烧损。

2. 斩波电抗器

（1）如图 4-113 所示，检查柜体有无损伤、变形，检查各器件及部件安装是否齐全。

（2）检查紧固件有无缺失、松动，器件及线号标识是否完整、清晰。斩波电抗器接线检查如图 4-114 所示。

3. 紧急辅助逆变器

（1）检查柜体有无损伤、变形。检查各器件及部件安装是否齐全。检查柜门接地线与柜门有无干涉现象，接地线是否破损。紧急辅助逆变器外观如图 4-115 所示。

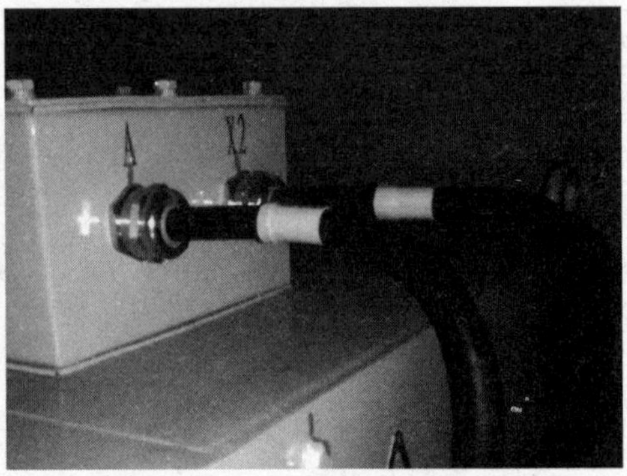

图 4-113　斩波电抗器柜体外观的检查　　图 4-114　斩波电抗器接线检查

图 4-115　紧急辅助逆变器外观

(2) 检查紧固件有无缺失、松动，器件及线号标识是否完整、清晰，如图 4-116 所示。

(3) 检查内外电气接口插接是否牢固。

(二) 软件版本核查

核查确认辅助系统各控制模块的软件是否为最新版本，确保电力蓄电池工程车逻辑关系的准确性、稳定性及安全性。

图 4-116 接线检查

(三) 静态带电功能检查

1. 紧急逆变器功能检查

检查紧急辅逆模式下空气压缩机打风功能是否正常。

2. 辅助系统功能检查

在进行本项检查前，应先进行以下操作：

(1) 使受电弓降下，将高速断路器断开，司控器置于零位，牵引蓄电池二位置隔离开关置于 ON 位。

(2) 将电器柜上辅助负载的两相/三相断路器均闭合。

(3) 合上控制电源柜上的断路器=32-F01。

(4) 将供电模式选择开关=22-S23/=22-S24 置于蓄电池位，此时占用端的控制系统显示屏上显示“蓄电池供电模式”。如果前述 (1)、(2)、(3) 的一个或者多个条件不满足，应显示“正准备蓄电池供电”，直到所有条件都满足。

(5) 辅助逆变器开始工作。

按表 4-8 检查辅助系统逻辑控制功能，并对辅助系统三相断路器整定值进行检查。

表 4-8 辅助系统逻辑控制功能检查内容

开关及接触器状态	负载状态
=34-Q01、=34-K01 闭合 =34-S01 或=34-S02 置于自动位	当风压低于 0.75 MPa 时，空气压缩机开始工作；当风压高于 0.9 MPa 时，空气压缩机停止工作
=34-Q02 闭合	控制蓄电池充电机开始工作
=62-Q03 闭合	Ⅰ端空调的启动过程和工作过程应正常，没有异响
=62-Q04 闭合	Ⅱ端空调的启动过程和工作过程应正常，没有异响

续表

开关及接触器状态	负载状态
=34-F01 闭合	机械间大通风机=34-M04、=34-M05 的启动过程和工作过程应正常，没有异响
=34-F02 闭合	机械间小通风机=34-M06 的启动过程和工作过程应正常，没有异响
=77-F01 闭合	司机室五孔插座通电（用万用表检测）
=77-F03 闭合	车端 220 V 供电插座通电（用万用表检测）
=77-F04/=77-F05 闭合	Ⅰ/Ⅱ端 380 V 供电插座分别通电（用万用表检测）

（四）动态功能检查

辅助系统的调试主要以静态带电功能检查为主、以动态功能检查为辅，动态功能检查需要在受电弓、集电靴、蓄电池三种供电模式下分别完成，且每种供电模式下都必须在司机室两端分别完成检查。动态功能检查的内容以电力蓄电池工程车运行时是否报故障为依据。

四、改造及故障案例

（一）辅助系统指示灯加装改造

1. 改造背景

问题一：电力蓄电池工程车在紧急牵引模式下，司机室显示器通信中断，如图 4-117 所示，司机无法判断停放制动是否真正施加，也无法判断停放制动是否真正缓解，存在行车安全隐患。

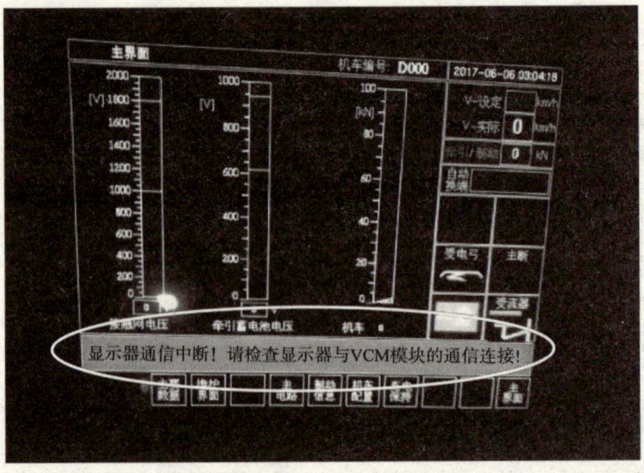

图 4-117　紧急牵引模式下显示器通信中断、停放制动无指示

问题二：电力蓄电池工程车除了司机室二级界面，没有其他设备设施可以观察辅助逆变器的工作情况，辅助逆变器出现故障或者过电压保护停机时司机无法知晓。尤其是接触轨线路存在接触轨分段区，会存在过分段区时辅助逆变器重启的问题。

2. 改造方案

（1）电力蓄电池工程车停放制动施加指示灯加装改造。新增该指示灯的主要目的是保证在紧急牵引模式下司机室显示器通信中断时，司机能正常判断停放制动是否真正施加。改造工作分为制动柜内部线路改造及制动柜外部布线改造，改造后效果如图 4-118 所示。

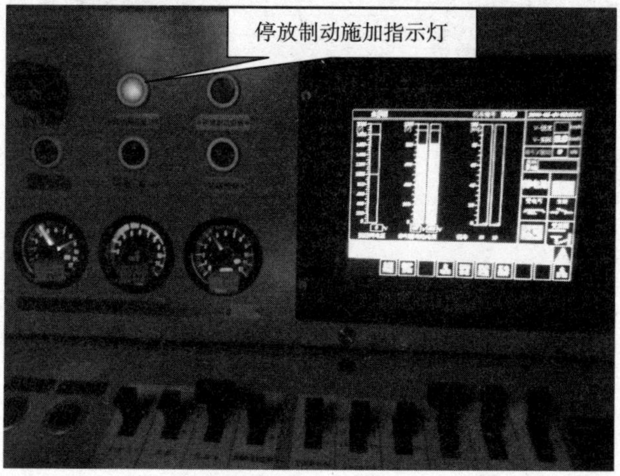

图 4-118　停放制动施加指示灯加装效果

（2）电力蓄电池工程车辅助逆变器工作指示灯加装改造。经核对电力蓄电池工程车电气原理图，辅助逆变器工作输出电流直接输送到司机室副台上的五孔插座，因此可以根据五孔插座的供电情况判断辅助逆变器的工作情况。本改造方案（见图 4-119）是在司机室副台上开一个直径为 22 mm 的孔位并加装指示灯，加装位置如图 4-119a 所示，将指示灯电路与五孔插座供电电路连接，电路原理如图 4-119b 所示。改造后可以通过指示灯亮灯情况判断辅助逆变器的工作情况。

辅助逆变器工作指示灯加装改造效果如图 4-120 所示。

3. 改造小结

上述两个辅助系统改造均为加装指示灯的改造，指示灯虽小却为司机操作提供了极大便利。上述改造根本原因均为原设计不足，如果能在设计阶段优化方案更好。

（二）辅助逆变器不启动故障

1. 故障概况

在某次调试过程中，电力蓄电池工程车空气压缩机不打风，辅助逆变器未启动，司机室显示屏显示集电靴降靴故障。

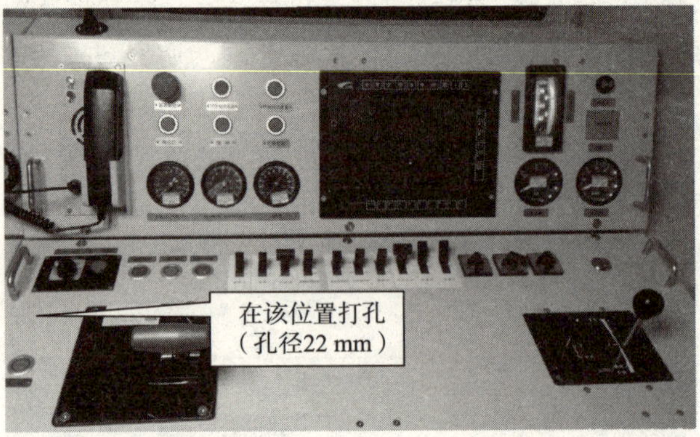

a）

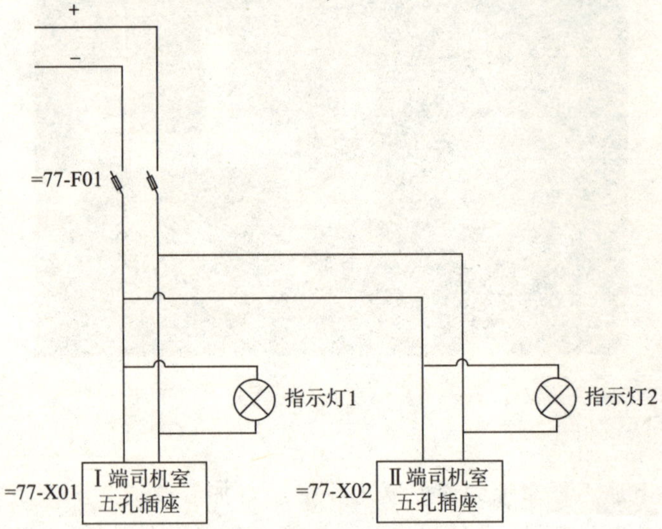

b）

图 4-119　改造方案

a）实物图　b）原理图

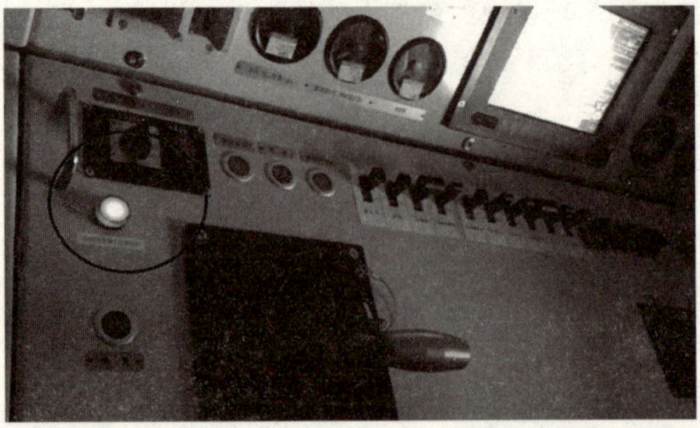

图 4-120　辅助逆变器工作指示灯加装改造效果

2. 故障原因

（1）辅助逆变器工作原理。辅助逆变器控制电源 DC 110 V 得电后进行自检，在自检通过后检测到启动信号有效时才允许启动。辅助逆变器通过电压传感器 SV5 检测主电源输入电压，当主电源电压满足要求后，闭合接触器 KM2 对电容进行充电，电流传感器 SC4 用于监测输入端电流的变化，当电流过大时控制单元能迅速保护电路。

（2）数据分析。读取故障车 EDRM 的故障事件记录，由波形图分析（见图 4-121）可知：约在 21：29 时，第三轨电压突降为 0 V，故障车正在过无电区；在 21：30—21：31 时，第三轨电压出现 4 次降压，辅助逆变器出现 4 次停机，相应逆变电路输出电压呈现 4 次零电压；约在 21：31 时，辅助逆变器因输入过电流保护而完全封锁，导致无电压输出。

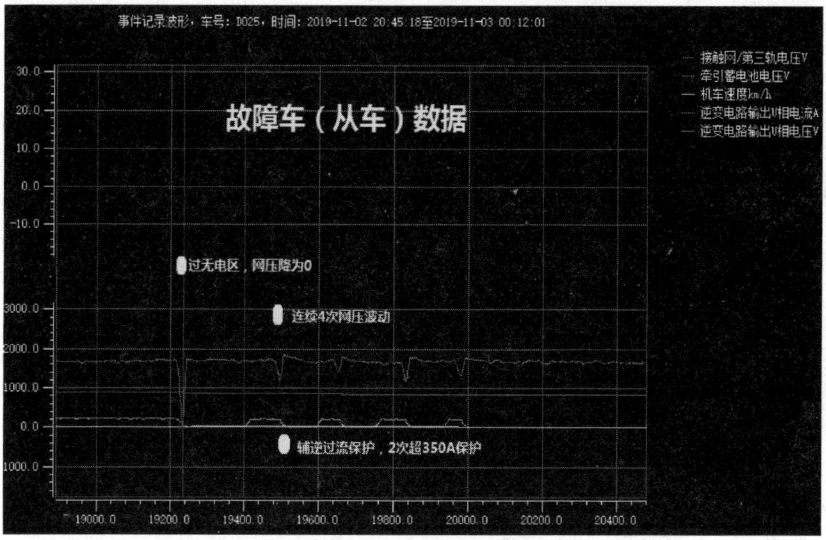

图 4-121　波形图分析

经读取辅助逆变器数据可知，故障车辅助逆变器在 21：29：43 时警示输入欠电压保护，之后分别在 21：30：11、21：30：27、21：30：45、21：31：00 时警示输入过电流保护，输入电流 I_d 由 2 A 突变为 400 A，如图 4-122 所示。

根据辅助逆变器维修手册，当辅助逆变器发生输入过电流保护故障时，逆变工作模式下的输入电流超过 350 A，辅助逆变器、充电机发生故障停机，120 s 内故障恢复允许自动重启，重启超过 2 次故障锁定。根据 SIV 数据可知，辅助逆变器在 49 s 内共出现 4 次输入过电流故障，故在 21：31：03 时，辅助逆变器因输入过电流故障次数较多而被锁定，辅助逆变器不再工作，无法输出 380 V 电源，故障车（从车）空气压缩机无法正常打风，其总风缸风压在主车施加制动逐渐消耗后无法再次补充。

选取故障车故障时间段速度及接触网电压值，同时结合正线作业调查了解到的无电区情况（在约 1 km 长度的区间内共有 11 处无电区），由图 4-123 可知，双机重联情

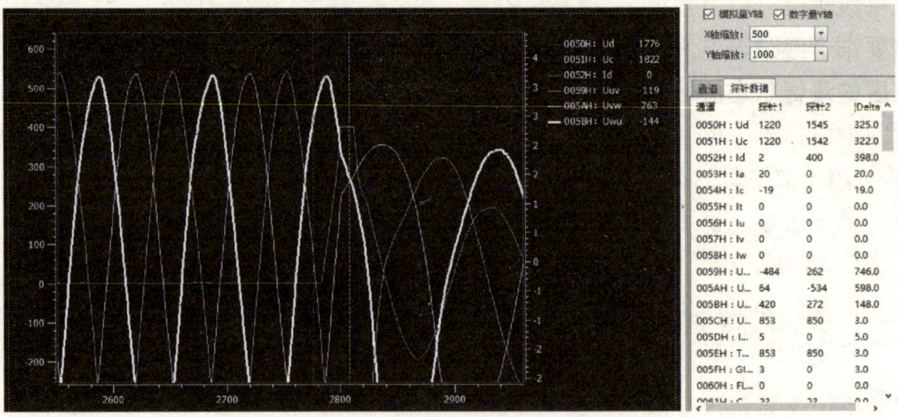

图 4-122　辅助逆变器数据分析

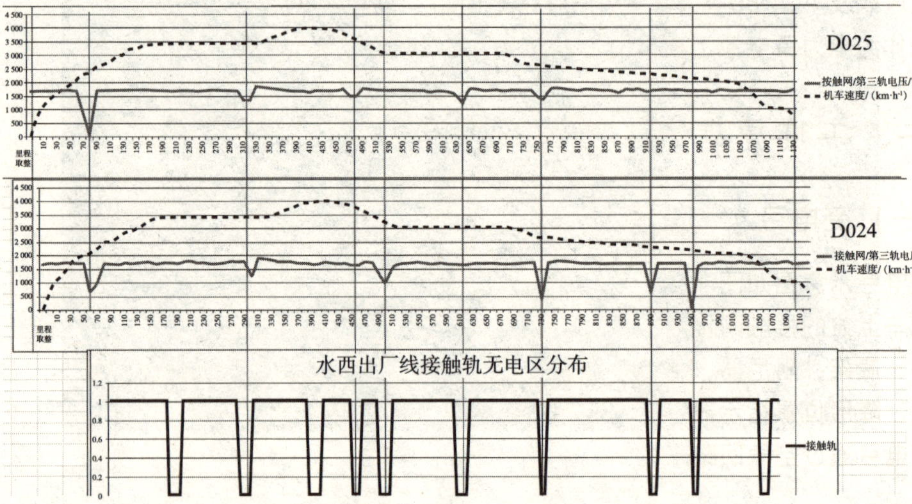

图 4-123　过无电区数据分析

况下，故障车与主车速度曲线图一致，两车均出现 4~6 次降压情况，其降压位置均为无电区（接触轨断开区），故可判断出无电区影响故障车的电压波动。

综上所述，故障车过连续无电区时，49 s 内辅助逆变器共出现 4 次输入过电流保护，因辅助逆变器多次警示输入过电流故障从而引起保护锁定，无法输出电压，影响空气压缩机正常运行，导致故障车总风无法及时补充。当故障车换端时，总风缸剩余 599 kPa 风压，经制动试验后，总风缸剩余风压为 515 kPa，操作降靴扳键开关，无法将集电靴降下，在降靴命令给出 15 s 后仍能检测到电压，故显示集电靴降靴故障。

3. 隐患分析

对于接触轨线路，如何在过无电区不受无电区无电的扰动一直是技术人员研究的课题。建议设计单位设计时在条件允许的情况下尽量缩短无电区距离，同时生产厂家应通过技术手段来提升电力蓄电池工程车过无电区的能力。该故障出现在正线动态功能调试时，需要结合线路无电区的布置调整相关控制参数，使机车达到在任何速度时均能正常过无电区的最优状态。

第五节　受流系统

一、系统概述

受流系统主要包含受电弓、集电靴、避雷器等部件，用于为电力蓄电池工程车提供动力来源。受流系统通过受电弓与接触网接触，或者通过集电靴与接触轨接触集取电流，再将电流传送到高压部件，并通过控制系统、辅助系统转换为车上所需要的蓄电池供电电压以及 AC 380 V、DC 110 V、DC 24 V，保障整车的工作电源稳定、持续。受流系统作为电力蓄电池工程车的“动力站”，其重要性不言而喻。

二、工作原理

(一) 受电弓

受电弓示意图如图 4-124 所示，它通过压缩空气驱动弓头升起，弓头与电力蓄电池工程车上方的接触网接触，获取车辆正常工作所需的电流。受电弓主要由弓头、弓头连接杆、底架、阻尼器、下臂杆、拉杆、导流线、平衡连接杆、上框架、碳滑板、气阀箱装置、降弓位置指示器、气路组件、绝缘子等组成。

受电弓通过空气回路来控制升、降弓动作。操作人员在司机室按下受电弓升弓按钮

图 4-124　受电弓示意图

后，受电弓供风单元内的升弓电磁阀得电动作，向受电弓提供压缩空气。压缩空气经过车内的管路、车顶的受电弓绝缘软管，进入受电弓底架上的气阀箱。受电弓气路工作原理如图 4-125 所示。

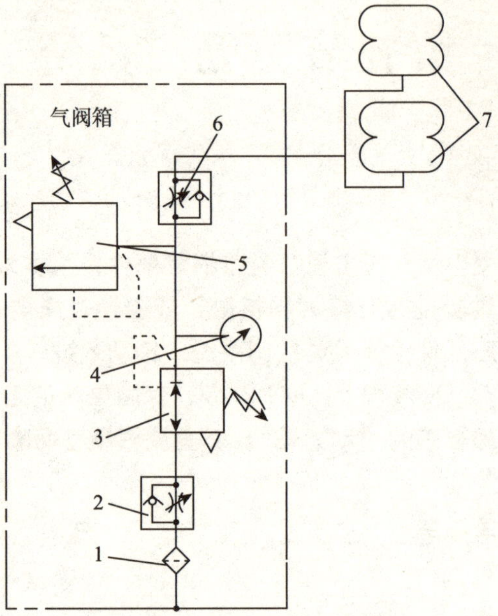

图 4-125　受电弓气路工作原理

1—空气过滤器　2、6—单向节流阀　3—精密调压阀　4—气压表　5—安全阀　7—升弓气囊

进入气阀箱的压缩空气依次经过空气过滤器、单向节流阀、精密调压阀、安全阀、单向节流阀后，分为两条支路分别向受电弓的两个升弓气囊供气，压缩空气进入升弓气囊后，升弓气囊膨胀抬升，带动钢丝绳拉拽下臂杆，使下臂杆转动，从而实现受电弓的逐渐上升，直到受电弓弓头与接触网接触并保持规定的静态接触压力。此时，升弓气囊中的气压稳定在气阀箱内精密调压阀的设定值。

受电弓工作时，升弓气囊被持续供以压缩空气，弓头与接触网之间的接触压力保持基本恒定。操作人员在司机室按下降弓按钮后，升弓电磁阀失电，压缩空气被切断；同时，升弓电磁阀动作使受电弓气路与大气连通，升弓气囊排气，受电弓靠自重下降，直到顶管下降并保持在底架的两个橡胶止挡上。

（二）集电靴

在运行过程中，集电靴（见图 4-126）通过碳滑板与第三轨接触，电流通过电缆传送到熔断器箱，然后输送到整个电力蓄电池工程车上。脉冲电磁阀通过阀芯的动作来控制集电靴进气口与工作口的导通，从而控制集电靴的升降。

集电靴具有缓冲减振功能，其弹性元件吸收外部作用力（主要是指碳滑板与第三

图 4-126 集电靴实物图

轨接触的作用力）产生的振动和冲击。橡胶止挡限制集电靴自由位的高度，防止碳滑板撞击第三轨的端部。

锁结构使集电靴碳滑板与第三轨脱离，实现电力蓄电池工程车的断电。降靴采用两种方式，一种是气动降靴，另一种是手动降靴。锁结构主要包括主动杆、摆臂和从动杆。当主动杆顺时针旋转时，摆臂带动从动杆向下运动，从动杆带动摆臂组件向下运动，集电靴与第三轨脱离并最终处于锁紧状态；当主动杆逆时针旋转时，摆臂带动从动杆向上运动，摆臂组件在弹簧力的作用下使集电靴与第三轨接触。

气动降靴通过气缸实现，在司机室操作降靴扳键开关，大气缸进气，从动杆向下运动，使集电靴与第三轨隔离并由锁结构锁紧；当需要升靴时，小气缸进气，主动杆逆时针转动，带动从动杆向上移动，使集电靴与第三轨接触。

（三）避雷器

避雷器（见图 4-127）采用直流金属氧化物电阻片作为主要电气元件，其结构简单、体积小、质量轻、使用方便，且所需的安装空间小。避雷器具有优异的伏安特性，在正常工作电压下呈现高阻值，只流过很小的泄漏电流；当遇雷电天气和系统出现操作过电压时，避雷器呈现低电阻，使残压被限制在允许值以下，避免受电弓、集电靴及车辆设备受雷电和过电压的损害。

避雷器的结构：其内部是芯体，外部是硅橡胶一体化外套，底部是底座，顶部是高压端子。

避雷器芯体内部采用直流氧化锌电阻片作为主要电气元件，在电阻片两端设有金属件和缓冲弹簧，避免各种冲击、振动对电阻片造成损伤，芯体外部用玻璃纤维管套装。玻璃纤维管具有很高的机械强度，当避雷器因超负荷工作而发生故障时，不会引起恶性爆炸。

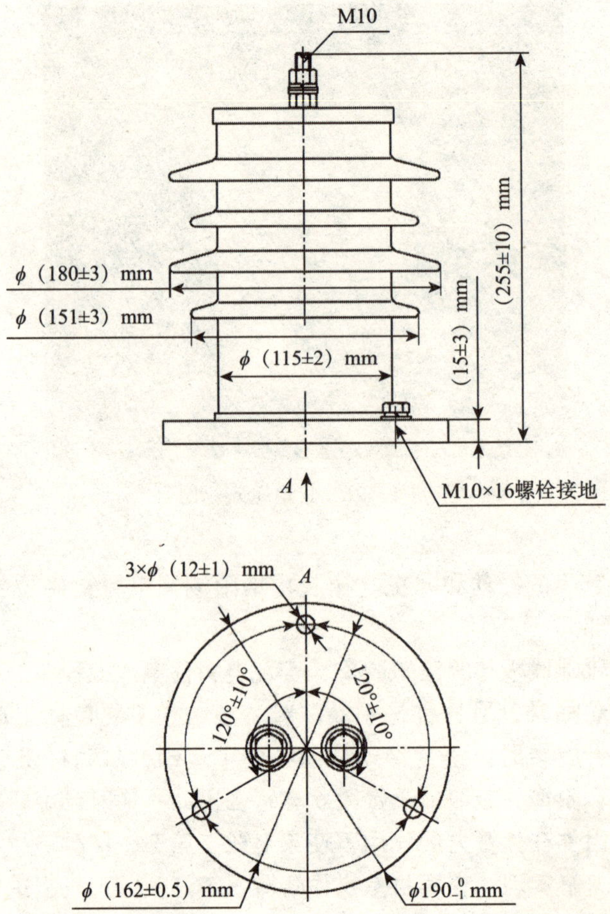

图 4-127　避雷器示意图

避雷器外套采用防污设计，具有优良的耐污秽性和憎水性，在各种恶劣的环境中均能可靠运行。

避雷器底座采用铝合金制成，高压端子及其余外露金属件均采用不锈钢材质制成，既防腐蚀又美观。

三、系统调试

（一）外观检查

受流系统外观检查主要检查受电弓、集电靴和避雷器，具体检查内容如下：

1. 受电弓

(1) 检查受电弓主要部件（见图 4-128），如弓头、弓头连接杆、上框架、平衡连接杆、底架等，应无损坏、裂纹、缺失或变形等情况，紧固螺栓应无松动，防松画线应清晰、无错位。

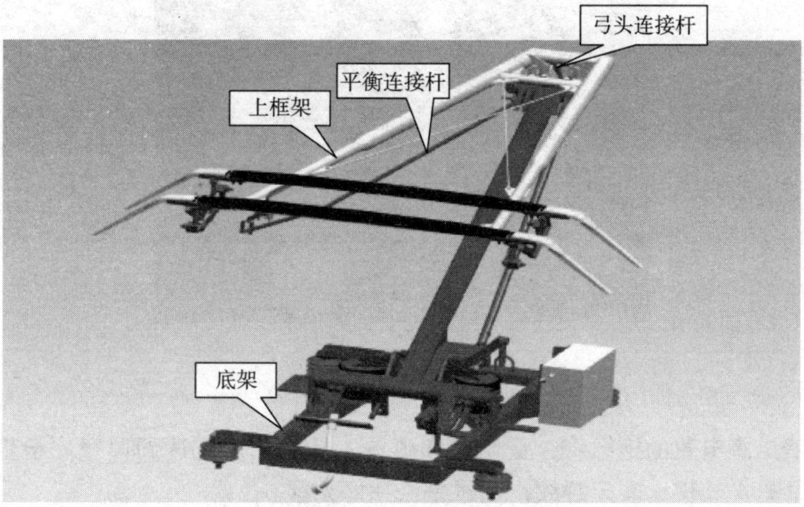

图 4-128 受电弓主要部件

(2) 检查碳滑板和弓头悬挂装置之间的连接件、弓头悬挂装置和上框架顶管之间的连接件是否紧固，弓角外观有无开裂现象。碳滑板和弓头悬挂装置外观如图 4-129 所示。

a）　　b）

图 4-129 碳滑板和弓头悬挂装置外观

a）碳滑板 b）弓头悬挂装置

(3) 检查导流线。导流线在任何状态下都不应被拉紧，若导流线单股的 1/2 以上出现断裂或整条导流线超过 10 根断裂时则必须更换。导流线外观如图 4-130 所示。

2. 集电靴

(1) 检查集电靴外观（见图 4-131）是否正常，各部件应无缺失。检查各固定螺栓有无松动，防松画线是否清晰，软管有无破损，接头处是否紧固、无漏气现象，连接器插头插接是否紧固。

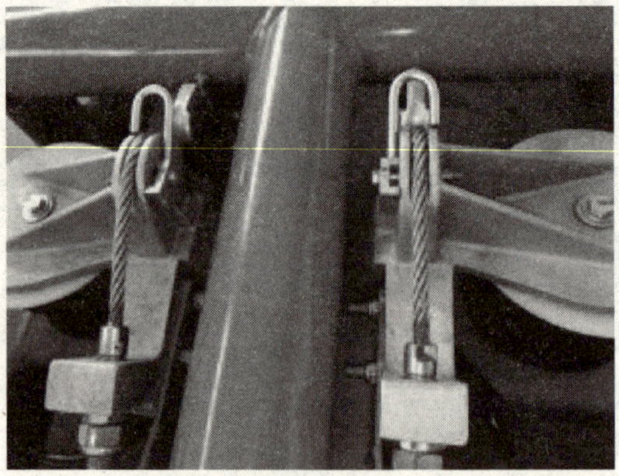

图 4-130　导流线外观

(2) 清洁集电靴的绝缘臂、受流臂和弧罩，其清洁度应达到Ⅳ级。检查绝缘臂和受流臂（见图 4-132）有无裂纹，弧罩是否完好无损。

3. 避雷器

检查避雷器外观（见图 4-133）是否正常，各部位紧固螺栓的防松画线应清晰、无错位。检查电缆、机械结构，要求器件齐全、无缺陷。

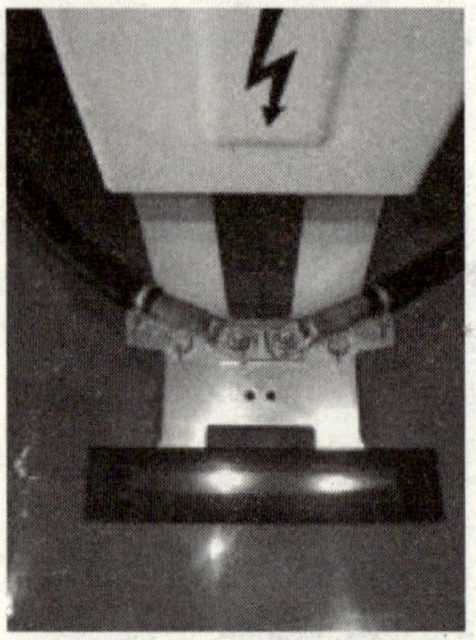

图 4-131　集电靴外观

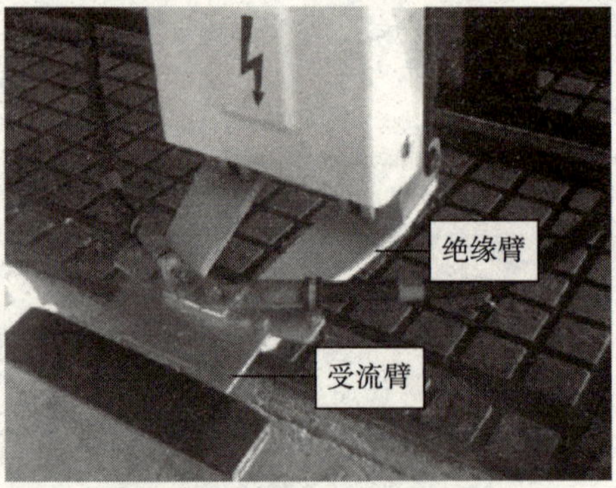

图 4-132　绝缘臂和受流臂

图 4-133　避雷器外观

（二）参数测量

1. 受电弓

（1）抬起受电弓，弓头应能绕上框架在止挡杆限定范围内自由转动，如图4-134所示。将受电弓升起400 mm，检查弓头绕上框架的转动角度是否≥10°，碳滑板下表面距离止挡杆组焊的距离是否大于15 mm。检查弓头上的每组碳滑板能否绕各自转轴转动，是否卡滞。若被卡滞，则需要用金属万能保养剂沿着配合轴承的间隙进行喷洒清洁，或拆下弓头清洗，或更换衬套并在新衬套表面涂润滑油脂。

（2）测量并调节受电弓与接触网的接触压力和落弓保持力。

1）检查机器间制动柜上的升弓控制管路风压表压力是否大于0.55 MPa。

2）检查机器间制动柜上的升弓控制管路总风塞门，总风塞门应位于开位。

3）用手按下制动柜的升弓电磁阀升弓，当受电弓升到距离车顶1 m时，用弹簧秤拉住上框架顶管中心位置，该接触压力应满足（120±10）N的要求。

4）如图4-135所示，使受电弓处于落弓位，用弹簧秤拉住受电弓上框架顶管中心位置，使上支架横杆离开橡胶止挡约5 mm，弹簧秤的读数应大于150 N。

图4-134 受电弓转动角度测试

图4-135 受电弓接触压力测试

2. 集电靴

（1）检查碳滑板有无裂纹，手摇碳滑板应无松动，安装螺栓应无松动。使用游标卡尺测量并记录碳滑板整体厚度，如图4-136所示。碳滑板整体厚度应大于26 mm。

（2）测量并记录集电靴升、降靴高度（见图4-137）以及臂轴高度。用水平尺和卷尺配合测量集电靴降靴和升靴状态下的高度以及臂轴高度，要求降靴状态下高度允许范围为（142±3）mm，升靴状态下高度允许范围为260_{-15}^{0} mm，臂轴高度允许范围为（193±2）mm。

3. 避雷器

用万用表测量避雷器有无电压，电压为0 V方可拆卸避雷器。用16 mm棘轮套筒扳手拆卸避雷器上部的连接线，用1 000 V绝缘电阻表对避雷器进行绝缘电阻值的测

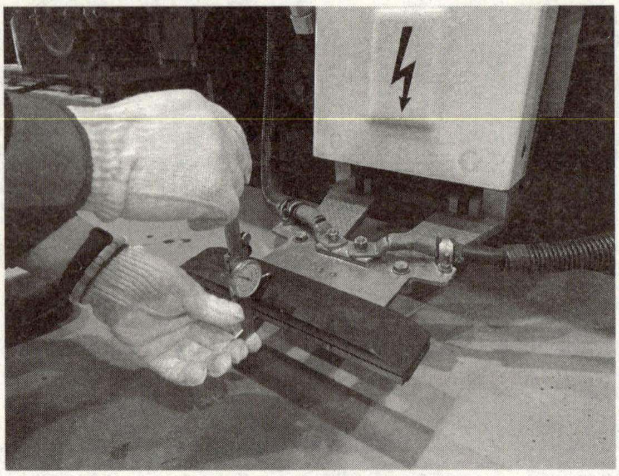

图 4-136　集电靴碳滑板厚度测量

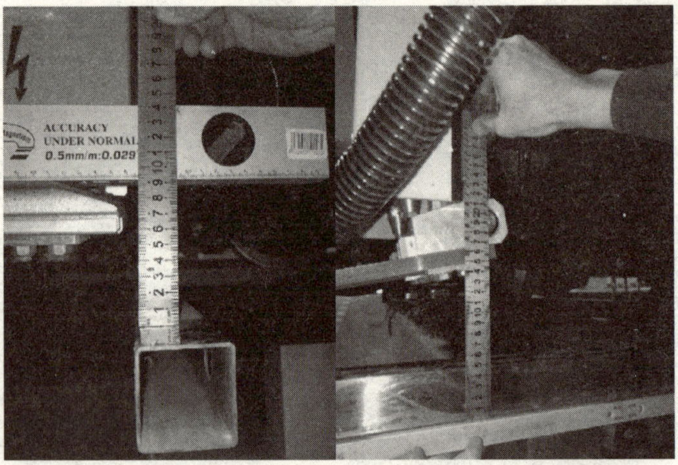

图 4-137　集电靴升、降靴高度测量

量，电阻值应≥300 MΩ。

（三）静态带电功能检查

1. 受电弓

将受电弓开关调至升弓位置，受电弓升至接触网高度时所用时间应在 4~8 s；将受电弓开关调至降弓位置，受电弓下降到最低位置时所用时间应在 4~8 s。在整个升、降弓过程中，受电弓开关功能应正常，且无异响。

2. 集电靴

检查集电靴升降功能。例如，在升靴状态下，检查集电靴绝缘软管是否漏气，四个靴的动作应一致。集电靴升、降靴如图 4-138 所示。

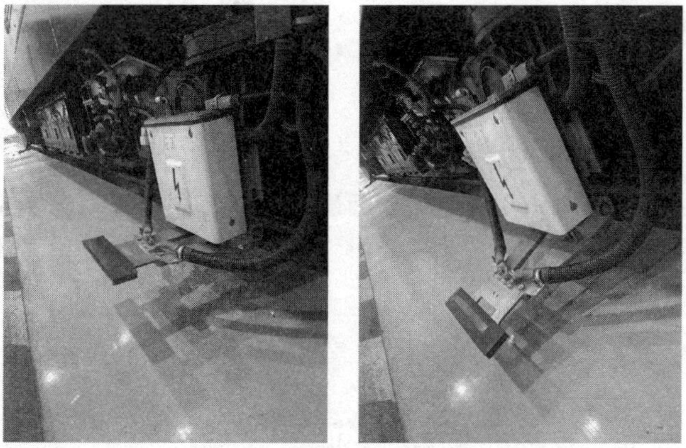

图 4-138　集电靴升、降靴

（四）动态功能检查

受流系统动态功能检查主要是在静态带电功能检查的基础上，检查动车过程中受电弓与接触网、集电靴与第三轨的匹配性，观察司机室显示屏所显示的电压有无异常波动，根据与车辆总承包商确定的无电区规则（对于第三轨线路检查），确认高速断路器通断状态及电力蓄电池工程车运行状态是否满足设计需求。受流系统显示状态图如图 4-139 所示。

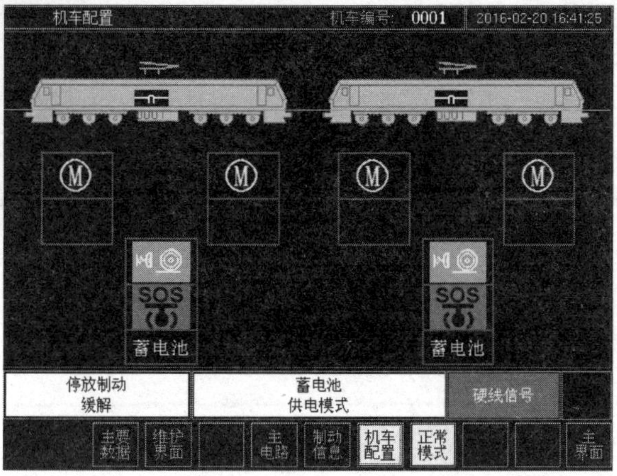

图 4-139　受流系统显示状态图

四、故障案例分析——受电弓降弓故障

（一）故障现象

受电弓降弓缓慢，完全降下用时约 20 s（标准的降弓时间应为 4~8 s），显示屏显

示受电弓降弓故障。

（二）故障分析

1. 受电弓降弓原理（见图 4-140）

按下降弓按钮，升弓电磁阀失电，切断压缩空气，同时升弓电磁阀将受电弓气路与空气连通，压缩空气经原路返回，电磁阀排气，受电弓靠自身重力下降。

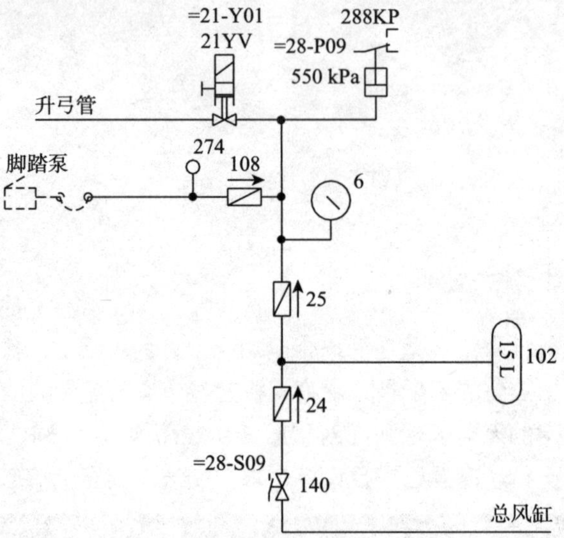

图 4-140 受电弓降弓气路原理图

2. 受电弓降弓故障逻辑（见图 4-141）

给出降弓指令 15 s 后，若受电弓降弓指示器仍未感应到受电弓，则显示受电弓断开故障。

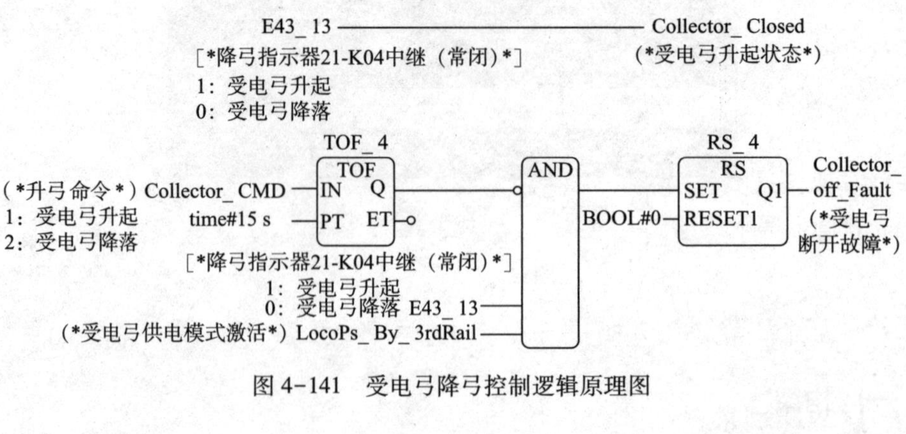

图 4-141 受电弓降弓控制逻辑原理图

（三）故障排查

结合现场受电弓降弓缓慢的现象，可初步判断为升弓电磁阀 21YV 卡滞，导致受电弓气路与大气连通因而卸压缓慢。更换 21YV 电磁阀后，受电弓降弓功能恢复正常，因而确定故障原因是升弓电磁阀 21YV 卡滞。

第六节 走行部及车体车架

一、系统概述

电力蓄电池工程车走行部一般包含前后两个转向架，且两个转向架可以互换通用。转向架主要由构架、轮对、齿轮传动装置、一系悬挂装置、二系悬挂装置、牵引装置、基础制动装置、轮缘润滑装置、空气管路等部件组成。转向架部分部件如图 4-142 所示。转向架采用标准化、模块化设计，符合可靠性、可用性、可维护性要求。

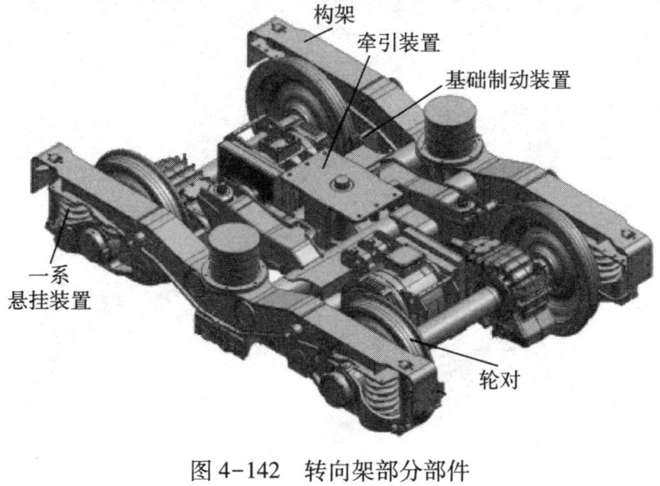

图 4-142 转向架部分部件

车体车架（见图 4-143）是设备安装的基础，主要包含车体、车钩装置、车灯、刮水器、排障器等附属部件。

二、工作原理

（一）构架

构架（见图 4-144）是转向架的骨架，它既是承载体和传力体，又是转向架上其

图 4-143　车体车架

他零部件的安装吊挂基体。构架多采用低合金高强度结构钢板（或钢管）焊接而成，形成 H 形结构。构架侧梁为中间下凹的鱼腹箱形结构，中间设置隔板，以保证具有一定的抗弯、抗扭能力。构架侧梁上设有垂向减振器安装座、横向减振器安装座、转臂定位座、制动器安装座。构架横梁采用无缝钢管制成，设有电动机安装座、齿轮箱吊杆安装座、牵引拉杆安装座。

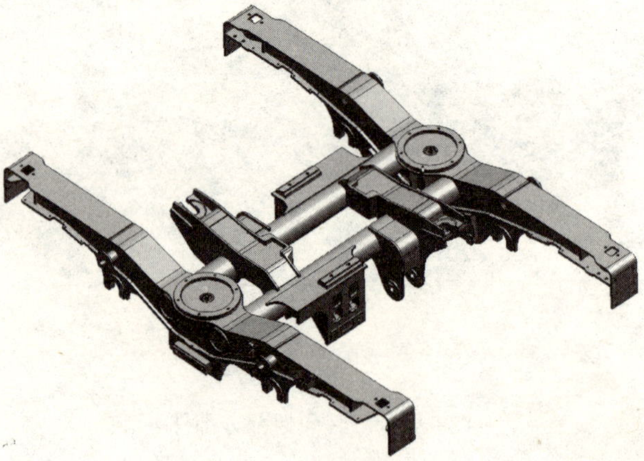

图 4-144　构架

电动机横向布置并以全悬挂的方式直接安装在构架上。常用的电动机为三相笼型异步牵引电动机。

（二）轮对

轮对（见图 4-145）是车辆走行部的重要部件之一。车辆的全部静载荷均通过轮对传给钢轨；牵引电动机的转矩也通过轮对作用于钢轨，进而产生牵引力。当车辆沿着轨道运行时，轮对承受着来自钢轨接头、道岔及线路不平顺处的全部垂直方向和水平方向的冲击作用力。轮对性能的好坏直接影响车辆的运行品质。因此，应特别重视轮对的设计制造及维护保养。轮对的主要作用可概括为以下几点：传递车辆载荷至轨面；通过轮对与钢轨产生牵引力或制动力；在单元制动机闸瓦压力的作用下产生摩擦力，使车辆制动；引导车辆顺利通过曲线轨道，保证运行安全。

车轮采用整体辗钢轮，通过过盈配合热套在车轴轮座上。车轮的轮毂部位有注油孔，退轮时对该孔压注液压油，液压油通过该孔进入油槽，均匀地挤入轮轴压装结合面，使车轮顺利地退出车轴轮座。车轮公称直径为 ϕ840 mm，允许车轮磨耗最小直径为 ϕ770 mm。车轮多采用磨耗型踏面与钢轨接触。

图 4-145　轮对

（三）齿轮箱

齿轮箱（见图 4-146）为驱动装置，多采用平行轴式齿轮箱，箱体的一端通过轴承安装于轴上，另一端弹性地吊装于构架的横梁上。齿轮箱设有防脱落杆，防止悬挂螺栓发生故障或吊杆断裂后齿轮箱掉落。

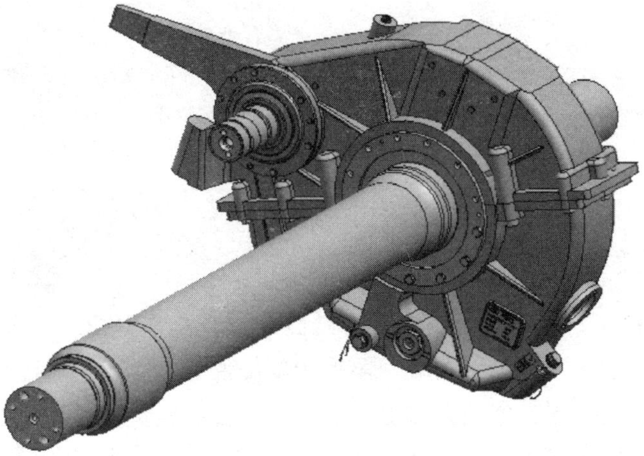

图 4-146　齿轮箱

（四）一系悬挂装置

一系悬挂装置（见图 4-147）安装在轮对与构架之间，由螺旋钢弹簧、转臂定位橡胶关节、一系垂向止挡、一系垂向减振器等部件组成。一系弹簧通过轴箱和轮对将车体和转向架的垂向载荷传递到轨道上。因为配有一系垂向减振器，所以一系悬挂装置多用于衰减轮对的垂向运动。转臂定位橡胶关节连接轴箱箱体和构架，传递纵向力和横向力。轴箱顶部设置了一系垂向止挡，起到垂向限位作用。为了补偿制造误差并便于调整轮重、轴重，一系弹簧上方还配备了若干弹簧垫片。

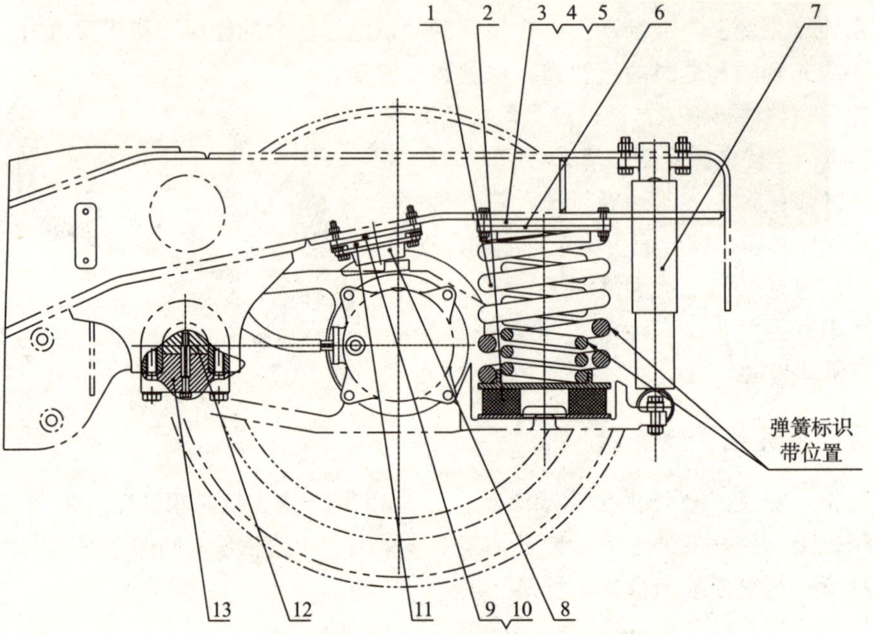

图 4-147　一系悬挂装置

1——一系弹簧　2——一系橡胶垫　3—弹簧垫片（1 mm）　4—弹簧垫片（2 mm）　5—弹簧垫片（5 mm）　6——一系弹簧板　7——一系垂向减振器　8——一系垂向止挡　9—垫片（1 mm）　10—垫片（2 mm）　11——一系止挡垫片　12—转臂定位橡胶关节　13—转臂定位座

（五）二系悬挂装置

二系悬挂装置（见图 4-148）安装在转向架构架与车体之间，由安装在车体与转向架之间的二系橡胶堆、二系横向减振器等主要部件组成。二系悬挂装置把车体质量均匀地分配到转向架构架上；当电力蓄电池工程车通过曲线轨道时，它可以在车体与转向架之间产生相对位移，使电力蓄电池工程车顺利通过。为了补偿制造误差和车轮磨耗，通常在二系橡胶堆表面配备了若干二系悬挂调整垫。

（六）牵引装置

牵引装置（见图 4-149）布置在转向架的中部，处于构架两个横梁之间。牵引装置连接着车体和转向架，由中心牵引组件、牵引连杆组件和横向止挡装置三大部件组成。

中心牵引组件具有以下三大功能：将转向架连接到车体上，传递牵引力和制动力；使转向架以中心牵引组件为中心相对于车体旋转；作为二系悬挂起吊装置，可以使转向

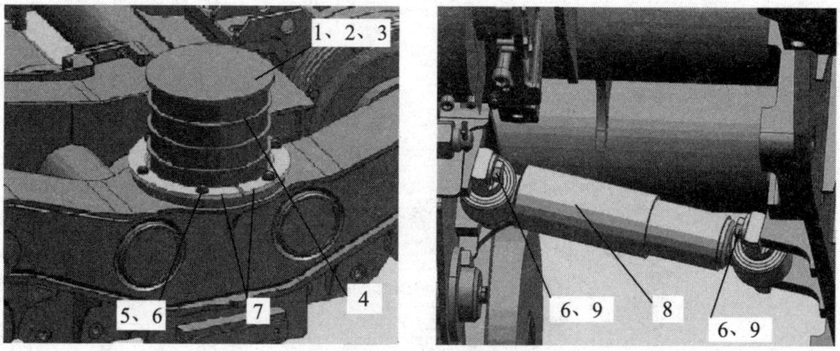

图 4-148　二系悬挂装置

1—二系悬挂调整垫（1 mm）　2—二系悬挂调整垫（2 mm）　3—二系悬挂调整垫（4 mm）
4—二系橡胶堆　5—六角螺栓 M16×35　6—制锁垫圈　7—压板
8—二系横向减振器　9—六角螺栓 M16×50

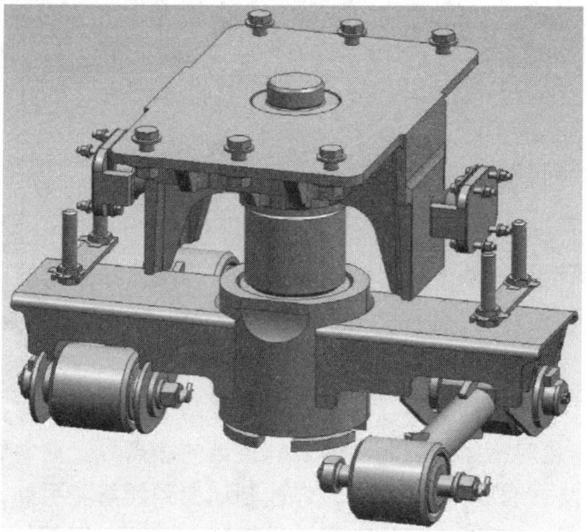

图 4-149　牵引装置

架随车体整体起吊。

牵引连杆组件由连杆、连杆销、六角螺母、开口销、垫圈等组成，它布置在转向架的中部，在牵引座和转向架的构架之间工作，两个连杆装配成 Z 形。

横向止挡装置主要由横向止挡座、二系横向止挡、横向缓冲器垫片、横向止挡垫片等组成，它布置在转向架横梁的中部，且沿构架中心对称布置。

（七）基础制动装置

基础制动装置（见图 4-150）采用踏面单元制动器进行单侧闸瓦制动。每个车轮均安装一个不具有弹簧停车蓄能制动功能的单元制动器及一个具有弹簧停车蓄能制动功能的单元制动器。

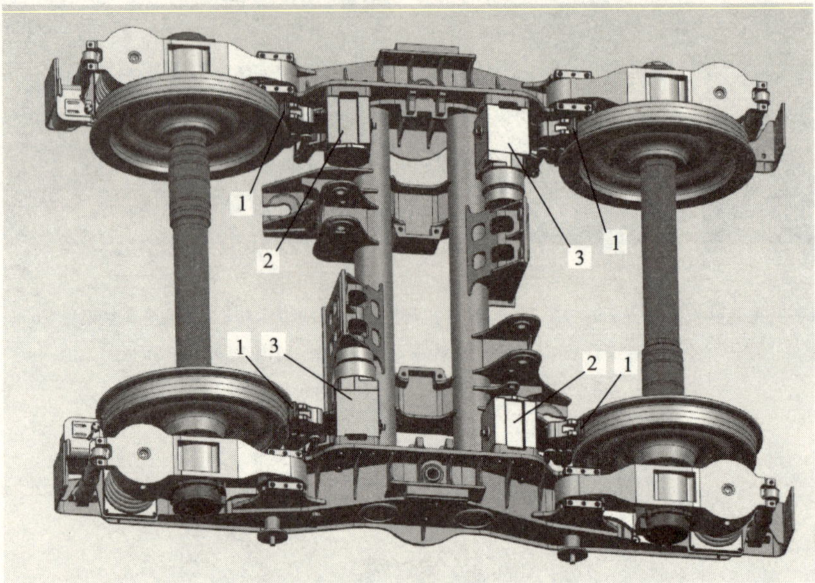

图 4-150 基础制动装置

1—闸瓦 2—不具有停放功能的制动缸 3—停放制动缸

单元制动器有两种，一种是常用制动器，另一种是停放制动器。常用制动器工作原理如下：当风缸充风时，通过杠杆机构将闸瓦推向轮对踏面产生摩擦制动，即充风制动；当风缸排风时，杠杆机构将闸瓦与轮对踏面分离，排风缓解。停放制动器实际上是一个弹簧制动器，其工作原理如下：在停放制动缓解、风缸排风后，弹簧弹力传递给杠杆机构，将闸瓦推向轮对踏面达到制动的目的；当向缓解风缸充气时，压缩空气推动杠杆机构克服弹簧弹力，使杠杆机构复位，停放制动得到缓解。另外，停放制动也可以不通过风缸，而是通过拉动手动缓解拉环释放弹簧弹力，达到缓解的目的。所以，停放制动器正好与常用制动器相反，即排气制动、充气缓解。

空气制动系统具有常用制动、停放制动、紧急制动、制动缓解、防滑等功能。

（八）轮缘润滑装置

电力蓄电池工程车通常采用湿式轮缘润滑装置（见图 4-151），它被安装在车辆两端，每端各装一套。轮缘润滑系统采用手动控制模式，由手动按钮控制。当电力蓄电池工程车需要润滑时，按下轮缘润滑系统启动按钮，系统将根据已设定好的润滑时间开始工作，润滑时间结束后系统自动停止工作。轮缘润滑装置能改善轮缘和轨道的磨损，同时起到一定的降噪效果。

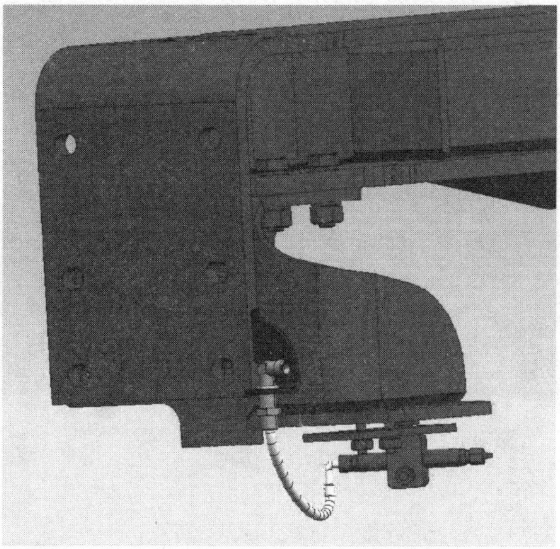

图 4-151 湿式轮缘润滑装置

（九）空气管路

转向架空气管路（见图 4-152）通过软管与车体底架空气管路接通，并通过钢管与软管为制动单元、轮缘润滑装置输送风源。转向架空气管路通过管夹座、管夹和紧固件安装在构架表面。

图 4-152 转向架空气管路

（十）车钩装置

电动蓄电池工程车采用的是内燃、电力机车 E 级钢车钩。在车钩装置（见图 4-153）中，车钩通过钩尾销与钩尾框连成一体，在钩尾框内安装有从板和 MT-3 型缓冲器。车钩装置安装在车体底架两端牵引梁的车钩箱内。车钩装置是城市轨道交通车辆的关键部件，其作用是使机车和车辆（或机车）之间实现连挂，并且传递车体在运行、制动或调车时所产生的牵引力和缓和冲击力。

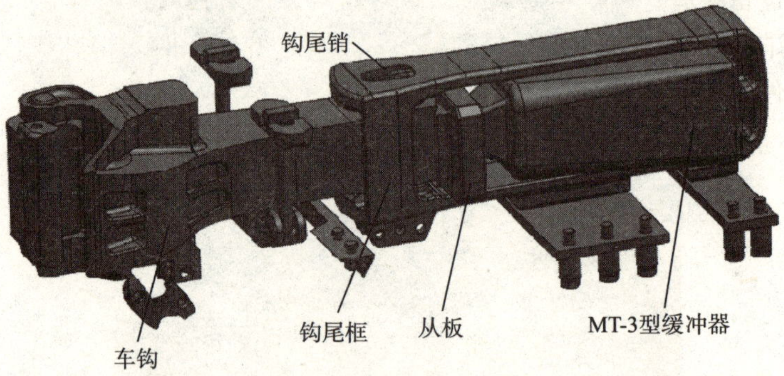

图 4-153　车钩装置

三、系统调试

（一）限界检查

机车车辆限界是指机车车辆横断面不容许超越的最大轮廓尺寸。为了防止机车车辆撞上邻近的建筑物或其他设备，在除特殊情况外，机车车辆的任何部位不得超出机车车辆限界。在对机车进行静态检查时，需要进行限界检查，要求机车任何部件不能与限界门干涉。机车车辆限界检查如图 4-154 所示。

图 4-154　机车车辆限界检查

（二）外观检查

外观检查主要是检查车体车架外观，要求器件齐全、无缺陷，固定件无松动，防松标记清晰，各设备铭牌、标识字迹清晰、内容正确、位置正确。

1. 检查转向架构架外观（见图4-155），应无损坏、锈蚀和裂纹。各安装件应安装牢靠，各紧固件（包括与车体连接的紧固件）连接应可靠、无松动，防松画线应清晰、无错位。

图4-155　转向架构架外观

2. 检查一系悬挂装置（包括一系弹簧、一系垂向减振器等，见图4-156），紧固螺栓的防松画线应清晰、无错位，一系弹簧应无损坏、变形、裂纹和移位等情况，一系垂向减振器应无漏油、变形等情况。

图4-156　一系悬挂装置主要部件的检查

3. 检查二系悬挂装置（包括二系橡胶堆、二系横向减振器等），紧固螺栓的防松画线应清晰、无错位，二系橡胶堆应无老化、破损、错位等情况，二系横向减振器应无漏油、变形等情况。二系悬挂装置的主要检查部位如图 4-157 所示。

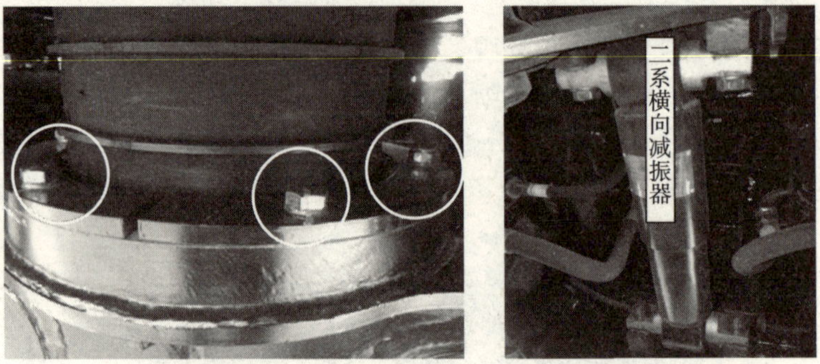

图 4-157　二系悬挂装置的主要检查部位

4. 检查轮对迟缓线有无错位，车轮螺堵是否松动。轮对迟缓线和车轮螺堵如图 4-158 所示。

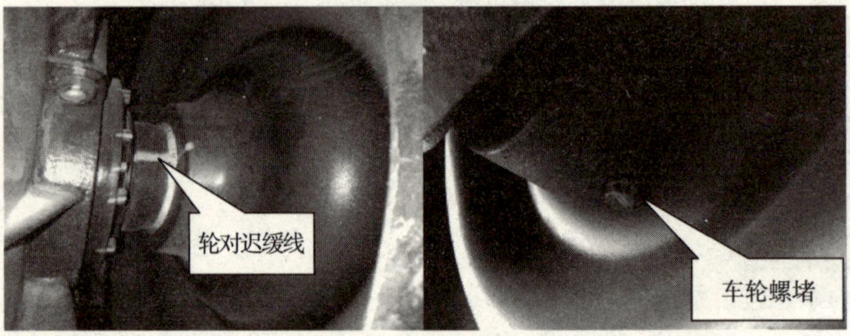

图 4-158　轮对迟缓线和车轮螺堵

5. 检查轮对踏面及轮缘（见图 4-159）的磨损情况，轮对应完好、无擦伤，踏面应无裂纹、剥离等情况。

图 4-159　轮对踏面及轮缘

6. 检查车轮和车轴表面油漆，应无破损。车轮和车轴如图 4-160 所示。

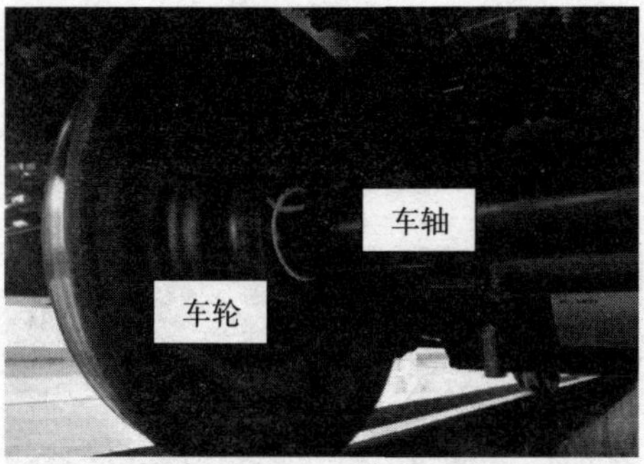

图 4-160　车轮和车轴

7. 检查联轴节、齿轮箱外观（见图 4-161）有无异常、是否损坏，安装螺栓是否紧固。润滑油应无渗漏情况，且所有齿轮箱油位应在上、下刻度线中间偏上位置。

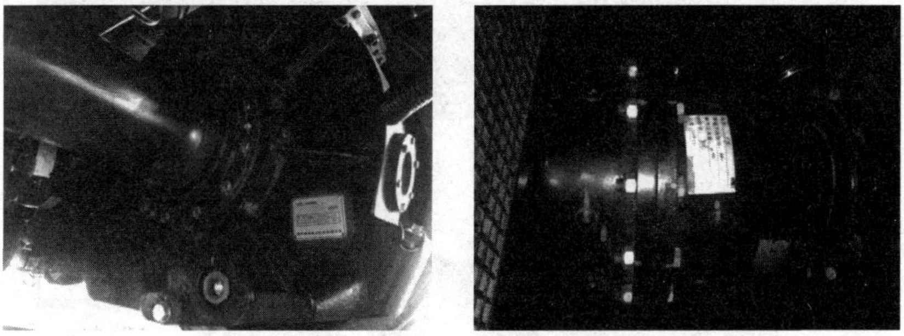

a）　　b）

图 4-161　联轴节、齿轮箱外观

a）联轴节　b）齿轮箱

8. 检查轴箱箱体（见图 4-162）有无损坏、裂纹、脱漆、锈蚀等情况，安装螺栓是否松动。

图 4-162　轴箱箱体

9. 检查接地装置（见图 4-163）和速度传感器是否损坏，端盖紧固螺栓的防松画线应清晰、无错位。

10. 检查牵引座、压座（见图 4-164）、隔座有无损伤、锈蚀和裂纹。各螺栓及相关紧固件应无松动、脱落现象，螺栓、螺母的防松画线应清晰、无错位，牵引杆橡胶关节任意橡胶层的表面应无裂纹。

图 4-163　接地装置

图 4-164　压座

11. 检查轮缘润滑装置（见图 4-165）的紧固螺栓防松画线是否清晰、无错位，电磁阀应安装紧固、接线良好，润滑油油量应多于最大容量的 1/2。

12. 检查转向架空气管路（见图 4-166），应无破损、变形、松动及漏气现象，各管夹座紧固螺栓及相关紧固件应紧固、无松脱，防松画线应清晰、无错位。

13. 检查单元制动器表面（见图 4-167）是否破损，各模块安装应良好、无松动，

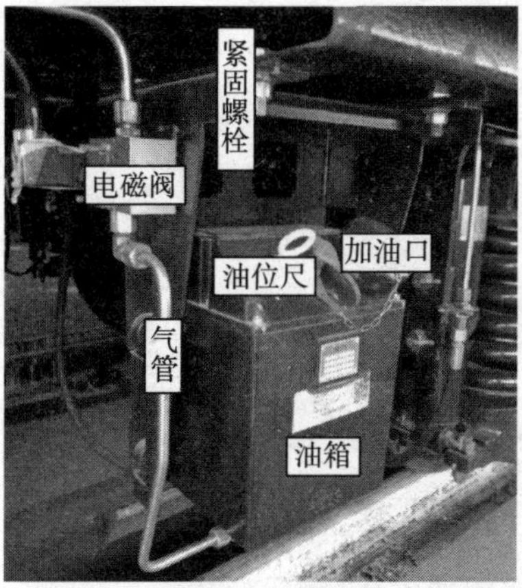

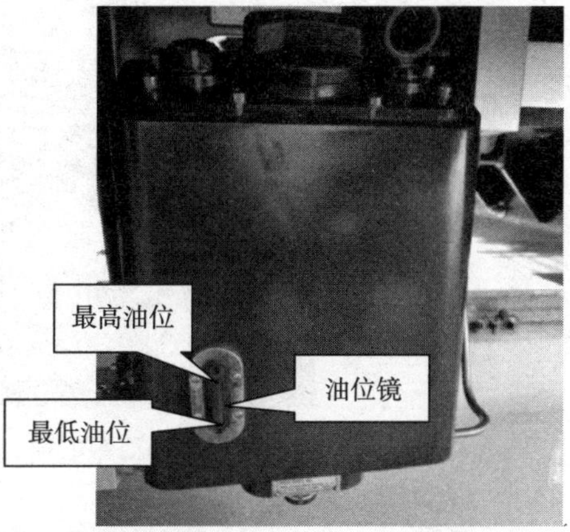

图 4-165　轮缘润滑装置

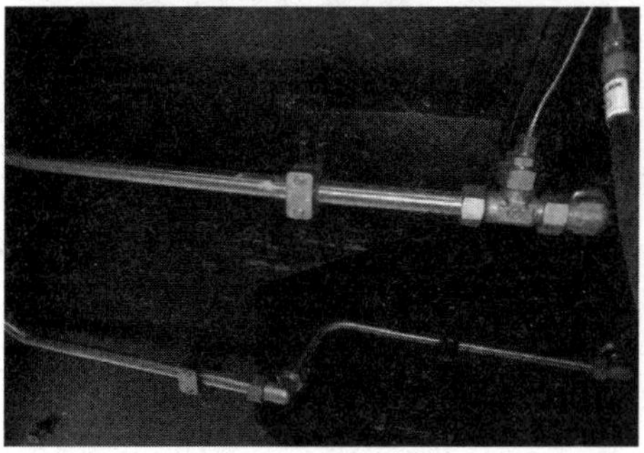

图 4-166　转向架空气管路

图 4-167　单元制动器表面

连接螺栓和紧固螺栓应紧固、无松动。

14. 检查车体各梁（见图 4-168）、各安装座、蒙皮及其相互连接处的焊缝，应无裂纹。

15. 检查牵引蓄电池箱门锁、铰链螺栓及二次防脱装置（见图 4-169），要求紧固良好。

16. 检查车体外部标识是否清晰，铭牌应紧固、无松动。车体外部标识和铭牌如图 4-170 所示。

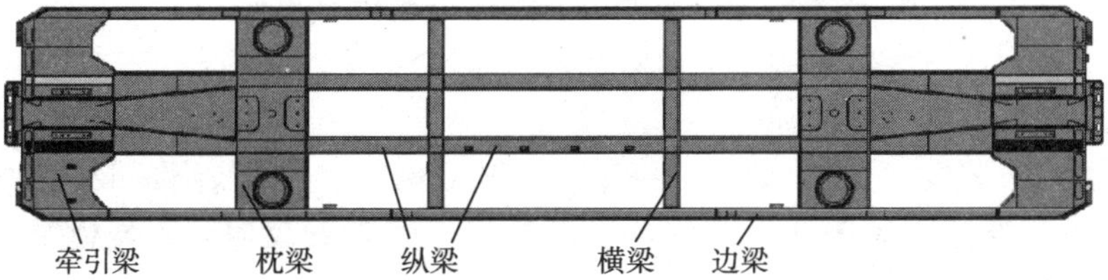

图 4-168　车体各梁

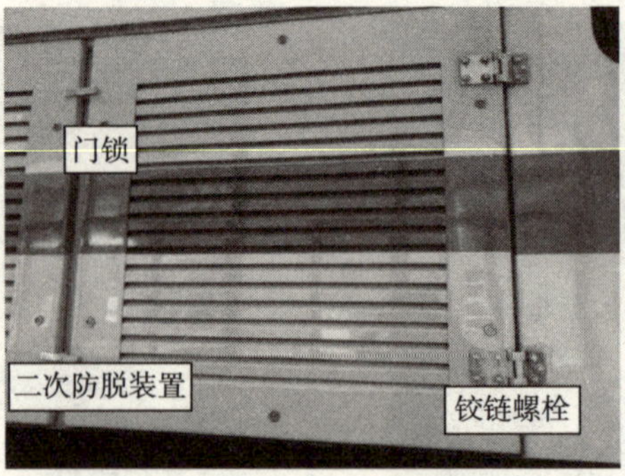

图 4-169　牵引蓄电池箱门锁、铰链螺栓及二次防脱装置

图 4-170　车体外部标识和铭牌

17. 检查排障器（见图 4-171，共两个），其外观应无损坏，表面应无脱漆及锈蚀现象。

图 4-171　排障器

18. 检查 AC 220 V 供电插座、AC 380 V 供电插座、重联插座、DC 1 500 V 库内电源插座等外部插座（见图 4-172）的安装情况，要求安装紧固，盖板密封良好且无裂纹、渗水和老化现象。

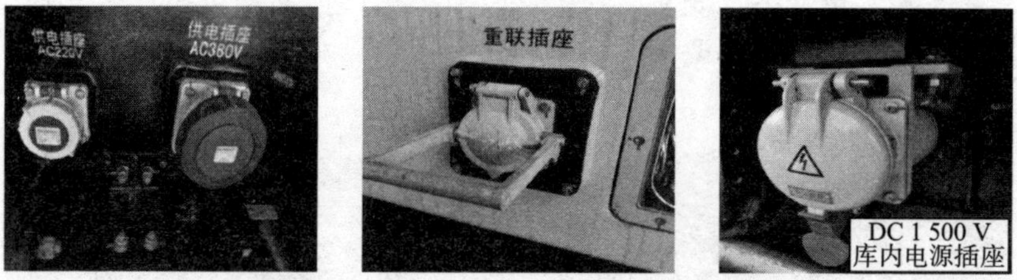

图 4-172　外部插座

19. 检查登车梯（见图 4-173）部件是否齐全、有无损坏，液压支撑机构应正常、无渗油现象，紧固螺栓的防松画线应清晰、无错位。

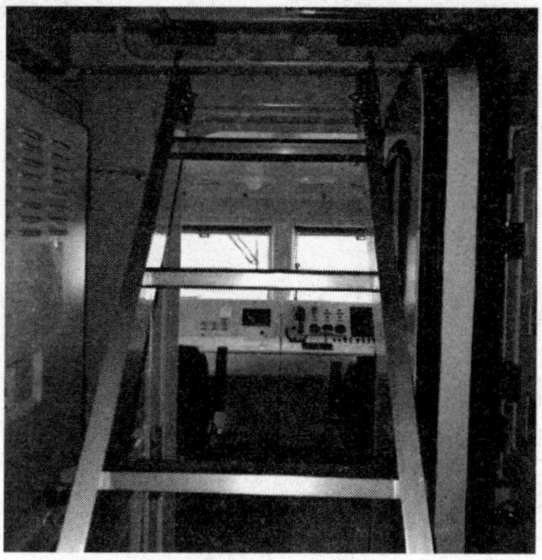

图 4-173　登车梯

20. 检查撒砂装置的紧固螺栓是否安装到位，撒砂管路的橡胶管（见图 4-174）应无老化、龟裂、破损等现象。

图 4-174　撒砂管路的橡胶管

21. 检查车钩装置状态（见图 4-175），要求动作灵活、可靠，车钩应润滑良好、对中良好，车钩各紧固螺栓应紧固。

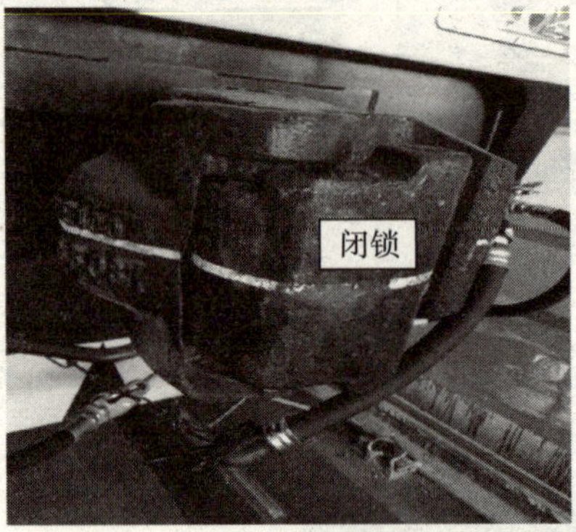

a）

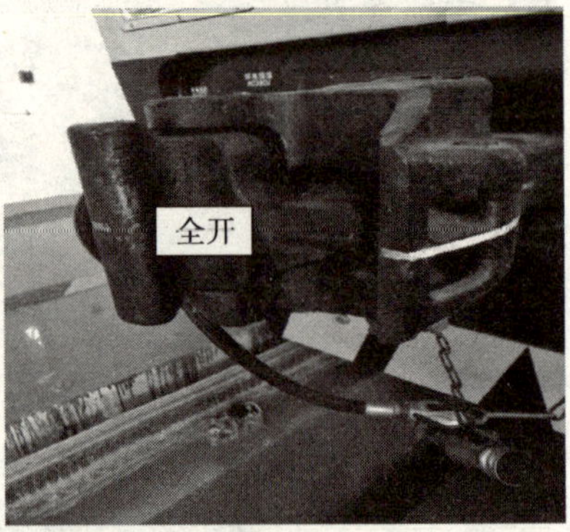

b）

图 4-175　车钩装置状态

a）闭锁状态　b）全开状态

（三）尺寸检查（见图 4-176）

1. 测量并记录轮对内侧距，应在标准范围内［(1 353±2) mm］。

2. 测量并记录车轮轮缘高度，应在标准范围内（26~35 mm）；测量并记录轮缘厚度，应在标准范围内（27~33 mm）。

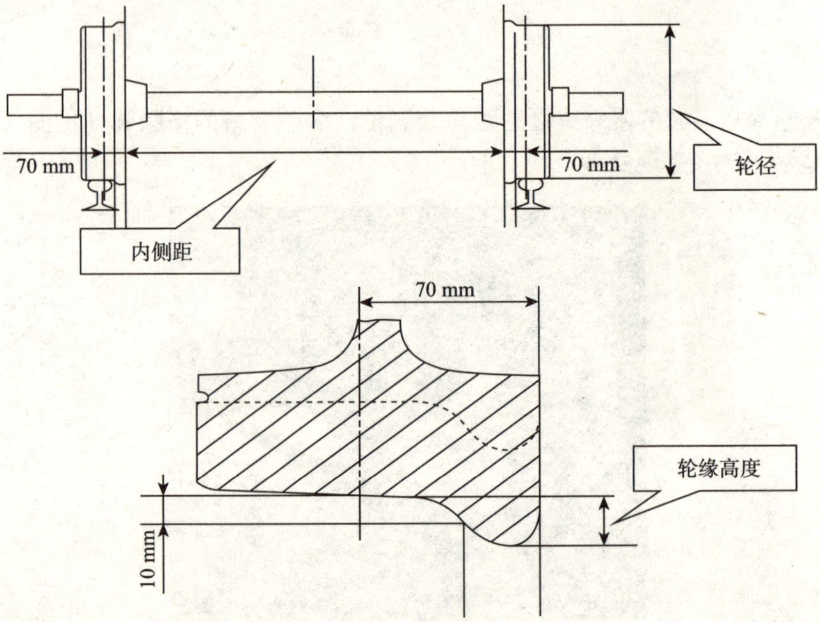

图 4-176　尺寸检查

3. 测量并记录车轮直径（即轮径），应在标准范围内（790~840 mm）。

4. 测量并记录轮径差。同一轮对的左右车轮直径差应≤2 mm，同一转向架两个轮对的车轮直径差应≤4 mm，同一列车各车轮直径差应≤8 mm。

5. 检查喷嘴的角度和轮缘润滑管路（见图 4-177），要求喷嘴对准轮缘，轮缘润滑管路状态良好。同时，测量喷嘴到轮缘根部的距离，应在 30~35 mm 范围内。

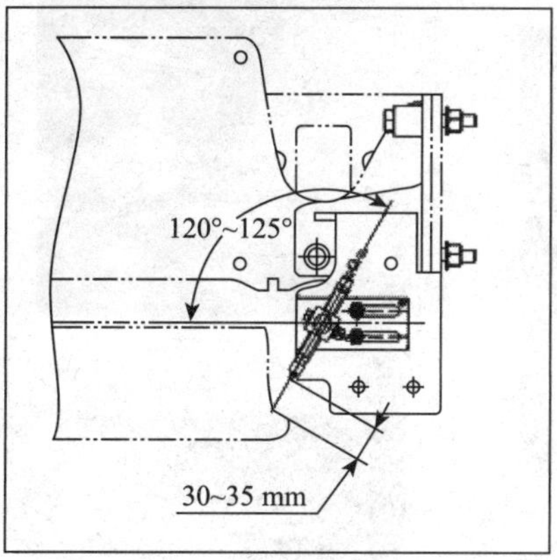

图 4-177　检查喷嘴的角度和轮缘润滑管路

6. 通过闸瓦磨耗线来检查闸瓦厚度（见图 4-178）是否符合标准要求。

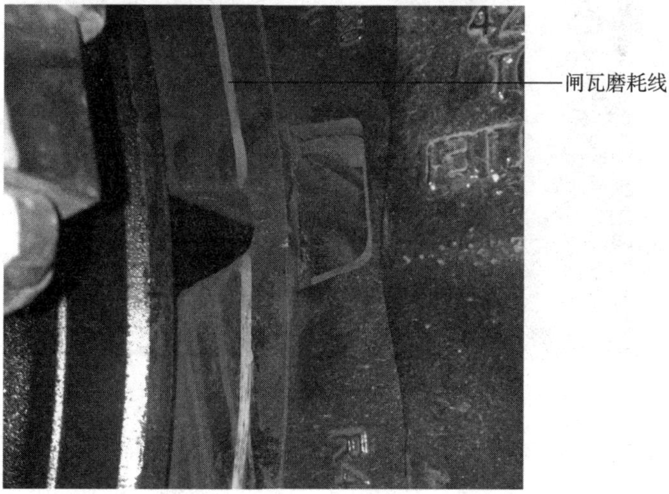

图 4-178　闸瓦厚度检查

7. 检查闸瓦与轮对踏面的间隙，如图 4-179 所示，应符合标准要求。

8. 测量排障板高度（见图 4-180），应在标准范围内［(200±10) mm］。

9. 测量车钩高度（见图 4-181），应在标准范围内［(880±10) mm］。

（四）动态功能检查

在段内试车线或正线上，电力蓄电池工程车加速行驶，分别以 40 km/h、60 km/h、80 km/h 速度运行，车辆运行应平稳、无异常情况。待电力蓄电池工程车回库后，检查车底各部件是否完好无损，部件是否松动、脱落。

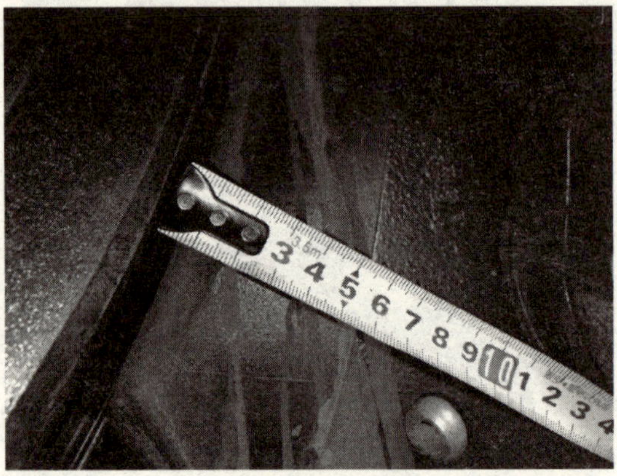

图 4-179　检查闸瓦与轮对踏面的间隙

图 4-180　测量排障板高度

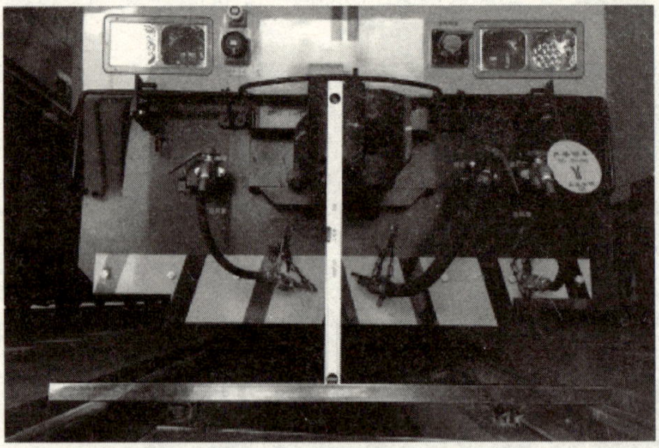

图 4-181　测量车钩高度

四、故障案例分析

（一）车轮故障

1. 故障现象

车轮故障现象包括踏面擦伤、龟裂、剥离、翻边、凹坑、鼓起以及轮缘飞边等。当车轮空转滑行时，踏面接触区的部分区域会迅速变热，发热区不能支撑住车轮，就会形成一个平面，这就是擦伤面。由于擦伤面的组织结构被破坏，因此材质变硬、变脆，容易在踏面表面形成裂纹（即龟裂）。剥离是指车轮在运行过程中由于制动热作用或接触疲劳作用而在踏面上呈现出的金属剥落损伤和鱼鳞状、龟纹状热裂纹。接触疲劳引起的剥离一般发生在车轮的两个部位：踏面的整个圆周和接近轮缘的根部；制动剥离一般发生在有闸瓦制动的车轮踏面上，分布于踏面与闸瓦接触的部位。

2. 故障处理

（1）工具及材料。常用的有轮径尺、轮缘尺、游标卡尺等。

（2）准备工作。降弓关蓄电池，挂“严禁动车”“严禁升弓”防护牌，佩戴安全帽等防护用具。

（3）处理步骤。测量轮对踏面的损伤情况，原则上当擦伤或剥离的深度达到0.5 mm且长度超过40 mm时应镟轮，踏面翻边厚度超过5 mm时应镟轮，踏面外侧鼓起高度超过3.5 mm时应镟轮。必须经过技术人员确认是否进行镟轮修复，若符合镟轮标准（具体标准以各线路的检修规程为准），则下发镟轮通知单进行车轮镟修作业。

车轮各种故障现象图例或示意图如图4-182至图4-188所示。

图4-182 踏面擦伤图例

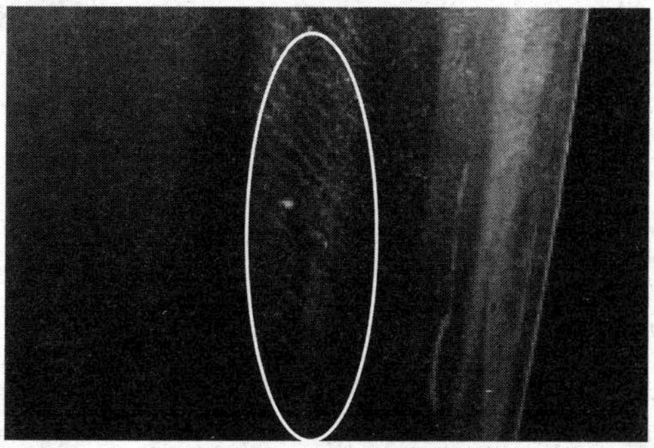

图4-183 踏面龟裂图例

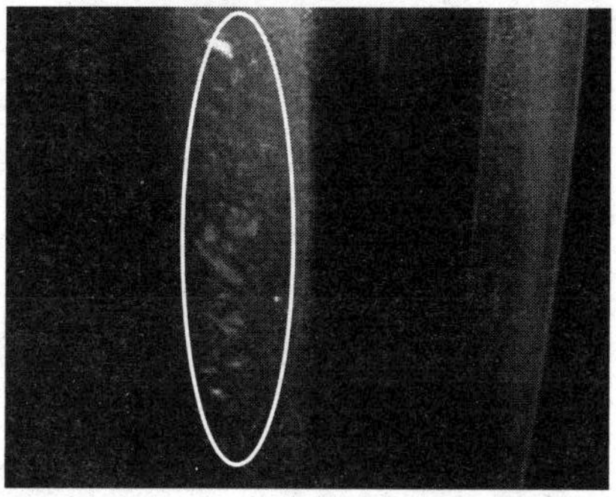

图4-184 踏面剥离图例

图4-185 踏面翻边图例

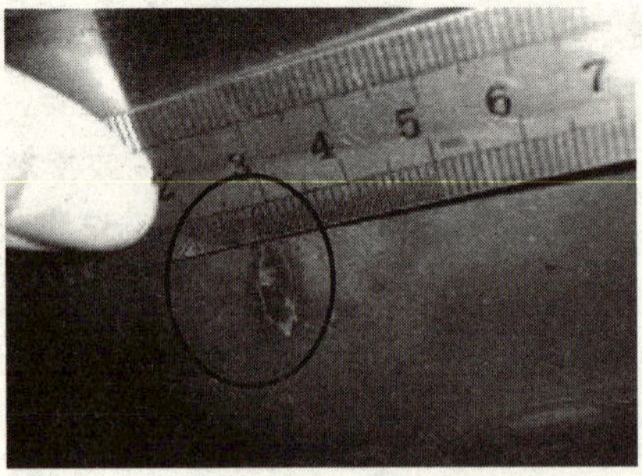

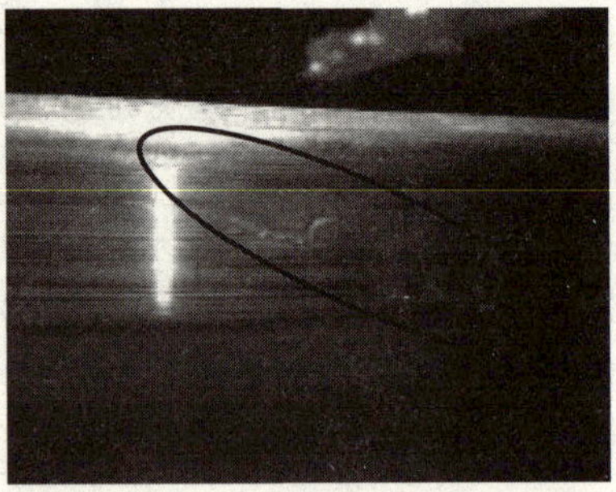

图 4-186　踏面凹坑图例

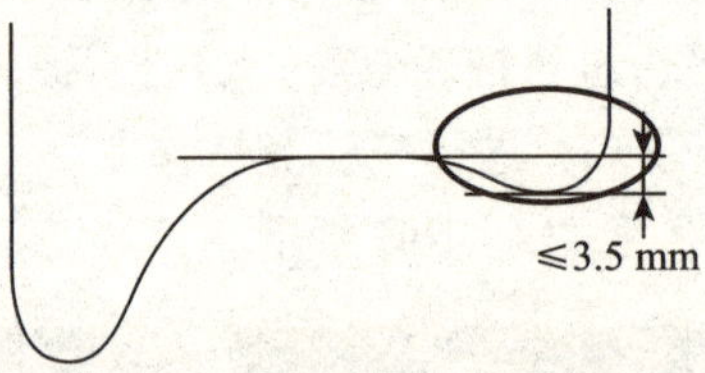

图 4-187　踏面外侧鼓起高度示意图

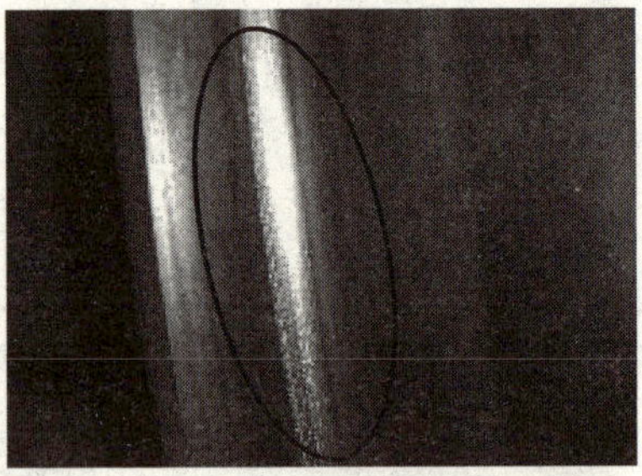

图 4-188　轮缘飞边图例

（二）液压减振器漏油故障

1. 故障现象

城市轨道交通列车在运行过程中经常会出现液压减振器（如一系垂向减振器、二系横向减振器等）漏油的情况。漏油可分为假性漏油和真性漏油两种情况。假性漏油的表现为液压减振器防尘罩外面有油污，可能是外界环境中的油污黏附在上面的结果；真性漏油的表现为油迹湿度较大，无干燥迹象。经过长期的调查和分析，液压减振器真性漏油主要有两个原因：油封损坏和连杆表面损伤。当油温过高或者侧向力过大时，油封可能老化、开裂。当侧向力过大时，连杆的工作区段可能有磨损，其表面出现非正常碰伤。

2. 故障处理

（1）工具及材料。常用的有螺钉旋具、38 件套通用工具、呆扳手等。

（2）准备工作。降弓关蓄电池，挂“严禁动车”“严禁升弓”防护牌，佩戴安全帽等防护用具。

（3）处理步骤。对于假性漏油，当液压减振器外筒上有部分油迹时，如图 4-189 所示，擦干后间隔两周再次擦干，若连续两次擦干后油迹将不再出现，这就是连杆润滑脂受热溢出的结果，属于正常现象。连杆润滑脂的作用是减小连杆在运动过程中的摩擦力，使液压减振器在高频段反应更灵敏。

对于真性漏油（见图 4-190），当将液压减振器外筒油迹擦干，运行一段时间后，同一部位将被新的油迹覆盖并且有发展趋势。试验表明，发生真性漏油时液压减振器的阻尼失效。

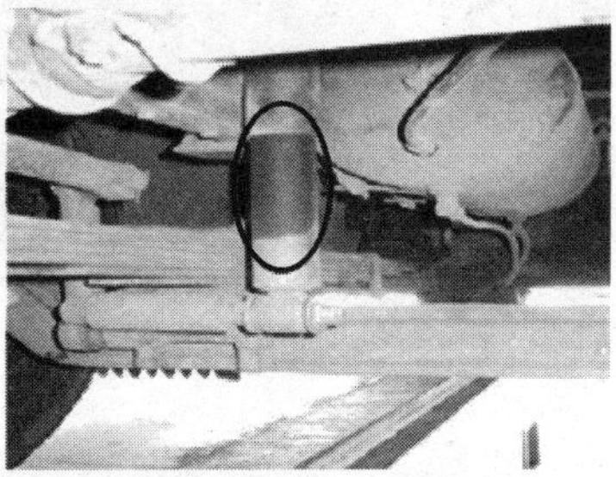

图 4-189　液压减振器假性漏油

图 4-190　液压减振器真性漏油

如图 4-191 所示，当液压减振器真性漏油发展到 9 级、10 级时，必须更换液压减振器。在日常检修中可以根据液压减振器漏油的严重程度进行相应处理。

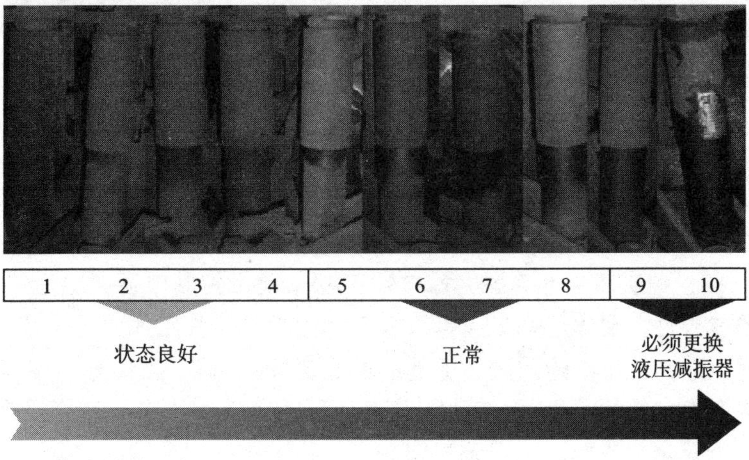

图 4-191　液压减振器真性漏油的发展趋势及处理方法

（三）接地线故障

1. 故障现象

接地线主要起到安全接地的作用。为了保证接地的可靠性，在检修中应主要检查接地线是否存在断股的情况，如果发现接地线断股超过 1/5 则需要更换接地线，以保证设备可靠接地。

2. 故障处理

（1）工具及材料。常用的有螺钉旋具、38 件套通用工具。

（2）准备工作。降弓关蓄电池，挂“严禁动车”“严禁升弓”防护牌，佩戴安全帽等防护用具。

（3）处理步骤

1）确认接地线断股是否超过 1/5，若超过则需要更换接地线。

2）拆下断股接地线。

3）安装新的接地线。

第七节　蓄电池

一、系统概述

蓄电池系统主要包括牵引蓄电池及与之配套的蓄电池管理系统和控制蓄电池。该系统用于对电力蓄电池工程车提供牵引动力及控制电源，确保在无接触网或第三轨供电情况下采用牵引蓄电池模式供电，同时通过辅助逆变器提供 110 V 电压，持续给控制蓄电池充电。蓄电池管理系统根据采集到的蓄电池数据和监控到的各类输入输出信号，实时监控牵引蓄电池的状态，使牵引蓄电池在安全状态下发挥最大性能。

二、工作原理

牵引蓄电池为电力蓄电池工程车提供牵引动力，通过 8 个牵引蓄电池箱串联产生 800~900 V 电压；控制蓄电池为电力蓄电池工程车提供控制电源，电压等级为 110 V。两种蓄电池的差异性主要体现在电压等级及工作用途上，其工作原理一致。

常用的蓄电池为胶体电池。胶体电池内部的电解质为胶状物，其中留有无数微小缝隙，隔板内掺有憎水性的 SiO_2 保持孔隙度，从而留有气体通道，使正极产生的氧气顺着通道传递到负极化合成水，达到无气体逸出、不需要加水维护的效果。

BMS 利用数据采集模块检测牵引蓄电池各单体的电压、电流、温度参数，采用电流积分、开机修正、充放电修正、自适应修正、工况匹配等算法提高 SOC（state of charge，电池荷电状态）估算精度，并通过显示屏显示实时信息和故障信息，为相关工作人员提供参考数据。BMS 原理结构图如图 4－192 所示，其中 SOH（state of health）是指电池健康状态。

三、系统调试

（一）外观检查

1. 检查牵引蓄电池接线情况（见图 4－193）及绝缘帽安装状态，应紧固、无松脱。

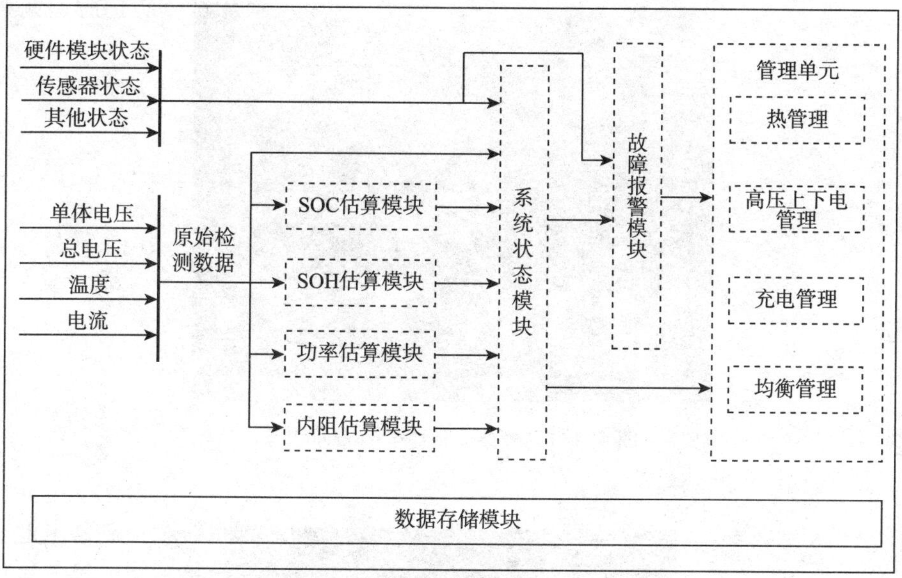

图 4-192　BMS 原理结构图

图 4-193　牵引蓄电池接线情况

2. 检查控制蓄电池表面状态（见图 4-194），应无漏液、鼓包现象。如果控制蓄电池表面有灰尘，则应使用吹尘器进行吹扫。

（二）参数测量

1. 对牵引蓄电池组进行绝缘电阻值的测量，如图 4-195 所示。不同蓄电池厂家的绝缘电阻值标准略有差异，具体以蓄电池厂家说明为准，如部分城市轨道交通项目中丰日蓄电池绝缘电阻值标准为 10 MΩ/箱，荷贝克蓄电池绝缘电阻值标准为 1 MΩ/箱。测量要求具体如下：

图 4-194　检查控制蓄电池表面状态

图 4-195　牵引蓄电池组的绝缘电阻值测量

（1）测量前确保牵引蓄电池隔离开关处于 OFF 位。

（2）打开待测牵引蓄电池箱盖板，将待测牵引蓄电池箱的负极、正极紧固螺栓依次拆除，取下电缆线并做好防护，避免短路。

（3）按压 BMS 数据传输插头中部使插头卡扣松脱，将 BMS 电路板的数据传输插头取下，共三个；拆除 BMS 电源插头的紧固螺栓，松开插头卡扣后将电源插头取下，隔离 BMS 与牵引蓄电池组。

（4）使用 500 V 的绝缘电阻表依次对 8 个牵引蓄电池箱进行绝缘电阻值的测量。测量前应对绝缘电阻表进行一次开路和短路试验，检查绝缘电阻表功能是否良好。将两连接线开路，摇动手柄，指针应指在“∞”处；再将两连接线短接一下，指针应指在“0”处。若绝缘电阻表符合上述要求则初步判断为正常，否则不能使用。

测量绝缘电阻值时，将绝缘电阻表的 L 端连接到蓄电池负极，E 端连接到蓄电池箱体。确保连接无误后，按顺时针方向摇动手柄，摇动的速度应由慢而快，当转速达到 120 r/min 左右时（ZC25 型），保持匀速摇动，1 min 后读数，注意要边摇边读数，不能停下来读数。

（5）将牵引蓄电池箱的 BMS 插头重新安装到位后，依次连接牵引蓄电池箱的正极与负极，并按照 15 N · m 的扭力值校准紧固螺栓。

2. 对控制蓄电池组进行绝缘电阻值的测量，如图 4-196 所示，绝缘电阻值应不小于 10 MΩ，测量要求具体如下：

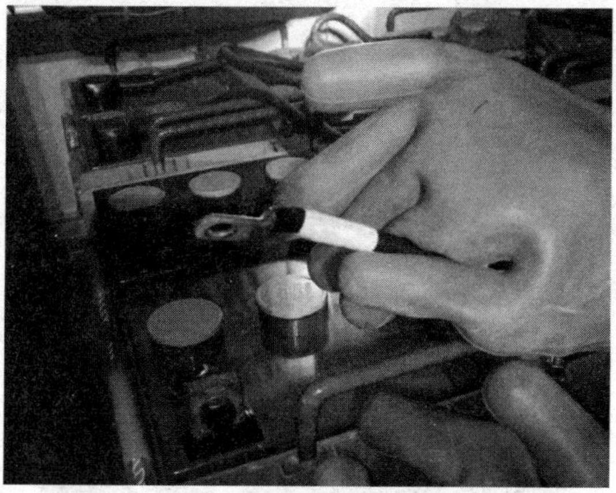

图 4-196　控制蓄电池组的绝缘电阻值测量

（1）测量前确保控制蓄电池微断开关 =32-F01 及控制电源开关 =32-S01 处于 OFF 位。

（2）打开控制蓄电池箱柜门，将待测控制蓄电池箱的负极、正极紧固螺栓依次拆除，取下电缆线并做好防护，避免短路。

（3）对绝缘电阻表进行一次开路和短路试验，检查绝缘电阻表功能是否良好。只有良好的绝缘电阻表才能使用。

（4）控制蓄电池组绝缘电阻值的测量方法同牵引蓄电池组的。

（5）测量结束，依次紧固控制蓄电池箱的正极、负极接线柱，并按照 15 N · m 的扭力值校准紧固螺栓。

3. 牵引蓄电池数量较多，若日常对其单体电压逐一测量则工作量较大，难以实施，因此主要通过配置的 BMS 显示屏逐一查看牵引蓄电池单体电压。对于控制蓄电池，则主要通过万用表直接与其单体正极、负极接触，来确认单体电压值有无异常。

（三）静态带电功能检查

1. 检查牵引蓄电池充电状态（见图 4-197）是否正常，并对比 BMS 显示屏电流与 VDU 显示屏电流是否一致，电流值误差应小于 5 A。

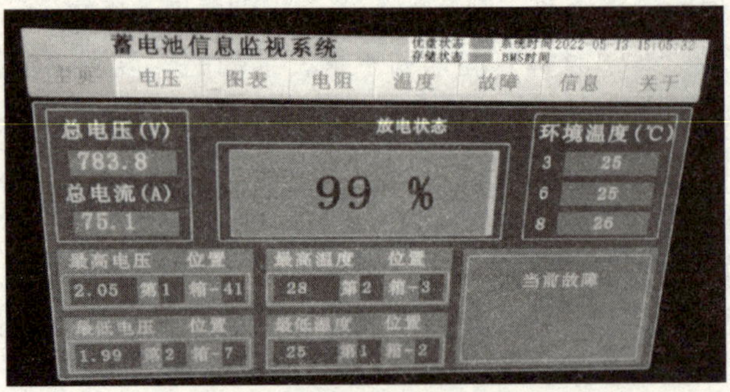

图 4-197　牵引蓄电池充电状态

2. 检查牵引蓄电池容量状态（见图 4-198）是否正常，应无故障报警信息。如果容量过低应在有接触网的股道区域升弓充电或在有接触轨的股道区域升靴充电，也可以通过外接电源插头连接电源线进行充电，但后者相对来说安全风险较大。

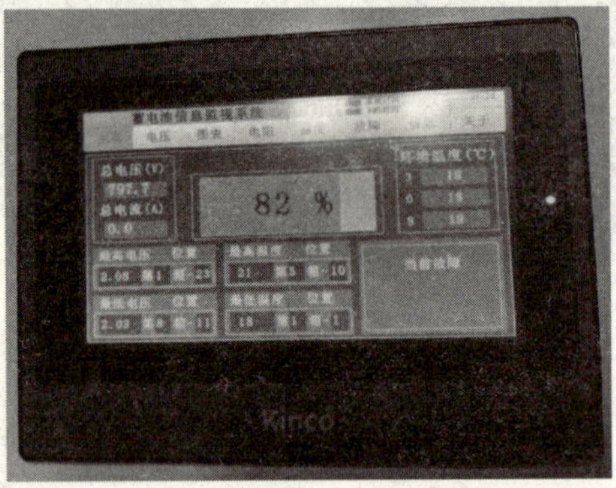

图 4-198　牵引蓄电池容量状态图

3. 通过 BMS 显示屏检查牵引蓄电池单体的电压（见图 4-199）、温度有无异常。如果电压有异常，则需要使用万用表对电压进行人工复测；如果温度有异常，则需要使用电子温度计对蓄电池单体及箱体环境温度进行人工复测。

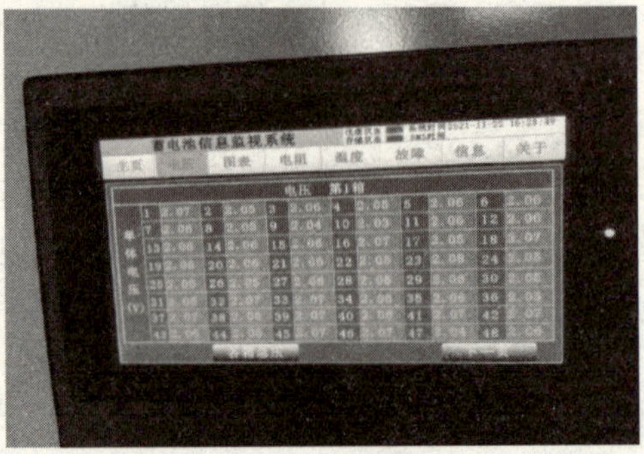

图 4-199　牵引蓄电池单体电压状态图

（四）动态功能检查

蓄电池系统动态功能检查主要是指在静态带电功能检查的基础上，在电力蓄电池工程车动车过程中检查蓄电池工作状态是否正常，可以通过主显示屏及 BMS 显示屏掌握其工作状态。如果动车过程中出现蓄电池接地故障、蓄电池烧损故障等，必须立即终止检查，并及时断开蓄电池隔离开关，转换接触网或第三轨供电模式运行。

小知识

牵引蓄电池的容量大小决定了电力蓄电池工程车续航里程的长短，因此牵引蓄电池容量测试为蓄电池系统动态功能检查的重中之重。根据不同的工程车编组模式，在既有新线线路上通过不断地往返跑车，不断地消耗牵引蓄电池电量，最终在达到蓄电池容量最低限定值时的运行公里数即为电力蓄电池工程车的运行续航里程。

四、故障案例分析

（一）BMS 采集板信号线烧损故障

1. 故障现象

第一箱牵引蓄电池对应的 BMS 采集板支架烧穿，采集板连接器 X2 和 X3 的采集线线束断股。

2. 故障分析

故障原因为 BMS 采集线 ZD420417 绝缘层破损，在第三轨供电模式下，线芯对牵引蓄电池箱放电，瞬间产生的电弧将附近线缆和支架烧毁。

3. 故障排查

BMS 显示屏显示蓄电池单体欠压故障，此时查看具体参数：第一箱牵引蓄电池第 1~20 节电压为 0 V；第 21~24 节电压异常，分别为 0. 32 V、1. 75 V、3. 09 V、3. 25 V。在电力蓄电池工程车回库后，使用万用表测量牵引蓄电池电压，若均在 2. 00~2. 20 V 标准范围内，且自身无烧损痕迹，则说明牵引蓄电池运行状态正常。

检查第一箱牵引蓄电池的 X2、X3 连接器布线路径，发现连接器 X2 的线缆整股烧断，连接器 X3 的三根线缆（ZD420415、ZD420416、ZD420418）没有完全断开，同时有一根线缆烧熔在箱体侧边，而连接器 X3 的采集线 ZD420417 夹在了采集盒安装板与箱体侧边之间。初步判断线缆烧损的原因：在长期使用过程中，振动、摩擦导致采集线 ZD420417 外部绝缘层破损，破损的线芯与牵引蓄电池箱直接接触后，导致牵引蓄电池供电回路短路或线芯对箱体放电。

4. 故障处理

更换采集线线束后恢复正常。

5. 故障影响

发生此类故障时，在确认非牵引蓄电池自身故障或现场故障范围未进一步扩大时，可断开牵引蓄电池隔离开关，根据线路条件采用接触网或第三轨供电模式，操作城市轨道交通列车返回车辆段内做进一步处理。

（二）牵引蓄电池单体烧损故障

1. 故障现象

在进行牵引作业时，发现在牵引蓄电池供电模式下牵引封锁，且车辆发出牵引蓄电池欠电压报警，经查第七箱第 13 节牵引蓄电池单体发黑、烧损。

2. 故障分析

第七箱第 13 节牵引蓄电池单体内部发生故障，导电性能下降，使整组蓄电池电压低于牵引最低电压，进而导致车辆牵引封锁。

3. 故障排查

将该箱蓄电池用叉车叉出，用工装将故障牵引蓄电池单体（见图 4-200）取出后，实测开路电压为 0. 189 V；检查牵引蓄电池外观，发现槽盖密封部位有裂纹，且有黑色烧损痕迹，而槽盖表面及壳体其余部位未发现烧损、鼓胀等异常现象；检查箱体部分，未发现该故障牵引蓄电池单体位置有酸液残留，但旁边的第 20 节牵引蓄电池单体发黑、烧损。

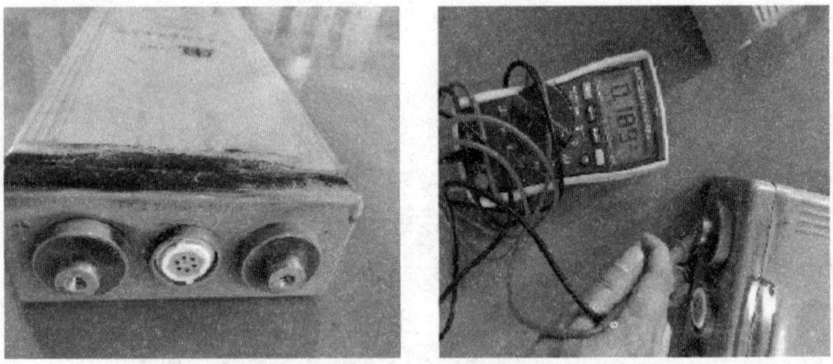

图 4-200　故障牵引蓄电池单体外观及测量

初步判定为第 13 节牵引蓄电池单体内部故障引起烧损，同时槽盖密封处裂开、烧损。

将故障牵引蓄电池单体进行解剖（见图 4-201），发现负端子底部已熔化，负汇流排已全部熔化，除此之外未发现其他异常现象。初步判断故障原因：在牵引蓄电池装配生产工序中，烧焊极柱与汇流排时存在缺陷，导致在长时间使用过程中极柱及汇流排逐渐被腐蚀，并在大电流放电时进一步烧损、熔化，造成正极、负极短路并形成高温，最

图 4-201 将故障牵引蓄电池单体进行解剖

终导致牵引蓄电池密封处开裂、内部烧损。

4. 故障处理

更换牵引蓄电池单体，重新进行充放试验后发现恢复正常，并按照扭力标准对紧固螺栓进行校准，确保连接件与极柱可靠连接。

5. 故障影响

该故障将导致牵引蓄电池欠电压，从而触发车辆牵引封锁。在发生此类故障时，应立即将故障车切换至无火回送状态，由双机重联的另一台工程车将其牵引回车辆段。

第八节 经验小结

预验收调试是在运营单位现场开展的调试检查，通常也是设备投入运营之前的最后一个环节，需要把设备问题和隐患在这个调试过程中暴露出来，协调车辆总承包商一同落实整改。该阶段具有调试周期长、调试内容全面等特点。调试过程一般包含静态检查（包括外观检查、查线核图、扭力校正等）、尺寸测量、静态带电功能检查、动态功能检查等多项内容。由于电力蓄电池工程车在此阶段之后会陆续投入运营，因此如何全面细致地开展调试、落实问题整改，对于设备未来的安全运营十分重要。

一、制订计划

由于预验收调试涉及的工作内容多、参与人员复杂，因此在调试初期需要制订好相应的设备调试计划、人员培训计划等。

（一）设备调试计划

设备调试计划需要包含静态检查、尺寸测量、静态带电功能检查、动态功能检查等方面的内容，具体应包含调试内容、调试计划时间、调试人员、调试负责人等要素。可以借助相关的进度管理工具如甘特图等，控制计划的实施，以保证调试进度正常。

（二）人员培训计划

在调试初期需要对调试人员开展培训。培训途径可以分为供应商培训、自主培训等。培训内容主要包括设备的结构和原理、调试的工艺方法等。

二、调试实施

（一）静态检查

1. 外观检查

外观检查主要是检查车辆外观是否良好、漆面是否完整、系统部件是否紧固、铭牌是否完好、线缆是否干涉或松动等。

2. 查线核图

查线核图主要检查整车线缆线号与点位是否对应，接线是否紧固、完好等。应确保工程车接线稳定可靠、电路图与现场实物一致，避免接错线或接触不良而导致设备状态异常甚至器件烧损。

3. 扭力校正

扭力校正是针对整车部件开展的一次全方位的紧固能力排查，要求调试人员做到全面细致，不遗漏任何一个紧固螺栓。

进行扭力校正时，调试负责人需要提前整理出不同部件紧固螺栓的扭力清单，其内容应包含螺栓位置、螺栓编号、螺栓尺寸、扭力标准等。调试人员需要核实紧固螺栓是否与清单一致，并对扭力进行校正、记录。

（二）尺寸测量

尺寸测量是针对关键部件的关键参数开展的一项检查工作，包含限界检查、受电弓参数测量、集电靴参数测量、轮对参数测量等内容。

尺寸测量的常用工具有直尺、卷尺、拉力计、第四种检查器、轮对内侧距测量尺、轮径测量尺等。实际测量时，由于受到场地或其他因素的影响，可自行利用测量工装提高测量效率和精度。

（三）静态带电功能检查

静态带电功能检查是指在不动车的情况下，对电力蓄电池工程车功能进行检查，包括照明、启动、制动等功能的检查，一般还要检查其应急操作功能是否满足设计要求。在这一阶段，需要围绕用户需求进行检查，若发现功能遗漏或有冲突应及时记录、反馈。

（四）动态功能检查

动态功能检查是指电力蓄电池工程车在完成静态检查、尺寸测量、静态带电功能检查之后，在试车线或者正线上进行的各种试验。动态功能检查的目的是检验电力蓄电池工程车运行过程中的动态性能。一般动态功能检查包含牵引功能、定速功能、制动功能等的检查。

三、调试问题整改

（一）问题汇总

在预验收调试阶段，对于调试过程中发现的问题要及时记录，并联合车辆项目采购单位、车辆总承包商对调试问题进行整改。一般来说，调试问题要按照问题分类（机械或电气）、问题描述、问题分级、问题整改、整改进度等方面进行整理、汇总。常见的开口项清单（见表 4-9）就是一种调试问题整理、汇总表。

表 4-9　　常见的开口项清单

序号	问题类型	问题描述	问题分级	问题整改	整改进度	备注
1	机械/电气	……	A/B/C	……	……	问题图片

（二）会议制度

1. 周例会

每周召开电力蓄电池工程车现场调试工作例会，目的在于讨论调试工作安排和调试问题，审核现场整改方案，梳理开口项整改情况，推进调试问题解决进度。参加人员主要有车辆项目采购单位人员、运营单位人员、车辆总承包商现场调试负责人及调试人员、供应商项目负责人等。

2. 线路调试会议

每次开展线路调试特别是正线调试之前，应组织召开线路调试方案审查会，要求审查通过的方案安全、科学，确保不会影响现有线路的正常运营。每次完成线路调试后，应组织召开线路调试总结会，并形成总结报告。参加人员主要有车辆项目采购单位人员、运营单位人员、车辆总承包商现场调试负责人及调试人员、供应商项目负责人等。

第五章

关键性试验

第一节　试验工作思路及目标

关键性试验主要分为例行试验、型式试验和研究性试验三类，总共 59 大项、88 小项试验，全面涵盖了电动蓄电池工程车静态、动态等所有试验。本章重点介绍 26 项关键例行试验项目及 38 项关键型式试验项目，分享试验工作的相关经验及关键点，以保证高质量、高效率地开展各项试验工作，全方位验证电力蓄电池工程车的运行可靠性及安全性。

电力蓄电池工程车在生产完成后，由厂家在试验平台开展试验工作，绝大部分试验已经在 PSI 之前完成并提供试验报告，因厂家试验条件限制无法完成的试验必须在运营线路上开展。这类试验主要有牵引蓄电池续航能力试验、坡停坡起试验、紧急制动试验、外部干扰试验和外部抗扰度试验、过小半径试验、运行安全和运行平稳性及舒适性试验、第三轨过无电区试验等。为了提高调试效率、缩减调试周期，原则上能在厂家线路完成的试验均在厂家线路完成，但必须提供详细的试验报告。

第二节　工程车例行试验

例行试验一般是指由国家标准或行业标准规定的，从开发到制造、交付整个流程中必做的试验。例行试验也是预防性试验，可以发现可能存在的性能指标或质量方面的问题，从而加以纠正。当然，例行试验的报告或记录是产品开发、制造和交付管理中可追溯的重要信息。

一、例行试验大纲

在对电力蓄电池工程车进行例行试验前，应先由生产制造单位按照相关标准［如《电力机车制成后投入使用前的试验方法》(GB/T 3318—2006)、《电力机车通用技术条件》(GB/T 3317—2006)］，并结合电力蓄电池工程车电气线路原理图等文件编制例行试验大纲，交由车辆项目采购单位、运营单位审核，并形成相关会议纪要，确定例行试验的试验项目、试验方法、评判标准等具体要求。

二、例行试验项点

在进行电力蓄电池工程车出厂试验之前，其各部件应组装完毕，各机械大部件(如车体车架、转向架等)、主要箱柜（如牵引逆变柜、辅助变流柜、高压电器柜、低压电器柜、电源柜、空气管路柜、空调控制柜、蓄电池箱、空气压缩机应急电源柜等）和主要电器（如受电弓、集电靴、主断路器、空气压缩机、电抗器、牵引电动机、制动电阻等）已按相应技术条件及出厂试验大纲的要求检验、调整完毕，已具有相应的检验合格证，并已根据设备布置总图及各设备布置图要求进行了正确组装。电力蓄电池工程车内外部油漆、标志分别按油漆总图、标志总图进行正确涂饰、布设。

电力蓄电池工程车例行试验的项点主要包括无电静置试验、牵引蓄电池供电模式下的静置试验、接触网供电模式下的静置试验、线路动态试验、故障诊断系统检查、DCU 功能试验、牵引封锁条件试验、紧急牵引试验、蓄电池管理系统试验、空调系统试验、空气压缩机紧急逆变电源试验、工作条件和舒适检查共计 12 项。对于配置有集电靴的电力蓄电池工程车，还需要进行第三轨供电模式下的静置试验。

(一) 无电静置试验

无电静置试验项点见表 5-1。

表 5-1 无电静置试验项点

序号	试验项点	试验内容	试验关键点
1	静置机械试验及限界试验	1. 检查工程车外形尺寸是否符合技术规格书的规定 2. 检查所有连接件有无松动，表面油漆是否符合规定 3. 对于根据轮缘磨耗程度需要做调整的部件，应检查其调整范围 4. 检查因轮缘磨耗、操作不当或悬挂装置损坏（如弹簧损坏）而引起的车体与转向架相碰的一处或多处部位 5. 机车限界试验 6. 过小半径曲线检查	1. 检验标准以厂家、设计单位共同确认的动态限界计算书（简称计算书）为依据，试验前应先测量限界门是否与计算书中的限界（包括车辆轮廓线、车辆动态包络线）一致 2. 对于有集电靴的电力蓄电池工程车，限界门应具备验证集电靴是否侵限的能力 3. 试验过程中遇到侵限情况时，应做好标记和记录

续表

序号	试验项点	试验内容	试验关键点
2	称重试验	1. 确定工程车的重量是否满足合同要求 2. 确定工程车的轴重、轮重是否满足合同要求 3. 确定一侧与另一侧称重的差值是否满足合同要求 4. 确定转向架和车体之间所需垫片的厚度	1. 进行称重试验前先调整悬挂装置，整个称重过程中不再调整；称重试验需要连续进行六次完整的称重操作，工程车前进和后退各三次，取六次测量值的平均值 2. 每根动轴的实际轴重与该工程车实际平均轴重之差应不超过该工程车实际平均轴重的±2% 3. 各个车轮轮重与该轴两轮平均轮重之差应不超过该轴两轮平均轮重的±4% 4. 在一侧的一排车轮上测得的荷载与两排车轮上测得的荷载平均值之差应不超过±4%
3	校线	1. 检查全车接线是否正确 2. 检查接地线 3. 牵引蓄电池回流接地性能试验	1. 检查范围应包括车底母线接线、主电路布线，辅助电路、控制电路、司机室、通信总线的布线 2. 只有在接地线检查无异常的情况下，才允许测量回流接地线的电压降
4	耐电压试验	1. 检查母排的绝缘距离 2. 高压电缆的绝缘试验 3. 牵引电动机功率电缆的绝缘试验 4. 380 V 辅助电路电缆的绝缘试验 5. 220 V 辅助电路电缆的绝缘试验 6. 控制电路电缆的绝缘试验	检查各电压等级电路的绝缘情况时，不在检查范围的电路电缆应接地；被测试电路中的开关、接触器及继电器应处于闭合或短接状态，尽量使被测电路成为一个完整的电路，由于某些原因不能得到完整的电路时，耐电压试验可以分段进行；原则上不对电气部件进行耐电压试验，同时应避免重复进行耐电压试验
5	控制蓄电池及控制电源试验	1. 检查控制蓄电池及控制电源的控制功能 2. 检查控制电源的配电系统 3. 检查控制电源的接地故障检测功能 4. 整定蓄电池的欠电压保护值	1. 检查时应避免控制蓄电池短接 2. 设置控制蓄电池接地故障后，应能自动报警并启动相应的保护措施 3. 欠电压保护值应符合设计要求
6	保护功能测试	1. 网压保护测试 2. 牵引蓄电池低电压低容量保护（模拟） 3. 主回路接地保护	网压保护测试包括接触网（接触轨）接地测试、牵引蓄电池接地保护测试

续表

序号	试验项点	试验内容	试验关键点
7	受电弓、集电靴试验	应对受电弓、集电靴进行以下试验（可选做），其中受电弓的试验依据 IEC 60494 系列标准进行 1. 称重试验 2. 尺寸测量 3. 静态压力测量（型式、例行试验） 4. 升降系统的检查 5. 阻尼振动试验 6. 横向刚度试验 7. 温升试验（分别在额定电流和最大电流情况下，工程车静止） 8. 检查工程车静止时受电弓、集电靴在工作状态下的静接触压力 9. 升、降弓气缸的气密性试验	测试结果应全部反映在试验报告中，验收人员应检查试验数据是否超标
8	安全措施和安全设备检查	1. 检查离固定或移动的带电设备有无足够的安全距离 2. 检查有无预防触及旋转部分的保护措施 3. 检查电气设备或可偶然带电设备的保护性接地 4. 检查警惕按钮 5. 检查紧急制动按钮 6. 检查音响报警装置（如电喇叭等） 7. 检查规定的安全功能是否正常（如车间电源联锁等） 8. 检查危险警告标记 9. 检查速度表 10. 检查消防器材（如灭火器等） 11. 检查制动电路	检查高压电器柜内母排等的安全距离，电气间隙应不低于相关标准（参考标准：22 mm），爬电距离应不低于相关标准（参考标准：28 mm）
9	牵引蓄电池管理系统检查	检查牵引蓄电池管理系统功能是否正常	1. 牵引蓄电池欠电压、过电压、温度超标均应有报警提示 2. 欠电压、过电压报警提示应能精确到某一节蓄电池
10	辅助系统试验	检测辅助系统功能是否正常	1. 库内辅机测试 2. 辅机转向检查 3. 辅机三相断路器整定值检查 4. 辅助逆变器输出电压测量 5. DC 110 V 电源输出电压测量 6. 蓄电池充电过程的参数检查

续表

序号	试验项点	试验内容	试验关键点
11	其他试验项目	1. 车体和外部设备箱体水密性试验 2. 轮缘润滑装置功能试验 3. 压缩空气设备密封性和运转试验 4. 空气制动系统检查（气密性检查及踏面制动力检查） 5. 空气制动系统运行试验 6. 主电路电气设备操作试验	1. 工程车的密封性能应符合设计要求，外部设备箱体的密封性应良好 2. 工程车轮缘润滑装置的功能正常 3. 重点关注空气压缩机的启动和停止压力、干燥塔的转换周期是否与合同要求一致 4. 重点检查工程车列车管、均衡管和制动缸的压力—时间变化关系是否满足要求 5. 检测主回路器件功能是否正常，以及线缆的紧固是否符合要求

以上例行试验项点均应在工程车出厂前完成，且以厂家提交的工程车履历本作为试验依据。可提前与厂家联系获取各类线缆的规格标准、防火等级等资料，检验各类线缆的规格、防火等级是否满足要求。同时，因为校线已完成，需要厂家提供接线表及电路图，由技术人员编制查线核图记录表，以便工程车到货后开展查线核图工作。

（二）牵引蓄电池供电模式下的静置试验

牵引蓄电池供电模式下的静置试验项点见表 5-2。

表 5-2　　牵引蓄电池供电模式下的静置试验项点

序号	试验项点	试验内容	试验关键点
1	第一次牵引蓄电池供电试验	1. 检查牵引蓄电池电压测量值是否与实际值相符 2. 检查联锁功能是否完好	重点检查安全联锁功能，同时与设计联络阶段的相关文件做对比，确保控制逻辑正确
2	库内充电试验	1. 检查牵引蓄电池及其充电机性能 2. 检查控制蓄电池及其充电机性能 3. 检查蓄电池容量检测单元的监测功能	1. 确认车辆段匹配的充电机是否满足充电需求 2. 检查配置的移动式充放电机是否在车辆段车库有相应的配电箱
3	辅助电源和辅机试验	1. 检查辅机控制逻辑、功能及辅助负载的启动和工作过程 2. 检查三相断路器的相序和整定值 3. 测量辅助逆变器的输出电压	1. 辅机主要包括空调、空压机等设备 2. 重点检查三相断路器的相序和整定值是否满足要求
4	牵引蓄电池供电的主变流器试验	1. 检查牵引逆变器的逻辑控制功能与牵引电动机的转向 2. 测量整定高速断路器的保护值	重点检查履历本中的测试数据是否与设计联络阶段提供的一致

续表

序号	试验项点	试验内容	试验关键点
5	基本功能试验	1. 自动换端试验 2. 照明检查（包括司机室照明灯、仪表灯、工作灯、辅助照明灯、标志灯、走廊灯、充电警示灯等） 3. 检查刮水器	1. 自动换端时间为 2 min，超时时所有 VDU 上应显示自动换端超时故障 2. 各类灯的控制方式应符合设计要求，尤其是仪表灯指针在夜间应能清晰指示，且与仪表底盘有明显色差 3. 刮水器刮片应能与玻璃紧密贴合，且具有回弹性

（三）接触网供电模式下的静置试验

接触网供电模式下的静置试验项点主要有第一次升高压试验、辅助电源和辅机试验、接触网供电的主变流器试验。其中，第一次升高压试验的主要内容是检查网压测量值是否与实际值相符合，检查高压联锁功能是否完好；辅助电源和辅机试验的主要内容是检查牵引蓄电池充电机及控制蓄电池充电机是否正常工作、辅助变流器是否正常工作、辅助逆变器输出电压是否正常；接触网供电的主变流器试验的主要内容是牵引系统逻辑控制功能检查及牵引电动机转向检查。

（四）线路动态试验

线路动态试验项点见表 5-3。

表 5-3　　线路动态试验项点

序号	试验项点	试验内容	试验关键点
1	动态试验（接触网供电）	1. 检查轮径设置界面 2. 检查电动机速度传感器 3. 动车试验 4. 检查安全联锁回路 5. 制动试验 6. 紧急牵引模式试验 7. 检查工程车的重联控制 8. 试运行	1. 轮径设置界面的进入环节应设有密码 2. 电动机速度传感器的接线应紧固 3. 安全联锁回路至关重要，其控制逻辑应符合设计要求 4. 各种供电模式间应互锁，如蓄电池供电模式下不能升弓、升靴等
2	动态试验（牵引蓄电池供电）	1. 动车试验 2. 制动试验 3. 紧急牵引模式试验 4. 试运行	

（五）其他试验

1. 故障诊断系统检查

该项工作主要在厂家线路进行，建议最好有运营单位人员跟进，主要检查机车故障诊断系统能否正确地显示故障信息、启动保护机制。

2. DCU 功能试验

测试工程车的双 DCU 单独牵引及逻辑控制功能。

3. 牵引封锁条件试验

牵引封锁条件试验包括全局牵引封锁条件试验和局部牵引封锁条件试验。全局牵引封锁是指可以在每台工程车产生能封锁所有工程车的牵引，局部牵引封锁是指可在一台或者多台工程车产生只能封锁存在牵引封锁的工程车的牵引。牵引封锁的条件应在前期设计联络阶段确认，需要逐项对其进行试验，确保逻辑正确，同时应与司机室显示屏的显示一致。司机室显示屏的牵引封锁条件界面如图 5-1 所示。

条件纵览-牵引允许	机车编号：××××
1	接触网/第三轨网压不在正常范围内
2	机车方向冲突或机车无方向选择
3	司机室冲突或机车占用冲突或机车无占用
4	机车超速
5	本车惩罚制动施加
6	本车停放制动施加
7	无牵引力请求有牵引力输出
8	坡停启动引起的牵引封锁
9	紧急按钮按下
10	总风压力低于550 kPa
11	他车牵引封锁
12	司控器不在牵引区
13	闸缸电联锁塞门隔离，空气制动隔离
14	停放制动电联锁塞门隔离，停放制动隔离
15	模式改变无效
16	机车模式选择开关错误

主要数据	关键参数	网络拓扑	辅助系统		牵引状态	主断状态	受电弓状态	受流器状态	关键参数

图 5-1　司机室显示屏的牵引封锁条件界面

4. 紧急牵引试验

根据厂家提前编制的紧急牵引操作指引，验证紧急牵引功能。

5. 蓄电池管理系统试验

根据蓄电池管理系统说明书验证各项功能是否正常。

6. 空调系统试验

空调系统试验包括通风试验及制冷试验。其试验标准如下：

(1) 在满足试验环境温度（范围在 30~40 ℃）的条件下，司机室平均温度不高于

25 ℃。

（2）当外界大气温度为 t_H（范围在 20~30 ℃）时，制冷时司机室平均温度不高于 $t_B=20+0.5(t_H-20)$。

（3）当新风量≥60 m^3/h 且处于高风挡时，通风量≥800 m^3/h。

（4）当工程车静止时，司机室内空调装置正常工作产生的噪声值不超过 70 dB（A）。

7. 空气压缩机紧急逆变电源试验

此项试验主要用于验证空气压缩机紧急逆变电源的功能，应在关闭辅助逆变器的情况下进行验证。

8. 工作条件和舒适检查试验

（1）司机室视野和视线检查。检查要求如下：1）司机在正常坐姿和站姿情况下应容易看到轨道、行人和所有的信号；2）显示屏在不同光线条件下均应清晰可见，且夜间从显示屏射出或经显示屏反射的光均不会影响司机的视线；3）指示灯与通常的人工照明灯不应在前窗引起信号错觉或产生其他影响司机视线的反射；4）打开司机室照明灯和计点灯，灯光应色温稳定、亮度均匀、光线柔和。

（2）司机室气候条件检查。检查要求如下：1）强迫通风和自然通风必须符合合同要求；2）空调设备必须在合同指定的气候条件下能够维持规定的室温。

（3）司机室设备检查。检查要求如下：1）各种控制器应操作方便，不需要用过大的力就能操作，不会造成操作不准确或身体过度疲劳，若无意中触动某些器件（扳键开关、按钮等）也不会产生危险；2）门窗应紧密装配，无气流侵入；3）车窗刮水器、遮阳板等设施应满足运行要求。

三、履历本审核

车辆项目采购单位、运营单位在收到车辆总承包商提供的工程车履历本后，应尽快组织人员进行审核，对存在的问题应及时反馈、澄清。履历本问题分类统计表见表 5-4。

表 5-4　　履历本问题分类统计表

序号	类型	问题描述（举例）
1	文件缺失	合格证缺失、淋雨试验缺失、扭矩检验缺失
2	未打钩、未填写	试验合格未打钩、试验结束日期未填写、试验记录未填写
3	试验人员未确认	试验数据已记录，但试验人员未签名或盖章
4	物料型号不一致	履历本中记录的空调控制器型号与实际不一致
5	参数不合格	蓄电池电压值、电流值不合格等
6	压装力不合格	压装力不符合压装力标准（690~1 170 kN）
7	无测量结果	部分试验项目无数据、无测量结果

对于上述问题，需要发函要求厂家加强对质检员的培训，并要求质检员严格按照试

验记录表要求填写，不能出现漏填、错填的情况，同时对试验结果合格与否进行判定。对于履历本出现问题的项目，应进行重点检查并整改。

第三节　工程车型式试验

型式试验是指为了验证产品能否满足技术规范的全部要求所进行的试验。它是新产品鉴定中必不可少的一个环节，需要对一个或多个具有代表性的样品利用试验手段进行合格性评定。只有通过型式试验，该产品才能正式投入生产。对于通用产品来说，型式试验的依据是产品标准。型式试验所需样品的数量由认证机构确定，样品从制造厂的最终产品中随机抽取。

一、型式试验大纲

在对电力蓄电池工程车进行型式试验之前，应先由生产制造单位按照相关标准结合电力蓄电池工程车电气线路原理图等文件编制型式试验大纲，交由运营单位审核，并形成相关会议纪要，确定型式试验的项点、方法、评判标准等具体要求。相关标准包括但不限于《电力机车制成后投入使用前的试验方法》（GB/T 3318—2006）、《机车车辆重量测定方法》（TB/T 1740—2015）、《轨道交通　声学　轨道车辆内部噪声测量》（ISO 3381：2021）、《列车通信网络》（TB/T 3035—2002）、《轨道交通　机车驾驶室用空调　第 2 部分：型式试验》（DIN　EN 14813—2：2011），以及《铁道车辆空调　空调机组》（TB/T 1804—2017）、《机车空调装置技术条件》（TB/T 2866—1997）、《机车空调装置试验方法》（TB/T 2991—2000）、《轨道交通　机车车辆电气设备　第 1 部分：一般使用条件和通用规则》（GB/T 21413.1—2018）等。

二、型式试验项点

在进行出厂试验之前，工程车各部件应组装完毕，且各机械大部件（如车体车驾、转向架等）、主要箱柜（如牵引逆变柜、辅助变流柜、高压电器柜、低压电器柜、电源柜、空气管路柜、空调控制柜、蓄电池箱、空气压缩机应急电源柜等）和主要电器设备（如受电弓、集电靴、主断路器、空气压缩机、电抗器、牵引电动机、制动电阻等）已按相应技术条件及出厂试验大纲的要求检验、调整完毕，已具有相应的检验合格证。

电力蓄电池工程车型式试验的项点主要包括称重试验，辅助系统试验，主电路、辅助电路及控制电路的保护试验，噪声测试，牵引特性试验，电气制动检查，蓄电池充放电试验，网络与故障导向安全试验，压缩空气设备密封性和运转试验，空气制动系统检查，轮重减载率试验，曲线通过能力试验，整车 EMC（electromagnetic compatibility，电磁兼容性）试验等。

（一）厂内型式试验

1. 无电型式试验

在车辆总承包商场地进行的无电型式试验主要有称重试验、起吊性能试验、车体和外部设备箱体水密性试验、架车试验、静置机械试验、限界试验、接地和回流电路接线检查、安全措施检查和安全设备试验。部分无电型式试验的参考评判标准见表 5-5。

表 5-5 部分无电型式试验的参考评判标准

序号	试验项点	试验目的	参考评判标准
1	起吊性能试验	工程车整体起吊性能	1. 起吊连接装置工作正常，无明显变形 2. 一系、二系悬挂系统无脱离 3. 工程车各部件及连接线无损伤 4. 工程车的起吊装置不变形 5. 工程车再次着地后，无永久性变形
2	架车试验	验证工程车的转向架与车体可分离，可满足架车需要	1. 可以架车，并完成车体与转向架的分离 2. 工程车各部件及连接线无损伤 3. 架车后能正常落车，各管、电缆与车体、转向架不发生干涉

2. 有电静态型式试验

在车辆总承包商场地进行的有电静态型式试验主要有辅助系统试验，主电路、辅助电路及控制电路的保护试验，蓄电池充放电试验，网络与故障导向安全试验，压缩空气设备密封性和运转试验，空调系统试验，耐电压试验，空气压缩机紧急逆变电源试验，受电弓、集电靴试验等。其中，主电路、辅助电路及控制电路的保护试验，蓄电池充放电试验，网络与故障导向安全试验的参考评判标准见表 5-6。

表 5-6 部分有电静态型式试验的参考评判标准

序号	试验项点	试验目的	参考评判标准
1	主电路、辅助电路及控制电路的保护试验	1. 接触网欠电压保护 2. 接触网过电压保护 3. 第三轨欠电压保护 4. 第三轨过电压保护 5. 牵引蓄电池欠电压保护 6. 牵引蓄电池容量保护	1. 根据设计联络阶段厂家提供的控制逻辑进行评定 2. 工程车历史事件记录菜单清晰、明确

续表

序号	试验项点	试验目的	参考评判标准
2	蓄电池充放电试验	1. 牵引蓄电池放电试验 2. 牵引蓄电池接触网充电试验 3. 牵引蓄电池第三轨充电试验 4. 牵引蓄电池库内充电试验 5. 控制蓄电池充电试验	1. 牵引蓄电池充电评判标准：能够在 6 h 内使牵引蓄电池容量高于 85%；在充电 10 h 后，电池容量达到 100%；牵引蓄电池充电机的输出满足充电曲线的要求 2. 控制蓄电池充电评判标准：输出电压为快速充电电压 DC 112.8（1±1%）V，浮充电电压 DC 110.4（1±1%）V
3	网络与故障导向安全试验	检验车载计算机网络控制系统的基本性能、冗余功能、逻辑控制功能是否符合技术要求或相关标准要求，检验其在网络设备发生故障的情况下能否正常工作，保证工程车正常运营	1. 基本性能检验合格 2. 冗余功能检验合格 3. 逻辑控制功能检验合格

注意，另有辅助系统试验，耐电压试验，空气压缩机紧急逆变电源试验，压缩空气设备密封性和运转试验，受电弓、集电靴试验等在例行试验环节中进行，但例行试验多以功能试验为主，而型式试验相对来说更为深入。下面对上述试验进行说明。

（1）辅助系统试验。除验证例行试验中的辅助系统能否按照规定要求正常工作外，型式试验还需要进行辅助逆变器的输出电压波形和谐波含量测试，检查输出电压波形和谐波含量是否符合标准。参考评判标准为：额定电压 3AC 380 V，额定频率 50 Hz，当输出稳定后，电压的波动范围为±5%，频率的波动值为±1 Hz，辅助电源输出电压谐波含量≤5%。

（2）耐电压试验。主要检查各电压等级电路（DC 1 500 V、DC 110 V、AC 380 V 等电压电路）的绝缘性能，即进行绝缘电阻试验和耐压试验，要求试验中高压端无对地放电、击穿等异常现象发生，且试验前后的绝缘电阻值无明显变化。

（3）空气压缩机紧急逆变电源试验。参考例行试验相关内容。

（4）压缩空气设备密封性和运转试验。相对于例行试验来说，型式试验需要对各个管路或部件绘制气密性试验曲线，如制动管路气密性试验曲线、空气压缩机打风能力试验曲线等（见图 5-2）。两种试验方式有区别，例行试验主要依靠工程车自身设备进行测量（如司机室显示屏、仪表等），但型式试验主要依靠检测设备（如传感器等）进行测量。压缩空气设备密封性和运转试验的参考评判标准见表 5-7。

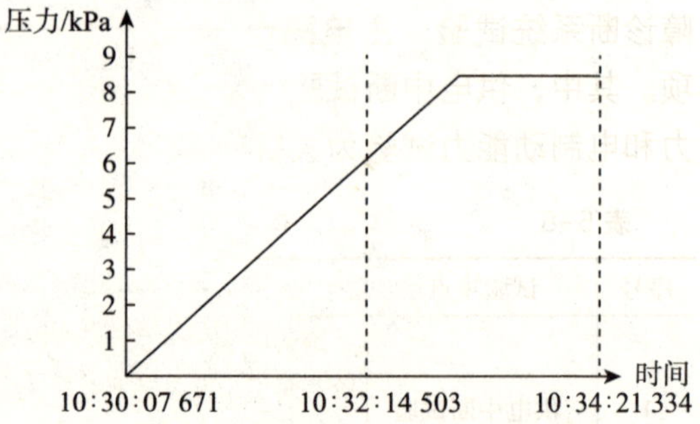

图 5-2　空气压缩机打风能力试验曲线

表 5-7　　压缩空气设备密封性和运转试验的参考评判标准

序号	试验项点	试验目的	参考评判标准
1	整机气密性试验	检测管路或部件的气密性	1. 总风缸及其附属装置压力下降值不大于 20 kPa/5 min 2. 整车总风系统充满后，20 min 后总风缸压力应不低于 700 kPa 3. 工程车管压力下降值不大于 10 kPa/5 min，均衡管压力下降值不大于 3 kPa/min 4. 控制管路的泄漏量不大于 20 kPa/min 5. 制动缸管路的泄漏量不大于 10 kPa/5 min
2	空气压缩机及空气干燥器性能试验	1. 检测安全阀、压力调节装置、压力开关和压力传感器等的动作值 2. 检测空气压缩机的供气能力	1. 实测总风缸压力从 0 kPa 升至 900 kPa 的时间应小于 5.5 min 2. 总风压力调压器的动作压力应满足以下要求：闭合压力应为（750±20）kPa，开断压力应为（900±20）kPa 3. 总风安全阀整定值应满足以下要求：开启压力值应为（1 050±20）kPa，安全阀应动作并能连续排风 4. 空气干燥器转换时间应为（80±4）s
3	制动风缸容量测试	制动风缸容量测试	测定的总风缸压力应不小于 450 kPa

（5）受电弓、集电靴试验。对于安装有集电靴的工程车，相对于例行试验，型式试验还需要完成集电靴升降系统检查、正常高度接触力测量、上下摆动截止位测量。参考评判标准：集电靴升起，在正常运行高度 200 mm 处，测得的接触力应满足（130±10）N；在无供电轨阻碍的地方，升起集电靴，用标尺测量集电靴的最大上摆截止位，高度应不超过 260 mm；将集电靴降下，用标尺测量集电靴落下后摆臂最低点距轨面的距离，应不低于 90 mm。

3. 有电动态型式试验

在车辆总承包商场地进行的有电静态型式试验主要有司机室内噪声测试、外界噪声测试、供电中断试验、牵引特性试验、电气制动试验、防倒溜及无人警惕装置等的安全功能检查、空气制动系统检查、空气制动线路运行试验、工程车过渡车钩与城市轨道交通车辆车钩连挂试验、整车 EMC 试验、静电放电抗扰度试验、牵引封锁条件试验、故障诊断系统试验、主电路电气设备操作试验、牵引能力和电制动能力试验，共计 15 项。其中，供电中断试验、牵引特性试验、电气制动试验、故障诊断系统试验、牵引能力和电制动能力试验为关键项目，其参考评判标准见表 5-8。

表 5-8　　有电动态型式试验关键项目的参考评判标准

序号	试验项点	试验目的	评判标准
1	供电中断试验	确认供电中断不会引起工程车高压系统、牵引系统、辅助系统等的故障，确认外部供电中断不会引起工程车充电系统故障	工程车分别在牵引和再生制动工况下运行时，切断接触网、第三轨供电，且在断电后立即恢复供电，试验时各保护装置均能正常工作

续表

序号	试验项点	试验目的	评判标准
2	牵引特性试验	测定工程车牵引特性是否符合工程车技术规范要求	1. 在接触网、第三轨供电工况下，工程车轮周牵引功率及恒功率速度范围与设计标准一致 2. 在牵引蓄电池供电工况下，工程车轮周牵引功率及恒功率速度范围与设计标准一致 3. 牵引特性应符合牵引特性曲线要求
3	电气制动试验	1. 检查工程车再生制动性能是否符合工程车技术规范要求 2. 再生制动能力试验 3. 电阻制动能力试验 4. 再生制动与电阻制动转换试验	1. 无论是接触网、第三轨供电还是牵引蓄电池供电，工程车轮周再生制动功率、不同供电模式下最大速度对应的最大制动力均应满足设计要求 2. 恒功率速度应在标准范围内，当工程车速度低于标准值时，电制动力线性下降至0 kN
4	故障诊断系统试验	通过人为造成故障，检查所有故障显示功能	在各子部件发生故障时，通过 VCMe 软件给出强制信号，并在 VDU 中进行监视，以测试结果的正确性，同时还应做到界面友好
5	牵引能力和电制动能力试验	分为干燥轨面和按 UIC 541-05（UIC 是指国际铁路联盟，即 International Union of Railway）规定喷有液体的轨面两种工况，工程车按启动—制动—停车循环运行，用测试设备记录工程车的速度、运行时间、行走距离、制动缸压力、接触网或接触轨电压、输入电流，主逆变器的输出电压、输出电流和输出频率，以及牵引电动机的转速和电流	1. 制动电阻投入时的接触网电压（直流回路电压）应为线路电压设定值（如 DC 1 500 V 或 DC 750 V） 2. 进行电空混合制动试验，当被试工程车运行速度至 30 km/h 时，惰行，将司控器手柄置于制动区的中间位置，此时工程车的制动缸压力应不超过 50 kPa，电制动力为 20~30 kN；当运行速度快降到 0 km/h 时，电制动力迅速下降至 0 kN，空气制动力迅速上升至 20~30 kN，在此期间，总制动力保持不变

注意，另有空气制动系统检查、牵引封锁条件试验、主电路电气设备操作试验、空气制动线路运行试验等在例行试验环节中进行，但例行试验多以功能试验为主，而型式试验相对来说更为深入。下面对上述试验以及整车 EMC 试验、静电放电抗扰度试验、工程车过渡车钩与城市轨道交通车辆车钩连挂试验、防倒溜和无人警惕装置等安全功能的检查、外界噪声测试、司机室内噪声测试进行说明。

（1）空气制动系统检查

1）工程车制动机性能试验。用大闸手柄和小闸手柄操纵工程车制动机，各种工况下的均衡风缸、制动缸、列车管压力值及升、降压时间等参数应满足标准要求。

2）各种工况的紧急制动和惩罚制动试验。各种工况的紧急制动和惩罚制动试验应符合标准要求。

3）无火回送性能检查。操纵牵引工程车大闸手柄对无火工程车进行制动和缓解。当工程车管压力为定压时，总风缸压力应低于工程车管压力的规定范围；当工程车管减压时，制动缸最高压力应限制在规定范围内。

4）停放制动性能试验。按下停放缓解按钮，停放制动缸充风缓解，带停放功能的单元制动器闸瓦与踏面分离。按下停放制动施加按钮，停放制动缸中的压力空气排向大气，停放制动自动投入，带停放功能的单元制动器闸瓦与踏面贴合。此时，停放制动可手动缓解。

5）停放制动力测试。工程车在平道上静止时，按下停放制动施加按钮，工程车应能施加停放制动，此时，操作司控器手柄至牵引位，控制牵引力增加至 22~26 kN，工程车应能保持静止。

（2）牵引封锁条件试验。详见例行试验相关内容。

（3）主电路电气设备操作试验

1）主电路器件动作顺序检查通过。

2）DC 1 500 V 高压电缆固定方式、电气间隙和爬电距离的检查通过。

3）保护装置和继电器整定值的检查通过。

（4）空气制动线路运行试验。该试验主要包括闸瓦热容量试验、紧急制动性能试验、电空混合制动试验、线路防滑性能试验、停放制动性能试验，主要要求具体如下：

1）制动初速度为 80 km/h，换算出工程车在平直道上施行紧急制动时的距离，应不大于标准值（参考标准 300 m），紧急制动平均减速度应不超过标准值范围［参考标准 1.2 m/s^2 （1±15%）］。

2）常用自动制动功能应正常，工程车应能安全停车，踏面温度应小于标准值（参考标准 400 ℃）。

3）进行双机重联紧急制动试验时，无论操作主控车或从控车，都应产生紧急制动，换算出工程车在平直道上施行紧急制动时的距离，应不大于标准值（参考标准 300 m），紧急制动平均减速度应不超过标准值范围［参考标准 1.2 m/s^2 （1±15%）］。

4）进行防滑性能试验，工程车应能安全停车且车轮无擦伤。

5）工程车开始移动时的牵引力应大于标准值（参考标准 32 kN）。

6）工程车应产生紧急制动，且停车距离应不大于标准值（参考标准 300 m）。

（5）整车 EMC 试验

1）进行整车磁场试验，根据《电磁场中的安全性——在 2 kHz 至 30 kHz 频率范围内的人体防护》（DIN VDE 0848-4/A3-1995），对于直流电流引起的静磁场，应测量计算出直流磁场强度极限值，参考标准 1 mT。

2）进行整车辐射电磁场试验，根据《铁路应用 电磁兼容性 第 3-1 部分：机车车辆 列车和整车》（DIN EN 50121-3-1：2017）要求，测量由整车电气设备产生的辐射，验证在低速（接触网、第三轨供电模式）和静止情况下，整车无线电干扰强度低于极限值。

（6）静电放电抗扰度试验。检查工程车操纵台是否满足抗静电要求，试验中及试验结束后工程车所有控制装置应能正常工作。

（7）工程车过渡车钩与城市轨道交通车辆车钩连挂试验。验证过渡车钩的连挂功能，在直线段及曲线段，均能正常连挂、分离以及正常运行。

（8）防倒溜和无人警惕装置等安全功能的检查

1）工程车处于“向前”模式，触发防倒溜试验，防倒溜功能正常，即倒溜超过半个轮径时自动实施惩罚制动，直至停车。

2）工程车处于“向后”模式，触发防倒溜试验。

3）无人警惕装置工作正常。

（9）外界噪声测试

1）在《声学　轨道交通　轨道车辆发出的噪声测量》（ISO 3095：2013）规定的测试条件下，工程车在露天段停止时，辅助系统正常运行，在距轨道中心线 7.5 m，距轨面高 1.2 m、3.5 m 处测得的等效声级应不超过标准值［参考标准 69 dB（A）］。

2）在上述标准规定的测试条件下，蓄电池容量在 50%以下，工程车在充电状态下，工程车在露天段以 60（1±5%）km/h 速度运行时，在距轨道中心线 7.5 m，距轨面高 1.2 m、3.5 m 处测得的等效声级应不超过标准值［参考标准 80 dB（A）］。

（10）司机室内噪声测试。检查司机室内噪声是否满足标准要求，即工程车全速运行，且所有设备（不包括空气压缩机）同时运行，当工程车在地面轨道运行处于均衡状态时，测得的噪声值≤78 dB（A）。

（二）运营场地进行的型式试验

在运营场地进行的型式试验主要为动态试验，所在线路要具备初步运行条件，试验项目主要有轮重减载率测试、续航能力试验、坡停坡起试验、干扰试验、低恒速试验、曲线通过能力试验、运行安全和运行平稳性及舒适性试验等，相关型式试验的参考评判标准见表 5-9。

表 5-9　　运营场地进行的型式试验参考评判标准

序号	试验项点	试验目的	参考评判标准
1	轮重减载率试验	模拟工程车通过曲线时，外轨超高和轨道不平顺引起轮重载荷变化，计算轮重减载率，验证转向架的脱轨安全性能	轮重减载率 $\Delta Q/Q \leqslant 0.6$
2	续航能力试验	测试工程车的续航能力	当工程车仅在蓄电池牵引工况下时，单机牵引约 110 t 平板车组或内燃车通过指定线路，其平均运行速度应不低于 30 km/h；采集蓄电池电压和蓄电池输出电流，记录运行时间，绘制出蓄电池容量与持续时间的关系曲线，换算出的续航能力需要满足相关标准及合同要求
3	坡停坡起试验	验证单机牵引 110 t 平板车组在指定线路坡道的坡停坡起能力	工程车能正常启动、运行，且在停车状态下不会发生溜车（被试平板车组参与制动）

续表

序号	试验项点	试验目的	参考评判标准
4	干扰试验	主电路、辅助电路中的接触器、继电器和其他可能产生干扰的干扰源对牵引逆变器及辅助逆变器电子控制电路、故障诊断电路及其他电子电路的干扰试验，牵引逆变器、辅助逆变器的相互干扰试验，工程车对外部线路的抗干扰试验	此项试验在运营线路进行，若工程车能在运营线路正常运行，即认为外部干扰对工程车无影响
5	低恒速试验	检查工程车低恒速功能及散热能力是否正常	1. 单机空载试验：通过 VDU 设置低恒速值为 4 km/h，持续运行约 30 min 后，通过 VDU 软键或者司控器退出低恒速运行模式。在整个低恒速运行过程中，观察 VDU，应无电动机超温报警故障信号 2. 单机牵引 50 t 负载试验：通过 VDU 设置低恒速值为 8 km/h，持续运行约 30 min 后，通过 VDU 软键或者司控器退出低恒速运行模式。在整个低恒速运行过程中，观察 VDU，应无电动机超温报警故障信号
6	曲线通过能力试验	检查工程车的曲线通过能力	1. 工程车的运动应不受限制或束缚，跨接电缆、连接风管、电动机连接线和回流连接线等都有足够的长度，电动机褶皱管等机构的设计应能避免损伤 2. 两台工程车重联后，车端重联电缆、制动软管在伸展状态下应不存在明显的张力，在收缩下垂状态下底部应不超过排障器下部
7	运行安全和运行平稳性及舒适性试验	1. 防止脱轨的安全度 2. 防止轨道移动的安全度 3. 防止对钢轨和固定装置，或对轮对、车轴和转向架某些部件施加过大机械应力的安全度（也可以在城市轨道交通车辆项目采购单位允许的情况下用计算机模拟） 4. 防止二系悬挂故障的安全度	1. 脱轨系数≤0. 8 2. 轮轴横向力≤40 kN

（三）其他试验

1. 第三轨过无电区试验

此项试验主要针对第三轨线路，即配有集电靴的工程车应进行。因为第三轨线路会有无电区，工程车在第三轨供电模式下过无电区时，中间电压会降低，造成主断断开及牵引封锁，故需要验证工程车能否顺利通过第三轨无电区路段。参考评判标准如下：将被试工程车单机驶入运营单位指定的线路区段，使其以一定速度驶入无电区，且在过无电区的过程中不对工程车施加任何操作，待其驶出无电区后，主断仍处于闭合状态，牵引无封锁，推动司控器手柄，工程车正常运行。

2. BMS 精度测量

根据调试经验，各厂商生产的 BMS 精度存在差异，在电压、容量等检测方面有一定缺陷，故需要进行精度测量，以保证 BMS 精度符合使用要求。

3. 过小半径试验

对于运营线路有小半径曲线的线路，还应进行过小半径试验，检验在小半径曲线内工程车的运动是否受限制或束缚，跨接电缆、连接风管、电动机连接线和回流连接线等都应有足够的长度，电动机褶皱管等机构的设计应能避免损伤。两台工程车重联后，车端重联电缆、制动软管在伸展状态下应不存在明显的张力，在收缩下垂状态下底部应不超过排障器下部。在动态试验中，工程车以最高 5 km/h 的速度通过小半径曲线时，工程车的管线应无损坏。

三、型式试验报告核对

型式试验报告核对是指在型式试验完成后，对厂家提供的正式试验报告进行的核对，主要核对型式试验的内容是否与型式试验大纲一致。

下面以制动性能的计算为例，对工程车紧急制动及常用制动的性能进行分析计算，供读者参考。

（一）基本要求及说明

1. 紧急及常用制动要求

工程车紧急制动及常用制动的要求如下：

（1）当制动初速度 v_0 为 80 km/h 时，不包括空走时间内的平均紧急制动减速度不小于 1.2 m/s^2。

（2）当制动初速度 v_0 为 80 km/h 时，不包括空走时间内的平均常用制动减速度不小于 1.0 m/s^2。

2. 蓄能停放制动要求

（1）单机可以在 55‰的坡道上实现安全停放（考虑最大风力）。

（2）单机牵引 110 t 平板车组，施加常用制动时可以在 55‰的坡道上安全停车。

3. 计算说明

以 AB 型电力蓄电池工程车为例，其基础制动装置采用 JZZ-2 系列单元制动器，闸瓦采用符合《机车车辆闸瓦　第 1 部分：合成闸瓦》（TB/T 3104.1—2020）要求的高摩擦系数合成闸瓦。其中，每个转向架布置四个 JZZ-2 系列单元制动器，且两个带有蓄能制动功能。

计算结果主要包含以下内容：在初速度为 80 km/h 时，单机紧急制动距离、单机紧急制动减速度及常用制动减速度，以及单机在 55‰坡道上的停放制动能力；单机牵引 110 t 平板车组，施加常用制动时在 55‰坡道上的保持制动能力。停放缸和制动缸的传动效率均以现有 JZZ-2 系列单元制动器批量生产试验得出的经验值为基础，因此，实际紧急制动减速度、紧急制动距离等数值会受实际制动时制动缸压力、传动效率、摩擦因数等数值的影响，与本计算结果会有一定偏差。

（二）基本参数

1. 整车参数

机车总质量：m=14 000 kg×4=56 000 kg。

转动质量：M_r=6%×m=3 360 kg。

总制动质量：W=m+M_r=59 360 kg。

最大停车坡度：β=55‰。

黏着系数：μ=0. 16。

2. 制动器参数

制动缸数：n=8。

制动缸活塞面积：A=24. 93×10^{-3} m^2。

停放缸弹簧驱动力：T=9 000 N。

制动缸弹簧缓解力：f=240 N。

复位弹簧力：F_1=1 800 N。

常用制动缸传动效率：η_1=0. 935。

停放制动缸传动效率：η_2=0. 92。

平均动摩擦因数：φ_k=0. 29。

静摩擦因数：φ_s=0. 38。

紧急制动时制动缸最大压力：P_1=450 kPa。

常用制动时制动缸压力：P_2=360 kPa。

紧急制动空走时间：t_{k1}=2. 5 s。

常用制动空走时间：t_{k2}=3. 6 s。

11 级大风正向风力：F_w=4 800 N。

3. 初始制动速度参数

紧急制动和常用制动的制动初速度：v_0=80 km/h。

（三）制动倍率计算

1. 满足减速度不小于 1. 2 m/s^2 要求的制动倍率计算

当紧急制动减速度 a_1 为 1. 2 m/s^2 时，总制动力为：

$$F_b = a_1 \times W = 1.2\ m/s^2 \times 59\ 360\ kg = 71\ 232\ N$$

每个制动器的输出力为：

$$F = F_b/(n \times \varphi_k) = 71\ 232\ N/(8 \times 0.29) \approx 30\ 703\ N$$

制动倍率为：

$$i_1 = \frac{F+F_1}{\eta_1 \times (A \times P_1 - f)} = \frac{30\ 703\ N + 1\ 800\ N}{0.935 \times [(24.93 \times 10^{-3}\ m^2) \times (450 \times 10^3\ Pa) - 240\ N]} \approx 3.17$$

故若满足减速度不小于 1. 2 m/s^2 的要求，制动倍率应不小于 3. 17。

2. 满足整车在 11 级风力作用下，在 55‰坡道上安全停放要求的制动倍率计算

整车下滑力为：

$$F_{下} = m \times \beta \times g + F_w = 56\ 000\ kg \times 55‰ \times 9.81\ N/kg + 4\ 800\ N = 35\ 014.8\ N$$

停放制动输出力计算公式为 $F_{停} = [(T-f) \times i_2 \times \eta_1 - F_1] \times \eta_2 \times \varphi_s \times 4$，若满足整车在 11 级风力作用下在 55‰坡道上安全停放，则 $F_{停} \geqslant F_{下}$，得：

$$[(9\ 000\ N - 240\ N) \times i_2 \times 0.935 - 1\ 800\ N] \times 0.92 \times 0.38 \times 4 \geqslant 35\ 014.8\ N$$

$$i_2 \geqslant 3.28$$

故若满足整车在 11 级风力作用下在 55‰坡道上安全停放，则制动倍率应不小于 3. 28。

综合以上计算，在满足紧急减速度不小于 1. 2 m/s^2 及在 55‰坡道上安全停放的要求，提下，应优先选择现有的标准倍率系列（3. 13、3. 17 和 3. 38 这三种制动倍率），同时为了避免制动倍率过大导致擦轮，制动倍率的选择宜小。基于以上原则，从现有标准倍率系列中选取的制动倍率为 i=3. 38。

（四）单机紧急制动计算

单元制动缸输出力为：

$$\begin{aligned} F_2 &= (A \times P_1 - f) \times i \times \eta_1 - F_1 \\ &= [(24.93 \times 10^{-3}\ m^2) \times (450 \times 10^3\ Pa) - 240] \times 3.38 \times 0.935 - 1\ 800\ N \\ &\approx 32\ 895.3\ N \end{aligned}$$

总制动力为：

$$F_{b1} = n \times F_2 \times \varphi_k = 8 \times 32\ 895.3\ N \times 0.29 \approx 76\ 317.1\ N$$

紧急制动时有效制动距离内的平均减速度为：

$$a_2 = F_{b1}/W = 76\ 317.1\ N/59\ 360\ kg \approx 1.286\ m/s^2$$

紧急制动时的有效制动距离为：

$$\begin{aligned} S_{e1} &= v_0^2/2a_2 \\ &= (80\ km/h)^2/(1.286\ m/s^2 \times 2) \\ &= [(80/3.6)\ m/s]^2/(1.286\ m/s^2 \times 2) \\ &= (80\ m/s)^2/(1.286\ m/s^2 \times 25.92) \\ &\approx 192\ m \end{aligned}$$

单机紧急制动时的空走距离为：

$$S_{k1}=v_0\times t_{k1}=80\ \text{km/h}\times2.5\ \text{s}=\frac{80}{3.6}\ \text{m/s}\times2.5\ \text{s}\approx55.6\ \text{m}$$

单机在平直道上的紧急制动距离为：

$$S_1=S_{k1}+S_{e1}=247.6\ \text{m}$$

（五）单机常用制动计算

常用制动时有效制动距离内的平均减速度 $a_3\geqslant1.0\ \text{m/s}^2$，则总制动力为：

$$F_{b2}=W\times a_3\geqslant59\ 360\ \text{N}$$

且总制动力可按 $F_{b2}=n\times F_3\times\varphi_k$ 计算，得单元制动缸输出力为：

$$F_3\geqslant59\ 360\ \text{N}/(n\times\varphi_k)=59\ 360\ \text{N}/(8\times0.29)\approx25\ 586\ \text{N}$$

且单元制动缸输出力可按 $F_3=(A\times P_3-f)\times i\times\eta_1-F_1$ 计算，有：

$$(24.93\times10^{-3}\ \text{m}^2\times P_3-240\ \text{N})\times3.38\times0.935-1\ 800\ \text{N}\geqslant25\ 586\ \text{N}$$

$$P_3\geqslant357\ \text{kPa}$$

故若满足常用制动减速度不小于 1.0 m/s² 的要求，常用制动风压（P_2）应不小于 357 kPa，取 P_2=360 kPa。

常用制动时的单元制动缸输出力为：

$$\begin{aligned}F_3&=(A\times P_2-f)\times i\times\eta_1-F_1\\&=[(24.93\times10^{-3}\ \text{m}^2)\times(360\times10^3\ \text{Pa})-240\ \text{N}]\times3.38\times0.935-1\ 800\ \text{N}\\&\approx25\ 804.6\ \text{N}\end{aligned}$$

故总制动力为：

$$F_{b2}=n\times F_3\times\varphi_k=8\times25\ 804.6\ \text{N}\times0.29\approx59\ 866.7\ \text{N}$$

常用制动时有效制动距离内的平均减速度为：

$$a_3=F_{b2}/W=59\ 866.7\ \text{N}/59\ 360\ \text{kg}\approx1.01\ \text{m/s}^2$$

常用制动时的有效制动距离为：

$$S_{e2}=v_0^2/(a_3\times25.92)=(80\ \text{m/s})^2/(1.01\ \text{m/s}^2\times25.92)\approx244.5\ \text{m}$$

单机常用制动时的空走距离为：

$$S_{k2}=v_0\times t_{k2}=\frac{80\ \text{m/s}\times3.6\ \text{s}}{3.6}=80\ \text{m}$$

单机在平直道上的常用制动距离为：

$$S_2=S_{k2}+S_{e2}=324.5\ \text{m}$$

（六）单机在 55‰坡道上停放制动计算（考虑 11 级风力 4 800 N）

整车下滑力为：

$$F_{下}=m\times\beta\times g+F_w=56\ 000\ \text{kg}\times55‰\times9.81\ \text{N/kg}+4\ 800\ \text{N}=35\ 014.8\ \text{N}$$

停放制动力为：

$$F_{停1}=[(T-f)\times i\times\eta_1-F_1]\times\eta_2\times\varphi_s\times4$$
$$=[(9\ 000\ \text{N}-240\ \text{N})\times3.38\times0.935-1\ 800\ \text{N}]\times0.92\times0.38\times4$$
$$\approx36\ 196.5\ \text{N}$$

单机在55‰坡道上停放制动防滚动安全系数为：

$$\lambda_1=F_{停1}/F_{下}=36\ 196.5\ \text{N}/35\ 014.8\ \text{N}\approx1.03$$

单机停放制动滑动安全系数为：

$$\delta_1=F_{黏1}/F_{下}=m\times g\times\mu/F_{下}=56\ 000\ \text{kg}\times9.81\ \text{N/kg}\times0.16/35\ 014.8\ \text{N}\approx2.51$$

（七）单机施加常用制动在55‰坡道上的停放制动计算

整车下滑力为：

$$F_{下1}=m\times\beta\times g=56\ 000\ \text{kg}\times55‰\times9.81\ \text{N/kg}\approx30\ 214.8\ \text{N}$$

单元制动缸输出力为：

$$F_4=(A\times P_2-f)\times i\times\eta_1-F_1$$
$$=[(24.93\times10^{-3}\ \text{m}^2)\times(360\times10^3\ \text{Pa})-240\ \text{N}]\times3.38\times0.935-1\ 800\ \text{N}$$
$$\approx25\ 804.6\ \text{N}$$

总制动力为：

$$F_{b3}=n\times F_4\times\varphi_s=8\times25\ 804.6\ \text{N}\times0.38\approx78\ 446\ \text{N}$$

单机在55‰坡道上常用制动防滚动安全系数为：

$$\lambda_2=F_{b3}/F_{下1}=78\ 446\ \text{N}/30\ 214.8\ \text{N}\approx2.60$$

常用制动滑动安全系数为：

$$\delta_2=F_{黏2}/F_{下1}=m\times g\times\mu/F_{下1}=56\ 000\ \text{kg}\times9.81\ \text{N/kg}\times0.16/30\ 214.8\ \text{N}\approx2.91$$

（八）单机在55‰坡道上的保持制动计算

整车下滑力 $F_{下1}\approx30\ 214.8$ N，则有保持制动力 $F_{b4}\geqslant F_{下1}=30\ 214.8$ N，即 $n\times F_5\times\varphi_s\geqslant30\ 214.8$ N，得单元制动缸输出力为：

$$F_5\geqslant30\ 214.8\ \text{N}/(n\times\varphi_s)=30\ 214.8\ \text{N}/(8\times0.38)\approx9\ 939\ \text{N}$$

计算保持制动时制动缸输出力为：

$$P_4\geqslant\left(\frac{F_5+F_1}{i\times\eta_1}+f\right)/A=\left(\frac{9\ 939\ \text{N}+1\ 800\ \text{N}}{3.38\times0.935}+240\ \text{N}\right)/24.93\times10^{-3}\ \text{m}^2\approx159\ \text{kPa}$$

（九）单机牵引110 t平板车组在55‰坡道上的保持制动计算

整车下滑力为：

$$F_{下2}=(m+110\ \text{t})\times\beta\times g=166\ 000\ \text{kg}\times55‰\times9.81\ \text{N/kg}\approx89\ 565.3\ \text{N}$$

则有保持制动力 $F_{b5}\geqslant F_{下2}=89\ 565.3$ N，即 $n\times F_6\times\varphi_s\geqslant89\ 565.3$ N，得单元制动缸输出力为：

$$F_6 \geqslant 89\ 565.3\ \mathrm{N}/(n\times\varphi_s)=89\ 565.3\ \mathrm{N}/(8\times0.38)\approx29\ 462.3\ \mathrm{N}$$

计算保持制动时制动缸输出力为：

$$P_5 \geqslant \left(\frac{F_6+F_1}{i\times\eta_1}+f\right)/A=\left(\frac{29\ 462.3\ \mathrm{N}+1\ 800\ \mathrm{N}}{3.38\times0.935}+240\ \mathrm{N}\right)/(24.93\times10^{-3}\ \mathrm{m}^2)\approx406\ \mathrm{kPa}$$

第四节　关键控制点管理

电力蓄电池工程车调试的关键控制点包括调试计划编制、调试作业指导书编制、作业风险评估及应对措施、作业人员培训管理、开口项管理、调试结果校对等。

一、调试计划编制

在调试过程中需要根据运营单位的线路条件、人员条件、车辆条件合理安排总体的调试计划。调试计划应细化到天，并明确调试内容、人员资质要求、人员数量、调试地点、用电需求等。

对于部分需要进行试车线、正线调试的作业，还需要提前申报调试施工计划，明确调试负责人，并与其他专业人员（如线路、轨道、供电等方面的专业人员）共同制定试车线、正线调试配合方案。

如果在已运营线路进行调试，还需要制定完善、科学的调试方案和预案，并召开专题论证会，将安全风险降到最低，确保正线正常运行。

二、调试作业指导书编制

调试作业指导书需要根据各系统特性采用条目化的编制方式，编制依据为例行试验大纲、型式试验大纲、合同文件、会议纪要等。其内容主要包括调试地点、调试时间、调试产品、车辆状态要求、调试方法、调试所需设备、调试人员资质、评估标准、测试记录等。

三、作业风险评估及应对措施

电力蓄电池工程车调试的关键控制点主要包括可能引起触电的作业、可能造成人员伤亡的作业、可能影响调试线路正常运营的作业、损害车辆状态的作业等，其风险评估及应对措施见表 5-10。

表 5-10　电力蓄电池工程车调试的关键控制点风险评估及应对措施

序号	风险评估	应对措施
1	悬挂件脱落	1. 对整车悬挂件开展一次全面、系统的评估工作 2. 检查所有车底、车侧、车顶部件的紧固情况 3. 要求所有箱体盖板都有防止意外打开的二次防护装置 4. 检查所有铭牌的紧固情况，紧固不良的应重新紧固
2	紧固件松动	1. 评估全车紧固件的紧固方式是否合理、科学 2. 评估各螺栓受力是否科学，是否存在意外松动、脱落的风险 3. 评估螺纹紧固胶的使用工艺是否科学，是否有螺栓漏涂紧固胶的情况 4. 对生锈的螺钉进行更换，并紧固松动的螺钉
3	从工程车上跳下、穿越车辆和地沟等行为，存在人身伤害风险	1. 员工必须以安全的方式上下工程车和穿越地沟，不得从工程车上直接跳至地面，不得从非检修车下部穿越，不得跳过地沟 2. 加强员工的安全培训，使其自觉按要求穿戴劳动保护用品 3. 在有地沟的股道进行作业时，必须正确使用登车装置，且应在地脚锁紧后才可以登梯
4	对于没有检修平台的股道，若同时没有可悬挂安全带的接触网，在车顶进行检修作业存在风险	1. 严格执行安全管理规定，按章进行请点、销点和办理高空作业令，安全作业 2. 要求进行登顶作业时，使用工程车自带的登顶梯，不得采用其他梯子登顶 3. 工程车车顶应设置用于悬挂安全带的装置，在操作人员登顶后，应先将安全带的锁扣扣在车顶专门挂安全带的装置上，之后才可以继续作业
5	车体与转向架之间的连接、两车端管线连接存在干涉现象，管线存在被拉伤、拉断的风险	1. 车辆以尽可能低的速度进入曲线段后停车，确认无问题后才能继续试验，并注意观察，如有问题立即终止试验 2. 试验时采用双机重联控制速度
6	牵引蓄电池容量不足	1. 试验前加强对工程车的状态检查，确认控制软件版本无误，工程车无故障，牵引蓄电池容量已充满，确保工程车状态满足试验要求。若牵引蓄电池馈电，则应改为接触网（或第三轨）供电模式，将工程车牵引回车辆段内查找原因 2. 试验时，连挂另外一台电力蓄电池工程车或内燃工程车，当试验车发生故障时，备用的动力车能启动回厂
7	工程车牵引力不足，无法上坡道	1. 试验前加强对工程车的状态检查，确认控制软件版本无误，工程车无故障，确保工程车状态满足试验要求，且坡道下方线路足够长，无障碍物 2. 试验时，连挂另外一台电力蓄电池工程车或内燃工程车。当发现牵引力不足时，采用双机重联回厂。如果编组中有内燃工程车，也可以启动内燃工程车回厂

续表

序号	风险评估	应对措施
8	工程车制动力不足，无法在坡道上停车，存在溜车的风险	1. 试验前加强对工程车的状态检查，确认控制软件版本无误，工程车无故障，确保工程车状态满足试验要求，且坡道下方线路足够长，无障碍物 2. 现场再次确认编组工程车管是否连接完好，如果现场检查工程车管无问题，采用紧急制动停车 3. 如果以上措施无效，基本判定工程车制动系统存在故障，则应启动备用动力车回厂 4. 在紧急情况下，若坡道无法停车，现场经行车调度员（简称行调）批准，可以缓慢溜车到坡底
9	工程车状态不佳，牵引力达不到设计要求，无法顺利通过坡道	1. 试验前加强对工程车的状态检查，确认控制软件版本无误，工程车无故障，牵引蓄电池容量已充满，确保工程车状态满足试验要求 2. 如果现场检查工程车管无问题，采用紧急制动停车。如以上方法无效则基本可判定工程车制动系统存在故障，需要启动备用动力车回厂 3. 在紧急情况下，如果在坡道无法停车，现场经行调批准，可以缓慢溜车到坡底
10	牵引蓄电池上的金属部件始终带电，且超出安全电压范围	1. 勿将物品及工具置于牵引蓄电池上 2. 禁止用手直接触摸蓄电池极柱和连接条 3. 检修时需要使用绝缘工具和佩戴绝缘手套
11	工程车存在双电源隐患，如未切断牵引蓄电池电源，高压电器柜内的端子和转换开关（=11-S01）都带电	1. 严格执行工程车高压安全联锁操作方法，严禁简化流程 2. 严格执行先请点挂牌、再开展作业的程序 3. 严禁借用车辆钥匙，本车钥匙只能用于本车，不得用于他车 4. 技术人员应评估高压安全联锁装置是否存在安全隐患，并及时完善操作规程
12	复轨或起吊时，必须在牵引装置压座与导向筒之间安装 C 形垫片，否则会损坏中心销	C 形垫片的数量依据压座与导向筒之间的间隙值来确定，C 形垫片之间用 U 形卡固定，通过标记的起吊点起吊车体，将转向架复轨
13	蓄电池存在鼓胀、漏液、爆裂等风险	1. 对蓄电池容量及安装位置进行检查，确保其容量正常、安装位置可靠 2. 对蓄电池极柱安装状态进行检查，禁止其与车体其他部位直接接触 3. 在蓄电池外表面张贴温度贴，实时显示蓄电池温度变化情况 4. 检查蓄电池箱，确保蓄电池箱通风良好，蓄电池散热稳定

四、作业人员培训管理

在进行调试作业前，需要开展全面、完整、深入的维修技术和操作培训，使相关人员掌握电力蓄电池工程车操作、检查、维护和维修技能，同时应编制调试作业的安全交底单，明确调试作业可能存在的风险及应对措施。

所有司机和维修人员均需要参加驾驶培训和维修培训，且应考核合格后取得驾驶和维修结业证书。所有培训师资应具备如下资质：具有从事本项目相关系统的工程车设计、制造的工程师或相当职称，熟悉工程车总体或各部件的工作原理，有一定的现场工作经验和丰富的课堂教学经验。

五、开口项管理

为了实现调试开口项的闭环管理，需要对调试发现的问题进行记录，记录内容包括但不限于问题发现时间、所属系统、位置、问题等级（A/B/C）、问题描述、整改前照片、整改建议、跟进情况、问题车号、发现人、整改状态（开口/关闭）、整改人、整改时间、确认人等。

针对开口项问题，需要形成每周或双周例会制度。对于重大问题、整改工作推进不顺利的问题、需要优化设计的问题等，还需要通过技术专题会明确整改方案、整改期限，并形成会议纪要。

六、调试结果校对

（一）文件校对

文件包括：质量保证书、符合性声明、各部件试验报告、到货或开箱检验报告、工程车履历本（含例行试验报告）、型式试验调试报告、蓄电池质量报告、工程车裂隙试验报告等。应检查这些文件的完整性，以及试验数据是否满足要求。

（二）软件版本检查

记录工程车各软件系统版本，如车辆控制单元、牵引控制单元、制动系统、辅助系统等的软件信息。

（三）其他

在工程车调试期间，调试组应根据设备状态和问题整改情况，及时调整和优化预验收项点。

第五节　型式试验案例

下面以电力蓄电池工程车在坡道上单机牵引电客车的能力型式试验作为案例，具体说明型式试验的整个管控过程。

一、制定试验方案

（一）试验目的

试验电力蓄电池工程车在单机状态下是否具备在大坡道上牵引电客车的能力，以对后续的车辆救援方案提供参考依据，优化车辆救援模式。

（二）组织指挥机构

领导小组：组长、副组长。

工作小组：组长、成员（由安全管理部门、车辆维保和驾驶部门、生产厂家的相关人员构成）。

领导小组职责：主要对方案提出指导性意见。

工作小组职责：负责作业全过程的统一组织和协调，协调各专业部门的工作，向领导小组汇报调试情况。

（三）各部门工作职责

1. 安全管理部门

负责审核方案的可行性，为安全试验提出意见。

2. 车辆维保和驾驶部门

（1）负责作业期间施工计划的申报及请点、销点。

（2）负责安排状态良好的电客车与电力蓄电池工程车参与作业。

（3）配合提供作业所需现场条件，并安排人员配合现场作业。

（4）负责电力蓄电池工程车的驾驶。

（5）试验结束后应对车辆状态进行检查，重点检查轮对及制动系统有无异常。

3. 电力蓄电池工程车生产厂家

（1）安排人员进行现场试验并编制试验报告。

（2）安排人员处理现场发生的故障。

4. 生产调度部门

（1）负责施工作业计划的审批。

（2）负责安排正线的停电、送电、挂接地线作业。

（3）负责电力蓄电池工程车及电客车的正线运行组织。

5. 乘务部门

（1）负责电客车及电力蓄电池工程车出厂、回厂的转线组织。

（2）负责作业期间施工作业计划的请点、销点。

（3）负责作业区域的防护，如红闪灯摆放等工作。

（4）负责确保非作业人员无法从站台区域进入轨行区。

（5）在作业期间，若电客车司机或站务人员发现危及安全的异常情况，需要及时通报作业负责人。

（6）需要安排一名有经验的电客车司机配合作业，负责对电客车设备进行操作与监控；当电力蓄电池工程车出现故障无法动车时，使用电客车进行救援。

6. 供电维保部门

（1）根据调度指挥中心要求对接触轨进行停电后的挂接地线作业。

（2）负责接触轨设备的监控，确保供电设备良好。

（四）试验可行性分析

1. 电客车情况

（1）车身质量计算

AWO（空载）工况下列车质量：M_0 =205 800 kg。

无司机室的动车质量：M=33 300 kg。

无司机室带受电弓的动车质量：M_p =34 800 kg。

有司机室的拖车质量：M_t =34 800 kg。

根据上述已知参数，计算列车转动质量为：

$$\begin{aligned}M_g &= (M+M_p)\times2\times0.1+M_t\times2\times0.05\\ &=(33\ 300\ \text{kg}+34\ 800\ \text{kg})\times2\times0.1+34\ 800\ \text{kg}\times2\times0.05\\ &=17\ 100\ \text{kg}\end{aligned}$$

列车的换算质量为：

$$M_{0g}=M_0+M_g=205\ 800\ \text{kg}+17\ 100\ \text{kg}=222\ 900\ \text{kg}$$

（2）列车启动力计算

根据牵引特性曲线及仿真计算知识，在AWO工况下，列车在启动阶段的整车阻力情况如下：

1）按照最大坡度35‰计算坡度上的附加阻力 f_{i0}，得：

$$f_{i0}=M_0\times35‰\times9.81\ \text{N/kg}=205\ 800\ \text{kg}\times35‰\times9.81\ \text{N/kg}\approx70.66\ \text{kN}$$

2）列车启动阻力 f_{q0}（系数为 49×10^{-3} kN/t）计算

在AWO工况下有：

$$f_{q0}=M_0\times49\times10^{-3}\ \text{kN/t}=205.8\ \text{t}\times49\times10^{-3}\ \text{kN/t}\approx10.08\ \text{kN}$$

故在AWO工况下，整车在35‰坡道上的最大启动阻力为：

$$f_{i0}+f_{q0}=70.66\ \text{kN}+10.08\ \text{kN}=80.74\ \text{kN}$$

2. 电力蓄电池工程车情况

（1）电力蓄电池工程车牵引停车能力计算

机车总质量：m=14 000 kg×4=56 000 kg。

转动质量：M_r =6%×m=3 360 kg。

总制动质量：W=m+M_r =59 360 kg。

黏着系数：$\mu=0.16$。

制动缸数：$n=8$。

制动缸活塞面积：$A=24.93\times10^{-3}\ m^2$。

制动缸弹簧缓解力：$f=240\ N$。

复位弹簧力：$F_1=1\ 800\ N$。

常用制动缸传动效率：$\eta_1=0.935$。

停放制动缸传动效率：$\eta_2=0.92$。

平均动摩擦因数（根据经验值估算）：$\varphi_k=0.325$。

紧急制动时制动缸最大压力：$P=450\ kPa$。

制动倍率：$i=3.17$。

电力蓄电池工程车单机在35‰坡道牵引206 t电客车时，整体下滑力为：

$F_{下35}=(206\ t+m)\times\beta\times g=(206\ t+56\ t)\times35‰\times9.81\ N/kg=89\ 957.7\ N\approx$ 89.958 kN

此时，电力蓄电池工程车提供的制动力为单元制动缸输出力，计算可得：

$$F=(A\times P-f)\times i\times\eta_1-F_1$$
$$=[(24.93\times10^{-3}\ m^2)\times(450\times10^3\ Pa)-240\ N]\times3.17\times0.935-1\ 800\ N$$
$$\approx30.739\ 7\ kN$$

故单机总制动力为：

$$F_b=F\times n\times\varphi_k=30.739\ 7\ kN\times8\times0.325\approx79.923\ kN$$

由于单机总制动力79.923 kN$<F_{下35}$（即89.958 kN），因此电力蓄电池工程车单机牵引206 t电客车在35‰坡道上无法制动停稳。

（2）电力蓄电池工程车牵引能力计算。根据牵引特性曲线及仿真计算知识可知，电力蓄电池工程车单机最大牵引能力为100 kN。

1）单机在35‰坡道牵引206 t电客车能力计算

整体坡道阻力$f_{i1}=F_{下35}=89.958\ kN$，计算电力蓄电池工程车启动阻力$f_0$（系数为$50\times10^{-3}\ kN/t$）为：

$$f_0=56\ t\times50\times10^{-3}\ kN/t=2.8\ kN$$

当电客车全车缓解时，电力蓄电池工程车单机牵引电客车与两车启动阻力之和为：

$$f_{i1}+f_0+f_{q0}=89.958\ kN+2.8\ kN+10.08\ kN=102.838\ kN$$

由于该值大于蓄电池及第三轨供电模式下的理论最大牵引力100 kN，因此不能在35‰直线坡度上单机牵引空载电客车启动。

2）单机在30‰坡道牵引206 t电客车能力计算

整体坡道阻力（$F_{下30}$计算过程略）为$f_{i2}=F_{下30}\approx77\ 107\ N=77.107\ kN$，计算电力蓄电池工程车启动阻力$f_0$（系数为$50\times10^{-3}\ kN/t$）为：

$$f_0=56\ t\times50\times10^{-3}\ kN/t=2.8\ kN$$

当电客车全车缓解时，电力蓄电池工程车单机牵引电客车与两车启动阻力之和为：

$$f_{i2}+f_0+f_{q0}=77.107\ \text{kN}+2.8\ \text{kN}+10.08\ \text{kN}=89.987\ \text{kN}$$

由于该值小于蓄电池及第三轨供电模式下的理论最大牵引力 100 kN，因此能在 30‰直线坡度上单机牵引空载电客车启动。

3. 小结

电力蓄电池工程车在蓄电池或第三轨供电模式下只能在 30‰及以下直线坡度上单机牵引空载电客车启动。

（五）试验内容及要求

1. 作业用车

（1）试验主体为一台 ZER4-3 型电力蓄电池工程车。

（2）试验负载为一台空载 B8 型电客车。

2. 作业时间、地点及要求

（1）××月××日 1：00—3：20，××—××线路（具体以施工作业令规定的时间与作业区域为准）。

（2）本次作业请点、销点车站为××站，接触轨不停电；由于电力蓄电池工程车长 13.42 m、电客车长 120.76 m，电力蓄电池工程车挂电客车后长度将超出站台的长度，因此每次列车在××站停车时，电客车尾端需要全部进入站台后才能停车。

3. 作业内容

电力蓄电池工程车以蓄电池供电模式出厂在××站请点，请点完毕，电客车经出厂线出厂到达××站台后根据电力蓄电池工程车司机的指挥进行连挂，连挂完毕，电客车降靴，缓解气制动。开始试验作业（作业期间电客车操作台需要处于激活状态），试验结束后，电力蓄电池工程车与电客车在××站上行线解钩并各自返回车厂。试验流程如图 5-3 所示。

4. 行车备品的准备

电力蓄电池工程车随车工具 1 套，手电筒 2 个、调车电台 1 台、行调电台 4 台、红绿信号旗 1 面、信号灯 1 盏、红闪灯 2 盏，制动铁鞋 1 双、荧光服 3 件、安全帽 3 个、绝缘靴 2 双、绝缘手套 2 副、灭火器每辆车配 2 个。

5. 运行速度要求

运行速度要求见表 5-11。

表 5-11 运行速度要求

项目	车辆运行最高速度
电力蓄电池工程车连挂电客车正线运行	20 km/h
通过道岔	20 km/h
车厂运行	不超过 10 km/h
连挂速度	不超过 3 km/h
进入存车线或尽头线时限速	不超过 3 km/h

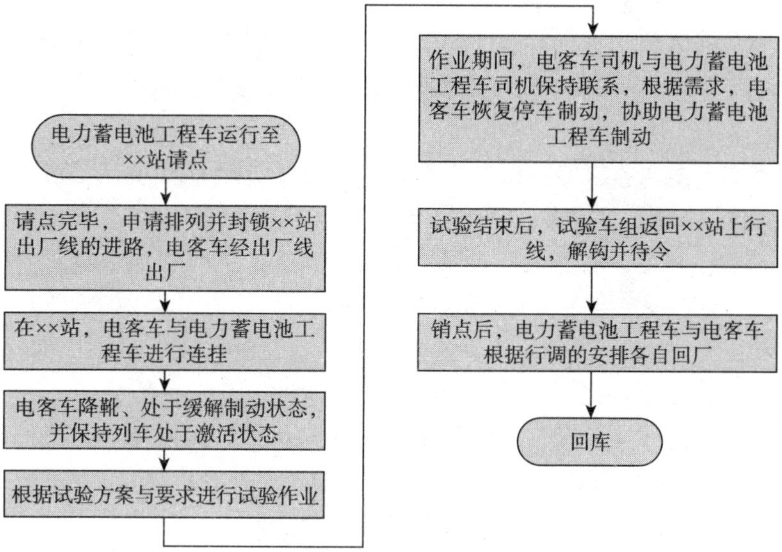

图 5-3 试验流程

6. 运行路径及作业规定

（1）电力蓄电池工程车出、回厂运行路径见表 5-12。

表 5-12 **电力蓄电池工程车出、回厂运行路径**

项目	运行路径	备注
出厂	车厂—转换轨 Y—出厂线—××站上行线	以蓄电池供电模式出、回厂，在出厂信号机前停车
回厂	××站上行线—入厂线—转换轨 Y—车厂	

（2）电客车出、回厂运行路径见表 5-13。

表 5-13 **电客车出、回厂运行路径**

项目	运行路径	备注
出厂	车厂—转换轨 Y—入厂线—××站上行线	出厂后在××站上行站台与电力蓄电池工程车连挂
回厂	××站上行线—入厂线—转换轨 Y—车厂	作业结束后在××站上行站台与电力蓄电池工程车解钩

（3）作业时运行路径见表 5-14。

表 5-14 **作业时运行路径**

项目	运行路径	备注
作业	××站上行线—入厂线	线路封锁，线路条件具备××‰的坡道及×× m 的半径曲线

7. 作业规定

（1）在作业过程中，行调电台采用“临时工作组 1”进行行调与司机间的联控。

（2）电力蓄电池工程车在出厂前需要确保牵引蓄电池电量在90%及以上。

（3）电客车在降靴前总风缸应处于满风状态，电客车司机要密切留意总风缸的压力，当总风缸压力低于0.65 MPa时，应通知现场负责人暂停试验，重新升靴、打风后再继续作业。

（4）电客车与电力蓄电池工程车连挂后，降靴并切除B09塞门，按下停放制动缓解按钮，缓解停放制动。

（5）在试验过程中，电客车需要保持在激活状态，并根据现场负责人的要求恢复停放制动，配合电力蓄电池工程车制动。

（6）若电力蓄电池工程车出现故障无法依靠自身动力动车，则应立即停止作业，销点后由配合的电客车牵引回厂。

（7）作业时必须正向驾驶，不能后退；每次动车前，应与作业负责人确认试验要求，认真执行呼唤应答制度，加强瞭望，确认道岔位置是否正确，若发现异常情况应及时采取停车措施。

（8）作业人员不能影响司机操作，不能误碰车辆设备，应站在安全位置。

（9）作业负责人不能违章指挥，若存在违章指挥，司机、车长有权拒绝动车并说明原因。

（10）每一次换向运行前必须做制动试验，确认车辆制动状态良好后才能进行下一项试验。

8. 通信联络

工作小组组长及各部门现场负责人应保持联系，以便及时沟通接车、调试过程中的各项事宜，协调各项工作。

9. 安全交底事项

（1）各部门人员必须高度重视该试验作业，认真履行工作职责，按照相关安全规定作业，确保安全。

（2）作业前，相关人员必须学习试验方案。

（3）所有参与作业的人员必须严格遵守安全规定。

（4）作业期间若发现异常情况，应及时按下紧急按钮。

（5）司机必须实时监控车辆运行状态，若发现异常情况应立即停止作业。

（6）当第三轨供电线路接触轨不停电时，人员下线路必须穿绝缘靴且必须在降靴及分主断后在非接触轨侧下车，应与接触轨保持700 mm以上的安全距离，调整钩位时必须佩戴绝缘手套。

（7）试验过程中防脱钩及脱钩后的应急措施：按规定速度行车即可。电客车司机必须在连挂端监控连挂状态，若出现异常情况应及时向车长汇报并采取制动停车措施（恢复停放制动及B09塞门），防止车辆溜动。车长接到脱钩汇报后，应立即通知电力蓄电池工程车司机停车。

（8）试验必须严格按照流程进行，上一项试验完成后方可继续下一项试验。

二、按照试验方案开展试验

按照既定方案开展型式试验，如果试验过程中遇到特殊情况，应及时与上级调度部门联系，必要时进行救援。

在试验过程中应做好数据及结果的记录，相关人员应在各类表格上签字确认，并对试验结果负责。

三、核对型式试验报告

试验完毕，电力蓄电池工程车生产厂家会根据试验结果出具试验报告，使用部门在获得调试报告后需要对调试报告内容进行核对，不符合调试大纲要求的或达不到试验目的的，需要重新进行试验。

第六节　经验小结

型式试验和例行试验互为补充，针对型式试验的调试注意事项列举如下，仅供参考。

一、梳理试验报告、确认试验数据

在调试过程中，在对厂家场地上完成的试验进行结果核对时，若发现厂家试验报告中的部分数据不在标准范围内、部分试验项点没有技术人员签字确认、部分试验项点没有完成等问题，一定要对此类问题进行补充试验，确保所有例行试验和型式试验均能满足标准要求。对于在运营线路进行的试验，要形成“试验方案—试验前会议—试验仪器设备布置—现场试验—试验结果校对—问题反馈”的闭环管理，试验过程中需要明确试验负责人、试验操作人，厂家试验人员要提前完成安全培训，正确穿戴劳动保护用品，做好安全交底。

二、提前沟通试验细节、做好应急预案

对于需要上正线，尤其是在运营线路进行的动车试验，要提前与生产调度部门做好充分沟通，明确试验时间、安全防护措施、司机资质等，同时要对试验过程中可能存在的试验工程车无法回厂隐患进行预案管理，防止因试验工程车故障或异常情况而导致工程车无法回厂，对运营线路造成影响。对于要在高速状态下进行的试验项点，必须先完

成低速状态的试验才能进行高速状态的试验，高速状态的试验结束后要对工程车闸瓦、轮对进行回库检查，如有擦伤要及时处理，并知会轨道部门检查轨道状态。

三、提前核查技术资料

因例行试验项目结束较早，为尽早介入履历本核查工作，建议厂家在完成试验后，提前将履历本扫描版发送至运营单位，运营单位核查完毕应及时将问题发送厂家处理，对其中的填写错误、不完整、不规范等问题进行分析和考核。对于需要再次试验复核的项目，需要重新提交履历本。

四、关注限界差异

进行限界检查前，应核查已有的电客车限界门是否满足工程车限界检查的要求，如无法满足，则需要制作工程车限界门作为检查工具，并对限界框的尺寸进行校核。

第六章

电力蓄电池工程车的隐患排查

为了确保电力蓄电池工程车各关键系统设备状态和相关资料的匹配性、一致性，应对电力蓄电池工程车开展专业隐患排查工作。隐患排查工作主要从牵引系统、走行部、110 V 控制系统、车体车架、受流系统、制动系统、辅助系统、蓄电池系统八个方面开展，结合各系统的工作原理，核查关键条款内容、验证设备基本功能、模拟故障现象、分析存在的安全隐患、研究旁路功能增设的可行性及验证软件功能，重点排查可能引起救援及影响设备功能正常发挥的各种情况，对系统各个方面进行全面梳理和排查，查缺补漏，确保设备设施高质量运行，保障生产作业安全。

下面将列举几个电力蓄电池工程车隐患排查中所发现的问题，介绍相关整改方案及实施效果，可供参考。

一、牵引系统——主电路二极管击穿存在人员触电隐患（隐患等级：★★★★★）

（一）隐患说明

ZER4-3 型电力蓄电池工程车采用车顶受电弓加车底集电靴的双受流方式，为了防止两种电源串路，在受电弓与集电靴的受流回路中分别增加了二极管，其作用是防倒流。接触网与第三轨双受流方式的电气原理图如图 6-1 所示。

若是瞬时高电压或者器件本身的质量问题导致二极管被击穿而失效，将使接触网与第三轨之间的电路导通。若电力蓄电池工程车此时在库内升弓充电，车下的集电靴也将带有 1 500 V 高压电，由于原二极管无指示及报警功能，因此这种情况下存在严重的人员触电安全隐患。

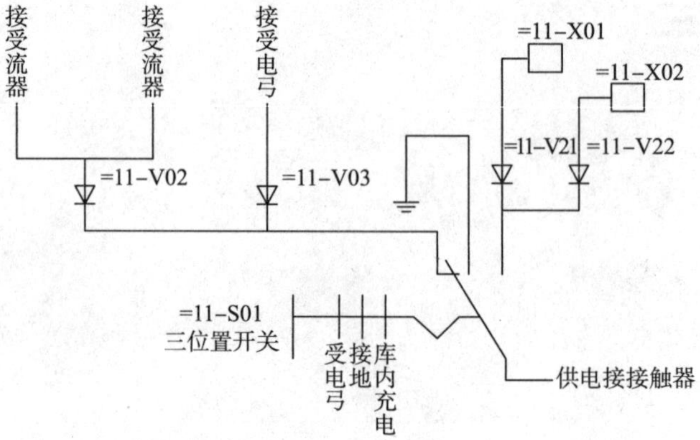

图 6-1　接触网与第三轨双受流方式的电气原理图

（二）主电路优化设计方案

1. 电气原理图

如图 6-2 所示，将原有二极管更换为接触器（=11-K05 和=11-K06），该接触器关断受操纵台上的供电模式选择开关决定。接触器控制回路如图 6-3 所示，该回路使用接触器辅助触点和软件控制双重互锁，并通过中间继电器（简称中继）驱动接触器控制线圈，以保证在两种供电模式下，接触器不会同时闭合，达到隔离的目的。网络通过接触器辅助触点采集接触器状态信号，如图 6-4 所示。

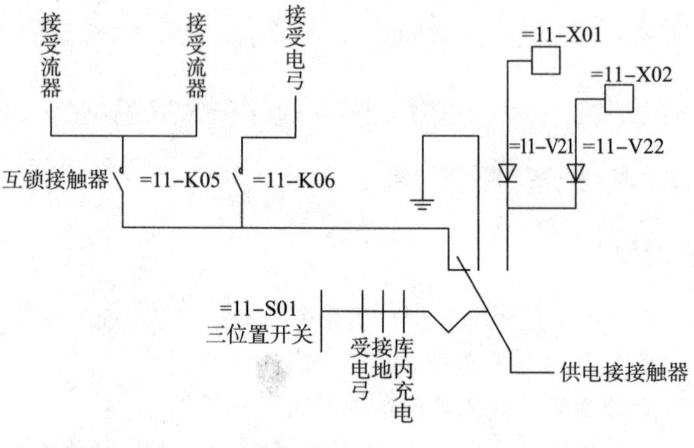

图 6-2　优化设计方案电气原理图（增加互锁接触器）

2. 逻辑控制方案

（1）第三轨供电模式。当供电模式选择开关打到第三轨位时，相应的主电路完成配置，在主电路配置中增加“=11-K06 闭合”，并在升靴条件中增加该接触器闭合条件，确保升靴之前，该接触器处于闭合状态。降靴时，如果接触器=11-K06 或者高速断路器是闭合的，网络首先断开高速断路器和接触器＝11－K06，集电靴延迟 0.6 s 降下。在第三轨供电模式下，一旦检测到接触器＝11－K05 处于闭合状态，网络应立即分主断、降靴。

（2）接触网供电模式。当供电模式选择开关打到接触网位时，相应的主电路完成配置，在主电路配置中增加“＝11－K05 闭合”，并在升弓条件中增加该接触器闭合条件，确保升弓之前，该接触器处于闭合状态。降弓时，如果接触器＝11－K05 或者高速断路器是闭合的，网络首先断开高速断路器和接触器＝11－K05，受电弓延迟 0.6 s 降下。在接触网供电模式下，一旦检测到接触器＝11－K06 处于闭合状态，网络应立即分主断、降弓。

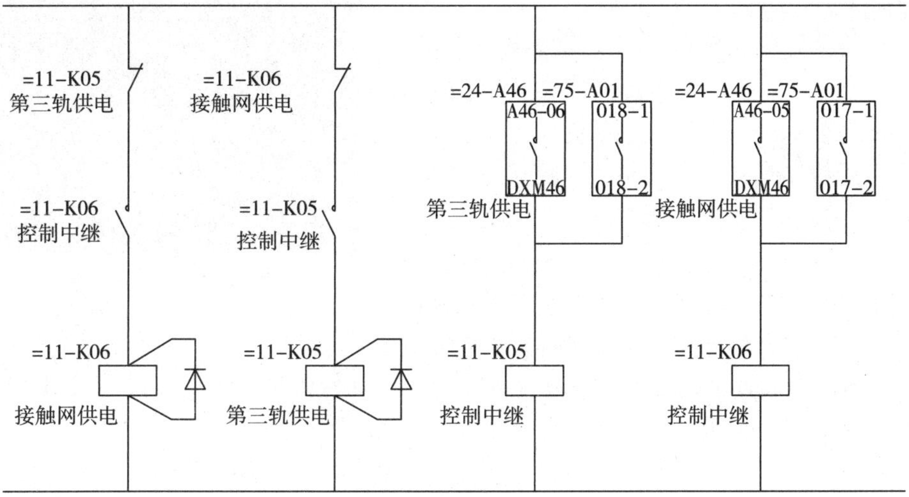

图 6-3　接触器控制回路

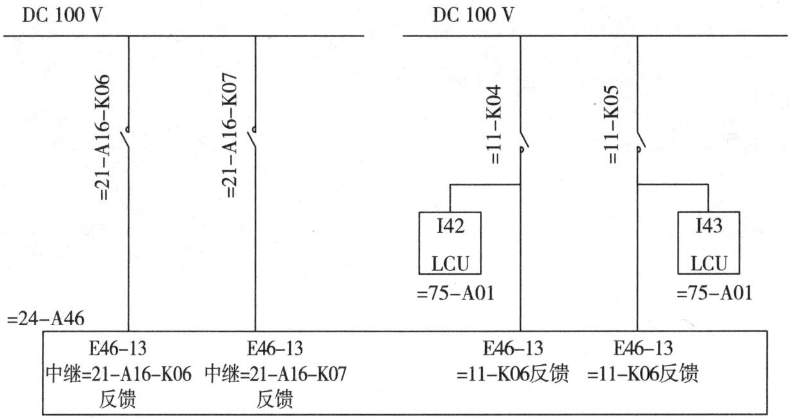

图 6-4　接触器反馈方案

（三）实施情况

改造完成后需要重新组织查线核图，提前就线号缺失、线号错误等问题进行整改，同时需要重新进行供电模式逻辑判断验证。经跟踪测试，完成主电路改造后的设备运行情况良好。

实施过程主要分为以下步骤。

1. 拆卸高压柜并返厂

（1）现场进行封锁围蔽。

（2）拆除高压柜与车体的所有连接线，并对裸露的插头进行防护。

（3）使用移动式架车机将电力蓄电池工程车整体抬高至一定高度，使拆卸高压柜后的空间满足叉车取出条件。

（4）用棉布对叉车进行防护，用叉车将高压柜移出，如图 6-5 所示，将高压柜返厂整改。

图 6-5　移出高压柜

2. 布线整改

本改造需要在底架下高压柜与低压柜之间新增电缆。该新增电缆在底架下用波纹软管保护，由高压柜走线到底架盖板进入机械间，在机械间内通过中央线槽走线至低压柜。

3. 高压柜返段安装

在高压柜返厂完成整改后，应对其重新进行安装，如图 6-6 所示，并同步进行柜门二次防护挂耳整改。

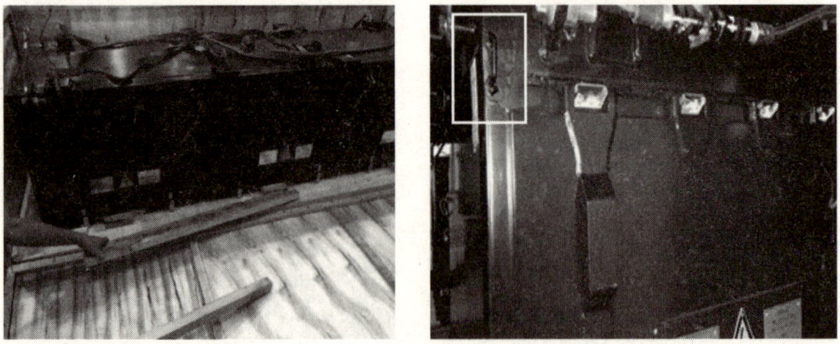

图 6-6　高压柜的重新安装

4. 整改后功能调试

整改后功能调试主要包括静态调试和动态调试两部分。其中，静态调试包括查线核图、扭力校正、绝缘测试及接线电阻确认，动态调试包括软件程序刷新、厂内及正线动车试验等。

（四）经验小结

对电力蓄电池工程车改造过程进行梳理，总结经验如下：

1. 提前备好所有车辆的改造备件，并放置于现场。

2. 采用切除充电警示灯的方法来满足叉车取出条件，使用叉车辅助拆卸替代架车机操作，可节约人力、物力。

3. 高压柜物流箱底部应预留叉车操作空间，且到段后应无须使用天车吊装。

4. 所有电力蓄电池工程车在车辆总承包商厂内完成柜门二次防护加装及补漆，避免影响现场作业进度。

二、110 V 控制系统——紧急牵引模式下司机室供电模式不受占用端控制（隐患等级：★★★★）

（一）隐患说明

ZER4-3 型电力蓄电池工程车在紧急牵引模式下，供电模式不受占用端（即主控端）控制，但非占用端（即非主控端）司机室供电模式开关能控制当前供电模式，这种情况下司机在驾驶过程中不能有效地选择供电模式，存在司机被主控端驾驶模式误导的情况。

在现有 LCU 的控制逻辑中，存在缺陷的司机室占用信号控制逻辑如图 6-7 所示，而司机室占用信号不分 I 端有效还是 II 端有效，故在主控端被占用后，仍可在非主控端执行供电模式转换操作，因而存在一定安全隐患。

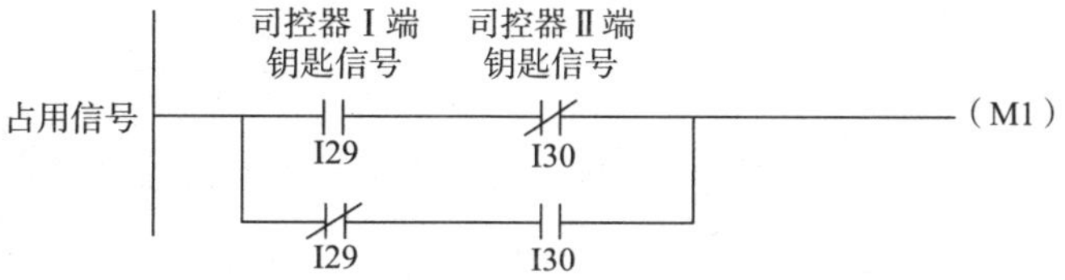

图 6-7　存在缺陷的司机室占用信号控制逻辑

在供电模式选择信号时，只要有司机室占用信号（即 M1 有效），那么不用分主控端和非主控端，均可选择供电模式。一旦紧急牵引模式下供电模式不受主控端控制，将使司机误判当前供电工况，可能导致蓄电池亏电无法动车、靴轨或者弓网冲突事件。存在缺陷的供电模式选择控制逻辑如图 6-8 所示。

（二）逻辑优化

为了避免电力蓄电池工程车在紧急牵引模式下，非占用端供电模式开关在非零位情况下出现供电模式异常的情况，需要对控制逻辑中的占用端有效信号（M1）进行拆分，即将 I 端占用有效（M1）、II 端占用有效（M2）单独命名，同时在供电模式选择

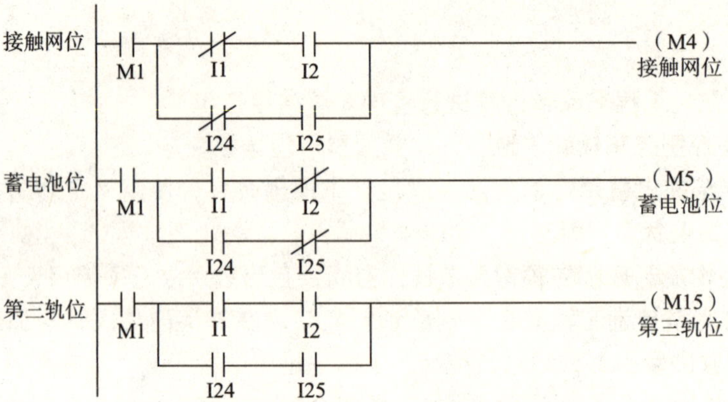

图 6-8　存在缺陷的供电模式选择控制逻辑

控制逻辑中同步修改。优化后的司机室占用信号控制逻辑如图 6-9 所示，优化后的供电模式选择控制逻辑如图 6-10 所示。

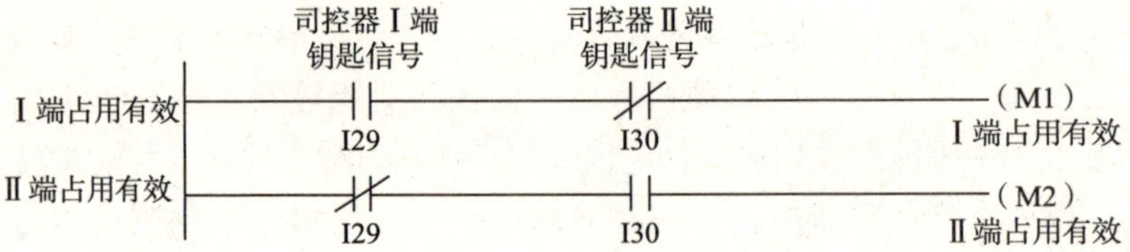

图 6-9　优化后的司机室占用信号控制逻辑

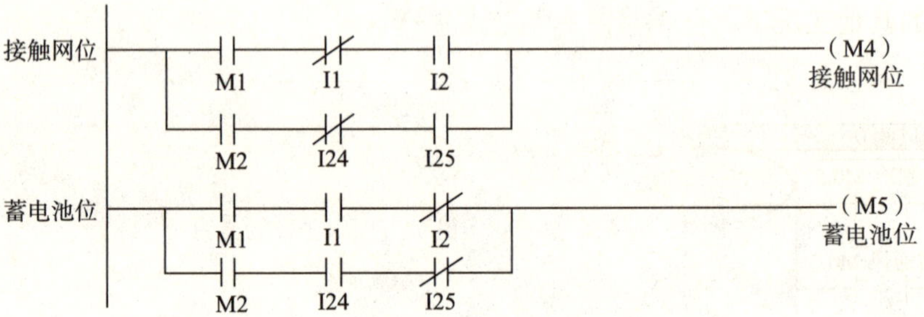

图 6-10　优化后的供电模式选择控制逻辑

三、辅助系统

(一) 电力蓄电池工程车过无电区失败（隐患等级：★★★）

1. 隐患说明

电力蓄电池工程车自身具备双电源供电功能，即蓄电池供电和接触网/第三轨供电。

在第三轨供电模式中存在无电区长度大于前后受流靴间隔长度的情况，故工程车运行至无电区时供电将中断，若工程车频繁通过无电区会持续触发供电中断保护，将导致工程车过无电区失败，司机需要频繁进行启停操作。

2. 操作及控制逻辑优化

（1）工程车优先采用电制动或在牵引状态下通过无电区。工程车施加电制动，牵引电动机处于发电状态，能量回馈装置将中间电压抬高，使支撑电容能够维持在较高的水平，可实现不跳开高速断路器通过无电区。

（2）优化网络控制逻辑。原网络控制逻辑为手柄不在零位，20 s 后 DCU 仍未给出牵引力，网络发出牵引封锁命令，该情况未考虑过无电区工况，故在判断上述牵引封锁命令时，加入主断闭合条件，即只有当主断闭合时，才开始计时判断牵引封锁条件，避免网络频繁发出牵引封锁命令。

（二）空调新风阀无法正常开启（隐患等级：★）

1. 隐患说明

电力蓄电池工程车配有两个空调机组，分别安装在两端司机室车顶部，空调机组可实现自动、通风、制冷和停机功能。现场对空调机组进行功能调试时，发现空调新风阀在任何工况下均无法开启，导致无新风输入，仅有室内空气循环。在更新厂家提供的测试版空调程序后，发现新风阀可开启，但存在空调由预冷模式（新风阀关）转自动模式时新风阀仍然保持关闭的情况。

2. 控制逻辑优化

通过优化软件修复空调模式切换问题时，触发新风阀复位计时器逻辑，实现在除预冷模式外的其他工况下，空调新风阀均能正常开启。空调新风阀控制逻辑图如图 6-11 所示。

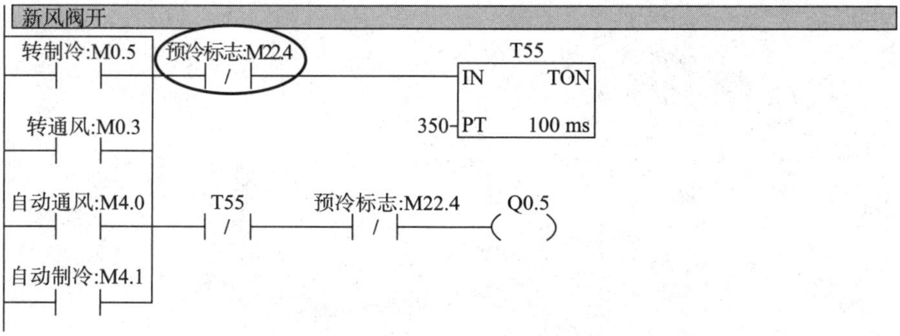

图 6-11　空调新风阀控制逻辑图

PLC 的数字量输出点 Q0.5 控制风阀的开信号，当空调退出预冷模式后，M22.4 常闭触点导通，T55 通电延时继电器开始计时，计时 35 s 内，T55 常闭触点导通，Q0.5 得电，控制新风阀开启。计时 35 s 后，T55 得电，Q0.5 失电，新风阀开启完毕。

（三）紧急辅助逆变柜质量问题（隐患等级：★★）

紧急辅助逆变柜为辅助逆变柜发生故障时的冗余设备，当辅助逆变柜发生故障时，可切换为紧急辅逆模式为空压机提供应急电源，保障制动系统有充足的风源。在现场进行功能调试时，发现部分车辆切换为紧急辅逆模式后空压机无法正常启动，经分析为紧急辅助逆变柜存在质量问题，如控制板和辅助板的钽电容耐电流冲击能力弱及驱动板变压器存在质量缺陷。

针对上述两项问题，对所有电力蓄电池工程车紧急辅助逆变柜做如下整改：将钽电容更换为铝电解电容；更换驱动板变压器，并更新软件。

经上述整改后，运行两年发现整改效果良好。

（四）辅助逆变器无工作状态反馈（隐患等级：★★★★）

1. 隐患说明

电力蓄电池工程车在正线运行通过无电区时，辅助逆变器会断开，通过无电区后间隔 3~8 s 辅助逆变器才能重启。目前，司机仅能通过辨识辅助逆变器启动的声响或者通过点击司机室显示屏三级界面才能判断辅助逆变器是否重启成功，之后再操作牵引手柄施加牵引力。判断条件较烦琐，不利于司机日常操作。辅助系统三级界面如图 6-12 所示。

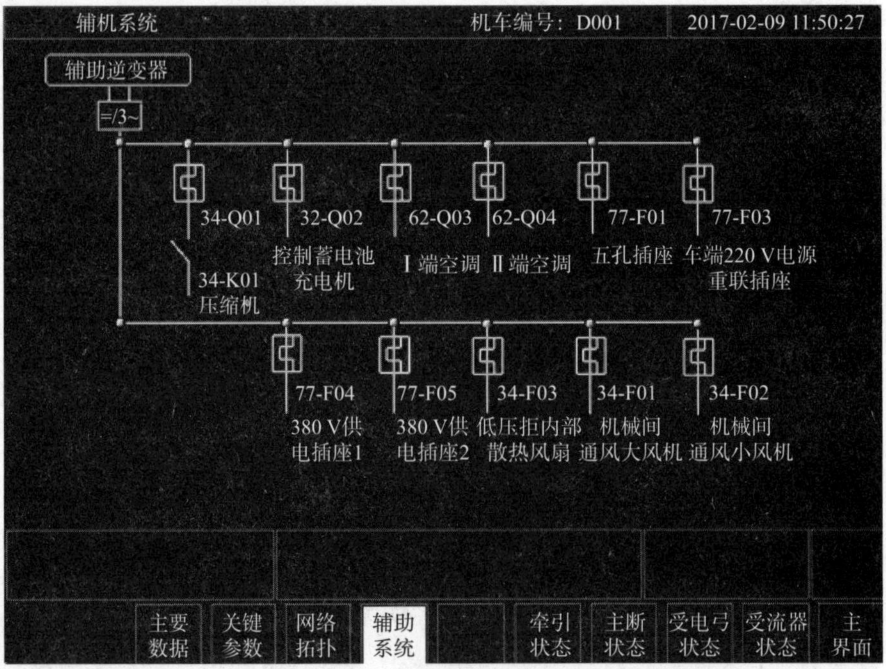

图 6-12 辅助系统三级界面

2. 改造方案

经核对电力蓄电池工程车电气原理图，辅助逆变器工作输出电流直接输送到司机室副台上的五孔插座，因此可以根据五孔插座的供电情况判断辅助逆变器的工作情况。可在司机室操作台上开一个直径为 22 mm 的孔位并加装指示灯，并将指示灯电路与五孔插座供电电路连接，通过指示灯亮灯情况辅助判断辅助逆变器的工作情况。

具体方案如下：

（1）开孔位置如图 6-13 所示。

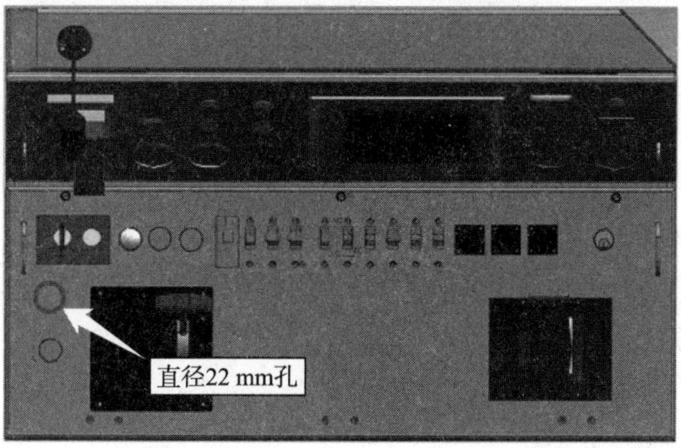

图 6-13　开孔位置

（2）指示灯加装原理图如图 6-14 所示。

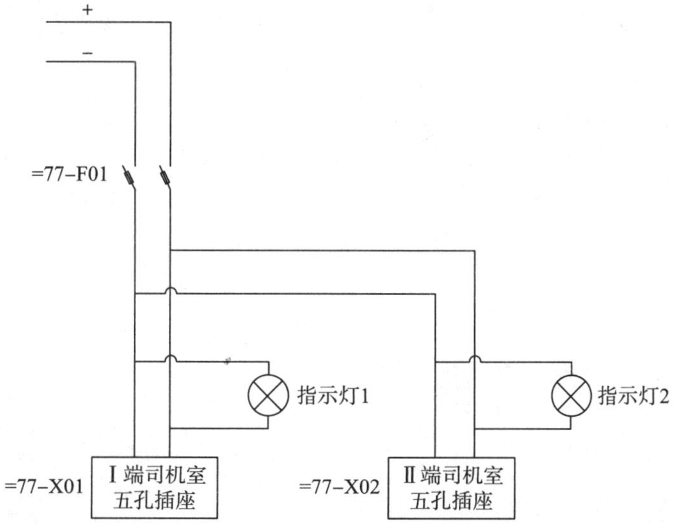

图 6-14　指示灯加装原理图

3. 改造成果

电力蓄电池工程车辅助逆变器加装工作指示灯的改造效果良好，如图 6-15 所示。

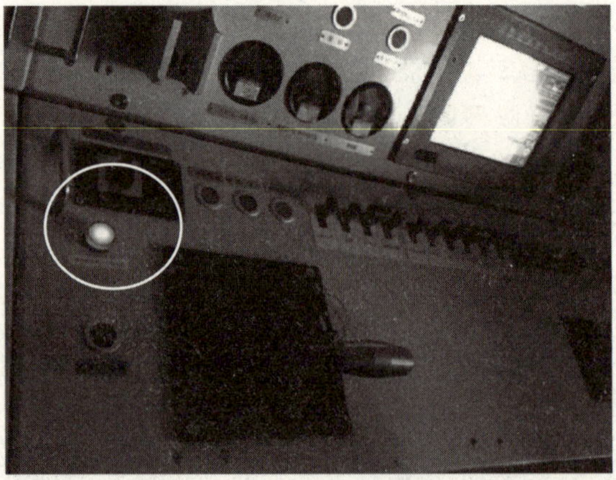

图 6-15　辅助逆变器加装工作指示灯的改造效果

四、蓄电池系统——蓄电池状态普查（隐患等级：★★★★）

（一）蓄电池概况

电力蓄电池工程车在没有接触网供电的情况下，由牵引蓄电池组为整车运行提供动力电源。每台工程车配置 384 个单体蓄电池，每个单体蓄电池之间使用带绝缘层的导体连接，确保蓄电池箱任何部分都绝缘。整个牵引蓄电池组串联输出约 800 V 电压，蓄电池组的容量为 400 Ah。

（二）蓄电池普查

蓄电池运行状态的好坏将直接影响电力蓄电池工程车的续航能力及正常运行，是可能导致电力蓄电池工程车无法动车需要救援的安全隐患之一，因此应定期对蓄电池运行状态进行评估，通过对蓄电池外观、内阻、容量等进行普查，评定蓄电池运行的可靠性，降低蓄电池运行故障率。蓄电池状态普查现场如图 6-16 所示。

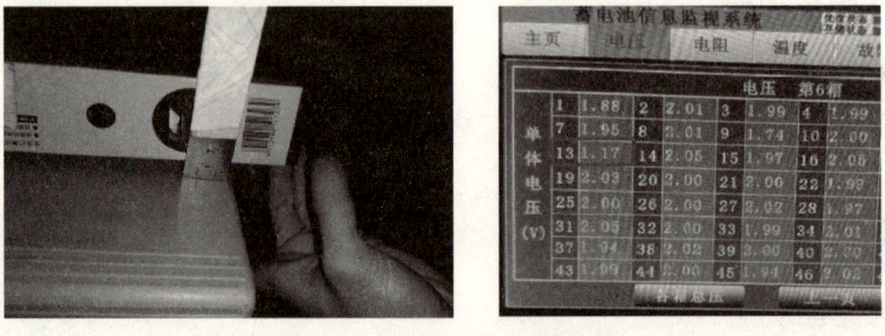

图 6-16　蓄电池状态普查现场

现场对电力蓄电池工程车开展蓄电池状态普查，发现 6 节蓄电池内阻超标，7 节蓄电池极柱结晶氧化，19 节蓄电池膨胀鼓包，1 节蓄电池容量不足。牵引蓄电池使用寿命一般为 5 年，根据经验，蓄电池会随着使用年限的增加而逐步出现容量不足、鼓包、内阻超标等异常情况，建议每年开展一次蓄电池专项普查，并结合现场测试数据分析蓄电池全寿命情况，提前更换落后单体蓄电池，保证工程车运用的可靠性。

（三）经验总结

蓄电池系统是电力蓄电池工程车的核心系统，关乎电力蓄电池工程车的续航能力以及运行可靠性。为了保障蓄电池运行的稳定性，延长蓄电池的使用寿命，需要研究蓄电池的全寿命周期维护保养策略，总结经验如下：

1. 建立“工程车蓄电池全寿命周期维护台账”，跟踪单体蓄电池的流转、更换、容量和内阻等信息，全方位对蓄电池的状态进行分析。

2. 加强机器间风机的维护保养，确保机器间通风良好。

3. 进一步优化完善电力蓄电池工程车牵引蓄电池的充电要求。正线作业前，必须确保牵引蓄电池组的容量达 95%以上，且 VDU 显示充电电流小于 8 A。

4. 根据当日作业任务合理编组，优先安排前晚及当晚正线作业电力蓄电池工程车的充电作业，应避免其蓄电池电量低于 70%，且不要频繁深度放电，否则将严重缩短蓄电池使用寿命。

5. 每半年对蓄电池进行一次均衡充电，避免蓄电池不均衡趋势恶化。

6. 每年开展一次蓄电池两充一放容量测试，若放电不合格，则继续进行一轮充放电，即执行“三充两放”。若经三充两放仍有蓄电池放电不合格，则需要更换该蓄电池。

7. 每两年测量一次蓄电池内阻值，辅助判断蓄电池状态。针对多次测量后内阻值仍异常的蓄电池，可以有针对性地进行单节蓄电池容量测试，形成最终判定结论。

五、制动系统——停放制动无施加状态反馈（隐患等级：★★★★★）

（一）隐患说明

电力蓄电池工程车在紧急牵引模式下，司机室显示屏失效，如图 6-17 所示。司机无法通过显示屏及控制面板直接判断停放制动是否真正施加，也无法判断停放制动是否真正缓解，因而存在行车安全隐患。

（二）改造方案

当电力蓄电池工程车施加停放制动后，停放制动双脉冲电磁阀截断总风通往停放制动缸的通路，检测风压低于 380 kPa，停放制动压力开关复位，将复位触点串入增设的停放

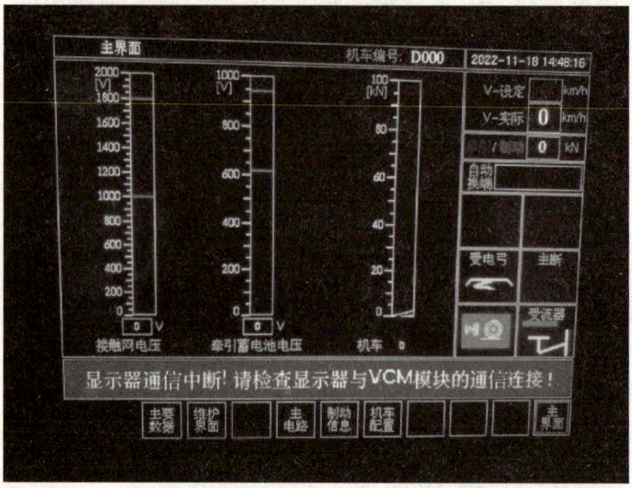

图 6-17　紧急牵引模式下显示屏失效，停放制动无指示

制动反馈指示灯控制回路，实现停放制动施加时指示灯亮。新布线图如图 6-18 所示。

（三）改造成果

电力蓄电池工程车加装停放制动反馈指示灯改造效果如图 6-19 所示。

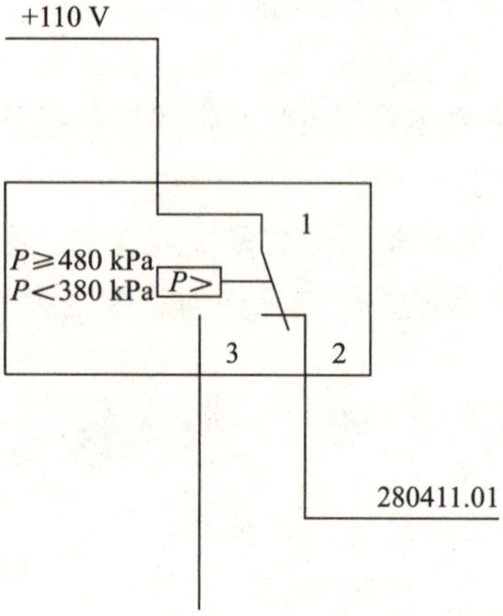

图 6-18　新布线图

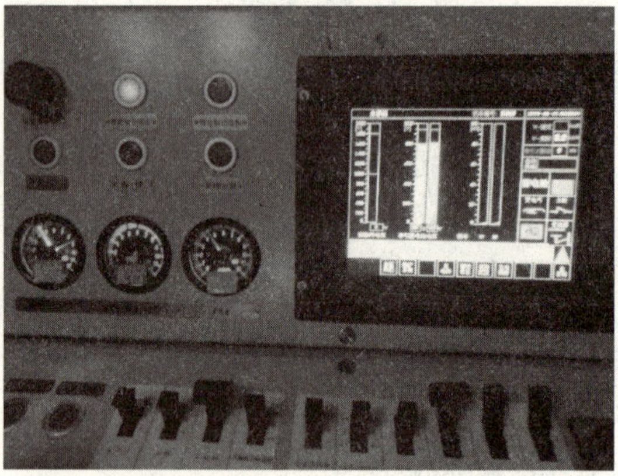

图 6-19　加装停放制动反馈指示灯改造效果

第二篇
其他工程车

本篇主要介绍除机车之外的其他工程车调试。根据用途不同，其他工程车分为轨道平板车（含随车吊）、接触网辅助检修作业车、桥梁检查车等。本篇着重介绍其他工程车中区别于机车的专有系统或部件的调试，其他共性的系统如车体车架、走行部等系统的调试不再赘述。

本篇分为其他工程车的调试思路及目标、其他工程车的调试实施、其他工程车的隐患排查三部分。第一部分总体介绍其他工程车的调试思路及目标，第二部分分别介绍了轨道平板车（含随车吊）、接触网辅助检修作业车、桥梁检查车的调试，第三部分介绍其他工程车在调试过程中或隐患排查工作中发现的设备隐患及整改案例，供读者及同行参考。

第七章

其他工程车的调试思路及目标

其他工程车包含无动力工程车和特种作业车。无动力工程车主要是指轨道平板车（含随车吊）、接触网辅助检修作业车等，特种作业车主要是指桥梁检查车等。为了保证其他工程车的正常使用，需要从出厂开始到预验收结束期间对工程车开展一系列的调试检查工作，保证工程车符合安全可靠的使用要求。调试的主要目标如下：

◎根据车辆项目采购单位提出的需求和设计联络要求，核实所购买的工程车各系统功能是否能正常实现，是否存在功能失效或缺陷问题。

◎对于不满足车辆项目采购单位提出的需求和设计联络要求的情况，或者生产制造过程中出现的质量缺陷、外观破损及生产疏漏，在调试过程中要及时发现并完成整改，避免设备验收后在使用过程中出现故障现象。

一、装运前检查

车辆项目采购单位人员到车辆总承包商车间对工程车开展外观检查和功能检查。外观检查是指检查车体和设备的外观、接线、安装等情况，功能检查是指核实工程车的各项功能，如轨道平板车（含随车吊）检查起吊功能是否良好。在检查中，车辆总承包商应制作现场问题汇总表，记录并反馈在检查过程中发现的问题。

二、开箱前检查

车辆总承包商将产品发送至买家现场前应提供详尽的发运、卸车方案。车辆项目采购单位对方案进行审查，并提前申请好施工计划配合卸车。开箱前检查主要是对所购买工程车的随车备件、随车工具等进行核实检查。在此过程中，运营单位应清点相关物资，对于缺少的备件或者工具，应做好记录并要求车辆总承包商及时补发。

三、预验收检查

预验收检查主要包括查线核图、扭力校正、功能调试。在开始预验收检查前，运营单位调试组应制订详细的调试计划、调试方案，并进行安全交底。预验收检查时要严格按照调试计划、调试方案开展调试工作，及时发现存在的隐患及问题并积极推动车辆总承包商完成整改，这对于后续的验收和使用都有着十分重要的作用。

四、开口项问题梳理并推进整改

在调试过程中发现的部分问题能在前期得到及时整改，部分问题的整改会因为各种原因停滞不前，且问题是不断更新的。因此，运营单位调试人员需要从调试之初就开始梳理问题，按照问题影响等级、问题内容、现场照片、整改建议、整改时间等方面进行问题分类，并与车辆总承包商及时沟通，推进问题整改。

第八章

其他工程车的调试实施

第一节 轨道平板车（含随车吊）的调试

轨道平板车（含随车吊）是主要为工务、通信信号、工程等方面使用的轻便运输车辆。一般轨道平板车需要由带动力的机车来牵引或推进运行。轨道平板车（含随车吊）如图 8-1 所示。

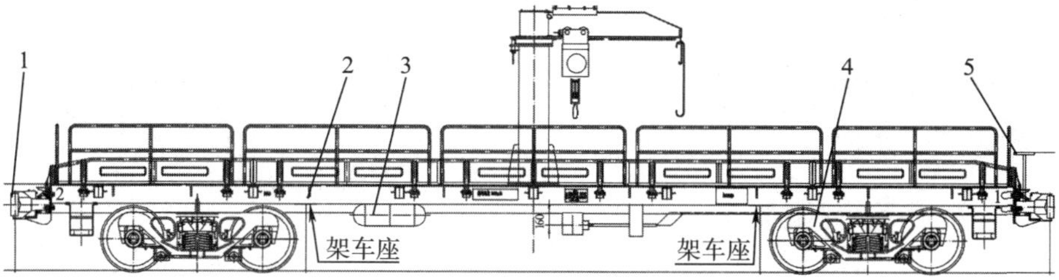

图 8-1 轨道平板车（含随车吊）

1—车钩 2—车架 3—总风缸 4—轮对 5—提钩装置

轨道平板车各系统的调试参照第一篇电力蓄电池工程车的调试，下面主要介绍轨道平板车吊臂（起重机）的系统调试。

一、系统概述

轨道平板车吊臂主要由电动葫芦、旋臂、回转机构、电控箱、立柱等组成，一般用于铁路或城轨运输重物的起吊和装卸，如图 8-2 所示。

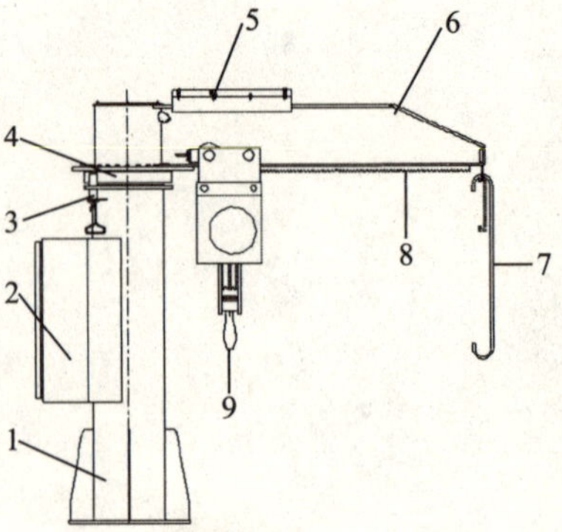

图 8-2　轨道平板车吊臂

1—立柱　2—电控箱　3—回转锁紧装置　4—回转机构　5—防雨罩
6—旋臂　7—回转拉手　8—齿条　9—电动葫芦

二、工作原理

（一）起升机构

起升机构由电动葫芦、减速机构、吊钩等组成，主要负责重物的起吊。起升机构电动葫芦的额定起重量是 3 t。

（二）回转机构

回转机构由回转盘、悬臂等组成，主要负责重物绕立柱旋转。回转机构的旋转角度为 90°左右。

（三）前后走行机构

前后走行机构由电动葫芦、走行小车等组成，主要负责重物沿吊臂前后移动。

三、系统调试

（一）外观检查

1. 钢丝绳（见图 8-3）

检查钢丝绳，确保无断股、灼伤、挤压现象，润滑良好。

2. 吊臂安装

检查吊臂安装情况，确保吊臂立柱底座螺栓安装紧固可靠（见图 8-4）、立柱转动灵活无卡滞、插销锁定可靠（见图 8-5）。

图 8-3 钢丝绳

图 8-4 立柱底座螺栓安装紧固可靠

图 8-5 插销锁定可靠

（二）查线核图

检查线缆接线，确保线号与对应点位相符，接线稳定可靠，避免现场接线与设计图不相符或接触不良导致设备故障甚至烧损。

（三）静态通电

为轨道平板车接通 380 V 的交流电，分别试验吊臂的向前向后、上升下降、旋转功能，以及吊臂的单动、联动功能。轨道平板车的电气箱和电气控制操作面板如图 8-6 和图 8-7 所示。

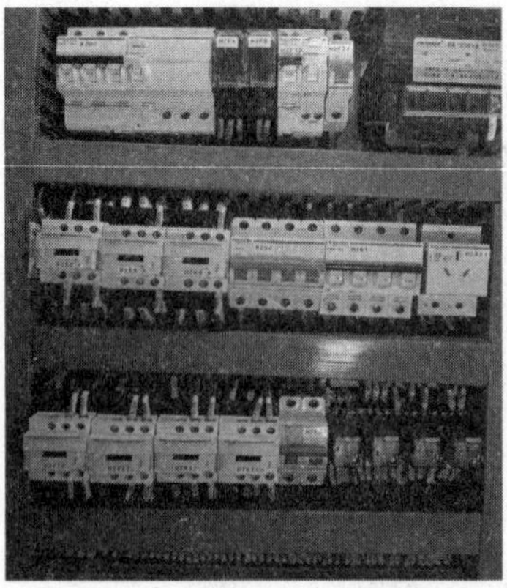

图 8-6　电气箱

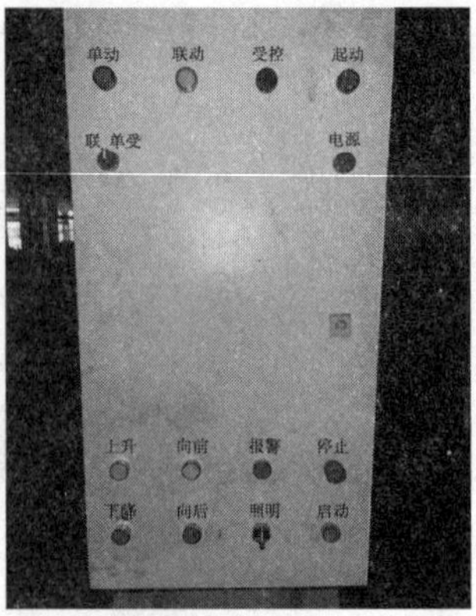

图 8-7　电气控制操作面板

（四）动态试验

用吊钩起吊重物，试验吊臂在悬挂重物时左右旋转、前后走行、上升下降动作是否顺畅、平稳。

第二节　接触网辅助检修作业车的调试

接触网辅助检修作业车是为电务工程等方面配备的配套设备，凭自身动力或在动力牵引车的牵引下用于接触网、隧道风机、信号电缆、屏蔽门设备、隧道结构等项目的综合检测、施工和维修作业。接触网辅助检修作业车主要由轨道平板车、液压升降平台、工具存放室等部分组成，如图 8-8 所示。

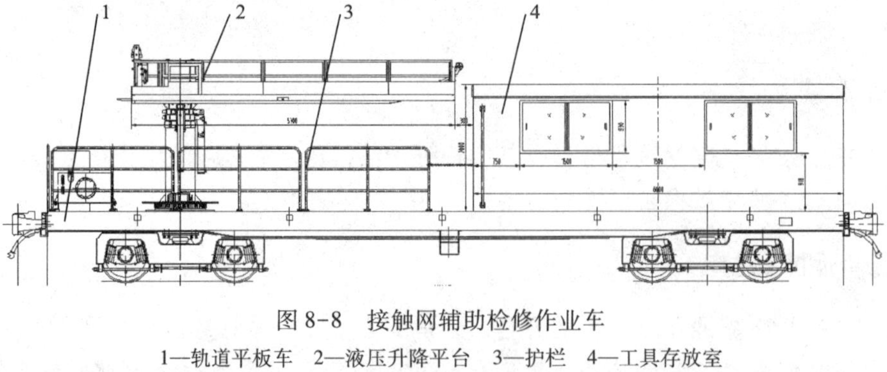

图 8-8　接触网辅助检修作业车

1—轨道平板车　2—液压升降平台　3—护栏　4—工具存放室

接触网辅助检修作业车的调试同样分为装运前检查、开箱前检查及预验收检查，具体调试流程及内容与其他车辆类似，此处不再赘述。下面着重介绍接触网辅助检修作业车液压升降平台的调试。

一、系统概述

接触网辅助检修作业车的液压升降平台主要由立柱伸缩机构、回转机构、作业平台、升降爬梯、导线支撑装置、导线拨线装置、液压系统以及电气系统等组成，如图 8-9 所示。

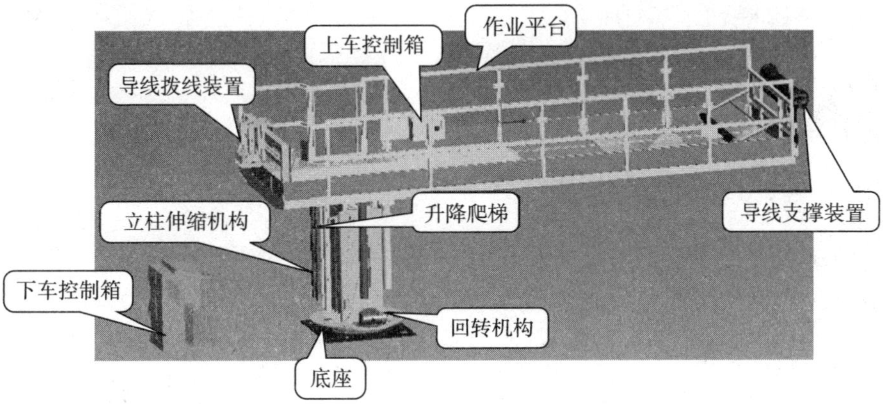

图 8-9　液压升降平台

二、工作原理

（一）立柱伸缩机构

立柱伸缩机构由四节立柱依次嵌套组合而成。四节立柱均为箱型焊接结构，具有较大的承载能力。各节立柱间伸缩依靠升降油缸支撑工作，四节立柱工作时依次上升与下降。四节立柱间安装耐磨滑块，滑块与立柱之间的间隙控制在 2 mm 以内，保证立柱伸缩机构工作时的平稳性。

立柱伸缩机构工作时，其接触面会发生磨损，因此必须经常检查滑块与立柱之间的间隙，并及时补充润滑油。当单侧间隙大于 2 mm 时，应更换滑块或增加垫板（在非摩擦面），使立柱间隙保持在要求的范围内。

（二）回转机构

回转机构由液压马达、减速器、回转支承等组成。液压马达将液压泵传递的液压能转换为机械能传递给减速器，经减速器减速后作用在与回转支承啮合的小齿轮上。由于回转支承固定在底座上，因此回转小齿轮绕大齿圈做行星传动，带动立柱伸缩机构及作业平台做整体回转。

回转机构除由液压马达带动回转外，还增设手动回转功能，该功能集成在减速器上。减速器上有一个正方形机械手动回转操作接入口，通过专用工具可直接进行手动操作，使回转机构转动。手动回转功能用于平台升降旋转液压系统失效后的应急操作。

（三）作业平台

作业平台与立柱用螺栓连接，平台地板为防滑花纹钢板，四周有可伸缩安全防护栏，防护栏最大高度为 800 mm，两侧护栏上装照明灯，主要为夜间或隧道内作业提供照明，栏杆下部为封闭围板，可防止物件坠落。

（四）升降爬梯

升降爬梯设置在作业平台的侧面，供工作人员上下攀爬使用，爬梯共有四段，分别与四节立柱连接，与立柱同时升降。

（五）导线支撑装置

导线支撑装置由滚筒、固定支架、活动支架等组成，如图 8-10 所示。导线支撑装置设在作业平台前端，主要用于放线时支撑导线。

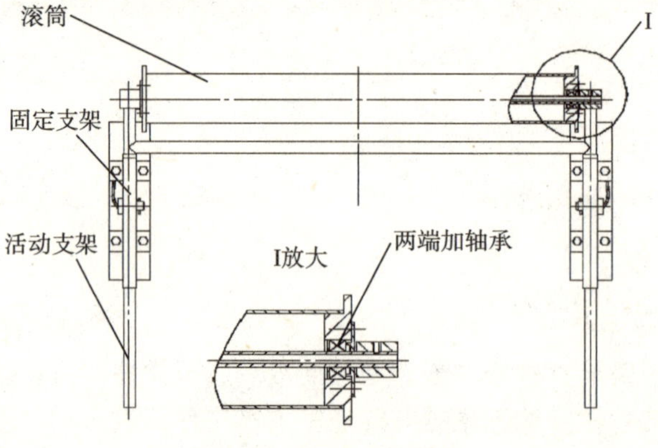

图 8-10　导线支撑装置

（六）导线拨线装置

导线拨线装置由吊架、活动支架、固定支架、丝杠、拨线柱、手摇把等组成，如图 8-11 所示。摇动手摇把，通过丝杠传动可使活动支架及吊架左右各拨出 600 mm。该装置安装在作业平台后端，用于放线时引导承力索、导线及调整导线拨出值。

（七）液压系统

1. 液压系统组成与操作

液压系统由液压站、升降油缸、回转液压马达、平衡阀、截止阀、电磁阀、应急开关等组成。液压系统由排量为 20 mL 的液压齿轮泵提供动力，液压站电动机启动后该

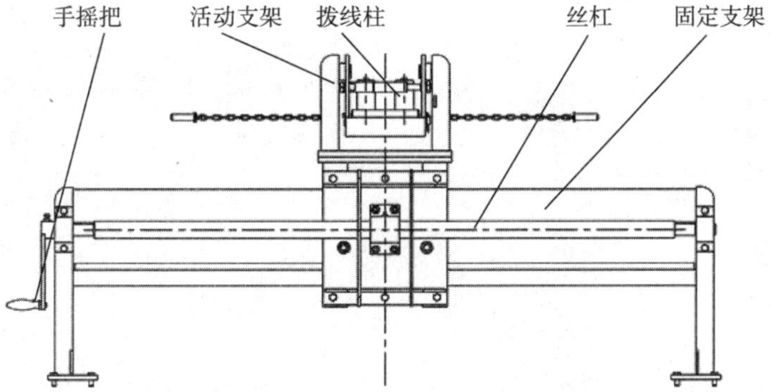

图 8-11 导线拨线装置

泵随即工作。

作业平台升降操作时，液压回路电磁阀得电，液压油经升降控制电磁阀流过单向节流阀、平衡阀到作业升降油缸，使作业平台实现升降。升降液压回路平衡阀用于保证升降动作平稳，防止升降油缸因泄油而自动下落。升降回路设定工作压力为 15 MPa。作业平台回转操作时，液压回路电磁阀和作业平台回转控制电磁阀同时通电，液压油经回转控制电磁阀流过单向节流阀、梭阀到达作业平台回转液压马达，作业平台在回转液压马达的驱动下实现左右回转。

2. 应急操作液压系统

液压系统装有手动泵，用于齿轮泵出现故障时的应急操作，可通过操作手动泵使作业装置逐个复位，保证作业安全。

（八）电气系统

1. 作业平台控制面板

作业平台控制分为平台上控制和平台下控制，平台上下控制互锁。平台上控制面板和平台下控制面板如图 8-12 和图 8-13 所示。

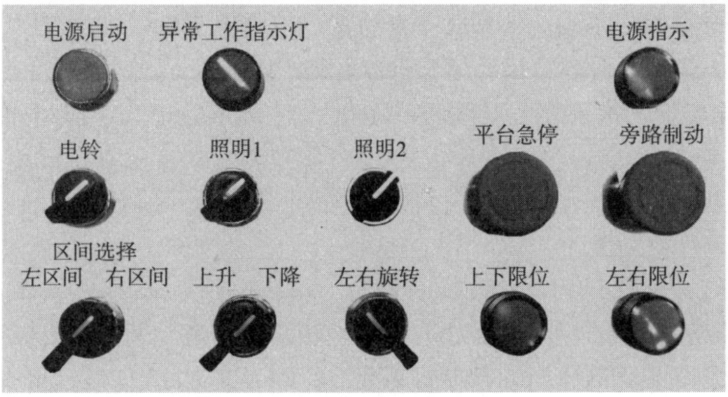

图 8-12 平台上控制面板

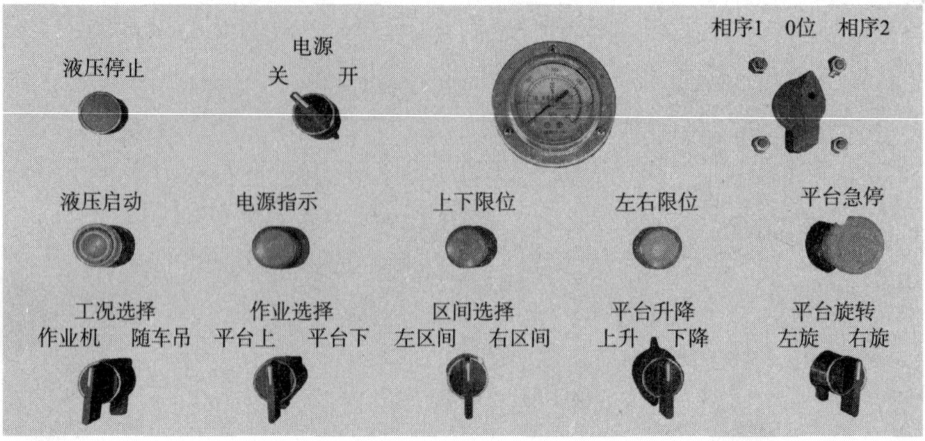

图 8-13 平台下控制面板

（1）“液压启动”开关——开启液压电气系统。

（2）“电源指示”灯——在任何工况下，当空气开关打开时平台“电源指示”灯常亮，反之不亮。

（3）“上下限位”指示灯——当处于限位状态时，指示灯常亮，反之不亮。

（4）“左右限位”指示灯——当处于限位状态时，指示灯常亮，反之不亮。

（5）“平台急停”按钮——上车紧急制动按钮。

（6）“工况选择”旋钮——旋转至零位时，作业机和随车吊都不供电；旋转至“作业机”时，作业平台供电，随车吊不供电；旋转至“随车吊”时，作业平台不供电，随车吊供电。

（7）“作业选择”旋钮——旋转至“平台上”时，可操作平台上操作面板进行控制；旋转至“平台下”时，可操作平台下操作面板进行控制。本旋钮具备互锁功能。

（8）“平台升降”旋钮——旋转至零位时，平台无动作；旋转至“上升”时，平台可以上升；旋转至“下降”时，平台可以下降。

（9）“平台旋转”旋钮——旋转至零位时，平台无动作；旋转至“左旋”时，平台可以左转；旋转至“右旋”时，平台可以右转。

（10）其余旋钮及指示灯——备用。

2. 照明系统

（1）声光报警器（见图 8-14，也称声光报警装置）。平台动作时，声光报警器发出声光用于提示作业人员。

（2）防爆灯（见图 8-15）。灯体外壳黄色，防爆灯使用 BFD52-L 150 W，AC 220 V 金卤灯，加防爆面罩，为白色光源投光灯。平台尾部安装 2 盏，两侧支架上各安装 1 盏。

（3）照明灯（见图 8-16）。照明灯采用 DC 24 V 灯和 LED 灯，吸顶式安装，功率为 4×3 W。此外，6 盏安装在作业平台护栏两侧，1 盏安装在作业平台底部。

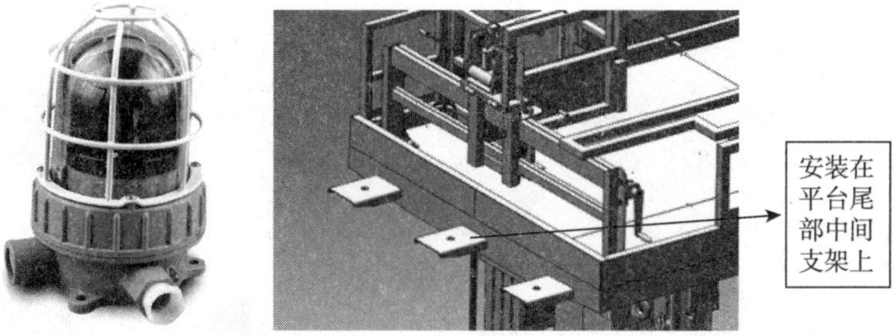

图 8-14　声光报警器

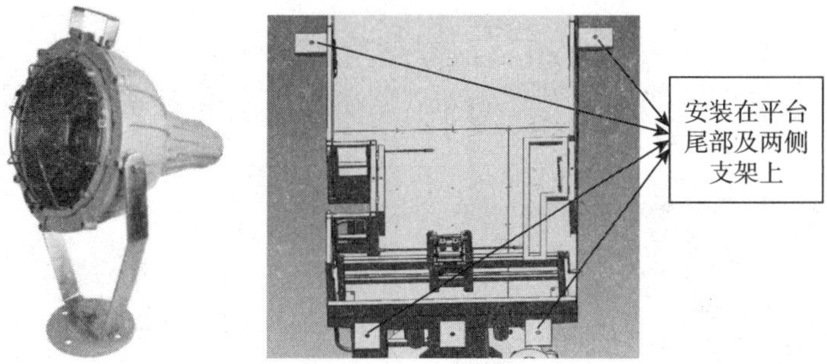

图 8-15　防爆灯

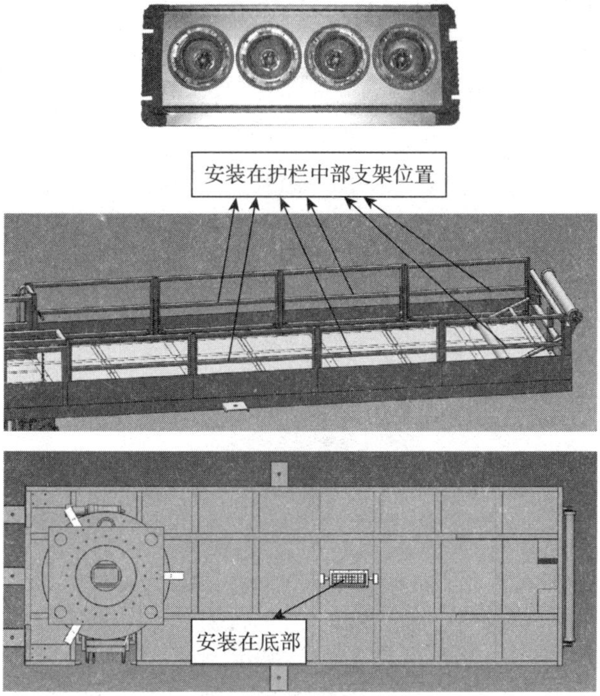

图 8-16　照明灯

三、系统调试

液压升降平台的系统调试可分为外观检查、查线核图、通电试验环节。

（一）外观检查

1. 立柱伸缩机构

检查耐磨滑块（见图 8-17）与立柱之间的间隙，确保不大于 2 mm。

2. 液压系统

检查电动机及驱动液压泵（见图 8-18）安装螺栓的紧固状态。

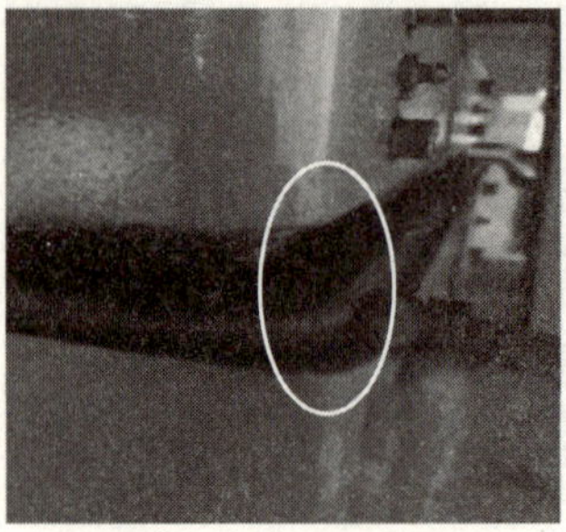

图 8-17　耐磨滑块

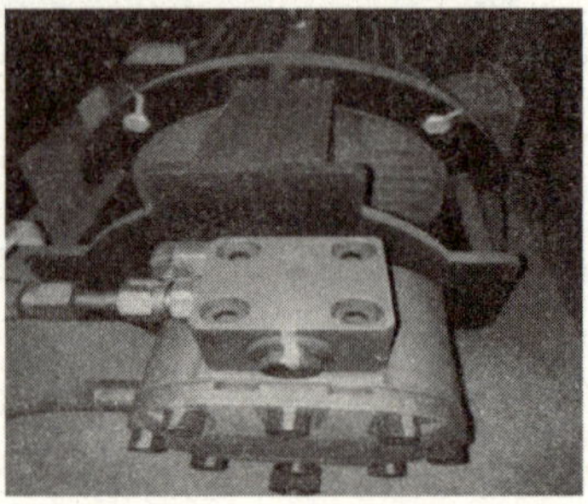

图 8-18　液压泵

（二）查线核图

检查线缆接线，确保线号与对应点位相符，接线稳定可靠，避免现场接线与设计图不相符或接触不良导致设备故障甚至烧损。电气箱电缆如图 8-19 所示。

图 8-19　电气箱电缆

(三) 通电试验

1. 回转机构

(1) 检查液压马达 (见图 8-20)，确保运转时无异响、无漏油。

图 8-20　液压马达

(2) 检查并确保作业平台上升下降及左右回转时平稳。

2. 液压系统

(1) 液压泵 (见图 8-21)。启动电动机后，检查油泵、液压马达、管路，确保无异响。

(2) 液压表 (见图 8-22)。液压平台向各方向运转的过程中，液压表显示压力最高应不大于 20 MPa。

图 8-21　液压泵

图 8-22　液压表

第三节　桥梁检查车的调试

桥梁检查车 (见图 8-23，简称桥检车) 是适用于特大型桥梁的病害维修和预防性检查作业的专业车辆，用于对大桥下面各结构部件进行全面的检查维修与维护 (喷漆、喷砂、安装、拆卸)，包括对大桥主梁梁底裂纹和全桥支座检查维护，也可用于安装和维护桥下管道和电缆。

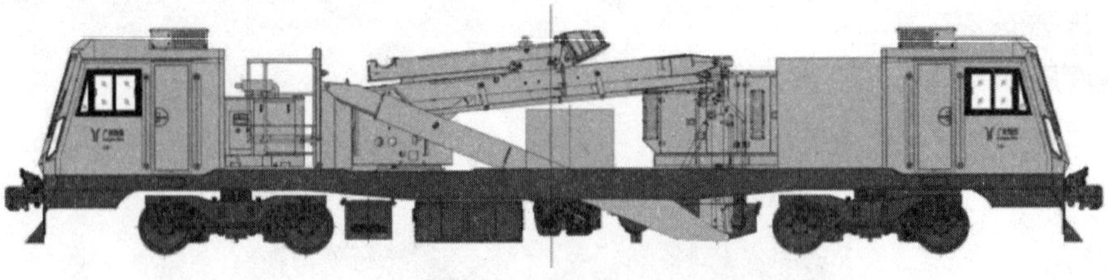

图 8-23 桥梁检查车

为保证新线桥梁检查车的正常使用，需要从出厂开始到预验收结束期间对桥梁检查车开展一系列的调试检查工作，保证桥梁检查车符合安全可靠的使用要求。由于桥梁检查车车体部分的调试与上述动力机车的调试大同小异，因此下文只对吊臂的调试予以介绍。

一、系统概述

桥梁检查车配备液压系统和桥检设备。桥梁检查车部件安装位置如图 8-24 所示。

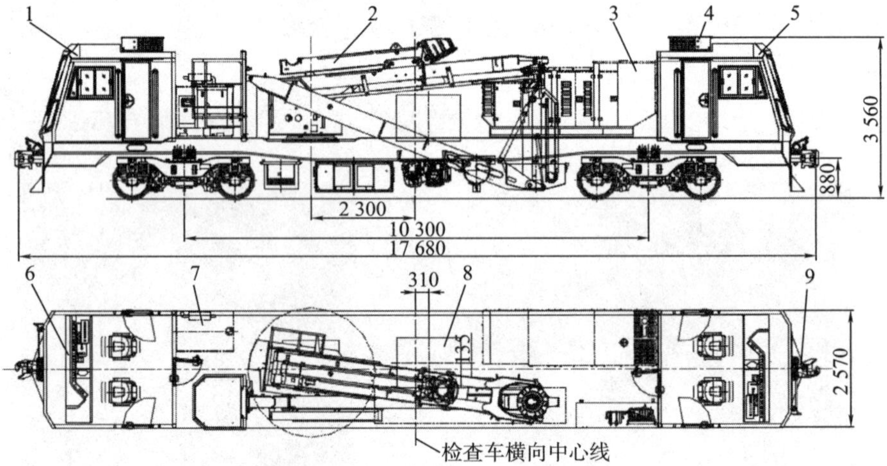

图 8-24 桥梁检查车部件安装位置

1—Ⅱ司机室 2—桥检设备 3—主柴油发电机组 4—空调 5—Ⅰ司机室

6—操纵台 7—备用发电机组 8—液压系统 9—车钩

二、工作原理

(一) 液压系统

桥梁检查车液压系统是为工作机构和转向架锁定装置的顶车油缸提供一定压力和流

量的清洁液压油，驱动工作机构和转向架锁定装置顶车油缸运行。液压系统主要由液压站及系统管路、电控箱、工作机构油缸、转向架锁定装置的顶车油缸等组成。

液压站安装在整车中部，在桥检设备工作时为桥检设备、锁紧装置提供一定流量、压力的液压油。液压站在高度上避开桥检设备主臂，并与主柴油发电机组之间留过道。液压站布置如图 8-25 所示。

图 8-25 液压站布置

在桥检设备工作时，液压站为桥检设备工作机构和转向架一、二系液压缸锁紧装置提供一定流量、压力的液压油，即为工作机构提供液压源和驱动转向架锁定装置的顶车油缸上升、下降或停止。液压系统逻辑关系如图 8-26 所示。

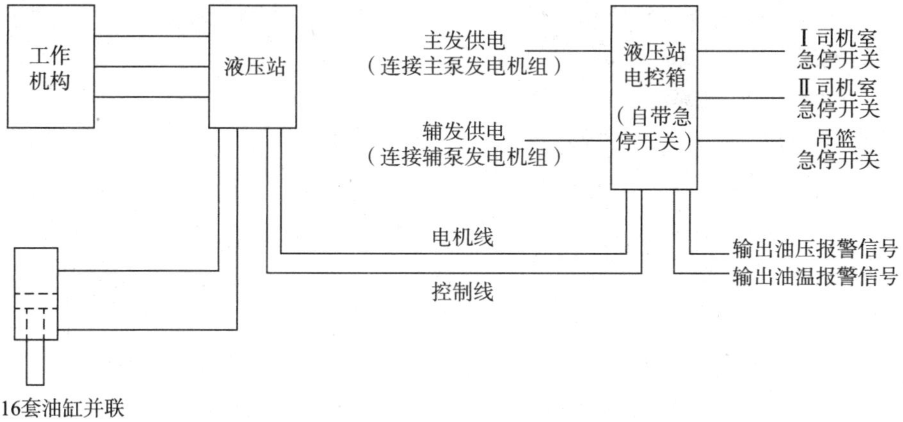

图 8-26 液压系统逻辑关系

液压站主要由油箱及其附件、液压泵、电磁溢流阀、蓄能器、叠加阀组、压力传感器、回油滤油器、管道等组成。系统额定工作压力为 20.5 MPa，系统最高工作压力为 25 MPa，系统工作流量为 26.1 L/min，工作介质为 N32 抗磨液压油。

（二）桥检设备

桥检设备也称桥检装置，是安装在轨道车架上的桥检作业机构，包含旋转台、吊臂、吊篮等装置，如图 8-27 所示。吊臂也称桥臂、三级臂或三节臂，即主臂（也称吊臂 1 或 B1）、垂直臂（也称吊臂 2 或 B2）和吊篮臂（也称吊臂 3 或 B3）。桥检设备是折叠式的，具有双回转（首级回转、二级回转）功能。

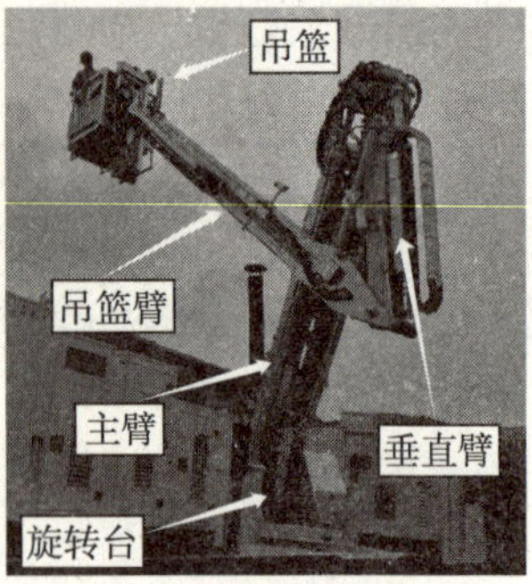

图 8-27　桥检设备

桥检设备的旋转台安装在车架上。在非工作状态时，桥检设备的主臂斜向右上方布置，其端部吊挂垂直臂。垂直臂放置在电气室右后方，由于垂直臂较长，必须在车架上开孔将垂直臂下部插入车架下方。与垂直臂相连的吊篮臂安放在桥梁检查车的右侧，与主柴油发电机组之间留过道，便于司机换端操作及柴油机检修。吊篮臂端部的吊篮最终回收至旋转台右后方，并与Ⅱ司机室之间留过道，便于检查人员上下吊篮。

1. 主臂长 5. 7 m，可进行俯仰和旋转，带动三级臂整体动作。俯仰范围为 -19°～45°，旋转范围为 -145°～+145°。

2. 垂直臂可进行原地伸缩和旋转，带动吊篮臂上下和旋转动作。伸缩长度为 2. 8～6. 0 m，旋转范围为 -90°～+90°。垂直臂在作业过程中，其联动装置自动保持竖直，在有超高情况的线路上可手动微调垂直臂的垂直度。

3. 吊篮臂可进行俯仰和伸缩，带动吊篮移动。俯仰角度为 -45°～+50°，伸缩长度为 6. 5～10. 4 m。

4. 吊篮是进行桥梁检查作业时工作人员及其工具的承载平台，在三级臂的带动下进行移动，其自身可以原地升降 0～2. 4 m，便于检查桥梁侧面。吊篮在动作过程中自动调平，在有坡度的线路上可手动微调吊篮水平。

5. 安装在轨道车架上的旋转台（首级回转）配有液压旋转驱动，在水平面上双向回转≥140°，从而保证在桥上的检测作业能够在车辆的左右两侧展开。

6. 作业机构的吊臂具有二级回转功能，在垂直方向双向回转≥90°，保证在左侧或右侧完成伸展检查作业。垂直臂可相对竖轴进行二级回转，带动吊篮臂回转。三级臂示意图如图 8-28 所示。

7. 作业机构具有自动调平功能，可在作业臂俯仰、伸缩时自动保证旋转台及吊篮水平，也可在曲线线路上补偿轨道超高。

8. 作业机构具有先进的过载保护功能，可实时监控吊篮内的负荷，超载时报警并自动限制操作，确保检修作业的安全性。

（三）控制平台

作业单元配备司机室控制面板、旋转台控制面板、吊篮控制面板。司机室控制面板上配置桥检设备急停按钮。在旋转台上可手动控制作业机构旋转及吊臂伸缩。在吊篮上可控制作业机构旋转、吊臂伸缩或俯仰、车辆低恒速走行（0～5 km/h）等。车辆配有液压同步互锁装置，平台操作人员及司机同时确认后才能使整车及平台前后移动。吊篮

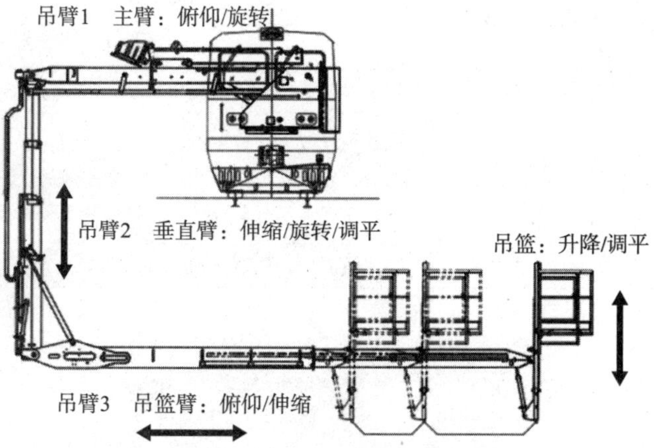

图 8-28　三级臂示意图

上的工作人员和司机均可操作急停按钮紧急停车。

司机室控制面板如图 8-29 所示，司机室控制面板对应名称及描述见表 8-1。吊篮控制面板如图 8-30 所示，吊篮控制面板对应名称及描述见表 8-2。

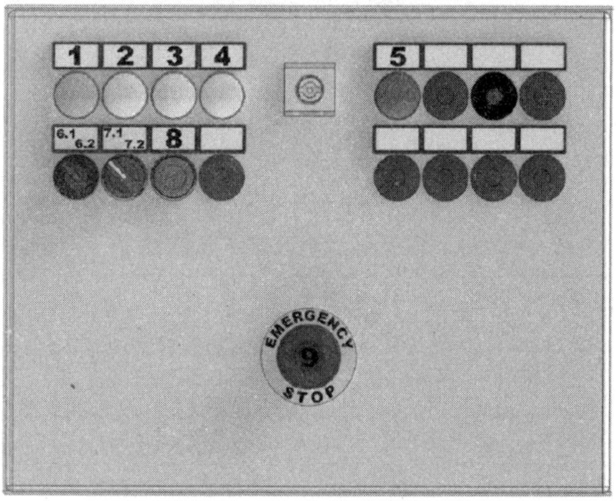

图 8-29　司机室控制面板

表 8-1　司机室控制面板对应名称及描述

序号	名称	描述
1	控制电压指示灯	控制电压开关打开时指示灯亮起
2	司机室驱动指示灯	钥匙开关转至司机室驱动时指示灯亮起
3	吊篮驱动指示灯	钥匙开关转至吊篮驱动时指示灯亮起
4	作业模式指示灯	钥匙开关转至作业模式时指示灯亮起
5	旋转台限位销状态指示灯	旋转台限位销拔出时指示灯亮起（同时警报喇叭鸣响）
6	钥匙开关：控制电压	控制电压开启或关闭

续表

序号	名称	描述
7	钥匙开关：控制工作照明灯	控制工作照明灯开启或关闭
8	带指示灯的紧急停车复位按钮	排除紧急状况后，首先拉出紧急停车按钮，然后按下紧急停车复位按钮。紧急停车复位必须在打开控制电压开关后使用。指示灯在有问题中断的情况下闪烁，故障排除执行紧急停车复位后即熄灭
9	紧急停车按钮	按下时设备立即停机，切断液压动力，不能进行后续操作

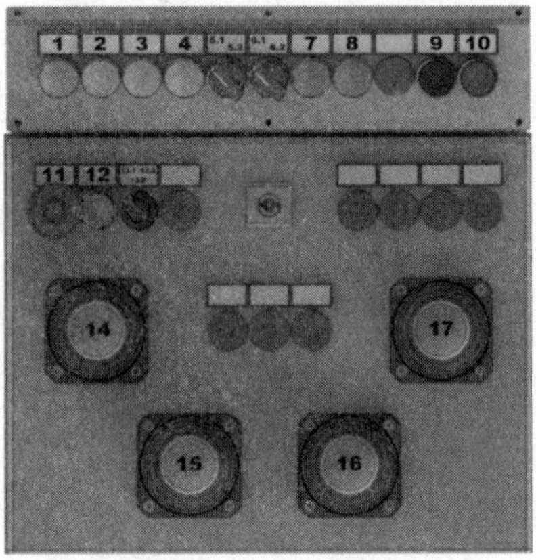

图 8-30　吊篮控制面板

表 8-2　　吊篮控制面板对应名称及描述

序号	名称	描述
1	控制电压指示灯	控制电压开关打开时指示灯亮起
2	司机室驱动指示灯	钥匙开关转至司机室驱动时指示灯亮起
3	吊篮驱动指示灯	钥匙开关转至吊篮驱动时指示灯亮起
4	作业模式指示灯	钥匙开关转至作业模式时指示灯亮起
5	钥匙开关：吊篮调平	控制操纵杆手动调平吊篮的开关
6	钥匙开关：垂直臂分流器	控制垂直臂分流器的开关
7	吊篮超载报警指示灯	吊篮超载时指示灯亮起
8	旋转台限位销状态指示灯	旋转台限位销拔出时指示灯亮起（同时报警喇叭鸣响）
9	液压泵启动按钮	用于启动液压泵
10	液压泵停止按钮	用于关闭液压泵
11	紧急停车按钮	按下时设备立即停机，切断液压动力，不能进行后续操作
12	带指示灯的紧急停车复位按钮	排除紧急状况后，首先拉出紧急停车按钮，然后按下紧急停车复位按钮。紧急停车复位必须在打开控制电压开关后使用。指示灯在有问题中断的情况下闪烁，故障排除执行紧急停车复位后即熄灭

续表

序号	名称	描述
13	模式选择钥匙开关	用于模式切换：①司机室驱动（13.1）；②吊篮驱动（13.2）；③作业模式（13.3）
14	操纵杆 1：主臂（←左、→右、↑上、↓下）	用于控制主臂的俯仰及旋转
15	操纵杆 2：吊篮臂伸缩（←伸长、→缩短），垂直臂伸缩（↑上、↓下）	用于控制吊篮臂和垂直臂的伸缩
16	操纵杆 3：垂直臂调平（→外、←内），吊篮伸缩（吊篮调平）（↑上、↓下）	用于控制垂直臂调平和吊篮原地升降
17	操纵杆 4：吊篮臂（←左、→右、↑上、↓下）	用于控制吊篮臂旋转及俯仰

（四）安全装置

桥检系统配置以下安全装置用于确保桥检设备安全生产。

1. 高度限位装置。
2. 各个控制站设置紧急停车开关，用于保证切断电气线路，停止作业。
3. 各个液压缸上配锁定阀。
4. 液压回路中设置压力环境阀。
5. 连续吊臂动作互锁装置。
6. 旋转台和作业台上控制发动机的开关。
7. 各个工作位置互锁限位装置，用于保证车辆作业的稳定条件，一旦作业达到极限位置，这些限位开关会立即自动停止作业。
8. 吊篮周边安装防撞雷达，当吊篮靠近障碍物时可报警提示。

三、系统调试

（一）限界检查

车辆限界是指机车车辆横断面不容许超越的最大轮廓尺寸。车辆限界规范限制机车车辆横断面，防止机车车辆撞上邻近的建筑物或其他设备。《铁路技术管理规程》规定，机车车辆的任何部位在一般情况下（除特殊情况）都不得超出机车车辆限界规定的尺寸。限界检查如图 8-31 所示。

图 8-31　限界检查

（二）外观检查

对桥梁检查车的设备进行外观检查，确保电气设备电缆、液压设备外观良好，主臂、垂直臂、吊篮臂外观良好，油缸液压杆销钉功能正常，液压系统无渗油，一、二系液压缸锁紧装置无渗油，各设备铭牌和标识字迹清晰、内容和位置正确等。

1. 检查三级臂电气线缆（见图 8-32），确保连接良好、无破皮、捆扎牢固。

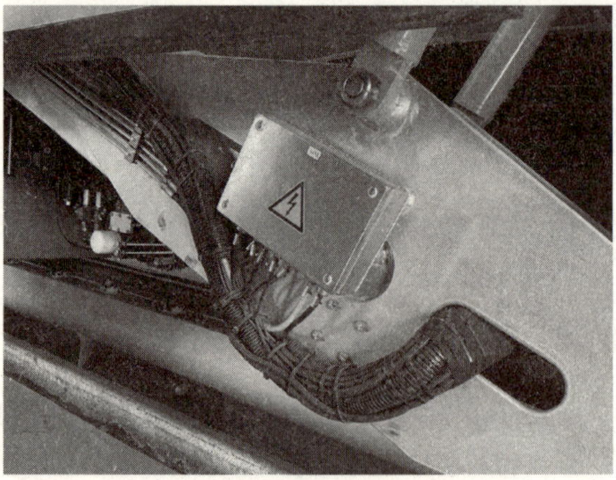

图 8-32　三级臂电气线缆

2. 检查三级臂液压管路（见图 8-33），确保管路无破损、无漏油，以及管路接头无松动。

图 8-33　三级臂液压管路

3. 检查液压站内部（见图 8-34），确保主泵电动机、散热器、电磁阀组件、高压滤芯、回油滤芯外观无异常。

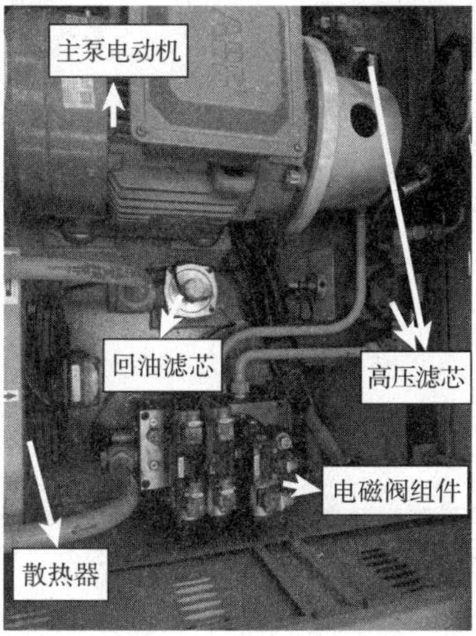

图 8-34　液压站内部

4. 检查液压站外部（见图 8-35），确保铭牌安装牢固，液压管路无破损、无漏油，以及管路接头无松动等现象。

5. 检查吊篮（见图 8-36），确保各安装螺栓紧固、无松动，各电气线缆连接良好、无破皮、捆扎牢固。

图 8-35　液压站外部

图 8-36　吊篮

6. 检查旋转台（见图 8-37），确保安装螺栓紧固、无松动，液压管路无破损、无漏油，以及管路接头无松动。

图 8-37　旋转台

7. 检查一、二系液压缸锁紧装置（见图 8-38），确保一、二系液压缸锁紧装置安装紧固，以及液压管路安装紧固、无渗油等现象。

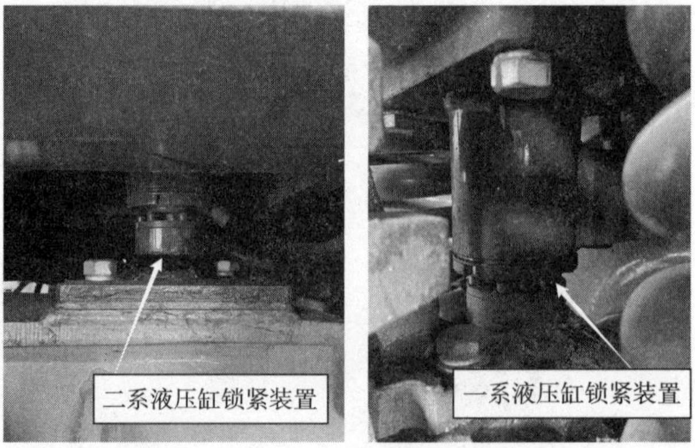

图 8-38　一、二系液压缸锁紧装置

8. 检查吊篮控制面板（见图 8-39），确保按钮、旋钮、操纵杆、指示灯无破损，以及标识完整可读。

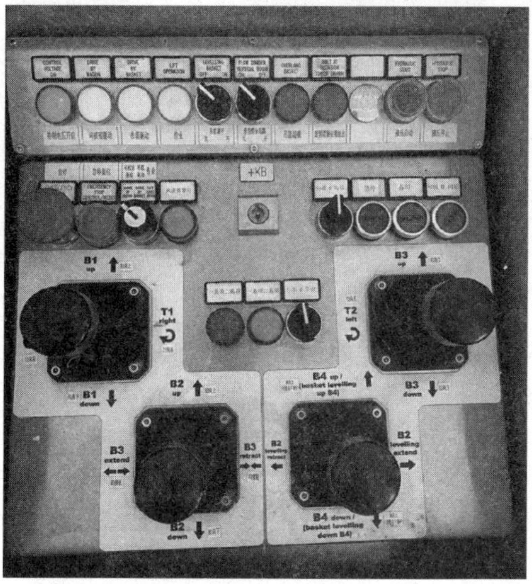

图 8-39　吊篮控制面板

9. 检查司机室控制面板（见图 8-40），确保按钮、旋钮、指示灯无破损，以及标识完整可读。

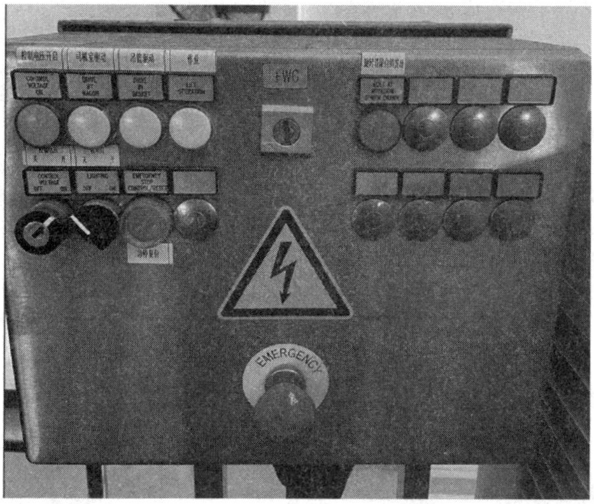

图 8-40　司机室控制面板

10. 检查吊臂应急控制装置（见图 8-41），确保操作手柄、控制电磁阀、液压管路、电气线缆无异常。

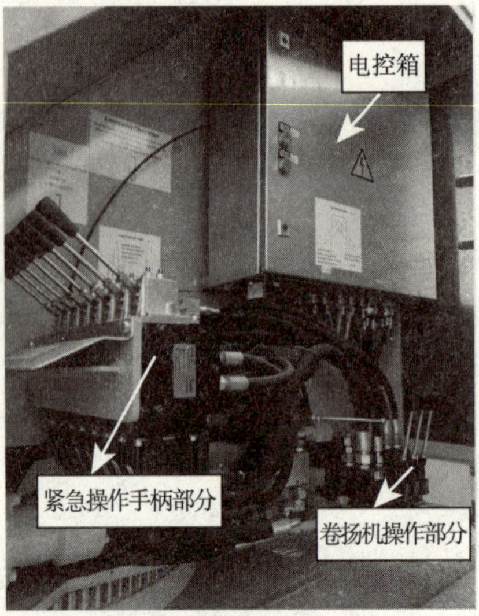

图 8-41　吊臂应急控制装置

（三）功能检查

对桥梁检查车桥检装置开展功能检查，主要进行桥检系统过声屏障试验、吊篮超载报警检查、回送位置限位开关功能检查、三级臂功能检查和尺寸测量。

1. 过声屏障试验

（1）提升吊篮 100～200 mm，伸长吊篮臂约 300 mm，抬起吊篮臂，注意吊篮臂不要和主臂上的调平机构发生碰撞。吊篮臂与调平机构如图 8-42 所示。

（2）提升主臂，确保吊篮不与司机室碰撞。主臂提升示意图如图 8-43 所示。

（3）旋转主臂和吊篮臂，注意吊篮臂和垂直臂上的调平油缸不与车体发生碰撞。主臂结构如图 8-44 所示，主臂与吊篮臂旋转示意图如图 8-45 所示。

图 8-42　吊篮臂与调平机构

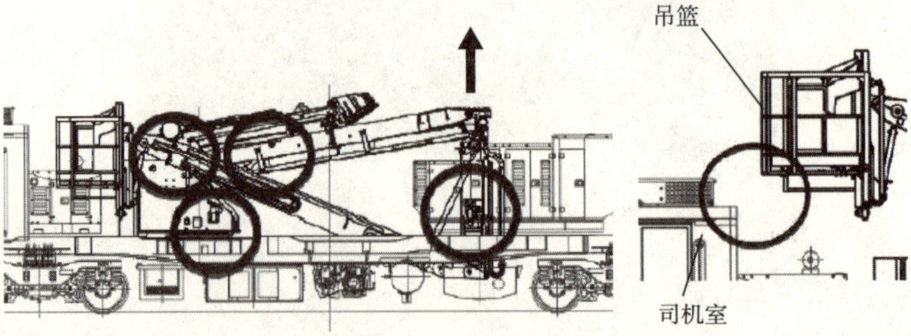

图 8-43　主臂提升示意图

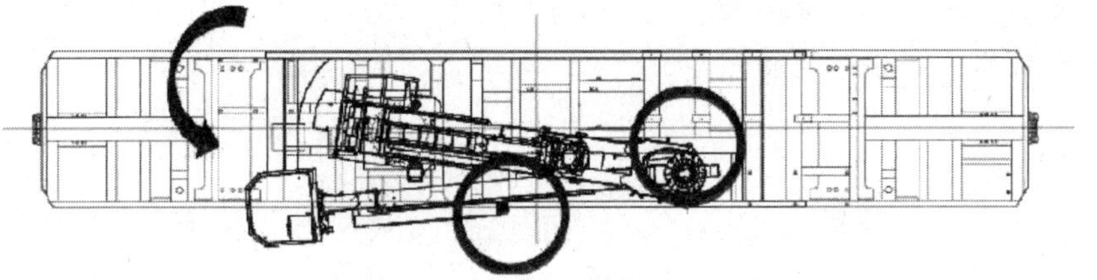

图 8-44 主臂结构

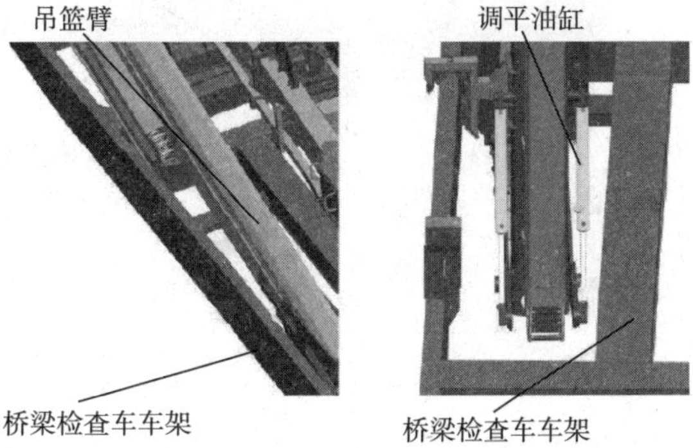

图 8-45 主臂与吊篮臂旋转示意图

（4）抬高主臂至垂直臂高于桥梁检查车车架运输支撑至少 100 mm 时，可向车体外侧旋转主臂和吊篮臂，确保吊篮不与司机室发生碰撞。主臂抬高示意图如图 8-46 所示。

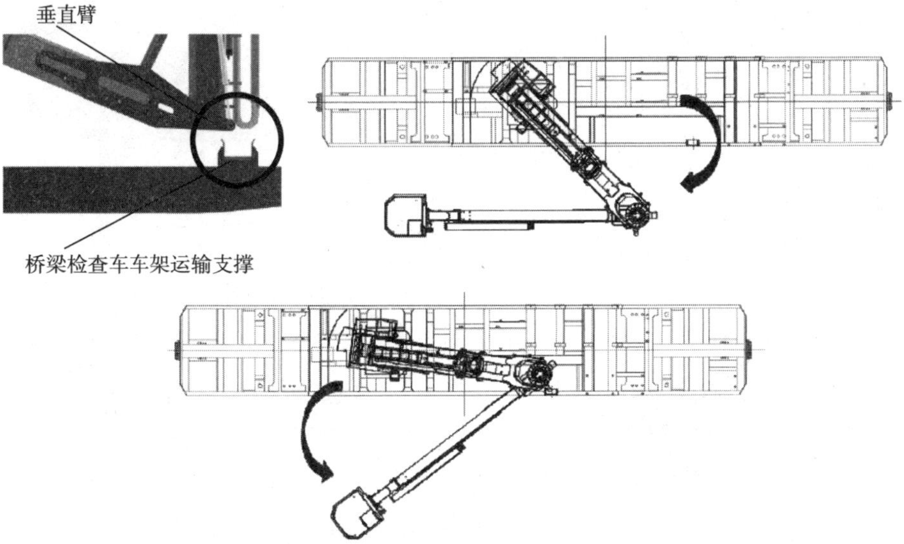

图 8-46 主臂抬高示意图

(5) 继续抬高主臂至垂直臂底端高于声屏障最高点约 30 cm，向桥梁外侧旋转主臂和吊篮臂至垂直臂和吊篮臂完全位于桥梁外侧。过声屏障示意图如图 8-47 所示。

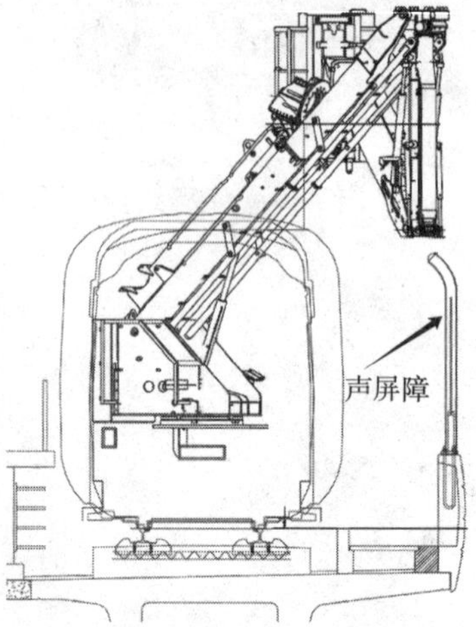

图 8-47　过声屏障示意图

(6) 待垂直臂和吊篮臂完全位于桥梁外侧时，降低主臂使垂直臂、吊篮臂、吊篮向桥下移动，必须保证主臂与声屏障之间保持约 0.5 m 的安全距离。

(7) 伸长垂直臂使垂直臂底端和吊篮低于桥梁底部时，即可向桥梁方向旋转垂直臂使吊篮移动到桥梁检查作业位置。

过有声屏障示意图如图 8-48 所示，过无声屏障示意图如图 8-49 所示，库内吊臂过声屏障试验如图 8-50 所示，正线过声屏障试验如图 8-51 所示。

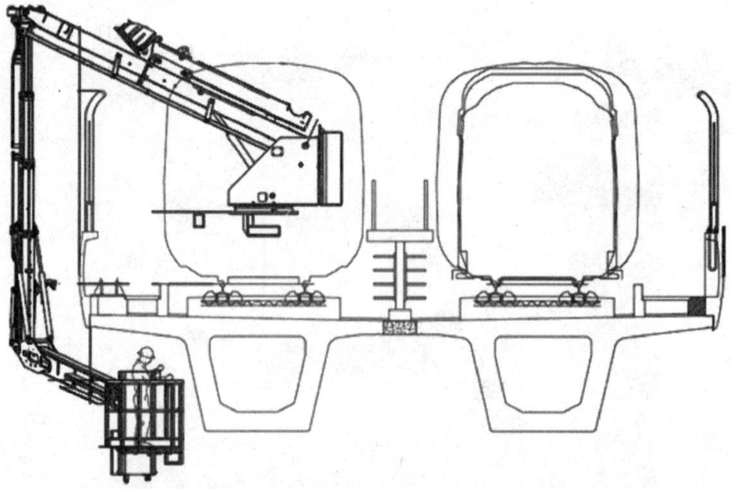

图 8-48　过有声屏障示意图

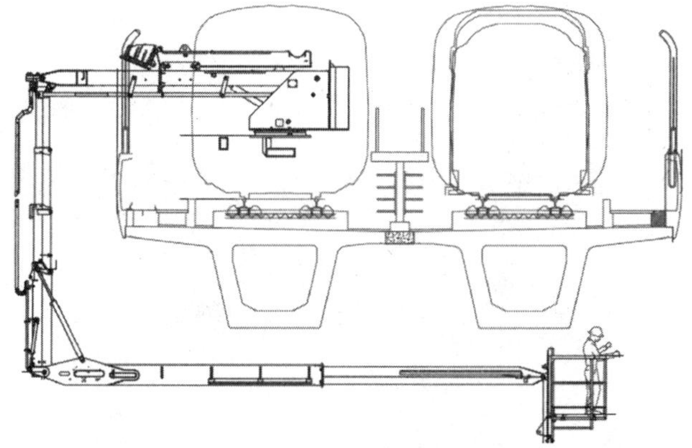

图 8-49　过无声屏障示意图

图 8-50　库内吊臂过声屏障试验

图 8-51　正线过声屏障试验

2. 吊篮超载报警检查

（1）在吊篮内加载 280 kg 重物（见图 8-52）时提示超载报警信息，控制面板上的吊篮超载报警指示灯（见图 8-53）亮起，此时操作吊臂各功能无异常。

图 8-52　吊篮加载重物

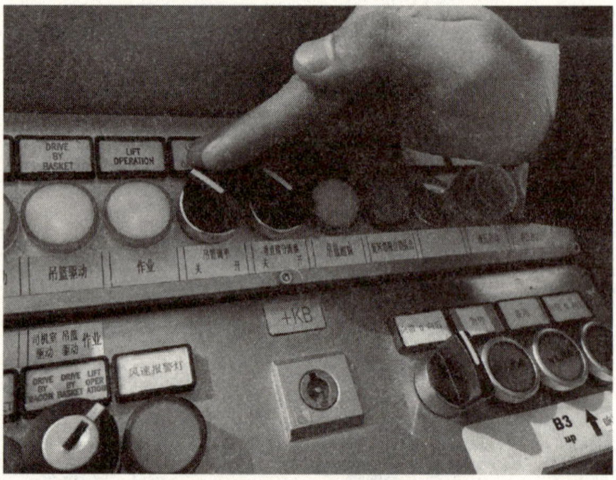

图 8-53　吊篮超载报警指示灯

（2）在吊篮内加载 320 kg 重物时提示超载报警信息，控制面板上的吊篮超载报警指示灯亮起，吊臂各功能失效。

3. 回送位置限位开关功能检查

为确保桥检设备处于正确的回送位置，桥检设备配备了多个回送位置限位开关（见图 8-54）和光栅开关向旋转台上的指示灯发送信号。指示灯有助于识别吊臂接近的停放位置，吊臂达到正确停放位置时相应的灯就会亮起。回送位置限位开关功能和对应指示灯见表 8-3。

图 8-54 回送位置限位开关

表 8-3 回送位置限位开关功能和对应指示灯

对应编号	回送位置限位开关	指示功能	对应指示灯
1	SE45	吊篮收缩到回送位置	5
2	SE44	垂直臂收缩到回送位置（光栅开关）	4
3	SE43	垂直臂移动到回送位置	3
4	SE42	垂直臂调平到回送位置	2
5	SE41	吊篮臂移动到回送位置	1

4. 三级臂功能检查

三级臂功能检查就是检查主臂、垂直臂、吊篮臂及吊篮的各个动作，包括主臂俯仰、旋转功能，垂直臂伸缩、调平、旋转功能，吊篮臂伸缩、俯仰功能，吊篮升降、调平功能，见表 8-4。

表 8-4 三级臂功能检查

序号	项目	技术要求
1	主臂俯仰	主臂能正确平稳地进行俯仰动作
2	主臂旋转	主臂能正确平稳地进行左右旋转动作
3	垂直臂伸缩	垂直臂能正确平稳地进行上下伸缩动作
4	垂直臂调平	垂直臂能进行调平动作
5	垂直臂旋转	垂直臂能正确平稳地进行左右旋转动作
6	吊篮臂伸缩	吊篮臂能正确平稳地进行伸缩动作
7	吊篮臂俯仰	吊篮臂能正确平稳地进行俯仰动作
8	吊篮升降	吊篮能正确平稳地进行升降动作
9	吊篮调平	吊篮能进行调平动作

（四）尺寸测量

对桥梁检查车的桥检设备开展尺寸测量，主要是测量主臂、垂直臂、吊篮臂最大作业高度、最大作业深度、最大水平作业范围（以轨面为基准），进而检验桥检设备设计是否满足要求。

四、故障案例分析

（一）主泵故障

1. 故障现象

桥梁检查车在作业过程中出现主泵故障时无法正常提供动力，控制屏显示主泵故障信息，吊臂机构无法正常回收。

2. 应急处理

将Ⅱ司机室液压控制箱（见图 8-55）上的液压泵选择开关旋到辅泵位，即可启用备用液压泵完成桥检设备回收。

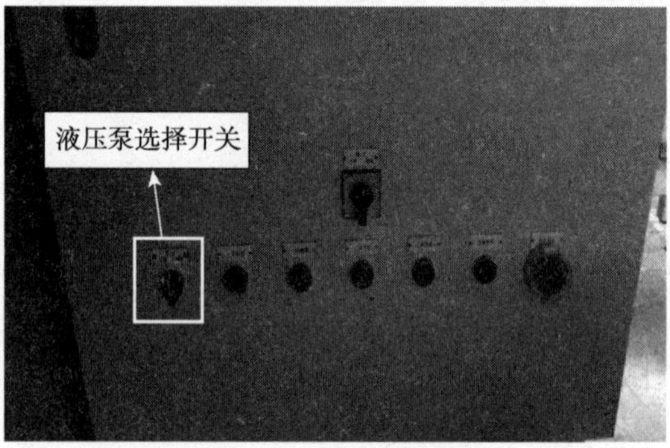

图 8-55　液压控制箱

（二）电控系统故障

1. 故障现象

桥梁检查车在作业过程中出现吊臂部分电控系统故障时吊篮内操作无反应。

2. 故障处理

（1）将应急 C 形支架装卡在旋转台的应急阀上，如图 8-56 所示。

（2）操作旋转台上的手动控制装置（见图 8-57）控制吊臂的动作以收回吊臂，其收回过程和正常收回过程相同。

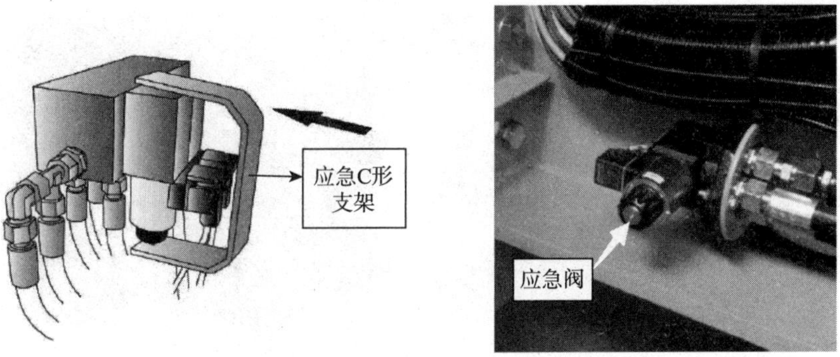

图 8-56　应急 C 形支架和应急阀

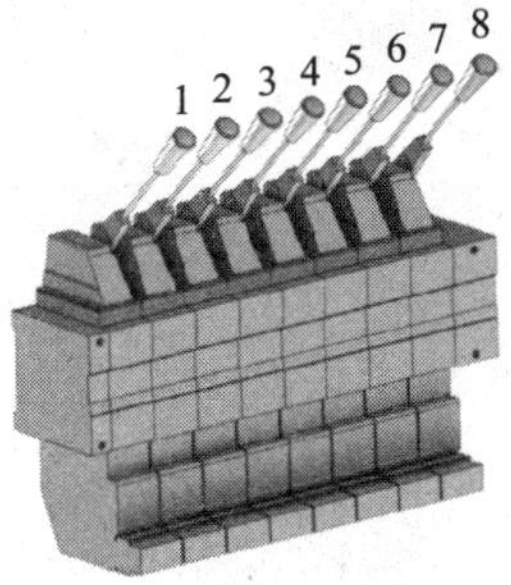

1杆	2杆	3杆	4杆	5杆	6杆	7杆	8杆
↑上	←→伸	↑上	↑上	左	↑上	右	→内
吊篮升降/吊篮调平	吊篮臂伸缩	吊篮臂俯仰	垂直臂伸缩	垂直臂旋转	主臂俯仰	主臂旋转	垂直臂调平
↓下	→←缩	↓下	↓下	右	↓下	左	←外

图 8-57　手动控制装置

（三）主柴油发电机组故障

1. 故障现象

桥梁检查车在作业过程中出现主柴油机组停机无法激活故障时，机车失去动力。

2. 故障处理

（1）启动备用发电机组。备用柴油机组（见图 8-58）启动操作同主柴油机组启动操作，通过机组控制面板启动。

（2）将 II 司机室液压站控制箱（见图 8-59）上的电源选择开关扳到辅电位，液压泵选择开关扳到辅泵位，按下 II 司机室操纵台的液压复位按钮（见图 8-60），液压控制箱上的“系统加载”指示灯亮起，即可进行吊臂回收工作。

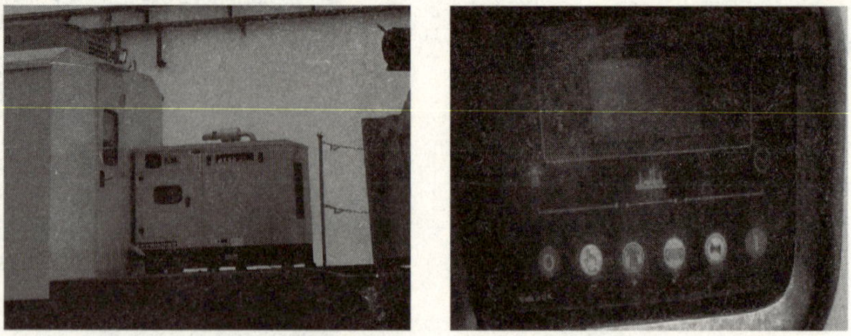

图 8-58　备用柴油机组

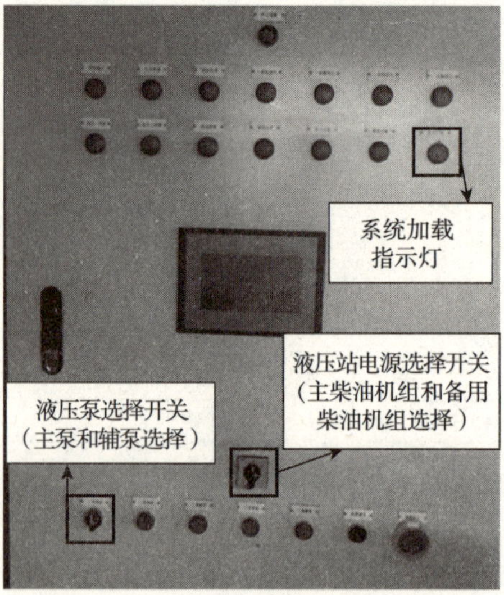

图 8-59　液压站控制箱

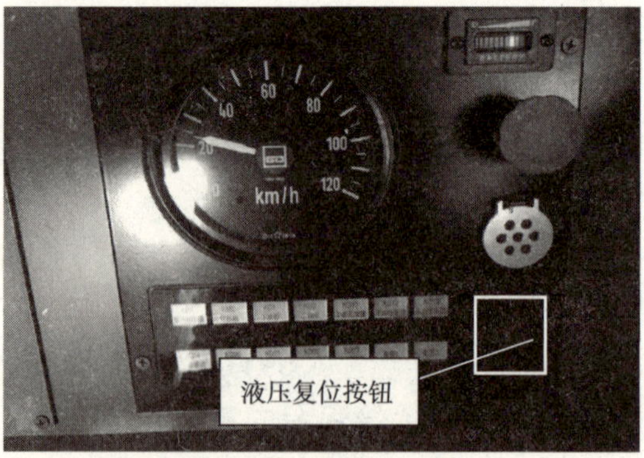

图 8-60　液压复位按钮

第九章

其他工程车的隐患排查

除机车之外的其他工程车主要负责隧道设备维修、物料运输、桥梁检测等作业。其中，轨道平板车及接触网辅助检修作业车本身无动力，需配套电力蓄电池工程车开展相关作业。除机车之外的其他工程车的车辆设计较为简单，基本由传统的机械机构组成，车辆功能较少。轨道平板车的主要功能为吊装功能、接触网辅助检修作业车的主要功能为升降功能，因此隐患排查时主要核查电路设计、使用状态及应急功能存在的安全风险。桥梁检查车自身由内燃机提供动力，因此在调试期间主要试验内燃机、吊臂等设备的功能。

下面列举其他工程车在隐患排查中常发现的问题，介绍相关改造方案及改造成果，供城市轨道交通同行参考。

一、接触网辅助检修作业车

（一）升降、旋转功能可同时操作隐患（隐患等级：★★★★★）

1. 问题描述

接触网辅助检修作业车可通过上下升降、左右旋转操作来配合现场作业，但现场实际操作中发现平台升降的同时能旋转，存在人员误操作的隐患。人员误操作可能导致作业人员从高处坠落，应引起重视。

2. 改造方案

分别在控制电路中并联两个控制中间继电器，并将两个控制中间继电器的触点分别与平台升降电路和平台旋转电路串联，从而实现平台升降功能和平台旋转功能的互锁。增加互锁的电路如图 9-1 所示。

（1）当操作人员选择上升或下降时，KA7 或 KA8 线圈得电，对应 KA7 或 KA8 常开触点闭合，KA16 升降状态中间继电器得电，左转或右转控制回路 KA16 常闭触点断开，左转、右转控制中间继电器 KA9、KA10 不得电，即平台升降作业时无法同步控制平台旋转。

（2）当操作人员选择左转或右转时，KA9 或 KA10 中间继电器得电，对应 KA9 或 KA10 常开触点闭合，KA4 旋转状态中间继电器得电，上升或下降控制回路 KA4 常闭触点断开，上升、下降控制中间继电器 KA7、KA8 不得电，即平台旋转作业时无法同步控制平台升降。

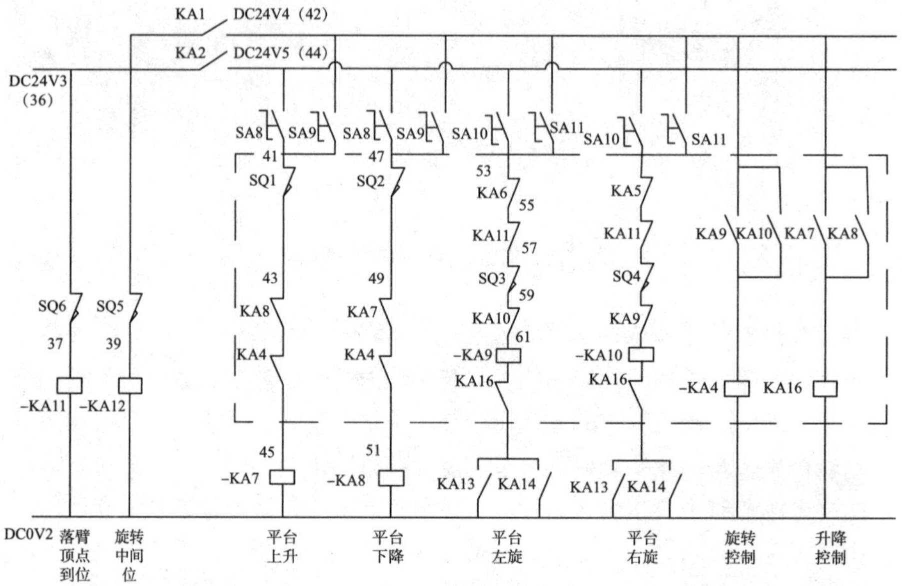

图 9-1　增加互锁的电路

3. 改造成果

经过试验，接触网辅助检修作业车平台的互锁功能可正常实现。当选择平台升降功能时，平台左右旋转功能无法操作；当选择左右旋转功能时，平台升降功能无法操作。有效实现互锁功能，可以保证平台的正常使用。

（二）接触网辅助检修作业车无法紧急制动隐患（隐患等级：★★★★★）

1. 问题描述

接触网辅助检修作业车本身不带动力，无法制动，紧急情况下站在接触网辅助检修作业车上的调车员（车长）无法在第一时间采取紧急制动措施，存在较大安全隐患。

2. 改造方案

列车管连接处更换转换接头，由三通更换为四通，先接入截断塞门，再接入紧急电磁阀 21YV。截断塞门用于投入或隔离旁路制动功能，21YV 电磁阀用于旁路制动投入时紧急排风。

通过在工具室侧墙处加装紧急制动按钮控制紧急电磁阀得电或失电，得电时列车管与大气通路截止，失电时则导通，列车管排风。由于电力蓄电池工程车与接触网辅助检修作业车相通，此时电力蓄电池工程车列车管也同时排风，列车检测到列车管掉压的同时产生紧急制动。控制电路如图 9-2 所示，改造效果图如图 9-3 所示。

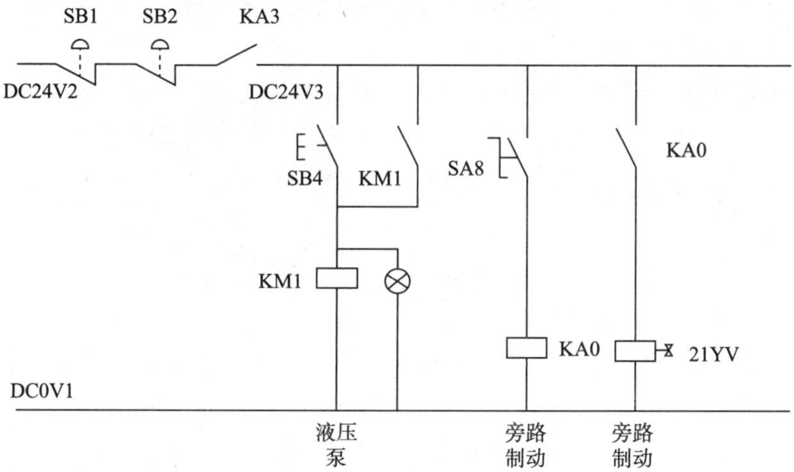

图 9-2　控制电路

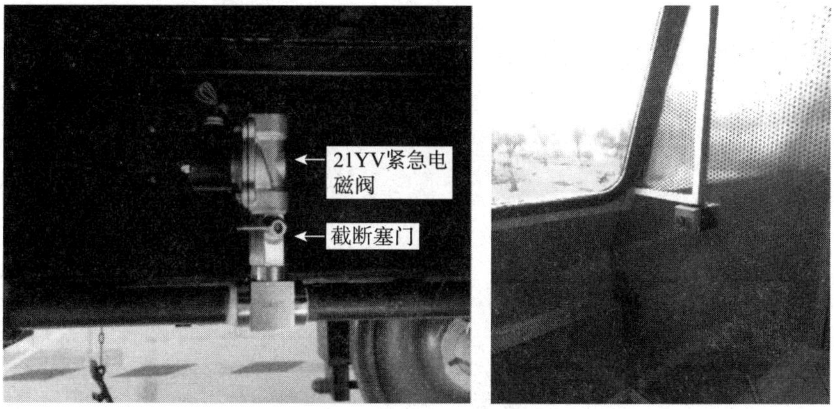

图 9-3　改造效果图

3. 改造成果

通过按压紧急制动按钮，接触网辅助检修作业车和机车同时紧急制动。

二、轨道平板车

（一）吊臂侵入限界隐患（隐患等级：★★★★★）

1. 问题描述

轨道平板车运行过程中，吊臂锁固插销未锁闭到位时，吊臂会摆动脱离安全位置侵入限界，可能导致车站站台门损坏，存在安全风险隐患。

2. 改造方案

轨道平板车的吊臂旋转机构采用两个锁固插销实现锁紧功能。在吊臂中位增设行程开关，在吊臂控制面板上方增加声光报警器，当吊臂机构离开中位时，行程开关复位并触发声光报警器报警。同时，为了避免实际作业中由于吊臂离开中位作业触发声光报警的不间断工作，将警示控制功能与吊臂起吊功能互锁。控制电路如图 9-4 所示。

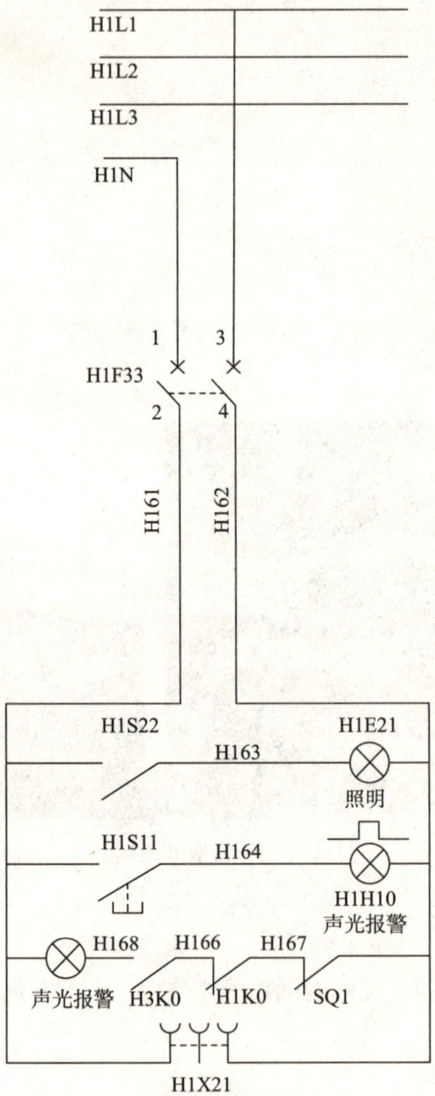

图 9-4　控制电路

其控制逻辑如下：

行车过程中，H1S22 处于闭合状态，H3K0 继电器得电，主电路中 H3K0 常闭触点断开，控制电路中 H3K0 常开触点闭合，运行过程中吊臂偏离中位则触发 SQ1 开关闭合，声光报警器工作。

作业过程中，若吊臂升降电动机启动，则 H1K0 继电器得电，控制电路中 H1K0 常闭触点断开，声光报警器不工作。

若 H1S22 断开，则声光报警功能旁路。

改造效果图如图 9-5 所示。

图 9-5　改造效果图

3. 改造成果

当吊臂立柱锁固插销向下移动脱离原位后，行程开关触发声光报警器工作。司机可在正线运行过程中实时监控吊臂装置锁紧状态，一旦发现异常可紧急停车。尽早发现吊臂摆动脱离安全位置，可以避免设备侵入限界损坏隧道内其他设备。

（二）平板车无法紧急制动隐患（隐患等级：★★★★★）

1. 问题描述

部分轨道平板车未加装车长阀，当动力车连挂轨道平板车在正线推进运行时，车长在前方发现紧急情况而不能第一时间采取紧急制动措施，需要先用电台通知司机，再由司机采取停车措施，因此存在较大安全隐患。

2. 改造方案

结合列车紧急制动功能的原理分析，可在轨道平板车列车管上增设车长阀，当遇突发情况时，车长可手动打开车长阀，迅速降低列车管风压，轨道平板车副风缸迅速向制动缸充风，列车即可实现紧急停车。

具体实现方案是改造列车管，在原列车管增加三通，将车长阀控制管路设置在轨道平板车端板附近。

改造效果图如图 9-6 所示。

3. 改造成果

改造完成后，列车管定压情况下开启车长阀，列车管风压在 3 s 内降为 0 kPa，且制动缸压力上升至 440~460 kPa，满足紧急制动要求。

图 9-6 改造效果图

第三篇
车辆段工艺设备

车辆段工艺设备种类繁多，包含不落轮镟床、固定式架车机、移动式架车机、自动化立体仓库、列车自动清洗机、起重机、叉车、电瓶搬运车、蓄电池充放电机等。工艺设备按照城市轨道交通车辆段、停车场的设计功能与运营使用部门的生产需求配置，作用是辅助完成电客车日常检修维护、故障处理、架大修作业等，以及其他各专业的维修保养、故障处理及物资存储等。

本篇主要以不落轮镟床、架车机（含固定式架车机和移动式架车机）、自动化立体仓库、列车自动清洗机与在线检测系统（含轴温与振动在线检测设备和列车360° 外观图像故障检测系统）五大类设备为例，编制介绍段工艺设备的调试作业。

其中，不落轮镟床以2UGE150N双轴不落轮镟床为例，固定式架车机以DJCJ-C-GZ21型为例，移动式架车机以YJCJ-C-GZ14、21型为例，自动化立体仓库为CLLK-Ⅱ型为例，列车自动清洗机以VEIC-GZ14、21型为例，在线检测系统以运达产品为例。

本篇在内容结构上分“调试技术要求”及“五大设备”两部分，第十章“调试技术要求”总体描述车辆段工艺设备调试的调试目的、工作组织、技术管理、接口管理与安全质量控制，为各工艺设备调试管理的共通部分。“五大设备”各章均分为调试筹备、设备安装、设备调试、经验小结四节，描述各工艺设备调试各阶段的具体工作内容。

第十章 调试技术要求

调试技术要求是对调试目的、工作组织、技术管理和接口管理等方面作要求和说明，是设备调试工作的总则，从总体上指导各设备调试工作顺利开展。

第一节 调试目的

车辆段工艺设备调试是在设备正式投入运用前开展的一项重要工作，调试期一般从设备到货安装开始，到设备调试完毕，主要内容包含状态检查、扭力校正、查线核图、功能检验、精度校验以及试运行，保障设备安装技术状态、整机运作技术状态达到最佳工况。设备调试要实现以下目的。

——按计划保证质量和安全完成设备整体的安装。

——完成设备安装的外观检查、扭力校正、查线核图，以及各功能检验。

——结合现场使用要求，对各系统的技术参数进行调整优化。

——完成运营维保人员对新设备的操作与维修技能培训。

——编制完善设备的操作维保规程、工艺、故障处理指南，提高运营人员在新设备出现紧急情况下的应急、协调能力及处理效率。

——完成随机备件、工器具、设备履历与技术资料的移交与入库管理。

第二节 工作组织

调试过程复杂，时间跨度长，涉及设备采购合同管理部门、设备供应商以及运营使用部门等，需要有明确的工作组织，明确各部门、各人员、各阶段的工作内容、工作职责和工作分工，保证调试的进度与安全质量。

一、人员组织

（一）项目管理人员

项目管理人员是调试工作的总负责人，负责组织上会审核调试作业方案，含计划、组织、进度、整改协调、验收管理等，由车辆项目采购单位的经办人担任。

（二）厂家调试人员

厂家调试人员由设备技术负责人与专业调试技术人员组成。调试负责人是设备调试工作现场的执行责任人，由设备厂家的项目经理担任，负责指导现场施工人员开展各项机械、电气调试工作，对使用部门员工开展设备操作维护知识培训。专业调试技术人员根据调试工作分为电气调试、机械调试、数据库软件调试等不同专业人员。

（三）使用部门调试人员

使用部门调试人员由使用部门的专业技术人员与生产班组维修人员组成。设备使用部门负责现场调试作业的请点与销点、调试质量检查与功能验收，跟进协调问题整改，参加各项操作与维修培训。设备使用部门在现场调试作业中需起主导作用，根据调试任务成立调试小组。小组成员职责安排如下：

1. 调试技术人员

调试技术人员即使用部门的现场调试主要技术负责人，主要负责设备调试全过程的组织管理工作，编制调试方案，制订合理的计划及人员配置，组织调试小组开展现场调试，配合设备技术负责人作业，记录调试问题，沟通整改措施，落实检查验收。

2. 调试维修人员

调试维修人员即使用部门的生产班组维修人员，应听从调试技术人员的安排，配合现场设备厂家的调试工作开展。根据调试技术人员下发的工作计划分工，完成既定的分类调试任务，按照编制的标准及工艺文件严格执行，完成调试工作的每个细分环节，将调试发现的问题以及标准工艺文件细则与现场的差异及时反馈给调试技术人员，并参与现场整改验收。

二、调试方案编制

调试方案包含调试组织、调试作业及调试配合三大部分，其中调试组织、调试作业方案由设备项目管理部、设备厂家编制，调试配合方案由使用部门编制。

调试配合方案主要包含各阶段的调试任务的人员安排、调试工作的时间计划表，需要完成的主要任务有扭力校正、查线核图、静态检查、动态功能试验、试运行，以及问题整改等。

三、会议制度

（一）调试启动会议

调试启动会议由项目管理人员组织召开，参加人员主要有设备技术负责人、使用部门调试技术负责人与生产班组维修人员。会议主要审议调试方案，商定调试计划、项目内容，同时进行入场安全交底、技术交底。

（二）调试周例会

使用部门的调试技术负责人定期（每周）召开现场调试工作例会，讨论调试检查发现的问题，商议整改方案，梳理开口项整改情况，推进解决调试问题。

（三）预验收（PAC）会议

设备调试完成，并且经过试运行确认设备技术状态良好后，由设备采购合同管理部门组织召开预验收会议。会议对设备调试的各项检查记录进行审核，以及对厂家未按合同要求完成实施的项目进行讨论，对非关键的不影响设备安全使用的问题形成开口项备案，限定时间整改，符合要求方可通过预验收。预验收通过后，设备采购部门正式将设备使用权交付使用部门。

调试是设备预验收的重要一环，只有调试合格方可以签发设备预验收证书。

（四）最终验收（FAC）会议

设备通过预验收后，从签发预验收证书日期起计算，质保期一般为两年。设备采购合同管理部门在提出最终验收时，需要首先征询使用部门的意见，召开现场最终验收讨论会议，在设备厂家按合同要求完成所有需整改开口项问题后方可通过最终验收。

第三节　技术管理

车辆段工艺设备调试各环节要完成的技术管理工作主要有：出厂验收（PSI）、开箱检查（OCI）、预验收（PAC，包含查线核图、扭力校正、功能调试）、规程规章编写、开口项整改、组织培训、备品备件和技术资料移交等工作，可根据现场实际做如下安排。

一、出厂验收（PSI）

由车辆项目采购单位负责组织开展，使用部门专工参加，到设备车辆总承包商处对设备的生产进度与制造情况开展出厂前的初步检验。通过对设备进行外观检查、静态调试、部分功能动态调试，以及查看工厂的生产、质检管理资料，提早发现设备的质量缺陷、设计缺陷和功能问题，提出整改要求，形成出厂验收会议纪要与报告。设备车辆总承包商应在工厂内完成设备各项重点问题整改后方可出厂运输到运营现场。

二、开箱检查（OCI）

设备到达运营现场后应进行开箱检查，主要核查设备、工器具、履历本、材料数量及型号是否与清单内容保持一致，箱内物品外观包装是否完好，有无破损及生锈等。

三、预验收（PAC）

结合厂家提供的设备资料（包含电路图、接线表、扭力矫正标准）及功能验收大纲制订调试方案，组织现场调试人员依次开展外观检查、静态调试及动态调试。根据现场调试进度，提前申报调试计划，保证调试工作有条不紊开展。

四、规程规章编制

结合厂家提供的各设备维修手册，编制设备定期维修计划及规程，同时细化各设备维修保养内容及设备现场检修工艺。首次开展自修前，由技术人员召开启动会，说明检修工作关键检查项目及注意事项，同时现场参与检修工作，结合现场情况开展工艺写实，逐步完善检修工艺内容。

五、开口项整改

建立现场问题跟踪表，现场调试期间，汇总发现的所有问题和疑问，第一时间通知厂家整改，对于推进有难度的需通过工联单督促整改，并做好跟踪。

六、组织培训

运营单位需向车辆项目采购单位提出参与培训人数及培训内容需求，由新线项目部与设备车辆总承包商协商培训计划（包含培训时间、培训地点及培训课程安排等），并以邮件形式通知运营单位。在培训开展前，新线项目部需准备好培训教材及电路图，确保参与培训人员人手一份。设备车辆总承包商授课结束后，组织结业考试并颁发相关培训合格证。新线项目部负责收集所有培训电子资料，方便后续开展二次培训。

七、备品备件移交

原则上设备厂家应在设备预验收完成之前移交全部备品备件，如受车辆段物资仓库收储条件或其他原因影响，无法在预验收前完成的，应列为预验收开口项，并另行组织移交。设备厂家应根据合同备品备件清单向运营单位提供备品备件、工器具等，并与车辆项目采购单位、运营单位、物资管理部门四方共同完成物资的验收入库。

计量仪器仪表需要在预验收前完成首次检验。

八、技术资料移交

设备厂家应在设备预验收完成之前，根据合同要求向设备使用部门提供设备履历本、操作手册、维修手册、合格证等（详见合同要求）的电子版和纸质初版。需要归档的技术文件参考如下。

（一）设备使用的有关标准。

（二）设备装配图（机械安装图、电气原理图）和设备安装图。

（三）设备安装手册、设备调试手册、设备操作手册、设备维修手册、设备保养手册。

（四）主要部件的装配手册、主要部件的检修手册。

（五）设备控制计算机/PLC 工控机编程语言手册、功能模块和 I/O（输入/输出）设备的软件和硬件技术说明书。

（六）涉及设备关键数据的各种整定/标定及检测说明书。

（七）其他技术资料及图样。

第四节　接口管理

设备接口涉及各专业、各个施工建设单位，一般均有土建安装基础、轨道、供电、给排水、房建等方面的接口关系。在开展设备安装之前，设备厂家应先根据设备合同要求，核实基础建设接口是否满足使用要求，不满足接口要求的、超出限界范围的，须及时向项目采购部门、建设部门、使用部门提出协调处理。

在安装过程中，使用部门需要特别关注核查接口是否符合设计要求，是否满足设备使用要求。

一、不落轮镟床接口

（一）数控型不落轮镟床应满足相应线路城市轨道交通车辆、工程车的技术参数要求，包含轮对踏面廓形、车辆转向架轴距、制动盘型式、集电靴高度等。

（二）设备应考虑公铁两用车操作时与镟床互锁关系的要求。

（三）不落轮镟轮线的设置应避免镟轮作业时列车对车辆基地主要交通线（例如运转综合楼与库房之间的交通）的影响。

（四）不落轮镟轮线宜单独设置，镟床前、后的线路有效长度应分别满足远期列车编组车辆的全部轮对能进行镟轮作业的要求。线路长度允许时，镟轮线两端长度（不包含镟轮间）应各有一列电客车的长度，便于停放列车时可锁闭镟轮间大门和不影响通行平交道。

（五）不落轮镟床地坑内壁及地面应刷防油、防滑、防酸碱油漆。镟轮线镟轮坑前、后一列车长度内应为整体道床，布置在室内（上盖、库房或雨棚）。镟轮线宜为直线。

（六）不落轮镟库应设有符合公铁两用车充电要求插座。

（七）镟轮线应设镟轮间一处，镟轮间应避开库房伸缩缝设置，房间侧面集屑器附近设置一处大门，方便叉车进出。镟轮坑内设空调、排水、电话、网络及侧向照明设施。

（八）为满足设备绝缘要求，避免轨道杂散电流影响，镟轮库入库轨道上建议设置 2 个绝缘节：第一个绝缘节设置在镟轮坑边，第二个绝缘节距第一个绝缘节应不小于一列车长加 15 m。

（九）从镟轮间门至消防通道以及另一侧门前、后 5 m 范围内，铺设橡胶条，满足公铁两用车的通行要求。

（十）镟轮坑前、后宜设置横穿轨道的排水沟，以免雨水等沿着轨道槽流入镟轮坑。

（十一）与土建基础接口要求

1. 设备通用基础图

基础内外预埋管需按图样要求预埋，基坑内具体安装基础可待设备详细技术方案确定后，由土建施工单位二次施工。

2. 进场道路及房建要求

在设计规划时充分考虑设备到库的通路条件，以便于设备、铁屑的运输及消防应急通道畅通。不落轮镟床库房安装高度宜大于 9 m，预留足够空间便于汽车吊进场完成设备吊装作业。镟床地坑周边宜做简易防护，待设备吊装完成后再安装正式护栏。

（十二）与给排水专业接口要求

设备基础坑内最低处设置集水坑，宜配置液位传感器，相关报警信息可上传至智能运维系统。

考虑地坑内空调水的排放问题，建议集水坑内配置自动抽水泵。排污管建议采用外直径为 50 mm 的镀锌管，并安装单向阀，防止水倒流，并引到排污沟；也可设计其他的自动排污方式。

（十三）与低压配电及动力照明接口要求

1. 单轴不落轮镟床

主电缆线为 1 组三相五线制电缆（$3\times95\ mm^2+2\times50\ mm^2$），其中一线必须为地线，用于对设备采取接地保护措施。

2. 双轴不落轮镟床

主电缆线为 1 组三相五线制电缆（$3\times150\ mm^2+2\times70\ mm^2$），其中一线必须为地线，用于对设备采取接地保护措施。

3. 基坑内照明设施、插座（包括空调插座）单独预留管线，加工区域照明灯具亮度要求不低于 300 lx，后期二次施工时提交详细需求。

4. 基坑内接地电阻小于 4 Ω，二次施工时确认具体位置。

5. 设备入场安装前，设备用电的主电缆应安装到位。

（十四）与轨道专业接口要求

1. 基坑两边钢轨水平标高误差应在 1 mm 内，且中心重合，轨距应保证（1 435±2）mm。

2. 地基坑前、后的最后 5 m 车间轨道应在机床及轨道系统安装就位后铺设；如果提前铺轨，后期需配合设备安装要求进行切轨。

3. 设备前、后两端轨道需做绝缘，前、后长度分别为车长加一列工程车长度。

4. 基坑两边各 10 m 内铁轨必须采用整体道床。

（十五）与接触网专业接口要求

镟轮线上方不宜设置接触网，电客车通过轨道牵引车进行调车镟修。

（十六）与智能运维系统接口要求

设备状态信息及系统故障报警信息、轮对数据和轮对加工后的相关数据需上传至智能运维系统。镟床与智能运维系统需互相预留相应通信接口及协议。

（十七）与通信接口要求

为实现与智能运维系统的对接，建议预留从不落轮镟床至车辆段控制中心（DCC）的 12 芯以上光纤，地坑内预留电话接口。

（十八）接口确认及施工交底

1. 设计单位在出具正式施工图前需与设备供货商对接口等内容进行签字确认。

2. 各相关单位在施工前宜召开施工交底会并对施工内容进行签字确认。

3. 设备供货商应对土建施工单位的施工质量进行指导及检查，对发现的问题及时纠正，提报检查情况报告单。

4. 设备土建基础施工完成后，由设备供货商对基础进行检查，并与土建施工单位、设备接管部门共同签署土建验收合格报告。

二、架车机接口

（一）固定式架车机与土建基础接口要求

1. 基础内与基坑外预埋管需按设备通用基础图样要求预埋，基坑后续需二次施工。

2. 所有载荷均没有考虑冲击载荷的影响，土建施工设计时应考虑一定的系数。设备自重约 16 t/坑，顶升载荷约 25 t/坑。

3. 所有预埋电缆管采用镀锌钢管，内穿铁丝，所有预埋管路弯管半径不小于 400 mm，电缆管出口与坑侧壁平齐。管口做适当封堵，避免混凝土等杂物堵塞管路。

4. 固定式架车机地基基础防水应符合《地下工程防水技术规范》（GB 50108—2008）。地基基础各部分防水等级为一级，基础应采用包括结构自防水及附加防水层等多道防水结构，即基础结构不允许出现渗漏水现象。每个基础坑内设置集水坑，基础坑底面设置 0. 5%左右坡度，确保积水顺利流入集水坑。通过移动式水泵，就近排到水池或地沟。

5. 基础坑定位尺寸公差小于 10 mm，设备基础图中标注公差尺寸为关键尺寸，土建方应严格按照公差尺寸施工。设备基础图所有预埋件由土建方提供并在基础施工时基础预埋。基础钢筋混凝土结构应考虑基础抗裂的需要，钢筋混凝土的抗渗等级不得低于 P8。基础坑底部刷地固漆，基础坑侧壁墙面刷油漆。

6. 设备边框在基础坑主体浇注完成后，由设备厂商提供并安装。安装完成后，土建方负责二次浇注混凝土，并确保固定式架车机区域的库内地面不高于设备边框高度。

7. 主控台基础坑与后方墙或立柱距离应大于 800 mm，以确保主控柜的正常打开和设备操作人员的工作空间。

8. 在主控台基坑内设置 1×ϕ100 mm 电缆管，将网线引入主控台基坑内并预留 3 m 以上长度，以便固定式架车机设备状态及数据信息可传输至 DCC。

9. 主控台和电气分控柜正下方的电缆坑的长宽尺寸应小于柜体尺寸，且不渗水，预埋管畅通。

（二）移动式架车机与土建基础接口要求

1. 所有载荷均没有考虑冲击载荷的影响，土建施工设计时应考虑一定的系数。

2. 承载区域与轨道面平齐，架车机底板面积为 1 000 mm×1 000 mm，总载荷为 16 t（注意非均布，前端较大），建议大于 30 t/m^2，承载区域平面度≤3 mm/m^2。

3. 所有预埋电缆管采用镀锌钢管，内穿钢丝，所有预埋管路弯管半径不小于 400 mm，电缆管出口与坑侧壁平齐。管口做适当封堵，避免混凝土等杂物堵塞管路。

（三）与给排水接口要求

固定式架车机每个基础坑内需设置积水坑，积水坑内安装液位传感器，相关数据在设备主电源未通电情况下能传输至智能运维系统，条件允许下，可配置自动抽水泵。

（四）固定式架车机与电压配电及照明专业接口要求

1. 固定式架车机供电采用 TN-S 供电，设备要求的总功率为：

（1）3 节电客车。配电箱供电功率不小于 48 kW，额定电流约 90 A，瞬时启动电流约 900 A，建议配 3×35 mm^2+2×16 mm^2 规格铜芯线缆和 125 A 三极断路器。

（2）6 节电客车。配电箱供电功率不小于 96 kW，额定电流约 180 A，瞬时启动电流约 1 400 A，建议配 3×95 mm^2+2×50 mm^2 规格铜芯线缆和 200 A 三极断路器。

（3）8 节电客车。配电箱供电功率不小于 160 kW，额定电流约 350 A，瞬时启动电流约 3 000 A，建议配 3×185 mm^2+2×95 mm^2 规格铜芯线缆和 400 A 三极断路器。

2. 供电方在固定式架车机主控台附近 3~5 m 范围内设置设备配电箱，并将主电源线通过 1×ϕ100 mm 电缆管从设备配电柜引入主控台内 3 m 以上。

3. 每个基础坑应设有接地，接地电阻要求小于 4 Ω，位置设置在预埋电缆管附近，接地扁铁伸入坑内 300 mm 以上。

4. 设备本身的照明由设备供货商布置，地坑内照明由土建方布置，对应管路预埋已在设备基础图明确标明。地坑内部照明灯具规格、照明灯具数量、线缆、灯具开关、照度由设计院进行设计，照明电压需为安全电压。

（五）移动式架车机与电压配电及照明专业接口要求

1. 移动式架车机供电采用 TN–S 供电，各线移动式架车机对应的功率为：

（1）1 节工程车。配电箱供电功率不小于 20 kW，额定电流约 40 A，建议配 3×6 mm^2+2×4 mm^2 规格铜芯线缆和 63 A 三极断路器。

（2）3 节电客车。配电箱供电功率不小于 40 kW，额定电流约 80 A，建议配 3×35 mm^2+2×16 mm^2 规格铜芯线缆和 125 A 三极断路器。

（3）4 节电客车。配电箱供电功率不小于 52 kW，额定电流约 110 A，建议配 3×35 mm^2+2×16 mm^2 规格铜芯线缆和 125 A 三极断路器。

2. 由于移动式架车机可能在多个不同位置架车，移动式架车机所在股道宜设置两个以上的供电点，供电点位于移动式架车机主控台附近 3~5 m 范围内，从设备配电箱引出电缆至供电点，设置适配的工业插座与工业插头，工业插头需预留 5~8 m 出线供主控台取电。

（六）与轨道专业接口要求

1. 设备安装前轨道进行预安装，轨道伸入基坑内预留 200 mm 以上长度，坑边 1 m 内不得有接头且轮缘槽不得填充，轨道中心线与基础坑中心线尺寸公差小于 10 mm。设备安装过程中，轨道安装方还应根据设备尺寸进行精确锯轨并完成轨道安装工作。

2. 整条固定式架车线基础坑的两端钢轨的设计需要考虑在适当位置做绝缘处理，避免列车入库与设备产生车轮打火现象。建议在架车机轨道入库端距离第一个基础坑坑边 5 m 处设置第一个绝缘节，在距离第一个绝缘节整列车长加 15 m 处设置第二个绝缘节，可利用库前已设置的绝缘节。移动式架车机股道参照固定式架车机股道处理。

（七）与车辆专业接口要求

车辆专业需提供以下参数用于架车机设计，见表 10–1。

表 10-1　　用于架车机设计的参数

序号	参数名称及描述
1	固定轴距（A）
2	车辆定距（B）
3	两辆车相邻转向架中心距（C）
4	车体所有架车垫板中心距离转向架中心线的纵向位置尺寸（D）
5	转向架最大宽度（E）
6	架车垫的大小（$F×G$）及形状
7	架车垫横向宽度（H）
8	车体架车垫板距轨面高度（K）
9	架车垫下方空间情况（L、M），检查有无其他部件影响，需要提供车辆断面图 CAD 文件（带转向架）和车体底部俯视图 CAD 文件（带转向架）（非常重要，检查干涉）
10	转向架总体图 CAD 文件（非常重要，检查干涉）
11	车体宽度
12	车辆质量，轴重

对应示意图如图 10-1 所示。

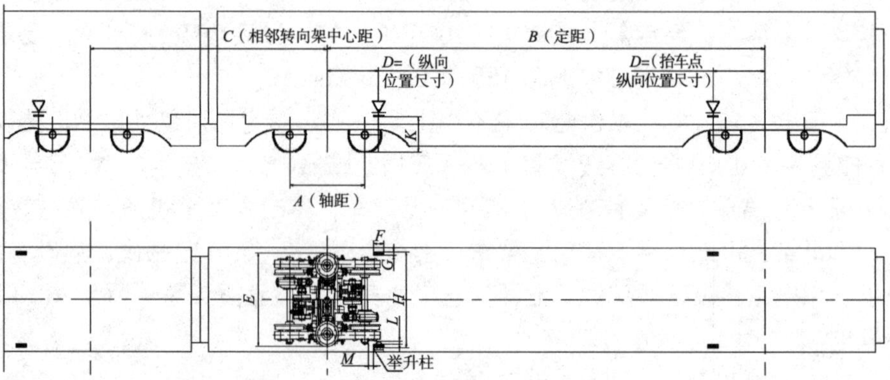

图 10-1　车辆专业提供参数示意图

（八）与智能运维系统接口要求

设备状态信息及系统故障报警信息、举升柱高度数据及同步状态等相关数据需上传至智能运维系统，相关网络由设备厂家负责搭建，相关分析软件由设备厂家根据智能运维系统相关要求进行开发及部署。

（九）与其他设备接口要求

固定式架车机安装所在的轨道如果还有其他设备，如不落轮设备、固定式称重设备等，需要制订整体的设备安装工期计划进行统筹安排，如钢轨切割、精调、轨道验收日期等。

（十）接口确认及施工交底

1. 设计单位（含车辆设计单位）在出具正式施工图前需与设备供货商对接口等内容进行签字确认。

2. 各相关单位在施工前宜召开施工交底会并对施工内容进行签字确认。

3. 设备供货商应对土建施工单位的施工质量进行指导及检查，对发现的问题及时纠正，提报检查情况报告单。

4. 设备土建基础施工完成后，由设备供货商对基础进行检查，并与土建施工单位、设备接管部门共同签署土建验收合格报告。

三、自动化立体仓库接口

（一）立体仓库的上位操作管理计算机须采用服务器，热备双冗余，提高数据的安全可靠性。数据库系统需要接入公司的物资管理系统，具体根据物资部门的管理要求实施。

（二）立体仓库的所有联网计算机须按公司的生产计算机管理要求，配置相应的防火墙、防杀病毒软件，所使用的操作系统、应用软件必须为正版软件。

（三）本设备与土建基础、动力供给（电、风、水、汽）、通信等的设计及技术接口关系，能满足 BIM（建筑信息模型）的接口要求。

（四）需满足设备与土建基础、动力供给（电、风、水、汽）、通信、信号等接口的详细书面文件要求。

（五）土建施工开始时，设备厂家必须到施工现场参加土建施工的技术交底会，对照施工图向施工单位提出施工技术要求。

（六）土建基础施工完成后，设备厂家必须派人对立体仓储土建基础和动力接口进行测量、检查和验收，检验合格后书面签字确认。

（七）在设备的设计制造过程中，设备厂家负责及时和全面地与施工设计单位协调接口，负责确保接口的正确性，并提供以往项目成功协调的案例。

（八）设备的安装、调试由总承包商负责，设备供货商负责安装督导。设备供货商提供土建基础接口要求包括（但不限于）：设备安装基础及管线预埋、管线地沟、地脚螺钉、防水层等。建议设备基础采用预埋件安装方式，不建议仅采用膨胀螺栓安装。

（九）设备厂家提供动力供给（电、风、水、汽）接口要求包括（但不限于）：电源电压、制式及总功率，电源配电盘（柜）位置等。设备动力配电含控制柜进线线缆、套管由总承包商供货，控制柜至设备系统的内部电力配线由设备供货商供货。

（十）设备设计时要充分考虑设备运输、安装的起吊问题。

（十一）供货商需配合车辆段施工承包商完成车辆段 BIM。

四、列车自动清洗机接口

（一）洗车机应满足车辆段配属车辆的清洗作业要求。

（二）接触网供电电压为 DC 1 500 V，接触网高度及接触网与设备之间的最小安全距离由接触网系统确认，确保列车通过时操作人员及设备的安全。

（三）应选用国产的洗涤剂，该洗涤剂不应损伤列车表面的油漆和门窗的橡胶等。列车表面的油漆型号与工艺由车辆制造商确定。

（四）在设备的设计制造过程中，洗车机生产商应负责及时和全面地与车辆供货商协调技术接口，负责确保接口的正确性。

（五）生产商应考虑信号接口，向信号专业提出要求，设置洗车线路开放信号灯（与控制室“同意洗车”按钮对应），如洗车机需要与信号系统联动，需预留联动接口，实现全自动洗车。

（六）设备土建接口设计时，生产商应对房屋、轨道、水池、排水设施等资料进行详细复核。

（七）设备安装需要满足列车的通过限界要求，如列车采用第三轨供电，生产商还需要校核轨行区两侧地面的轨面高度值是否满足列车集电靴通过。

（八）洗车线宜采用贯通式布置。若条件困难，可采用八字往复式或尽端式洗车。当停车规模较大时，应核算洗车能力，按照三天清洗一次考虑。

（九）设备平面布置

建议洗车机控制室面向洗车机一侧宜设置可开启的推拉窗，便于瞭望。洗车机棚长度不宜小于 54 m，有条件的应适度加长，以增加洗涤剂的反应时间，提高洗车质量。洗车线的设置，宜方便洗车后的列车可以直接进入所有的停车列检线和周月检线。控制室建议设置不小于 4 000 mm×1 500 mm 的观察窗。

（十）与低压配电及照明专业接口要求

洗车区域、机械间、控制室等工作区域夜间照度要求在 150 lx 以上。

（十一）与接触网专业接口要求

接触网在库外两端（距离洗车库 10 m）设置带接地隔离开关，保证库内检修断电。

（十二）与智能运维系统接口要求

为实现洗车机状态信息及系统故障报警信息与智能运维系统的互通，洗车机与智能运维系统需互相预留相应通信接口及协议。

（十三）与通信接口要求

为实现与智能运维的对接以及洗车机的远程监控，建议预留从洗车机至车辆段 DCC 的 12 芯以上光纤。

（十四）接口确认及施工交底

各相关单位在施工前宜召开施工交底会并对施工内容进行签字确认。

第五节　安全质量控制

为保障设备的调试质量与人员安全，各设备的调试方案须包含有详细的安全质量控制措施，并且在工作开展前完成安全交底、技术交底，完成参与人员的学习培训。

一、重要部件原材料检验

按项目进度的要求，提交重要部件原材料的化学成分和物理性能的检验报告，同时提交材料检验标准（相关章节），以保证所使用的原材料符合设计要求。如发现检验不符合要求，可重新选材，并重新检验，直到所有材料被证明符合要求，才能开始生产。

二、对主要外购件制造单位的调查

考察工厂的生产能力、技术水平、管理情况、产品执行标准和质量情况，了解工厂的情况介绍，以及相关产品技术标准等。

由国外原装进口的外协件、外购件，如业主同意，可免调查，但是应提交制造厂商情况介绍、产地证明和质量证书等。

三、生产过程控制质量保证

（一）本着质量第一的原则，严格按照自检、互检和总检的程序进行工作，遵循ISO 9001质量管理体系，建立全面质量保证体系，随时接受用户的监督和检查。

（二）方案论证及总体设计时，认真研究，和买方各相关部门进行广泛的工艺讨论和技术交流，反复比较，确定最佳方案。

（三）在总体设计和分部设计中，以前述设计思想为指导，严格按照双方共同议定的要求和参数进行设计，充分体现技术的先进性和产品的可靠性。

（四）从设计制造到安装调试等工艺过程，都有相应的记录文件。

（五）电气接线、组装及现场安装调试严格把关，认真细致，不放过一点一线的问题，消除隐患。全部工作都由技术骨干亲自动手完成，确保设备系统将来使用的可靠性。

（六）联调及试运行过程中，在带载情况下对每个设备进行尽可能多的实际检修作业，磨合设备，考验系统，充分暴露隐患并解决问题。试运行实际作业是在公司技术人员指导下，由操作人员自行操作。

（七）设备厂家设有专业售后服务部门，主要责任配合技术部门进行设备安装、调试和定期维护、保养，并对设备故障进行排除和修复。

（八）设备质保期为 24 个月。在质保期内，提供免备件、免人工、免服务费的服务，被更换的部件的质保期将从此时算起为 24 个月。全天候电话值班，自接到故障信息后 1 小时内做出响应，提供远程支持。对用户无法自行解决的故障问题，24 小时内抵达用户现场排除故障，完成维修及调试工作，并使之达出厂验收后的水平。

（九）提供全部维修配件、重要元器件及其他全部维修配件的生产厂家，并保证及时供货。

（十）保持与操作人员和维修人员日常的工作通信联系，建立用户使用维护档案，指导用户正确使用。

（十一）保修期满后，仍将提供必要的技术咨询及设备维修服务。若需要更换零部件，成本费用由用户负担，终身协助提供服务；保证提供良好的长期保修、维护服务和终身技术支持。

（十二）在正常的质保期之内，对设备及部件中因工艺、设计错误和材料缺陷但在正常的质保期届满之前的合理检测中未发现的潜在缺陷负责更换。潜在缺陷的质保期为正常质保期后的 12 个月。

（十三）现场售后服务人员由经过良好培训的高技能、高专业水平人员担当，能快速解决故障问题，并具备对故障问题本因作出判断和纠正的能力。

四、现场调试施工安全控制

（一）现场工作人员应完成安全教育培训及新线相关安全培训并经考核合格，人员组成不得少于 2 人。同时需要指定一名安全负责人，进出工地现场前后均由安全负责人清点人数，确保人员安全。

（二）严格遵守工地的各项安全管理规定，服从施工单位的工作安排。穿戴必要的劳动保护用品，须穿劳保鞋、戴安全帽、带手电筒。

（三）要特别注意防止高空坠物、突出物伤人，防止跌摔伤，防止碰伤人，留意地面坑洞、硬物和障碍物。严禁触摸尚未交付使用的电气箱、开关、插座、裸露线头、带电设备、不明设备等，尽量不触碰脚手架、调试设备外壳、积水等任何可能意外带电的物体。

（四）严禁擅自进入施工方禁止进入的区域。未经轨行区管理人员的批准，禁止擅自进入轨行区。未经批准不得以任何方式干扰设备装置的正常运行和测试。

（五）设备厂家方的调试方案须包含详细的安全质量保证措施，有人员架构组成，明确调试的安全负责人、技术负责人及其安全管理职责、质量检查监督职责。

（六）参与现场设备调试的工作人员须按要求穿戴劳保防护工作服、安全帽、护趾绝缘鞋。

（七）严格遵守有限空间作业管理规定，明确作业负责人、监护人和作业人员，不得在没有监护人的情况下实施作业。

第十一章

不落轮镟床

第一节　调试筹备

一、功能简介

在列车行驶了一段时间之后，车轮会因为和轨道相互作用而产生变化。反映在车轮上的变化包括踏面及轮缘的过度磨损、踏面擦伤、金属碾堆、因圆周不均匀磨耗造成的径向圆跳动过大等。所有这些变化，都会对车辆的运行品质造成影响，轻则造成行驶过程中的振动从而影响乘客乘坐体验，重则酿成轮轨事故。

不落轮镟床设备具有对城市轨道交通列车在车辆轮对不拆解的情况下进行镟修加工的功能，也可以对已落架的转向架上轮对或已落轮（带轴箱）的单个轮对进行镟修加工，对磨损或擦伤的车轮踏面、轮缘进行镟修加工，使轮对在短时间恢复到正常状态。设备应具备自动测量、镟修加工、数据记录和储存、报表打印、故障诊断、铁屑破碎和排送等功能。设备控制系统采用 CNC（数控）系统，应具备对不同轮对的轮廓形状曲线进行编程的功能。

二、调试目的

镟床是一种特殊的机械加工设备，其主要的技术指标既要满足设备的基本功能，也要保证测量、加工精度，而镟床的测量、加工精度与其安装情况又息息相关，故不落轮镟床的调试工作，必须从设备的安装开始严格把控，确保设备功能与精度正常。

三、调试工作计划

不落轮镟床的整个调试计划可以按表 11-1 开展。表 11-1 总结了设备调试全过程中各阶段的工作任务、工期计划、工作要求和人员组织，体现调试各阶段的任务要求和先后顺序。

表 11-1 不落轮镟床调试计划

阶段	工作任务	工期计划	工作要求	人员组织
第一阶段	土建设施	施工计划	组织下现场跟进镟床库、基坑的土建施工，参与工地施工监理例会	技术专工 1 人、生产员工 2 人，施工人员 2 人，不定期下现场跟进，做好问题记录
第二阶段	设备到货接收	新线合同采购计划	组织下现场，参与设备部件的到货接收	同上
第三阶段	机械设备安装	车辆段工艺设备安装计划	参与现场的设备部件安装，了解设备的吊装过程、工艺要求、技术标准	同上
第四阶段	电气设备安装	设备厂家的安装计划	参与现场电气设备的安装，了解全安装过程、安装位置、工艺要求、技术标准	同上
第五阶段	功能调试	设备厂家的调试计划	参与现场功能调试，学习了解厂家技术人员的调试过程、方法和任务	同上
第六阶段	查线核图、扭力校正	调试计划	按调试计划组织开展调试，发现问题并提出整改	技术专工 1 人，生产员工 6 人
第七阶段	培训	培训计划	按计划开展维修与操作培训	技术专工，全员
第八阶段	城市轨道交通车辆、工程车试验镟修	调试计划	按计划组织城市轨道交通车辆、工程车上镟床进行镟修检验，各参数应满足镟轮标准	技术专工，全员
第九阶段	规程、工艺编制	年度工作计划	按新线设备筹备工作计划编制规程、工艺	技术专工

四、人员要求

为确保设备各系统及其部件的安装调试安全质量，作业人员都应了解不落轮镟床基本知识，熟悉设备各系统的构造原理，熟悉相关设备操作规程，熟悉相关标准，熟练掌握并严格执行本工艺的各项规定，具备上岗作业证书。

五、物资需求

（一）备品备料（见表 11-2）

表 11-2　备品备料

序号	名称	规格型号	单位	数量
1	除锈润滑剂	WD-40、300 mL	支	1
2	纯棉布	米白色、卷布	kg	1
3	油漆笔	红色、斑马牌（日本）	支	1
4	锂基润滑脂	3#、15 kg/罐、长城牌	罐	1

（二）工器具（见表 11-3）

表 11-3　工器具

序号	物资名称	主要用途	备注
1	随机安装调试工具套装	调整设备各处结构所用	包含安装调试过程中所需的各类扳手、钳子、旋具等常用工具
2	练习轮对	切削试验使用	可使用报废轮对或故障轮对
3	标准轮对（标定轮对）	标定镟床参数	一般合同内约定由厂家提供
4	千斤顶	安装、调整镟床位置	5 t，2 个
5	水准仪	测量安装后床身及轨道高度	含标尺
6	框式水平仪	测量镟床床身水平度	精度 0.04 mm/m，2 个
7	塞尺	测量部件间隙	
8	水平尺	控制水平	

第二节　设备安装

一、安装基础检查

（一）基坑尺寸

与厂家现场对照图样复测，各项尺寸数据应与设计图样一致，满足设备的安装要求。

关键点：地坑预制的混凝土安装平面距离轨面高度，以及预留地脚螺栓孔的位置准确度、深度、尺寸应保持与设计图一致，各预留螺栓孔位与镟轮道轨道的相对位置应满足要求（各对称孔中心线与轨道中心线应重合）。

过程中如发现存在差异应与厂家技术人员进行研究。对于可以接受的误差，应记录并在后续安装过程中进行相应调整；对于不可接受的误差，应及时与建设单位协调返工整改。

由于涉及基坑的整改时间长，且二次整改可能对整体结构强度造成影响，建议有条件的运营单位在基坑浇筑之前根据图样进行一次检查，在设备安装之前与厂家进行二次核查。

（二）基坑整体质量

检查基坑整体质量，工程质量应满足使用要求。在施工前确认混凝土标号，有条件的在土建封闭前拍照留底。

关键点：地坑防水质量合格，地坑内不存在各种形式的地下水渗漏的情况。对于基坑存在的渗水需及时进行处理并后续跟踪整改效果。

（三）供电电源

根据设计要求，核查供电电源是否满足设备使用要求。检查电源上装容量及预留电缆线的规格型号是否与设备要求一致，预留电缆的长度及出线位置是否符合设备安装使用要求。预留的线管通道是基坑的防水薄弱环节，应在安装前检查通孔的上、下出口是否已妥善封闭，并在使用过程中持续观察预留孔洞处是否有渗漏水的情况发生。

（四）现场安装条件

按照现有城市轨道交通车辆段的设计，镟轮线一般不设置重载桥式起重机，故镟床的吊装一般都需要使用汽车起重机。在安装前需核实现场库房净高、坑边护栏等影响吊装的因素，以便选择合适的吊车进场吊装。

现场应有满足安装过程中各类工器具使用的电源，如无正式照明，应提供足够亮度的临时照明。地坑作业区域周边应有相关安全围蔽，防止人员误坠坑内等。

（五）轨道条件

部分镟床厂家对镟床前、后轨道并无明确要求，但镟床轨道的平直度、平行度均会影响到车辆轮对在镟床上的精确定位，建议按照如下要求，对镟床地坑前、后轨道进行精细调整（见图 11-1）。

使用水准仪检测镟床地坑 4 条钢轨的水平高度。

（六）其他

除以上检查内容外，还需检查现场预留的空调安装位置是否合理，应能有效调节地坑内作业人员所在区域的温湿度，又不会对镟床本身各部件的布设造成影响；空调冷凝

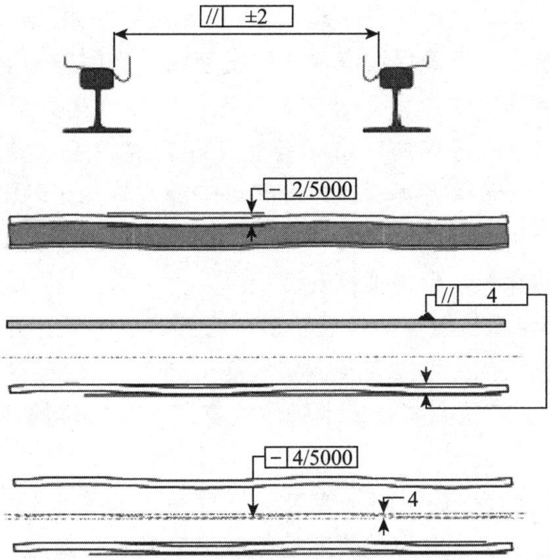

图 11-1　镟床地坑前、后轨道要求

水应有妥善处理方式；地坑内照明装置布设合理，满足后续镟修作业需求；地坑内基础装修满足使用需求；地坑内或者操作间内预留有电话、网线，便于操作人员与外界联络以及故障的远程在线诊断和数据传输等。

二、安装过程管理

目前各厂家镟床都是整体安装，即出厂时整机已经安装完成，现场主要进行整机及附属设备吊装、精度调整，以及管线连接等工作，如图 11-2 所示。

安装顺序从下到上，即先安装铁屑输送设备，再安装铁屑破碎设备（部分镟床的

图 11-2　镟床安装

铁屑破碎设备与镟床主体结构集成在一起)，再安装镟床主体，最后安装镟床轨道等。

镟床安装的关键核心在于确保镟床主体的安装精度。镟床一旦在地脚螺栓灌浆安装之后，再进行调整的空间非常小，安装前期存在的细微误差如果无法通过后期调整消除，将可能导致装夹轮对在镟床的定位不准确（即轮对轴线与镟床加工轴线不重合），引发各滚轮接触压力不一致等各类问题，最终影响测量与加工的精度。

安装完成后再进行纠正与整改，工序烦琐，甚至无法消除误差，因此，整个安装过程必须由运营单位主动介入，严格把控安装精度。

（一）在地坑内部合适位置准确标注轨道中心线，这个轨道中心线也是后续镟床安装完成之后的镟床中心线，后续安装及调整均基于这个中心线。

（二）清洁地坑内部，重点将镟床地脚螺栓安装孔内部碎屑灰尘清理干净，避免灌浆后与基坑分离。

（三）将地脚螺栓预留在孔洞内，或者预先使用工装将地脚螺栓精确定位并固定，然后将镟床吊装至基座位置，确保地脚螺栓与镟床安装孔位对应，完成镟床主机在安装基座的初步定位（不同镟床厂家的步骤不同，以实际安装指导文件为准）。

（四）使用千斤顶或其他设备，微调设备位置，确保设备中心线与轨道中心线重合，同时，调整地脚螺栓结构，确保设备安装后的轨道高度与镟轮道轨道高度一致，最终完成设备的定位。

（五）在镟床轨道的安装过程中原始镟轮道轨道可能做了盈余的预留，在镟床轨道安装前，需将预留轨道切割至需要的长度，镟床轨道的调整需要结合镟床主体的调整进行，确保四条轨道均处于同一水平面上（使用水准仪进行测量），并与镟轮道轨道处于同一水平面上。在镟床中心线与轨道中心线重合的情况下，镟床轨道与镟轮道钢轨连接应对称平顺。

三、安装精度检验

（一）镟床中心线与轨道中心线的重合性检验

鉴于部分镟床厂家对于镟床中心线与轨道中心线的重合性缺少具体直观且有效的检测手段，安装精度基本取决于安装工程师在现场的个人判断，本书推荐使用德国赫根赛特镟床使用的位置检验方式，其基于镟床左、右压爪立柱在镟床的位置严格对称的原理，取左、右压爪立柱连接线的中垂线，即为镟床中心线，检查该连线与轨道中心线之间的差异，即可反映镟床安装位置的精确程度，如图 11-3 所示。具体操作如下：

1. 取一段 5 m 左右的低延展性的细绳索（如细钢丝），一端固定一个划针，一端结成固定绳套，套于一侧压爪的立柱上，保持绳索在水平状态下，在镟床左、右轨道中间分别画 2 道圆弧。

2. 维持绳套结构不变，将之移动至另一侧压爪立柱上，同样在镟床左、右轨道中间分别画 2 道圆弧。

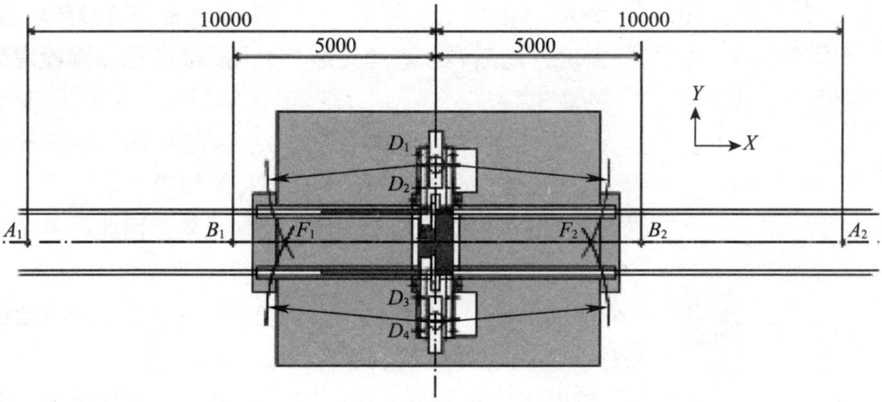

图 11-3　镟床中心线与轨道中心线的重合性检验

3. 4 道圆弧相交于 F_1、F_2 两点，F_1、F_2 的连线即为镟床的中心线。

4. 检查 F_1、F_2 连线与轨道中心线的关系，反复精细调节镟床水平位置，确保最终 F_1、F_2 落点位于轨道中心线±0. 5 mm 范围内。

（二）镟床安装水平度检查

镟床的安装除了需要保证镟床中心线与轨道中心线重合之外，还需要保证镟床整体保持水平。

如图 11-4 所示，选取镟床导轨或床身上与导轨方向严格平行的平面（图中 2）、左右床身上与导轨方向垂直的两个平面（图中 1 和 3）作为镟床安装水平度的检测位置。如果被选择平面被漆面覆盖，需先除漆，露出被测平面本体。如果镟床不具备这种精确的可检测平面，考虑检测左右床身的两个摩擦滚轮顶部形成的平面（使用高精度型材架设在两个滚轮之间，检测架空型材的水平度，反映出同侧两个滚轮之间的水平度）。

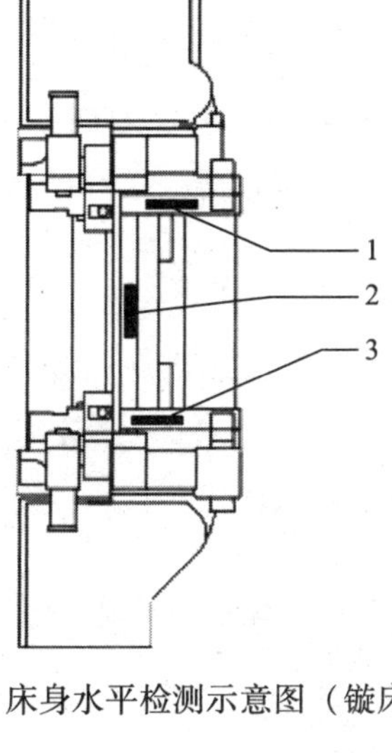

图 11-4　床身水平检测示意图（镟床俯视图）

使用 2~3 个精度为 0.04 mm/m 的框式水平仪，分别放置在镟床安装水平度的检测位置，检测镟床主体的水平情况，逐渐调节基座安装螺栓的调整装置，确保镟床各个方向上水平度满足±0.02 mm 的要求。

第三节　设备调试

一、开箱检查

设备到货后，对照合同技术要求，核查部件结构齐全，核心元器件（包括数控系统、PLC 系统、液压站等）规格型号与技术规格书要求一致，并填写 OCI 检查表。

（一）组件完整性检查

镟床主体、液压站、控制电柜、轨道设备、断屑机、排屑机、吸尘除烟装置、安装调试包等应齐备，外层应有防护，外观无磕碰受损，漆面完整无损伤。

（二）管路、电缆检查

检查镟床主体，预留管路、电缆接头应防护良好，无锈蚀、损坏、异物入侵等异常；OP（操作面板）等可转动部件固定良好无损坏。

（三）液压站检查

管路无破损，阀件紧固可靠无松动，油箱无泄漏，预留管路、电缆接头应防护良好，无锈蚀、损坏、异物入侵等异常；阀件、电动机、油泵等关键元器件品牌型号与技术规格书要求一致。

（四）控制电柜检查

预留电缆接头应防护良好，无锈蚀、损坏、异物入侵等异常；布局合理，接线规整，有线号标识，数控系统、PLC 等核心器件品牌型号与技术规格书要求一致。

（五）安装调试包检查

应包含安装所需的工器具、备件包、灌浆专用混凝土、调试所需要的标准轮对及练习轮对等材料。

（六）附属设备检查

如镟床还包含有公铁两用车或轨道牵引车等附属设备，对附属设备也需要进行上述项目的检查。

二、静态外观检查

（一）安全注意事项

1. 作业前人员需正确佩戴个人防护用品，包括安全帽、工作服、劳保鞋等。

2. 使用化学喷剂及粉尘超标的作业场所，必须佩戴口罩方可作业。

3. 进行电气部件清洁检查作业前，应关闭设备控制电源开关，并在开关处挂“有人工作，禁止合闸”警示牌。

4. 拆卸的盖板门扇必须稳固放置，防止跌落伤人。

5. 地坑内铁屑传送带检修地道盖板打开后，需设置防护，防止人员跌落。

6. 作业过程中工具需妥善放置，防止从高处掉落造成人员伤害及设备损坏。

7. 作业完毕后，应进行场地和工具出清，做好现场 6S 管理。

（二）检查步骤和要求

设备安装完成后，根据设备出厂资料，对照设备机械组装图、液压原理图、电气原理图、电气接线图等资料，对现场设备进行一一核对；对于发现的问题，一一进行记录，并督促厂家限时整改。

静态外观检查的细节要求包括：

——所有电气类元件（包括 PLC、自动空气断路器等控制类元件及终端传感器、电动机等执行元件）均有与图样对应的唯一编码。

——所有实物线缆应有与图样一一对应的线缆编号。

——所有接线头、接线端子应与图样编号对应。

——接线工艺应符合相关规范要求。

——所有元器件的安装应紧固可靠。

——不存在缺装、漏装等异常情况。

1. 液压与润滑系统

（1）检查液压站，要求无泄漏，油位计外观完好，油位位于油位计最高与最低液位指示线之间，阀门、管路、电缆等各元器件标识与图样一致。

液压站为镟床各液压驱动部件的动力源，独立放置在镟床地坑角落，如图 11-5 所示，其中包含有油箱及油位计、液压泵和电动机、液压表和压力传感器、温度传感器、散热模块与加热棒、电磁阀和油管等部件。

检查步骤：

1）检查液压站整体，应无液压油泄漏情况；检查液压站底部漏油承接箱，应无液压油积存。如发现渗漏等异常情况，应查明原因并处理。

2）检查液压站油镜（见图 11-6），油位应位于油位计最高与最低液位指示线之间。

图 11-5　液压站

图 11-6　液压站油镜

(2) 检查所有液压阀、液压表，要求无松动、无破损、无漏油，使用白棉布清洁各阀组及压力表。

镟床液压阀与液压表主要位于液压站及床身左、右内部。

检查步骤：

1) 检查液压站阀组（见图 11-7）、液压表及接头，应无破损、松动、渗漏等异常现象，并进行清洁。

2) 检查液压站各液压阀线圈线缆，应无破损，接线无松动，标识清晰。

3) 打开左、右床身盖板，检查床身阀组（见图 11-8）、液压表及接头，应无破损、松动、渗漏等异常现象，并进行清洁。

图 11-7　液压站阀组

图 11-8　床身阀组

4）检查床身阀组各液压阀线圈线缆，应无破损，接线无松动，标识清晰。

（3）检查所有液压油管及其接头，要求无松动、无漏油，所有管路接头均使用红色油漆笔统一画线，并使用白棉布进行全面清洁。

液压油管从液压站通过盖板下的管线槽连接至左、右液压阀组，再从左、右液压阀组连接至各执行结构。为便于检查油管接头的紧固情况，应对油管接头按照紧固螺栓的防松画线标准进行画线。

检查步骤：

1）打开床身后方及侧面盖板、液压管线管槽盖板。

2）检查油管及接头，应无松动、漏油等异常状态。

3）对缺失的防松画线用油漆笔进行补画，对检查松动的油管接头进行紧固（见

图 11-9）并重新画线。

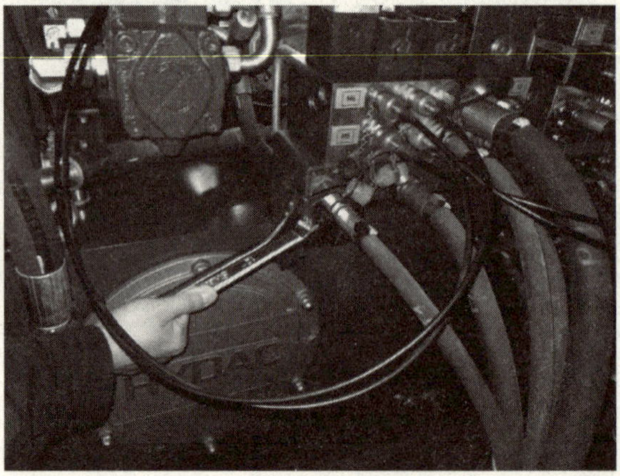

图 11-9　紧固油管接头

（4）检查并清洁液压油冷却装置，要求管路无泄漏，外观正常，所有管路接头均使用红色油漆笔统一画线。

液压油冷却装置（见图 11-10）主要包括冷却站和热交换装置，以及相关管路。液压油经过热交换装置，将热量传递给冷却液管路，被加热的冷却液回到冷却站中进行风冷。为便于检查油管接头的紧固情况，应对油管接头按照紧固螺栓的防松画线标准进行画线。

检查步骤：

1）检查油管及接头，应无松动、漏油等异常状态。

2）对液压油冷却装置（见图 11-10）及热交换器（见图 11-11）进行清洁。

3）对缺失的防松画线用油漆笔进行补画，对检查松动的油管接头进行紧固并重新画线。

图 11-10　液压油冷却装置

图 11-11　热交换装置

（5）检查驱动轮齿轮箱（见图 11-12），要求外观无渗油，齿轮箱内油位正常。

图 11-12　驱动轮齿轮箱

检查步骤：

1）打开左、右床身齿轮箱外盖板。

2）检查驱动轮齿轮箱底部，应无油迹；检查齿轮箱周边，应无齿轮油渗漏痕迹。

3）通过驱动轮齿轮箱油位观察窗检查齿轮油是否足够，如不足则进行添加。

4）稍微松开驱动轮齿轮箱油口，使用白棉布取少量油液样本，检查其是否有异味，液压油是否变质、浑浊等。

（6）检查断屑机齿轮箱，要求无渗油，齿轮箱内油位正常。

断屑机（见图 11-13）位于地坑内沿轨道方向的检修地道内，可沿安装于地道侧壁的导轨拉出至地道台阶进行检修（亦有部分型号镟床配套断屑机高度未沉入镟床安装平面以下）。

图 11-13　断屑机

检查步骤：

1）沿导轨将断屑机拉出至检修地道台阶的位置。

2）检查断屑机齿轮箱底部，应无油迹；检查齿轮箱周边，应无齿轮油渗漏痕迹。

3）稍微松开断屑机齿轮箱油位检查螺堵，应有润滑油液渗出，使用白棉布取少量油液样本，检查其是否有异味，液压油是否变质、浑浊等。

（7）检查排屑机齿轮箱，要求无渗油，齿轮箱内油位正常。

排屑机共有两台，横向排屑机位于地坑内垂直轨道方向的检修地道内，将粉碎后的铁屑传送出镟床区域；纵向排屑机位于镟床侧面，将铁屑传送至地面铁屑桶。

横向排屑机电动机及齿轮箱位于床身右侧花纹钢盖板下方，如图 11-14 所示；纵向排屑机电动机及齿轮箱位于地面部分顶部，如图 11-15 所示。

图 11-14　横向排屑机电动机及齿轮箱

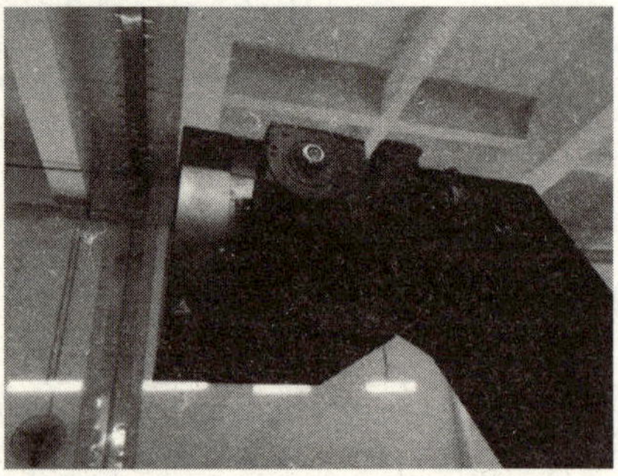

图 11-15　纵向排屑机电动机及齿轮箱

检查步骤：

1）拆卸镟床排屑机盖板。

2）检查横向排屑机齿轮箱底部，应无油迹；检查齿轮箱周边，应无齿轮油渗漏痕迹。

3）检查纵向排屑机齿轮箱底部，应无油迹；检查齿轮箱周边，应无齿轮油渗漏痕迹。

4）稍微松开排屑机齿轮箱油位检查螺堵，应有润滑油液渗出，使用白棉布取少量油液样本，检查其是否有异味，液压油是否变质、浑浊等。

（8）检查刀架动作集中润滑系统，要求无渗漏，油位位于最高与最低液位指示线之间。

刀架动作集中润滑系统（见图 11-16，也称作“周期润滑系统”）位于镟床床身后部，主要为镟床刀架提供周期性集中润滑。

检查步骤：

1）检查刀架动作集中润滑系统底部，应无油迹；检查润滑系统周边，应无润滑油渗漏痕迹。

2）检查刀架动作集中润滑系统油位，应位于最高与最低液位指示线之间。

图 11-16　刀架动作集中润滑系统

(9) 检查轴距调节装置的润滑系统，要求无渗漏，集中润滑罐的润滑脂位位于最低刻度线以上（仅适用于双轴镟床）。

双轴镟床的轴距调节装置的轨道采用自动润滑的方式。集中润滑罐（见图 11-17）中装有润滑脂。集中润滑罐使用润滑脂自动对轴距调节装置的轨道进行润滑。

图 11-17　集中润滑罐

检查步骤：

1）打开镟床侧边盖板，检查集中润滑罐底部，应无油迹；检查周围润滑管路，应无油脂渗漏痕迹。

2）检查集中润滑罐的润滑脂位是否位于最低刻度线以上，如润滑脂不足，则在润滑罐的油嘴处使用润滑脂枪加入足够润滑脂。

(10) 检查轴距调节装置电动机安装座 2 处 13#润滑点，要求油嘴无损坏，润滑良好（仅适用于双轴镟床）。

双轴镟床的轴距调节装置电动机共 2 个，位于主机安全门前立柱两侧，其安装座共设有 2 处润滑点，如图 11-18 所示。

检查步骤：

1）打开镟床盖板，检查集中润滑罐底部，应无油迹；检查周围润滑管路，应无油脂渗漏痕迹。

2）检查油嘴外观，确认无损坏。

3）使用润滑脂枪在润滑点处加入适量润滑脂。

图 11-18　轴距调节装置电动机安装座润滑点

（11）检查断屑机 5 处 11#润滑点，要求油嘴无损坏，润滑良好。

断屑机共设有 5 处润滑点，如图 11-19 所示。

图 11-19　断屑机润滑点

检查步骤：

1）检查断屑机的 5 处润滑点，确认其油嘴无损坏。

2）使用润滑脂枪在断屑机的 5 处润滑点处加入适量润滑脂。

（12）检查刀架与测量头 4 处 8#润滑点，要求油嘴无损坏，润滑良好。

刀架与测量头处共设有 4 处润滑点（带制动盘切削功能的镟床为 6 个润滑点），如图 11-20 所示。

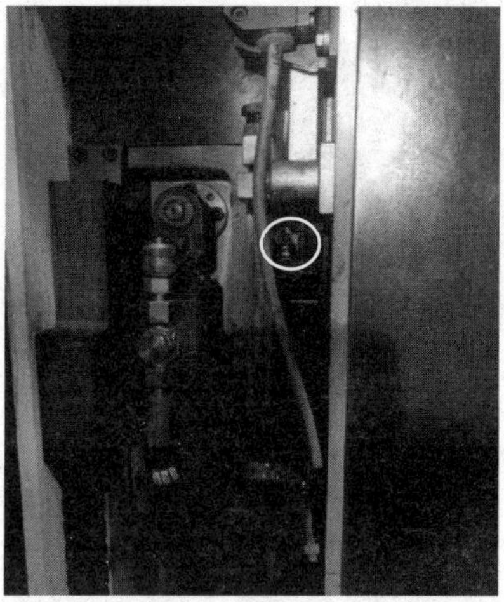

图 11-20　刀架（左）与测量头（右）润滑点

检查步骤：

1）检查油嘴外观，确认无损坏。

2）使用润滑脂枪在润滑点处加入适量润滑脂。

（13）检查轴向定位轮 6 处 9#润滑点，要求油嘴无损坏，润滑良好。

轴向定位轮共设有 6 处润滑点，如图 11-21 所示。

图 11-21　轴向定位轮润滑点

检查步骤：

1）检查油嘴外观，确认无损坏。

2）使用润滑脂枪在润滑点处加入适量润滑脂。

（14）检查驱动机构 12 处 4#润滑点，要求油嘴无损坏，润滑良好。

驱动机构共设有 12 处润滑点，如图 11-22 所示。

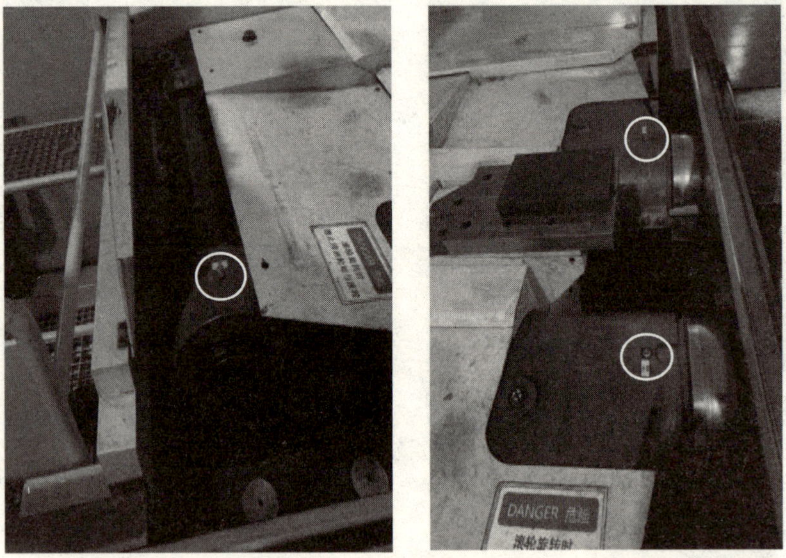

图 11-22　驱动机构润滑点

检查步骤：

1）检查油嘴外观，确认无损坏。

2）使用润滑脂枪在润滑点处加入适量润滑脂。

（15）检查装夹系统共 10 处 5#、6#润滑点，要求油嘴无损坏，润滑良好。

装夹系统共设有 10 处润滑点，如图 11-23 所示。

检查步骤：

1）检查油嘴外观，确认无损坏。

2）使用润滑脂枪在润滑点处加入适量润滑脂。

（16）检查外轴箱装夹伸缩缸 4 处 7#润滑点，要求油嘴无损坏，润滑良好。

外轴箱装夹伸缩缸共设有 4 处润滑点，如图 11-24 所示。

检查步骤：

1）检查油嘴外观，确认无损坏。

2）使用润滑脂枪在润滑点处加入适量润滑脂。

（17）检查活动轨 8 处 10#润滑点，要求油嘴无损坏，润滑良好。

活动轨共设有 8 处润滑点，如图 11-25 所示。

图 11-23　装夹系统润滑点

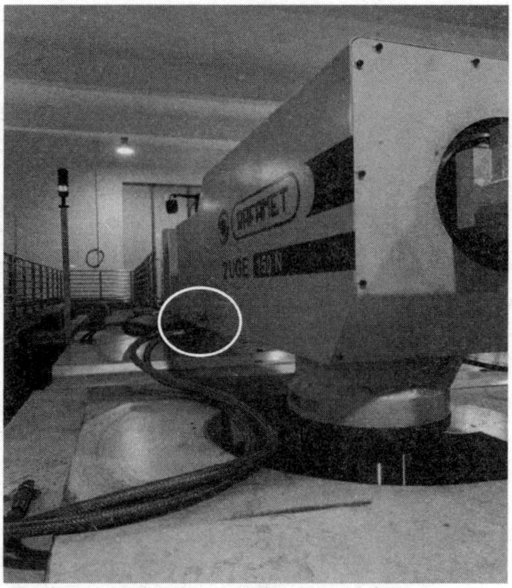

图 11-24　外轴箱装夹伸缩缸润滑点

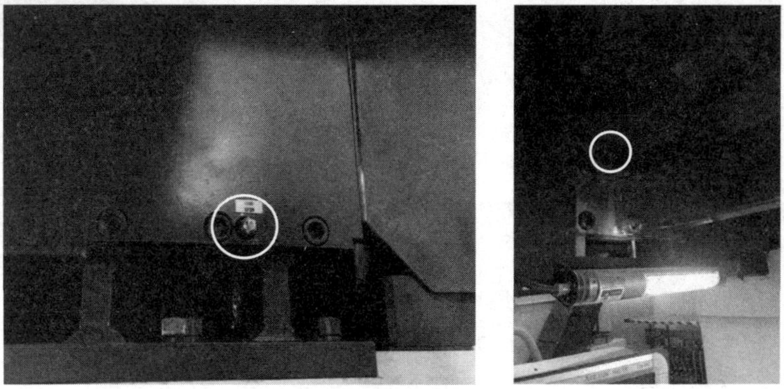

图 11-25　活动轨润滑点

检查步骤：

1）检查油嘴外观，确认无损坏。

2）使用润滑脂枪在润滑点处加入适量润滑脂。

2. 床身结构

（1）检查观察窗和安全门，应整体完好；检查门闩紧固螺栓防松画线，应清晰无错位。

为防止镟床正常加工过程中人员进入加工区域，镟床具有安全互锁功能，左、右操作平台及中央观察门上均安装有安全门锁，在主轴旋转时，一旦检测到门被打开，立即停止主轴旋转，从而实现安全防护。

检查步骤：

1）检查中央观察门与左、右操作平台的安全门，应结构完好、稳固、开关正常。

2）检查中央观察门与左、右操作平台的安全门门闩紧固螺栓（见图 11-26），应紧固良好；防松画线应清晰无错位。

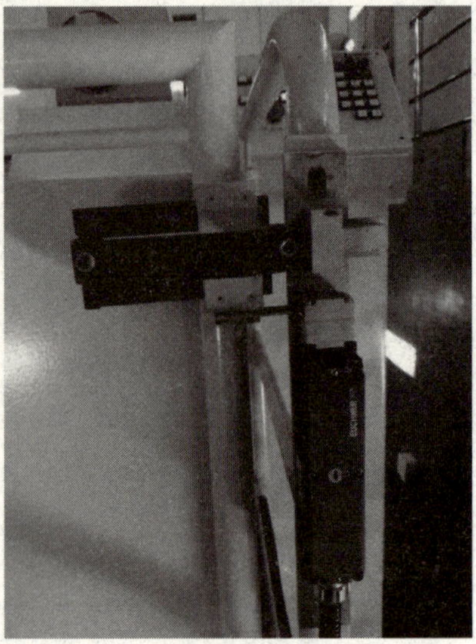

图 11-26　观察门（左）与操作平台安全门门闩紧固螺栓（右）

（2）检查床身机构的紧固螺栓，防松画线清晰无错位。

为便于后续对设备各处紧固螺栓紧固情况进行目视检查，重点螺栓处均需使用油漆笔进行防松画线。

检查步骤：

1）检查镟床各处紧固螺栓，应紧固可靠。

2）检查各防松画线，应清晰无错位。

（3）检查移动端镟床的后止挡块，应紧固可靠、无松动（仅适用于双轴镟床）。

双轴镟床设置有轨距调节装置，因此移动端镟床可在轨道上移动。轨道末端设置有止挡，作为轨道的最终限位。

检查步骤：

1）检查后止挡块外观，应正常无裂痕，并进行清洁。

2）检查其紧固螺栓，应无松动。

（4）检查轴距调节系统导轨面，应无划痕及碰撞痕迹（仅适用于双轴镟床）。

检查步骤：

1）打开镟床床身中部通道门。

2）检查主机下方轴距调节系统导轨面有无划痕及碰撞痕迹。

3. 主驱动与装夹系统

(1) 检查主驱动传动带轮和传动带，要求传动带轮无损坏、无锈蚀，传动带无裂纹、无边缘崩裂。

传动带共有四组，分别将动力由主轴电动机传动至主轴滚轮，驱动主轴旋转。传动带位于左、右床身侧面盖板内，如图 11-27 所示。

图 11-27　传动带

检查步骤：

1) 打开左、右床身侧面盖板。

2) 检查电动机传动带轮与主轴传动带轮，要求传动带轮无损坏、无锈蚀。如传动带轮表面锈蚀，应使用砂纸打磨表面锈迹，并喷涂防锈保护油。

3) 检查传动带，整体应无裂纹，边缘处无崩裂。

(2) 检查传动带的张紧情况，要求无松动、无打滑。使用传动带张力检测仪进行检查。

检查步骤：

1) 打开左、右床身侧面盖板。

2) 用手指拨动传动带中部，应无松动、打滑现象。

3) 使用传动带张力检测仪进行检查，应符合标准 [(160±3) N 压力下压下 13.1 mm]。

(3) 检查并清洁驱动轮，要求外观完好。

驱动滚轮共 4 个，用于驱动轮对旋转。

检查步骤：

1) 用纯棉布擦拭滚轮表面，清除滚轮表面污垢，如图 11-28 所示。

2）目视检查四个滚轮表面，应无明显裂纹擦伤。

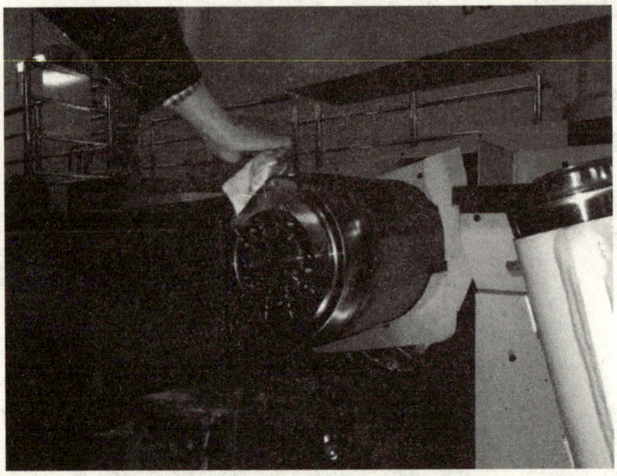

图 11-28　清洁滚轮表面

（4）清洁压爪套筒，检查压爪套筒底部紧固螺栓，要求画线清晰无错位。

镟床左、右各设置有一个压爪，用于轮对外轴箱的下压固定。压爪套筒底部使用螺栓进行紧固。

检查步骤：

1）关机，打开镟床床身侧门后进入，拆除观察窗，清洁压爪套筒。

2）检查压爪套筒底部紧固螺栓（见图 11-29），要求画线清晰无错位。

图 11-29　压爪套筒底部紧固螺栓

（5）检查并清洁轴向定位轮，要求外观完好。

轴向定位轮在装夹过程中紧贴左、右轮对内侧面，保持轮对的轴向位置。此外，系统通过安装于右侧轴向定位轮内部的编码器实时监控轮对转速，与摩擦滚轮转速进行比较，实现对轮对打滑的实时监测。

检查步骤：

1）使用棉布清洁左、右轴向定位轮表面，如图 11-30 所示。

2）观察轴向定位轮外观，应完好无缺损。

3）用手转动轴向定位轮，转动应平滑，无滞涩感。

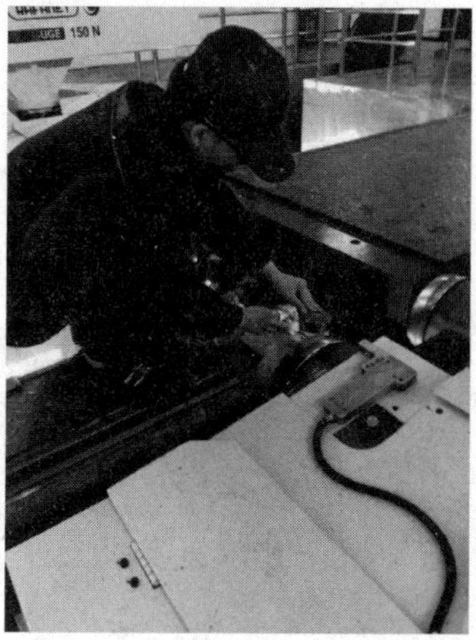

图 11-30　轴向定位轮清洁

4. 测量与加工系统

（1）检查并清洁刀座，要求外观完好，紧固螺栓无松动。

刀座受加工过程中铁屑刮擦影响，无法使用防松画线的方式对螺栓的紧固情况进行目视检查，需使用六角扳手进行手动紧固检查。

检查步骤：

1）使用棉布对左、右刀架进行清洁，使用铁签或小号内六角扳手清洁刀架螺栓内六角孔。

2）使用对应六角扳手检查刀座安装螺栓（见图 11-31），应无松动。

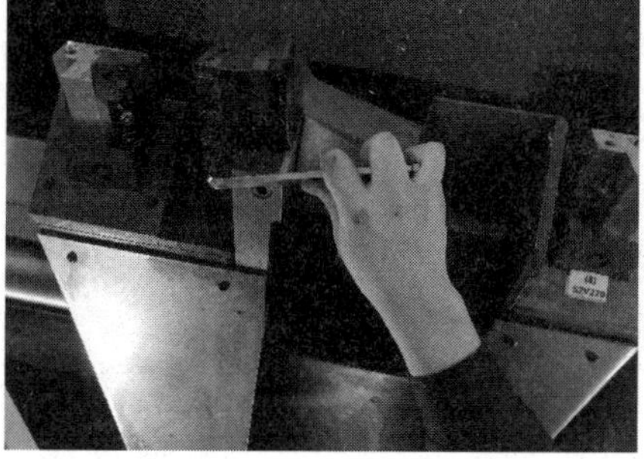

图 11-31　检查刀座安装螺栓

（2）检查并清洁刀具，要求状态良好，如有损坏则更换加工面或更新刀具。

左、右刀架各安装 2 个刀具（见图 11–32），分别对轮对踏面内侧与外侧进行加工（以轮缘顶点为分界点）；每个刀具各八个加工面，如其中一个加工面损坏，无须立即更换刀具，更换其余正常加工面即可。

如镟床有制动盘镟修功能，对预装的制动盘镟修刀具也需进行检查。

检查步骤：

1）使用棉布对左、右刀具进行清洁。

2）检查当前加工面，应无崩角和裂纹，如有异常则更换加工面或更新刀具。

图 11–32　刀架及刀具

（3）清洁测量装置防尘外壳内部结构；检查测量头盖板闭合状态下密闭状态，应良好；检查测量头结构，应无松动。

镟床左、右刀架上都有测量装置竖直移动机构，其上端为可打开的盖板，闭合状态下起到密封作用，防止铁屑、灰尘等异物掉入，损坏测量设备。

检查步骤：

1）设备停机，打开观察门，清洁测量装置防尘外壳、测量头盖板（见图 11–33），检查测量头盖板闭合状态下密闭状态，应良好。

2）拆开测量装置防尘外壳，清洁测量装置内部（见图 11–34），测量头结构应无松动。

图 11–33　测量头盖板

图 11–34　测量装置内部

（4）检查刀架水平移动传动带轮，应无损坏、无锈蚀；检查传动带，应无松动、无打滑、无裂纹、无边缘崩裂。

镟床加工区域左、右各有一个刀架，刀架的水平移动依靠传动带轮及丝杠螺母传动结构。传动带轮和传动带在镟床机身的左右两侧盖板内，如图 11-35 所示。

检查步骤：

1）设备停机，打开床身两侧盖板。

2）清洁传动带轮、传动带。

3）检查传动带轮，应无损坏、无锈蚀；检查传动带，应无松动、无裂纹、无边缘崩裂。

图 11-35　传动带轮和传动带

5. 电控系统

（1）检查并清洁所有电柜、电箱，要求外观完好，内部元器件外观完好。

此项目检查范围包括稳压柜、主电柜、操作面板背电柜、左右操作盒、液压站接线盒。

检查步骤：

1）检查各电柜、电箱外观，应完好，无磕碰掉漆等现象。

2）打开各电柜、电箱，检查其内部元器件，应外观完好。

3）打开各电柜、电箱，检查接地端子排外观，应正常；检查各接线端子连接，应可靠。

（2）检查并清洁活动轨 4 个接近开关，要求外观完好，无松动。

镟床上方有左右共两条活动轨，且各自设置了轨道锁紧手柄。手柄两侧各有一个接近开关（见图 11-36），用于反馈手柄位置状态。

检查步骤：

1）设备停机，拆除活动轨防护盖板。

2）用白棉布对活动轨限位传感器进行清洁。

3）检查限位传感器安装，应无松动。

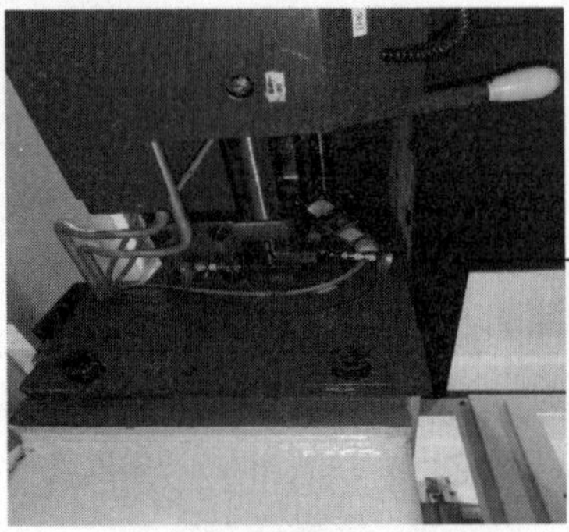

图 11-36　活动轨接近开关

（3）检查并清洁轴向定位轮 2 个限位传感器，要求外观完好，无松动。

轴向定位轮在装夹过程中应紧贴左、右轮对内侧面，保持轮对的轴向位置。轴向定位轮设置有限位传感器，用于监控轴向定位轮位置。

检查步骤：

1）设备停机，打开机身盖板。

2）检查压力传感器，要求外观完好，无松动。

（4）检查并清洁轴向定位轮 2 个压力传感器，要求外观完好，无松动。

轴向定位轮在装夹过程中应紧贴左、右轮对内侧面，保持轮对的轴向位置。轴向定位轮的液压传功管路设置有压力传感器（见图 11-37），用于检测管路压力。

图 11-37　压力传感器

检查步骤：

1）设备停机，打开床身侧盖板。

2）检查压力传感器，要求外观完好，无松动。

（5）检查并清洁外轴箱下压装置2个压力传感器，要求外观完好，无松动。

外轴箱下压装置位于机床顶部，左、右各一个，用于轮对外轴箱的下压固定。其液压传功管路设置有压力传感器，用于检测管路压力。

检查步骤：

1）设备停机，打开床身侧盖板。

2）检查压力传感器，要求外观完好，无松动。

（6）检查并清洁外轴箱下压装置8个限位传感器，要求外观完好，无松动。

外轴箱下压装置位于机床顶部，左、右各一个，用于轮对外轴箱的下压固定。每个外轴箱下压装置设置有4个限位传感器（见图11-38），用于对其升降、旋转进行限位。

检查步骤：

1）设备停机，打开床身通道门，拆下观察窗盖板，拆下外轴箱下压装置的防护盖板。

2）用白棉布清洁限位传感器。

3）在限位传感器非触发状态下检查其外观是否完好，有无松动。

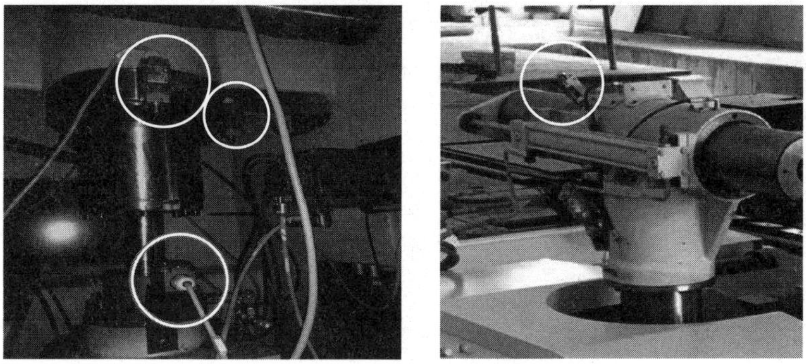

图11-38 外轴箱下压装置限位传感器

（7）检查并清洁外轴箱支撑装置4个限位传感器，要求外观完好，无松动。

外轴箱支撑装置位于机床顶部，左、右各一个，用于轮对外轴箱的支撑固定。每个外轴箱支撑装置设置有2个限位传感器（见图11-39），用于对其升降进行限位。

检查步骤：

1）设备停机，打开床身中间通道门，拆下观察窗盖板。

2）清洁外轴箱支撑装置限位传感器。

3）检查限位传感器外观是否完好，有无松动。

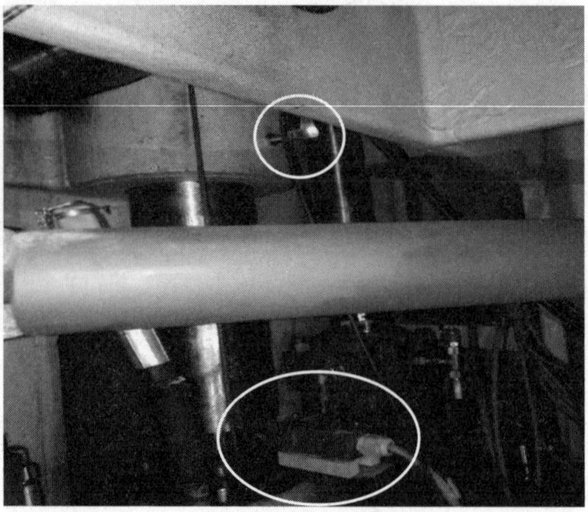

图 11-39　外轴箱支撑装置限位传感器

(8) 检查并清洁外轴箱支撑装置 2 个压力传感器，要求外观完好，无松动。

外轴箱支撑装置位于机床顶部，左、右各一个，用于轮对外轴箱的支撑固定。其液压传功管路设置有压力传感器，用于检测管路压力。

检查步骤：

1) 设备停机，打开床身侧盖板。

2) 清洁外轴箱支撑装置压力传感器。

3) 检查压力传感器，要求外观完好，无松动。

(9) 检查并清洁轴距调节装置 2 个限位传感器，要求外观完好，无松动（仅适用于双轴镟床）。

双轴镟床特有轴距调节装置，其位于主机床身下部，用于移动主机床身，以实现轴距的调整。轴距调节装置设置有 2 个限位传感器，用于对其前、后位置进行限位。

检查步骤：

1) 设备停机，打开床身右边轴距调节装置限位传感器的位置盖板。

2) 清洁轴距调节装置限位传感器，检查限位传感器的外观是否完好，有无松动。

(10) 检查并清洁定位传感器，要求功能正常，外观完好，无松动。

此项目检查范围包括所有定位传感器，每台镟床一个，位于右侧前后两滚轮之间。

检查步骤：

1) 检查并清洁所有定位传感器，要求其位于指定区域内，且外观完好，无松动。

2) 用手遮挡定位传感器激光束，应发出“哔”的提示音。

(11) 检查并清洁轮对对中、计转数装置，要求功能正常，外观完好，无松动。

镟床使用漫反射光电开关进行轮对对中检查与转数计数，两个光电开关位于床身顶部两个摩擦滚轮之间，其中转数计数光电开关为可移动式，以便于检测不同直径的轮对。

检查步骤：

1）用棉布清洁光电开关外表，检查光电开关透光窗，应无损坏，未被遮蔽；检查各处安装螺栓，应紧固可靠。

2）遮挡对中开关，镟床应发出“嘀”的声音，提示轮对已对中。

3）在整机功能试验中，测量轮对时，应能可靠、正确检测到轮对反光标签。

（12）检查并清洁滚轮抬升液压缸 4 个限位传感器，要求外观完好，无松动。

不落轮镟床拥有 4 个驱动滚轮，每个滚轮均由单独液压缸控制。液压缸位于床身内部，且在其轴箱的下部安装有限位传感器，如图 11-40 所示。

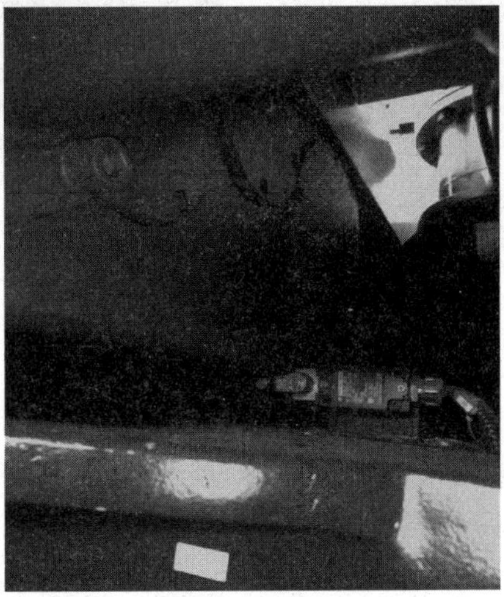

图 11-40　滚轮抬升液压缸限位传感器

检查步骤：

1）设备开机，操作滚轮抬升，使限位传感器处于非触发状态后，设备停机进行检查。

2）用布或油刷对限位传感器进行清洁。

3）检查限位传感器，要求外观完好，无松动。

（13）检查并清洁活动轨 4 个限位传感器，要求外观完好，无松动。

镟床上方设置有左右共两条活动轨，轨道的两端安装有限位传感器，如图 11-41 所示。

检查步骤：

1）操作设备让活动轨的限位传感器处于非触发状态，设备停机，拆除活动轨防护盖板。

2）用布或油刷对限位传感器进行清洁。

3）检查限位传感器，要求外观完好，无松动。

（14）检查所有电动机的电源线，要求外观完好，保护套管无破损。

此项目检查范围包括所有电动机的电源线，如图 11-42 所示。

图 11-41　活动轨限位传感器

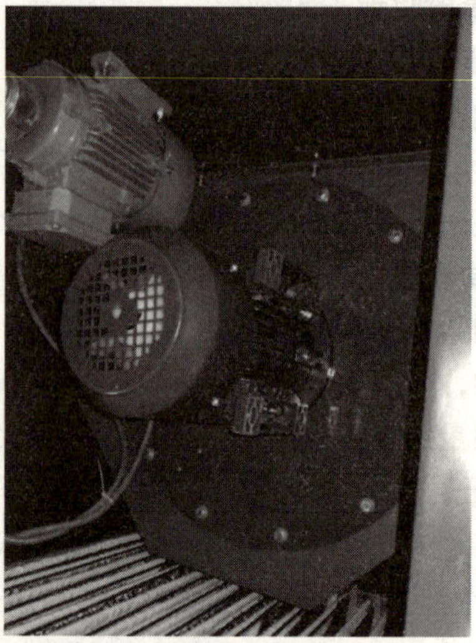

图 11-42　电动机的电源线

检查步骤：检查所有电动机的电源线，要求外观完好，保护套管无破损。

（15）检查所有电动机接线盒，如图 11-43 所示，要求所有接线无松动，接头无锈蚀。

镟床有多个电动机，如断屑机、上下排屑机、吸尘器、液压站、滚轮电动机等。

检查步骤：

1）设备复位停机，关闭设备电源，在电源合闸处挂有“有人工作，禁止合闸”警示牌。

2）逐一拆开需检查的电动机接线盒，检查电动机接线盒的接线，要求接线无松动，接头无锈蚀。

图 11-43　电动机接线盒

（16）测量断屑机、排屑机、吸尘器、液压站电动机的对地绝缘电阻，确认电动机的对地绝缘电阻大于 5 MΩ。

检查步骤：

1）设备复位停机，关闭设备电源，在电源合闸处挂有“有人工作，禁止合闸”警示牌。

2）逐一拆开需测量的电动机接线盒，将接线盒的原先接线拍照留底，拆分电动机进线及电动机绕组线。

3）测量电动机每一绕组线与地之间的绝缘电阻并记录测量的数值，其绝缘电阻应大于 5 MΩ，如图 11-44 所示。

4）测量结束后，安装电动机绕组线、进线时，需确认接线无松动且对照照片确认接线顺序正确。

图 11-44　测量电动机的对地绝缘电阻

（17）检查并清洁操作面板和操作手柄，要求外观完好。

镟床操作面板分为上下两个部分，如图 11-45 所示，通过面板各按钮、旋钮对镟床进行操作。操作手柄放置于上部操作面板侧面，可通过手柄上的选择开关及手轮精确控制刀架位置。

检查步骤：

1）使用棉布清洁操作面板及手柄表面。

2）检查各按钮有无损坏，检查按钮标签是否清晰。

3）检查开机灯显示是否正常。

（18）打开盖板，拆开线槽盖板，检查所有电缆，要求外观完好，无破损和龟裂。

镟床机身、电柜及地沟下有多处线槽盖板，线槽内布置着各类电缆。

检查步骤：打开线槽盖板，检查电缆外观是否完好，有无破损、龟裂。

6. 辅助设备

检查并清理吸尘器，要求外观完好。

吸尘器为独立附属设备，位于加工区域的吸尘口，如图 11-46 所示。吸尘器在加工过程中开启，将加工过程中产生的粉尘烟雾进行收集与过滤。

图 11-45　操作面板

图 11-46　吸尘器

检查步骤：检查吸尘器，要求外观完好，外壳及管道接头处应无破损。

三、动态功能试验

全部安装工作完成后，按照技术规格书要求，检测镟床动态功能。除了检测各项基础功能之外，动态功能试验还包括以下内容。

（一）部件功能动态检查

1. 液压与润滑系统

（1）检查液压站及床身压力测量表，要求指针动作正常，压力指示与液压原理图一致。

液压站 M1 至 M6 压力值由 6 路输入压力表显示，M7 压力值由可便携拆卸的耐震压力表显示，如图 11-47 所示。

M9、M11、M13、M15 压力值由床身一侧的 6 路输入压力表显示，M10、M12、M14、M16 压力值由床身另一侧的 6 路输入压力表显示。

图 11-47 液压站压力表

检查步骤：

1）开机，启动液压站，装夹练习轮对或标准轮对。

2）旋转 6 路输入压力表外圈，压力表即可显示通过测量软管连接的 6 路液压回路压力，检查其旋转是否顺畅，指针指示切换是否正常。

3）旋转 6 路输入压力表外圈，选择输入回路 5—6 测点，对应 M5—M6 测量点，记录液压站 P2 泵和 P3 泵的油压测点压力值，并与标准值比较，实际显示压力应在标准值范围中［M5 为（80±8）bar，M6 为（60±6）bar，1 bar＝0. 1 MPa］。

4）打开床身左右两侧盖板，露出阀组及压力测量表。

5）旋转压力表外圈，选择压力测量点，记录各测点压力值，并与标准值比较，实际显示压力应在标准值范围中［轴向定位轮 M9、M10 为（20±5）bar，测量头 M11、M12 为（30±3）bar，压下装置 M13、M14 为（50±5）bar，外轴箱支撑 M15、M16 为（30±3）bar］。

（2）检查液压油冷却装置，要求功能正常。

液压油冷却装置主要包括冷却站和热交换装置，以及相关管路。冷却站单独放置在液压站旁，而热交换装置则位于液压站左侧。

液压油经过热交换装置，将热量传递给冷却液管路，被加热的冷却液回到冷却站中进行风冷。

液压站右侧下部有温控开关，当液压油温度达到设定温度（40 ℃）时，冷却装置自动启动；在液压站下降到设定温度（15 ℃）时，冷却装置自动关闭。

检查步骤：

1）启动液压油冷却装置。如气温较低，设备在待机状态下无法达到冷却装置启动的油温，可通过热机、调低冷却启动油温的方式启动冷却装置（试验检查完毕后需恢复原有设置）。

2）观察其排风扇是否正常运作。

3）观察热交换装置是否正常运作。正常运作时，热交换装置有冷却液经过时会有轻微振动。热交换装置的冷却液管温度较低，液压油管温度较高。

4）冷却装置启动一段时间后，观察油温表，检查油温是否下降，以确认冷却功能是否正常。

2. 床身结构

（1）检查活动轨的工作情况，要求功能正常，无松动。

镟床在加工区域上方设置有活动轨道，在轮对装夹抬升后，轨道将退出以避免与刀架发生冲突。

检查步骤：

1）检查活动轨外观是否正常，并进行清洁。

2）检查紧固螺栓，应无松动。

3）开机操作活动轨道伸出和缩回，应动作正常，无异响，如图 11-48 所示。

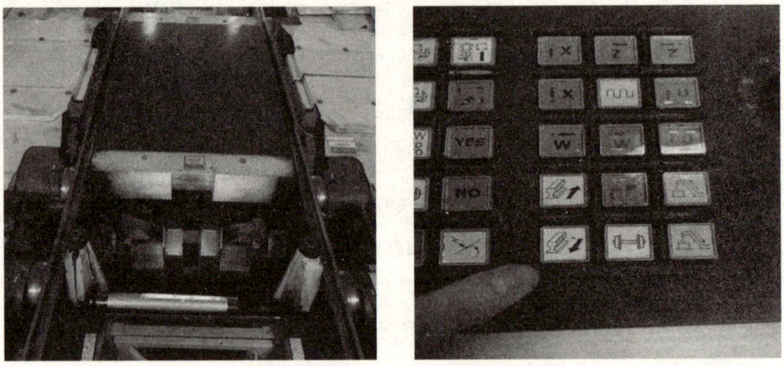

图 11-48　活动轨功能测试

（2）检查轴距调节系统，丝杠运动时应无振动及卡滞现象（仅适用于双轴镟床）。

双轴镟床设置有轴距调节系统，因此移动端镟床可在导轨面上移动。轴距调节依靠丝杆螺母副传动。

检查步骤：通过操作面板上的方向键使镟床移动，观察床身在移动过程中动作是否顺畅，有无振动及卡滞现象。

（3）对镟床定位及轴距调节系统移动精度进行检查校准。

将磁座百分表吸附到轴距调节系统导轨面上，表针接触到轨道下方的主机床身，然后通过手动模式移动主机，观察表针的跳动范围，以诊断丝杠的使用情况。

检查步骤：

1）组装百分表和磁性表座，并将磁座百分表吸附到轴距调节系统导轨面上，表针接触到轨道下方的主机床身。

2）通过手动模式移动主机，观察表针的跳动范围（即为实际机床移动量），与输入的移动量进行对比，以诊断丝杠的使用情况。

3. 主驱动与装夹系统

(1) 测量记录驱动轮的参数并记录。

检查步骤：

1) 开机，抬升驱动滚轮，退轨后关机。对驱动滚轮表面进行清洁后方可测量。

2) 固定游标卡尺一端于驱动滚轮，另一端在驱动滚轮上游移，如图 11-49 所示，游标卡尺测出的最大值即为驱动滚轮直径。

3) 开机，转动主轴，使用百分表对驱动滚轮径向圆跳动进行测量并记录。

图 11-49　测量驱动轮直径

(2) 使用 93.5 N·m 的扭矩校正驱动滚轮紧固螺栓（原始紧固扭矩 110 N·m）并进行画线，如图 11-50 所示。

驱动滚轮共 4 个，用于驱动轮对旋转。每个驱动滚轮上有 10 个紧固螺栓。

检查步骤：

1) 开机，抬升驱动滚轮、退轨后关机。

2) 将扭力扳手调至 93.5 N·m，顺时针转动扭力扳手，直至听见“哒”一声，暂停一次，再转动扭力扳手，直至听见“哒”一声，确认已紧固完毕，方为完成对一颗螺栓的紧固。

3) 按照上述步骤紧固每一个螺栓，直至全部驱动滚轮的螺栓完成紧固。

4) 完成扭力校正后，使用油漆笔对所有螺栓画线以便后续观察螺栓是否松动。

(3) 检查压爪机构伸缩、升降、回转功能，要求功能正常。

此项为功能检查，主要检查压爪结构的伸缩、升降、回转功能。

检查步骤：

1) 设备启动后，进行装夹操作，操作滚轮抬升，活动轨退轨，操作压爪结构上升

图 11-50　驱动滚轮紧固螺栓扭力校正（左）与画线（右）

一定距离，避免伸缩时与其他位置干涉。

2）按压左、右操作面板压爪机构伸出与缩回按钮，分别检查左、右压爪结构，伸缩应平缓，无振动异响等情况。

3）按压左、右操作面板压爪机构上升和下降按钮，分别检查左、右压爪结构，升降应平缓，无振动异响等情况。

4）按压左、右操作面板压爪机构转入与转出按钮，分别检查左、右压爪结构，回转应平缓，无振动异响等情况。

（4）检查轴向定位轮的功能，要求功能正常。

轴向定位轮在装夹过程中应紧贴左、右轮对内侧面，保持轮对的轴向位置；此外，系统通过安装于右侧轴向定位轮内部的编码器实时监控轮对转速，与驱动滚轮转速进行比较，实现对轮对打滑的实时监测。

检查步骤：

1）开机，启动液压站，装夹练习轮对或标准轮对。

2）操作轴向定位轮伸出与缩回，动作应准确。轴向轮伸出时应能紧密靠在左、右轮对内侧面上，并随轮对旋转而旋转。

4. 测量与加工系统

（1）检查并清洁测量头，要求外观完好，紧固螺栓画线清晰无错位。

镟床有两个测量头，分别位于左、右刀架测量装置竖直移动机构的盖板之下，如图 11-51 所示。测量头用于轮对的尺寸测量。

检查步骤：

1）伸出测量头后停机，用干净的布或油刷对测量头表面进行清洁。

2）观察测量头是否磨损或存在其他缺陷。

3）使用油漆笔对紧固螺栓进行画线。

图 11-51　测量头

（2）检查刀架水平移动与刀座、测量装置竖直移动机构的动作，要求功能正常，动作过程无异响。

镟床加工区域有左、右刀架，刀架上有刀座及测量装置竖直移动机构。

检查步骤：

1）设备启动后，进行装夹操作，操作滚轮抬升、活动轨退轨，以避免与其他位置干涉。

2）检查刀架水平移动（见图 11-52）功能是否正常；操作刀座、测量装置竖直移动机构的动作，检查是否灵活无异响。

图 11-52　刀架水平移动

(3) 检查并清洁刀架导轨，要求外观完好。

镟床刀架安装于刀架导轨上，通过位于床身左右两侧的伺服电动机驱动刀架沿导轨横向移动，刀架导轨起到支撑与导向的作用。

检查步骤：

1）操作左、右刀架分别向左向右移动，露出导轨中段。

2）使用棉布对导轨表面进行清洁。

3）目视检查导轨，应无明显横向刮擦痕迹。

(4) 检查刀座竖直升降传动带轮，应无损坏、无锈蚀，传动带应无松动、无打滑、无裂纹、无边缘崩裂。

镟床左、右刀架上都有测量装置竖直移动机构，其使用传动带轮作为传动结构，如图 11-53 所示。

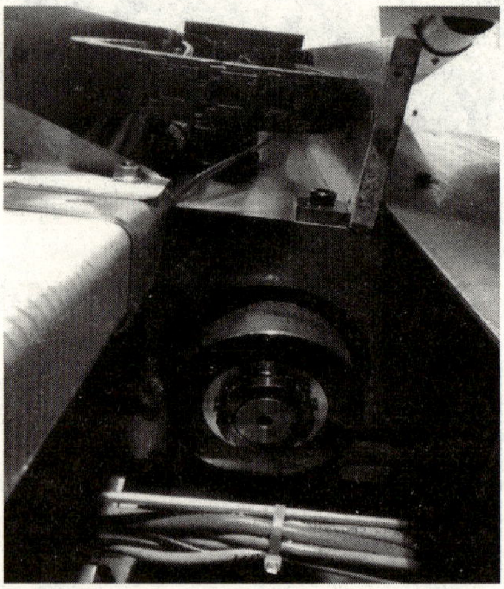

图 11-53　测量装置竖直移动机构传动带轮、传动带

检查步骤：

1）设备启动后，进行装夹操作，操作滚轮抬升，活动轨退轨，避免与其他位置干涉。

2）将测量装置竖直移动机构升高，清洁传动带轮、传动带。

3）检查传动带轮，应无损坏、无锈蚀；检查传动带，应无松动、无裂纹、无边缘崩裂。

4）操作测量装置竖直移动机构上下移动，检查传动带是否打滑。

(5) 使用标准轮对完成对镟床测量系统的自动校准。

不落轮镟床配置有标准轮对（标定轮对），可对标准轮对进行测量来检查镟床的测量精度，并完成自动标定。

标准轮对设置有 3 处标定点，并附有每个标定点的具体尺寸参数，需注意使用正确的尺寸参数进行标定。

检查步骤：

1）正确装夹标准轮对，并将选定的标定点对准刀架。

2）在测量界面设置“标定”功能为“YES”，并执行测量过程。

3）测量完成之后，在标定界面（见图 11-54），将尺寸测量值与标准轮对的尺寸参数进行比较得出测量误差（如需修改用于标定的标准轮对尺寸数值，需使用权限钥匙获取权限后进行修改）。

4）按下“标定 YES”按钮，然后按下“测量”按钮，等待镟床自动完成标定校准。

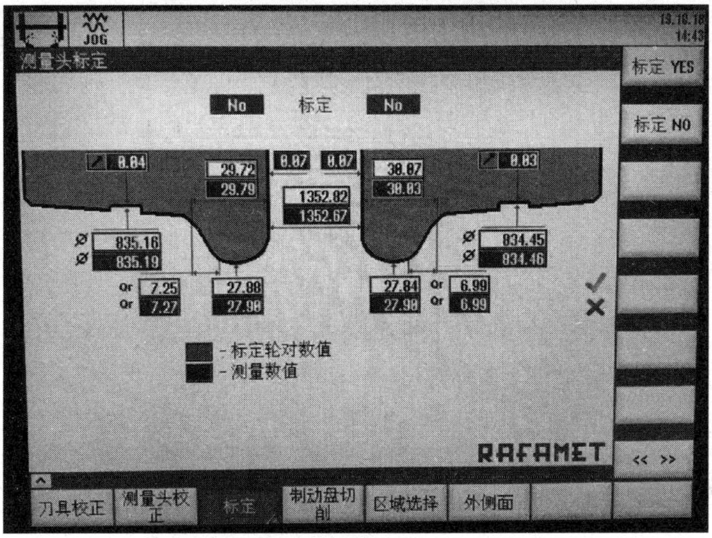

图 11-54　标定界面

5. 电控系统

（1）检查稳压器的工作情况，要求功能正常，外观完好，无异响。测量并记录稳压器的三相进线和三相出线电压，要求电压正常。

为确保镟床输入电压稳定，镟床配有一台稳压器，如图 11-55 所示，其输出电压为（380±11.4）V。

检查步骤：

1）检查稳压器外观是否完好，有无变形损伤。

2）在镟床关机状态下，打开稳压器柜门，用万用表的交流电压挡测量稳压器进线电压（一人操作一人监护）并记录。进线线电压范围为 380 V 上下 10%，相电压范围为 220 V 上下 10%。

3）合上稳压器供电并锁好稳压器柜门，找到稳压器输出相对应的设备电器柜，在设备电器柜未合闸的前提下打开设备电器柜，用万用表的交流电压挡测量稳压器出线电压（一人操作一人监护）并记录。出线线电压范围为 380 V 上下 5%，相电压范围为

220 V 上下 5%。

4）在镟床开机状态下，观察运行状态下稳压器有无异响。

图 11-55　稳压器

（2）检查主电柜空调（见图 11-56）的工作情况，要求抽送风正常、制冷功能正常。

图 11-56　主电柜空调

此项目为功能检查，需持续上电温升至设定温度后方能检查，安排于整机功能检查结束后进行。

冬季由于室温低，可能无法对制冷功能进行检测，要求检查电柜抽送风功能是否正常。

检查步骤：

1）在各项有电功能检查完毕后，检查电柜空调，应能正常抽送风。

2）电柜内温度上升至设定温度后，空调应能正常启动制冷功能。

（3）检查所有电动机的工作情况，要求功能正常，无异响，电动机的散热风扇功能正常。

此项目检查范围包括所有电动机。每台镟床有 4 个主轴电动机、6 个刀架电动机、1 个断屑机电动机，另有 1 个传送带电动机、1 个轴距调节装置电动机。

检查步骤：

1）试机检查所有电动机的工作情况，要求功能正常，无异响。

2）检查电动机散热风扇运转是否正常。

（4）检查并清洁信号指示灯、辅助照明灯，要求功能正常，外观完好。

每台镟床有两个柱式信号指示灯，通过不同颜色显示镟床的状态。在操作台两侧和加工区域设置有辅助照明装置（3 盏防爆照明灯）。

检查步骤：

1）检查并清洁信号指示灯，如图 11-57 所示，要求外观完好，绿灯、红灯能正确显示。

2）检查并清洁辅助照明装置，要求功能正常，外观完好。

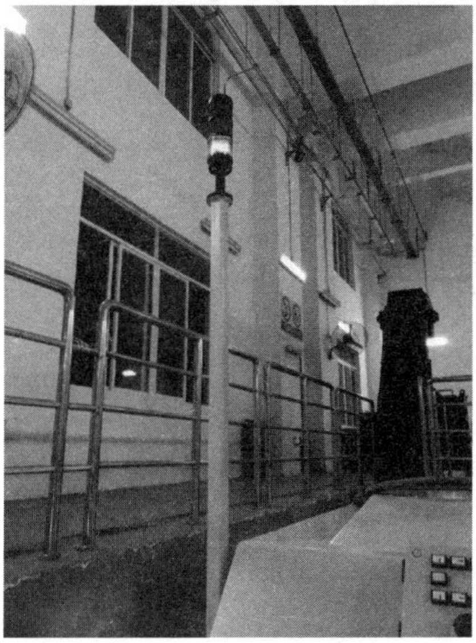

图 11-57　信号指示灯

(5）核对并校正不落轮镟床系统时间。

镟床操作面板右上角显示设备的系统时间，需进行校核以确保系统时间准确。

检查步骤：

1）开机后，检查操作面板右上角显示设备的系统时间与标准的北京时间是否相符。

2）如有时间误差，需根据北京时间修改系统时间。

6. 辅助设备

(1）检查断屑机刀片，要求刀片外表无崩裂变形。

断屑机位于地坑内沿轨道方向的检修地道内，如图 11-58 所示，可沿安装于地道侧壁的导轨拉出至地道台阶进行检修。

检查步骤：

1）断屑机停机状态下松开其固定螺栓，将断屑机移出并固定。

2）检查断屑机刀片，要求刀片外表无崩裂变形，完成后在此刀片面做上标记。

3）将断屑机进行固定，确保人机安全后，开机将刀片旋转，露出另一面刀片进行检查。

4）如刀片有崩裂变形等情况，需更换刀片。

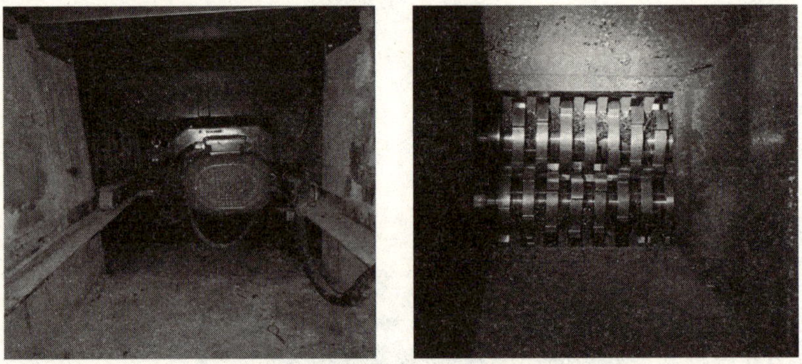

图 11-58　断屑机（左）和断屑机刀片（右）

(2）检查断屑机和排屑机的工作情况，要求功能正常、无异响。

此项目检查范围包括断屑机和排屑机。其中断屑机位于刀架下方，可从操作区域的地坑盖板（双轴镟床）或床身背后的检修地坑（单轴镟床）中进入进行检查。

排屑机从断屑机下方一直延伸到地坑外的集屑车处。

检查步骤：

1）检查断屑机的工作情况，要求动作无卡滞、无异响，碎屑功能正常。

2）检查排屑机的工作情况，要求动作无卡滞、无异响，铁屑输送功能正常。

(3）检查排屑机传送带链条（见图 11-59）的状态，要求链节无变形，运转无卡滞，链节润滑良好。

排屑机共有两台，横向排屑机位于地坑内垂直轨道方向的检修地道内，将粉碎后的铁屑传送出镟床区域；纵向排屑机位于镟床侧面，将铁屑传送至地面铁屑桶。

图 11-59　排屑机传送带链条

检查步骤：

1）拆开传送带上盖板，操作传送带运转，检查所有链节，应无变形。

2）检查传送带，应运转无卡滞、异响，连接润滑良好。

（二）设备测量精度检验

主要对镟床与测量相关的关键部件本身精度进行测量与检验。

丝杆的位移精度（包括反向间隙的补偿）直接影响刀架与测量装置的定位，进而影响测量值的准确性与加工的精度。有条件的可以使用激光干涉仪，对丝杆的位移精度、反向间隙值等进行测量，对比镟床数控系统显示的坐标值，检查丝杆的位移精度，如图 11-60 所示。或者使用经过计量的百分表，对位移精度进行简单测量。图 11-61 为使用百分表测量测量头位移精度。

图 11-60　使用激光干涉仪测量丝杆位移精度

图 11-61　使用百分表测量测量头位移精度

此外，还需对测量头直径值、定位标准等值进行测量，与镟床系统的补偿值一一核对，确保这些能够把控的参数准确。

（三）急停回路功能检查

测试所有急停按钮，要求镟床所有动作过程均能可靠停止，避免人员及设备伤害。

（四）设备联锁与逻辑功能检查

检查设备各类联锁与安全逻辑功能，要求正常，符合安全理念。联锁/逻辑类型的检查方式或逻辑条件见表 11-4。

表 11-4　联锁/逻辑类型的检查方式或逻辑条件

联锁/逻辑类型	检查方式或逻辑条件
设备与公铁两用车互锁	操作公铁两用车的同时应无法操作镟床
	操作镟床的同时应无法操作公铁两用车
滚轮与活动轨互锁	在滚轮未抬升前操作活动轨，应无法收回
	在活动轨伸出并到位之前，滚轮应无法下降
安全门与主轴的互锁	转动主轴，打开左、右操作台安全门，主轴应能立即停止
安全门与断屑机的互锁	启动断屑机，打开操作台安全门，断屑机应能立即停止
电柜门与主电源的互锁	非检修模式下打开主电柜，应能断开主电源
	在高压主电柜打开的情况下，主电源应无法送电
测量头动作锁定	活动轨未断开到位，测量头不能动作
	刀架未处于原始位置，测量头不能伸出
	测量头受压情况下无法收回

续表

联锁/逻辑类型	检查方式或逻辑条件
活动轨动作锁定	刀架未处于原始位置时
	主轴转动时
	测量头未收回时
	安全门被打开时
外轴箱支撑装置动作锁定	刀架未处于原始位置，无法上升
	主轴转动，无法上升
	恒压过程中，刀架未处于原始位置，无法下降
	恒压过程中，主轴转动，无法下降
下压装置动作锁定	刀架未处于原始位置，无法下降
	主轴转动，无法下降
	恒压过程中，刀架未处于原始位置，无法上升
	恒压过程中，主轴转动，无法上升
滚轮上升动作锁定	刀架未处于原始位置时
	下压装置已伸出时
	轴向控制轮未收回时
	滚轮自身未处于原始位置时
	安全门被打开时
滚轮下降动作锁定	刀架未处于原始位置时
	测量头处于伸出状态时
恒压功能锁定	活动轨未完全断开时
	轴向控制轮未到工作位时
	外轴箱支撑装置未上升时
	下压装置未下压到位时

（五）紧急旁路功能验证

测试设备具备的紧急旁路功能。在设备发生异常情况下，可通过紧急旁路实现应急处理，避免造成影响扩大或发生次生伤害。

（六）故障诊断功能检查

根据厂家提供的诊断说明，验证各项故障诊断功能，通过模拟相关故障，检查实际发生故障是否与 OP 报警提示一致。

四、标准轮对精度校正

（一）轮对参数对车辆运行的影响

镟床作为轮对修复的重要设备，在保障车辆安全运行方面有着重要的作用，主要是因为轮对各项参数与车辆运行的稳定性有直接关系，而通过镟床进行镟修是当前对各项轮对参数进行恢复的最经济、效率最高的方式。

1. 轮对直径

轮对直径对列车运行的稳定性影响主要在左、右轮径差值较大时体现。当列车左、右轮对直径存在较大差值时，首先，会导致列车直线运行过程中，蛇形运动失稳；其次，通过弯道时，会导致脱轨系数增大；最后，还会造成轮轨间非对称接触，会直接导致接触应力增大，造成轮轨异常磨损，还会增大车轮横向受力，进而影响脱轨系数。

有研究表明：同轴轮径差在 2 mm 范围内对直线运行平稳性影响不大，但会影响轮轨间的垂向和横向动载荷；轮径差存在时，车轮与钢轨接触位置发生改变，钢轨的等效应力随轮径差的增大而明显增大。轮径差为 2 mm 时，机车直线运行和曲线通过时最大等效应力均增加 10%以上。

轮径差的存在，会恶化轮轨接触状态，对列车运行性能有一定的影响。实际运用中，列车左、右轮对直径差一般要求在 2 mm 以内，镟修后轮对直径差要求控制在 0. 5 mm 以内。

2. 轮缘厚度

轮缘厚度过大，相当于减少了轮轨间距，会增大行车阻力，严重情况下可能引发爬轨；而轮缘厚度如果过小，则相当于增大了轮轨间距，会导致直线蛇形运动加剧，增大轮缘横向受力，从而增大脱轨系数。所以轮缘厚度必须保持在一个合适的范围内，既不能过大，也不能过小。以某线路工程车为例，主机厂给出的轮缘厚度参数运用范围为 27~33 mm，镟修时也应以尽量恢复至 32 mm 标准廓形的轮缘厚度为目标，综合实际轮径值等情况，也可进行等级镟修（即采用 31 mm、30 mm、29 mm、28 mm 等轮缘厚度的廓形曲线），但最小不应低于 27 mm。

3. 轮缘高度

轮缘高度过小，会导致轮轨间限制不足，更容易造成爬轨；而轮缘高度过大，在通过道岔时可能引发脱轨。正常情况下随着轮对踏面的磨耗，轮缘高度会不断增大。实际运用中应注意控制轮缘高度值，当大于限值时，应通过镟床进行镟修。镟修后的轮缘高度基本控制在 27 mm。

4. 圆跳动（包括轮对多边形）

轮对存在较大圆跳动或多边形（失圆）时，对运行最明显的影响是异响与振动，造成乘坐舒适度下降；与此同时，轮对存在较大圆跳动，会对轨道造成冲击磨损，破坏轨道参数，进而影响到其他正常轮对的磨耗程度；此外，圆跳动的存在会引发轮对的瞬时减载，增大脱轨系数，严重情况下可能引发脱轨。

5. 轮缘综合值（Q_r 值）

垂直磨耗、Q_r 值、轮缘倾角（α）等不同参数，都可从不同方面反映轮对轮缘与轨肩接触部位的磨耗状态。

Q_r 值<6.5 mm，意味着轮缘处垂直磨耗极限，轮缘倾角 α≥90°，车辆有挤岔脱轨的风险；Q_r 值>12.7 mm，则可能是踏面直径磨耗过大导致测量基准变化引起（此时一般都伴随轮缘高度过大），或者轮缘倾角 α<57.5°，此时脱轨系数临界值极小，脱轨风险增大。

由于轮缘倾角测量不便，而 Q_r 值与垂直磨耗相比较，测量范围（沿轮缘高度方向）更大，能更加准确、全面反映轮缘处的磨耗状态，故更多地使用 Q_r 值作为轮缘磨耗状态的指示参数。

6. 等效锥度

研究表明，轮对等效锥度影响转向架蛇形失稳的临界速度。等效锥度过大会导致转向架横向蛇形失稳；而在某些速度段，等效锥度太小，车体固有频率和转向架蛇形失稳频率重合，会导致车体横向共振，车体平稳性恶化。通过镟修可以将轮对廓形恢复至初始状态，将等效锥度有效限制在一定范围内，这是抑制转向架横向失稳和因共振导致的平稳性恶化的最为简单有效的手段。

7. 整体廓形

轮对踏面发生沟槽磨耗、碾堆、轮缘锋芒等异常情况，也会影响车辆运行品质。有研究表明，踏面发生沟槽磨耗、表面擦伤等情况，会增大其脱轨系数及轮重减载率，而轮缘或踏面的碾堆、轮缘锋芒等异常状态，均可能因爬轨或挤岔引发脱轨。这些廓形异常，均可以通过镟床对轮对的镟修迅速得到修复。

（二）使用标准轮对检验实际测量精度

在对镟床本身与测量相关的数据进行核查后，使用标准轮对和练习轮对分别进行重复测量和重复装夹测量的精度检验，具体操作如下：

重复测量精度试验，即使用镟床设备的加工前测量功能对标准轮对进行多次测量，对比几次测量结果，测量精度要求为 0.02 mm（仅针对踏面直径，具体精度标准以设备合同技术要求为准）。

重复装夹测量精度试验，即使用镟床设备的加工前测量功能进行测量，然后卸载，调转轮对左右两侧，并重新装夹后，再次使用加工前测量功能进行测量，对比测量结果，测量精度要求为 0.2 mm（仅针对踏面直径，具体精度标准以设备合同技术要求为准）。

某线镟床重复测量精度检验计划见表 11-5。

表 11-5 某线镟床重复测量精度检验计划

核查内容	核查标准	核查方法
测量精度	重复装夹的直径测量误差≤0.2 mm	练习轮对（记为 A、B）左右对换，两次装夹进行测量
	重复测量标准轮对直径测量误差≤0.02 mm	使用标准轮对进行测量

五、使用练习轮对检验加工精度

加工精度的检查主要分两步进行，即练习轮对的切削试验和车辆的切削试验。

首先使用练习轮对进行切削试验，检验镟床的基本镟修功能。

某线镟床练习轮对加工精度检验计划见表 11-6。

表 11-6 某线镟床练习轮对加工精度检验计划

试验对象	试验内容	走刀数	分刀	主要加工参数		
				切削深度	进给量	切削速度
练习轮对	初步试验设备基本切削功能	1	无	0.5 mm	1.2 mm/r×80%	60 m/min×90%

精度的检验包括：切削后镟床测量数据和人工复测值的精度对比（包括轮对直径、轮缘厚度、轮缘高度、Q_r 值等）、切削后踏面的粗糙度人工测量值与合同约定值对比、镟修后轮对踏面与标准模板对比等内容。

轮对直径、轮缘厚度、轮缘高度等参数的检验可以通过镟床测量结果与人工使用轮径尺、第四种检查器等工器具手工测量结果进行对比实现，镟后踏面整体廓形检验可以通过踏面与标准廓形模板对比实现，如图 11-62 所示。

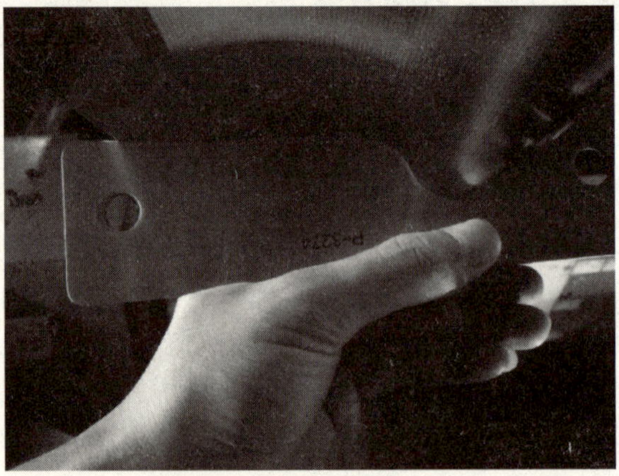

图 11-62 镟后踏面与标准廓形模板对比

镟修后轮对踏面表面粗糙度是一个容易忽略的参数，但其对列车运营的影响不应忽视：

——根据摩擦学，适当降低表面粗糙度，可缩短轮轨摩擦磨合时间，减少磨合期有害振动。

——根据材料力学，适当降低表面粗糙度，有利于减少初磨阶段的接触应力与表面疲劳裂纹。

——从牵引与制动原理分析，保持相对较大的表面粗糙度，能提升黏着力与制动性能，避免牵引时由于黏着力在较低速度达到黏着限界导致车轮空转，以及制动时造成的滑行。

——踏面粗糙度越大，轮缘与轨肩的摩擦系数μ越大，脱轨系数临界值越小，造成脱轨的可能性越大。

——踏面表面粗糙度并非越小越好，如果轮轨间摩擦力过小，会导致列车对蛇形运动的抑制不足，在直线段易发生脱轨。

因此在镟床调试验收过程中，需对镟后踏面粗糙度进行检查，如图 11-63 所示，并对照合同技术参数进行验收。

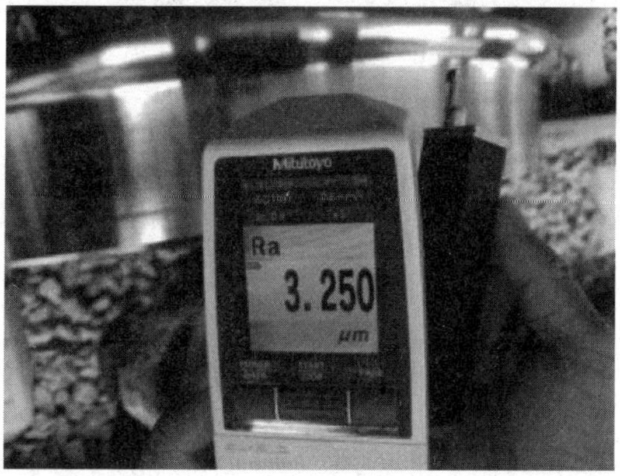

图 11-63　镟后踏面粗糙度检查

镟床对轮对的镟修加工实质是一种车削加工。在普通车削加工中，对工件的表面粗糙度直接影响的原因主要有两类。

一是刀具参数，影响最大的是刀尖圆弧半径、副偏角和修光刃。刀尖圆弧半径越大，残留高度减少，粗糙度越低；副偏角越小，粗糙度越低；修光刃的存在可有效降低表面粗糙度。

二是加工参数，主要包括切削速度、进给量、切削深度。切削速度较低易形成积屑瘤和鳞刺，增大粗糙度；进给量减少可降低残留面积以及积屑瘤和鳞刺的高度，降低粗糙度；切削深度过大会影响表面质量，切削深度过小时（低于 0. 03 mm），刀尖挤压表面引起附近的塑性形变会增大表面粗糙度。

对于镟修作业来说，加工面是一条曲线，而刀具角度恒定，副偏角处于变化中，且副偏角和修光刃对镟修粗糙度的影响非常小，基本可以忽略；在选定刀具后，刀尖圆弧半径为恒定值。

镟床切削作业三个可控变量分别是切削深度、切削速度、进给量。镟床的切削深度由设备根据轴重等参数进行计算，保持在较优区间，对镟修后表面粗糙度的影响程度几乎可以忽略；镟床的切削速度（即主轴转速）已由厂家限制在较优速度区间，但不同转速对表面粗糙度有一定影响；进给量是三个可控变量中，对镟后轮对踏面表面粗糙度影响最大的一项：由于刀具沿踏面圆周螺旋运动（图 11-64 中线条表示刀具轨迹，刀尖圆弧半径为 4 mm），在踏面任一横截面上，后一刀都不能完全覆盖前一刀的未切削面，从而在踏面截面形成周期性波纹，造成踏面的表面粗糙度。

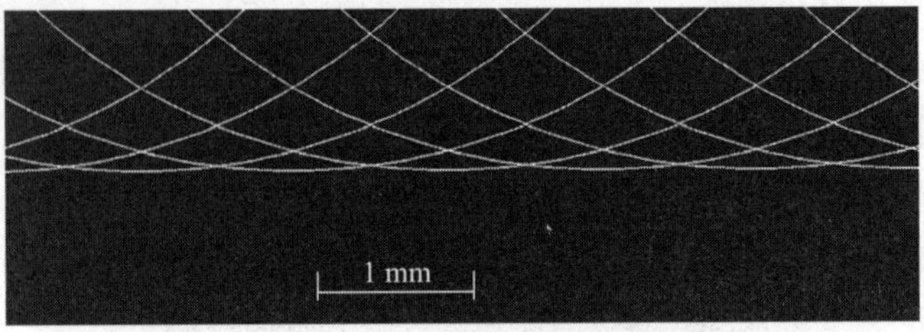

图 11-64　镟后表面粗糙度成因

因此需要结合练习轮对的切削试验，对不同参数组合下的踏面粗糙度进行测量记录，一方面验证镟床加工后轮对踏面表面粗糙度是否与合同约定值一致；另一方面，综合加工效率与镟后轮对踏面粗糙度，选定合适的加工参数组合。

六、工程车与城市轨道交通车辆镟轮试验流程

在验证镟床对单个轮对的加工功能正常后，需对城市轨道交通车辆和工程车进行镟轮试验。

（一）试验目的

验证镟床与城市轨道交通车辆、工程车之间是否发生干涉侵限；验证轴箱装夹装置是否与车辆轴箱匹配；验证镟床在重载情况下的实际功能（因练习轮对自身轴重不足，无法实现大切削量的切削试验，必须使用真实车辆进行重载试验）。

（二）试验步骤

1. 使用公铁两用车（或者轨道牵引车）牵引试验车辆缓慢通过镟床，观察镟床各部件在初始状态下与车辆各结构之间的安全距离是否足够，如发现问题及时采取对应整改措施。

【案例 11-1】某线路使用第三轨供电，电客车转向架侧面有集电靴探出车体。在进行该项试验过程中发现城市轨道交通车辆在降靴模式下，其集电靴最底部与镟床顶部盖板处间隙仅 10 mm，存在一定风险，在确认设备本身结构原因无法进行整改后，采取要求城市轨道交通车辆通过镟床前必须整体升靴的措施，保证预留足够的安全距离，避免设备及车辆损坏。

2. 对试验车辆轮对进行装夹试验，验证转向架、轮对结构及其附属部件（如撒砂管、轮缘润滑装置等）在镟床工作状态下，是否与镟床结构产生干涉，同时验证（内外）轴箱装夹的夹具是否与轮对轴箱匹配。

【案例 11-2】某线路为高架线路，为保障车辆在高架路段特殊气象条件下的制动性能，设计有撒砂结构。在镟床抬升的过程中，发现撒砂管与驱动滚轮之间间隙不足，存在干涉，故要求城市轨道交通车辆在进行镟修或测量作业前，必须调整撒砂管位置，确保作业安全。

【案例 11-3】某线路车辆轴箱顶部为异形结构，镟床初始配置的外轴箱下压爪接触面为平面，无法有效进行装夹。经过对下压爪接触面铣削加工和制作专用配合工装两个解决方案进行评估，最终决定制作匹配轴箱顶部形状的垫块工装，用于辅助装夹。通过上述两方面的验证后，使用镟床对城市轨道交通车辆和工程车进行装夹镟修，以试验验证其镟修精度。在此过程中，一并完成镟床的装夹功能、分刀功能、不同切削参数组合，以及使用大切削量时的加工性能。

某线镟床车辆轮对加工精度检验计划见表 11-7。

表 11-7　某线镟床车辆轮对加工精度检验计划

试验对象		序号	试验内容	走刀数	分刀	主要加工参数		
						切削深度	进给量	切削速度
工程车	转向架 1	试验一	双轴小刀量切削	1	无	0.5 mm	1.2 mm/r×70%	60 m/min×80%
		试验二	双轴自动分刀切削	2	第一刀	1.5 mm	1.2 mm/r×80%	60 m/min×90%
					第二刀	1 mm	1.2 mm/r×80%	60 m/min×90%
	转向架 2	试验三	双轴大刀量切削	1	无	3 mm	1.2 mm/r×100%	60 m/min×100%
城市轨道交通车辆	转向架 1	试验四	试验镟修城市轨道交通车辆轮对的性能	1	无	0.3 mm	1.2 mm/r×100%	60 m/min×100%
	转向架 2	试验五		1	无	0.3 mm	1.2 mm/r×100%	60 m/min×100%

第四节　经验小结

一、镟床基坑的雨水倒灌防护

外界雨水、污水或其他水源可能沿镟轮道整体道床流入镟床地坑内，建议在整体道床内部构建如图 11-65 右图所示的防水挡坎，阻挡外界水流沿股道流入镟床地坑。

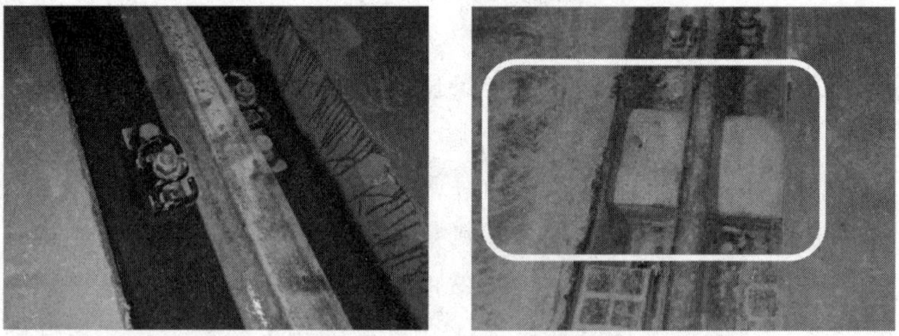

图 11-65　整体道床防水挡坎

二、镟床的吊装作业防护注意事项

镟床包含大量精密结构，在运输吊装过程中，必须保证缓慢操作，避免剧烈震动或晃动造成精密结构的损坏或影响最终精度。

吊装作业属于特种作业，作业前需核查相关作业人员的资质以及吊装设备的检验证明。

在吊装前，使用纸板或者橡胶垫将钢丝绳吊带与镟床主体隔离，避免吊装过程中钢丝绳磨损设备漆面。

镟床各部件之间存在大量油管、气管、电缆等接头，出厂时一般都使用了堵头进行防护，开箱后如果不是立即进行安装，在存放过程中需保持各处管线堵头的完整，在完成安装连接前不得取掉各处堵头，避免污染和损坏。

未安装的镟床如果需要临时存放，应放置于坚固、水平的地面，并做好防尘、防潮措施。

地脚螺栓的锚固一般都是通过特种水泥浇注，而地脚螺栓的稳固与否会影响到设备的精度，如影响过大甚至需要重新进行安装，所以需按照要求进行养护，直至达到预定的结构强度。

三、重视设备静态检查

虽然设备出厂前已经经过功能验证，但仍需对设备进行彻底的静态检查。进口某型号镟床就曾出现伺服电动机平键缺装、传感器安装不到位等错误。如果在静态检查阶段进行全面、彻底的检查，可以避免设备因带隐患投用在运营过程中造成损失。

四、镟床的轨道绝缘节设置

为了避免库外的轨道回流电通过镟轮库轨道，再经过镟床的接地线对地形成通路，造成镟床接地线发热甚至烧损（见图 11-66），需要将镟轮库轨道与镟床设备轨道做电气分隔，中间增加绝缘节，如图 11-67 所示。

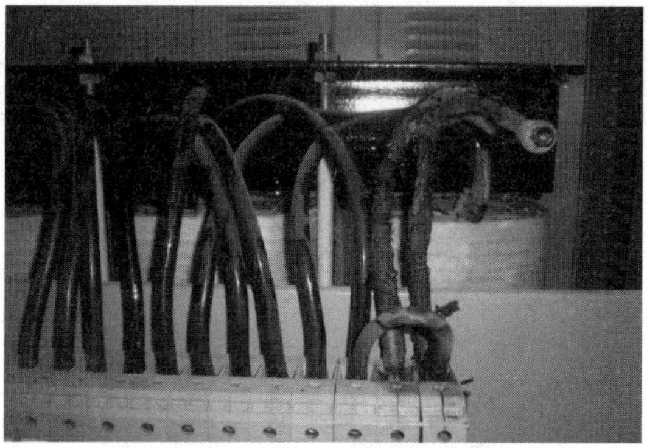

图 11-66　接地线烧毁

图 11-67　现场设置绝缘节

为了避免电客车跨越此绝缘节时，车身将两者导通，建议在镟轮道外端设置一个绝缘节，并使两个绝缘节之间的距离大于一列城市轨道交通车辆加一台工程车的长度，如图 11-68 所示，确保在工程车将城市轨道交通车辆调入调出该股道时，不会将库外回流电引导至镟床设备本身。

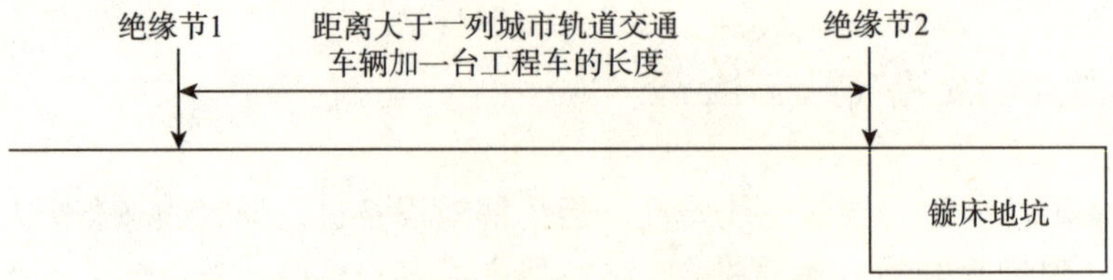

图 11-68　轨道绝缘节的设置示意图

五、轨道平面不平齐问题

镟轮库轨道与镟床设备轨道相连接的地方，须注意以下两个问题（见图 11-69）。

——镟轮库轨道与镟床设备轨道边缘未对齐。

——镟轮库轨道与镟床设备轨道平面不重合。

这两个问题的存在对镟轮库进车存在不良影响，严重时可导致列车轮对踏面的损伤。需要对四条镟轮库轨道进行调整，使其与镟床设备轨道边缘对齐，且轨道平面重合。一般由于镟床设备轨道已与水泥地基固定，不可调整，因此只能调整镟轮库轨道。

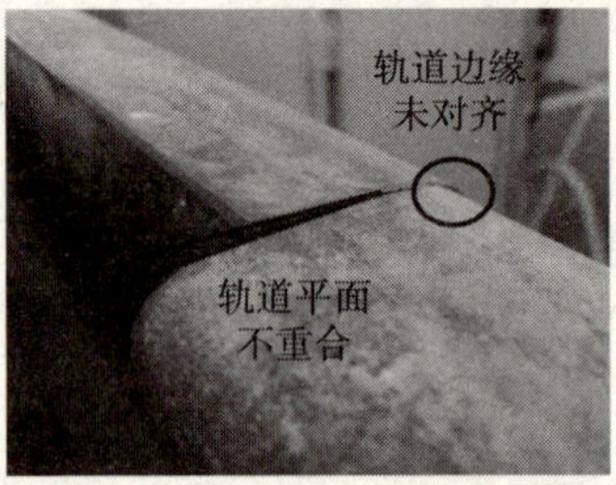

图 11-69　镟轮库轨道与镟床设备轨道连接问题

六、镟床坑地面无自流坪、墙面无涂漆问题

镟床区是 24 小时的作业场所，图 11-70 的设计没有考虑装修，地面与墙面均是水泥粗糙面，不整洁、不美观、不协调，容易使员工长期受到环境的影响产生心理压力。同时，水泥地面产生较多的粉尘，对镟床精密设备、电气柜的影响较大。因此，需要整改基坑地面，刷自流坪，墙面涂漆，给操作人员提供一个整洁、美观的作业环境。

图 11-70　基坑地面、侧墙没有装修美化

第十二章 固定式架车机

第一节 调试筹备

一、功能简介

固定式架车机（又称整体式地下式架车机组）是在列车不摘钩/部分摘钩状态下，对整列车/单辆车/多辆车进行架升/落车，用于对全列车实施大修/架修、定修作业，或对一台/多台转向架实施更换作业，或对车下电箱等设备实施拆装作业的专用设备。

固定式架车机用于整列转向架的更换，车辆的拆卸、装配及维修，能满足对整列编组列车在不解编状态下的同步架车作业需求。固定式架车机可以实现联控、单控操作。联控升降过程中，各转向架单元、车体单元之间实现同步控制，可保证列车平稳升降，防止列车倾覆，同时设置了上下限位、上上限位、下下限位、障碍物检测、螺母磨损监测、基坑液位监测等安全防护功能。

二、调试目的

固定式架车机是对安全性要求极高的设备，架车时不同步或支撑柱不垂直，都有可能导致列车倾覆。因此在调试安装过程中必须对固定式架车机的安装配合精度进行严格的把控。

三、调试工作计划

固定式架车机的整个调试计划可以按表 12-1 开展，表 12-1 总结了设备调试全过程中各阶段的工作任务、工期计划、工作要求和人员组织，体现调试各阶段的任务要求和先后顺序。

表 12-1　　固定式架车机调试计划

阶段	工作任务	工期计划	工作要求	人员组织
第一阶段	土建设施	施工计划	组织下现场跟进架车机库、基坑的土建施工，参与工地施工监理例会	技术专工1人、生产员工2人，不定期下现场跟进，做好问题记录
第二阶段	设备到货接收	新线合同采购计划	组织下现场，参与设备部件的到货接收	同上
第三阶段	机械设备安装	车辆段工艺设备安装计划	参与现场的设备部件安装，了解设备的吊装过程、工艺要求、技术标准	同上
第四阶段	电气设备安装	设备厂家的安装计划	参与现场电气设备的安装，了解全安装过程、安装位置、工艺要求、技术标准	同上
第五阶段	功能调试	设备厂家的调试计划	参与现场功能调试，学习了解厂家技术人员的调试过程、方法和任务	同上
第六阶段	查线核图、扭力校正	调试计划	按调试计划组织开展调试，发现问题并提出整改	技术专工1人，生产员工6人
第七阶段	培训	培训计划	按计划开展维修与操作培训	技术专工，全员
第八阶段	城市轨道交通车辆架升试验	调试计划	按计划组织城市轨道交通车辆进行架车检验，各参数应满足架车标准	技术专工，全员
第九阶段	规程、工艺编制	年度工作计划	按新线设备筹备工作计划编制规程、工艺	技术专工

四、人员要求

为确保固定式架车机各系统及其部件的检修维护质量，作业人员都应了解固定式架车机基本知识，熟悉固定式架车机各系统的构造原理，熟悉相关设备操作规程，熟悉相关标准，熟练掌握并严格执行本工艺的各项规定，同时具备培训合格证书和上岗作业证书（特殊工种参考相关的工艺要求）。

五、物资需求

（一）备品备料（见表 12-2）

表 12-2 备品备料

序号	名称	规格型号	单位	数量
1	除锈润滑剂	WD-40、300 mL	支	2
2	纯棉布	米白色、卷布	kg	3
3	精密电器清洁剂	2016C、312 g（11 oz）、CRC 牌	支	2
4	油刷	75 mm、椰树牌	把	5
5	可耐压齿轮油	S2G320、20 L/罐、壳牌	罐	2
6	润滑脂	KLUBER ISOFLEX NCA 15	罐	1

（二）工器具（见表 12-3）

表 12-3 工器具

序号	名称	规格型号	功能作用
1	主控钥匙	—	开启设备
2	方孔钥匙	—	开主控、分控柜门
3	螺母间隙检测工具（针盘式内测卡规）	—	测量螺母间隙
4	扭力扳手	40~200 N·m	紧固
5	扭力扳手	110~500 N·m	紧固
6	卷尺	5 m	测量
7	润滑脂枪	—	添加润滑脂

第二节 设备安装

一、安装准备工作与流程

（一）准备工作要求

1. 编制符合现场工况的作业指导书。

2. 准备安装过程中所需的测量仪器，包括全站仪、水准仪、卷尺、红外测距仪等。

3. 准备安装过程中所需的各种工机具，包括吊车、焊机等常用工具及间隙调节专用工装。固定式架车机道上方应设置有起重机，吨位大于 10 t。起重机司机室底部离地高度应大于架车机最大起升高度及城市轨道交通车辆高度的总和。起重机投入使用前应办理好使用登记证，首次检验合格后方可投入使用。

4. 准备相关图样。

5. 准备安装过程中所需的材料，包括各种调整垫片、吊环螺钉、二次灌浆水泥等。

6. 确定安装基准。

7. 需要根据安装基准对一些关键尺寸进行复核性测量验收，以确保设备安装能够顺利进行。

（二）安装流程

固定式架车机安装流程如图 12-1 所示。

图 12-1　固定式架车机安装流程

二、设备安装技术与质量控制

（一）承载底座安装

1. 部件介绍

承载底座安装在基础坑内中间台阶的预埋件上，承载底座两侧安装车体举升单元和转向架举升单元，是举升单元的承力载体。通过承载底座，将举升单元承受的力传递到地坑基础上。

2. 安装方法

用吊机将承载底座吊装到地坑基础上放置好，然后用水准仪调平，用钢板垫平，控制好距离轨面的尺寸。同时，通过拉尺、绷钢丝线控制水平方向的距离，最后用满焊焊接固定。

3. 质量控制要点

（1）由于每节车的架车点分别位于 2 个转向架的内侧，所以相邻两坑车体举升单元安装位置不同，安装时要注意承载底座的安装位置和方向。

（2）承载底座上表面到轨面距离控制在（1 345±3）mm。

（3）承载底座的纵梁（加工有长条孔）水平度小于 1. 0 mm/m。

（4）两承载底座上表面孔距为（1 660±2）mm，且两者中心线偏离轨道中心线不得超过 2 mm。

（5）焊接固定。

（二）车体举升单元安装

1. 部件介绍

车体举升单元工作时减速机（带制动）驱动丝杠旋转，通过螺母带动举升柱上升、下降，在举升柱的四周设置有导向轮，确保举升柱能够垂直升降。

2. 安装方法

用吊机吊起车体举升单元，安放在承载底座上，调整举升柱的垂直度。采用拉尺、绷线的方式控制好两举升单元之间的内侧距，用 8. 8 级以上的高强螺栓固定。

3. 质量控制要点

（1）车体举升单元吊装时，一定要避免下部丝杠、螺母与地面接触，以防造成丝杠弯曲变形。

（2）车体举升单元初步安装在承载底座上，拧上螺母，不要拧紧，以方便调整。

（3）通过偏心可调导向轮将车体举升柱调成垂直，垂直度不大于 1 mm/m。调整垂直度时，同时调整前后左右相对应的导向轮，不要只调一侧。

（4）两车体举升柱内侧距离为（2 960±2）mm（柱到柱距离），并且其中 1 个车体举升柱外侧到轨道中心线距离为（1 480±1）mm。以上距离通过车体举升单元安装座底部的长条孔进行调整。

（5）用高强螺栓固定并达到规定力矩。

（6）将不承载导向轮与车体举升柱之间的间隙（两侧间隙之和）调整为 0. 3～1 mm。

（7）调整间隙时，先测量出方钢管截面最大轮廓尺寸，然后测量导向轮附近的尺寸，上述间隙是按方钢管最大轮廓尺寸预留的。

车体举升单元结构图如图 12-2 所示。

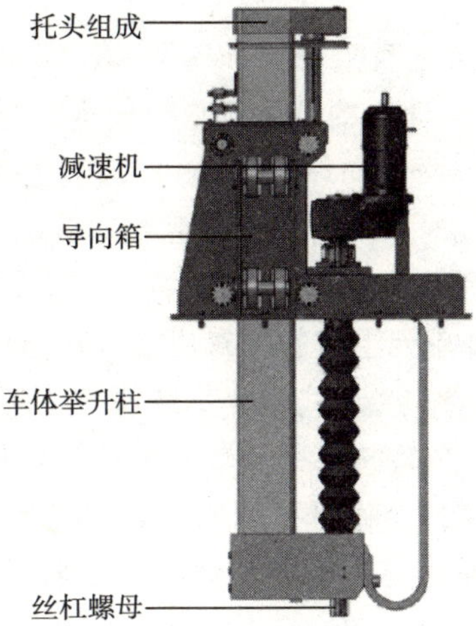

图 12-2　车体举升单元结构图

（三）转向架举升单元安装

1. 部件介绍

转向架举升单元设计为“ㄏ”形结构，其端部与举升轨道梁连接，确保转向架可以从轨道梁下方顺利通过，如图 12-3 所示。

图 12-3　转向架举升单元

2. 安装方法

（1）吊装转向架举升单元至承载底座上的转向架举升单元安装孔内，调整举升柱的垂直度和 4 个举升单元之间的相对位置，用高强螺栓进行固定并达到规定力矩。

（2）将转向架举升柱调整到同一高度后，将转向架举升梁用螺钉紧固在转向架举升单元上。要保证 2 个转向架举升梁之间的距离、举升梁到轨道中心线距离、举升梁上表面的水平度，用高强螺栓固定并达到规定力矩。

(3) 安装转向架跟随盖板组成，待地坑盖板安装后再调整其上表面平齐。

3. 质量控制要点

(1) 转向架举升单元驱动减速机分为 M5 和 M6 两种形式，安装时注意将 M5 和 M6 分别安装在轨道的两侧，减速机的型号应与位置相对应。

(2) 通过承载导向轮和侧面导向块调整螺钉将转向架举升柱调成垂直，垂直度不大于 1. 5 mm/m。调整垂直度时，同时调整前后相对应的导向轮，不要只调一侧。

(3) 将 4 个转向架举升单元初步安装在承载底座上，拧上螺母，不要拧紧，以方便调整。调整 4 个转向架举升单元组成的相对位置，初步调整转向架举升梁安装面间的距离 [(1 795±2) mm]，转向架举升梁安装面到轨道中心线的距离 [(897. 5±1) mm]，以及沿轨道方向 2 个转向架举升单元中心距 [(1 480±1) mm]。

(4) 将不承载导向轮和转向架举升柱间的间隙调整为 0. 3~1 mm。

(5) 调节侧面导向块调整螺钉，将聚乙烯导向块和转向架举升柱之间的间隙调整为 0. 3~1 mm。

(6) 调整间隙时，先测量出方钢管截面最大轮廓尺寸，然后测量导向轮附近的尺寸，上述间隙是按方钢管最大轮廓尺寸预留的。

转向架举升单元结构图如图 12-4 所示。

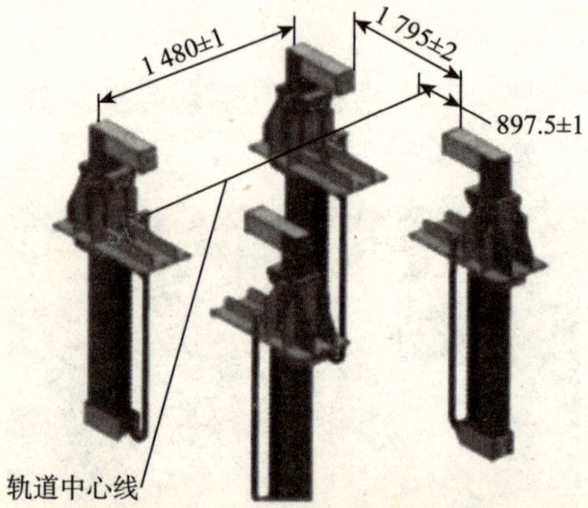

图 12-4 转向架举升单元结构图

(四) 转向架举升单元驱动系统与举升梁的安装

1. 部件介绍

(1) 转向架举升单元驱动系统底座由横梁和纵梁组成，驱动系统由电动机、换向器及柔性轴等组成。

(2) 举升梁是转向架的承载部分，设计为凹槽的结构形式，防止车轮在高位时滑落，如图 12-5 所示。举升梁通过螺栓与转向架举升柱连接。

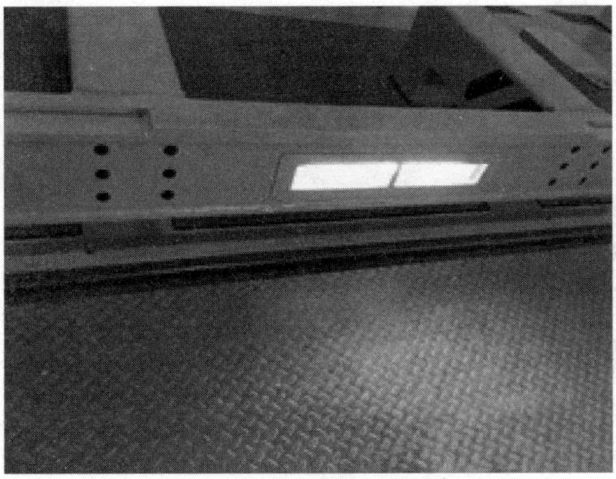

图 12-5　转向架举升梁

2. 安装方法

(1) 转向架电动机的安装。电动机安装在驱动系统底座横梁上，横梁的方向确定后电动机的方向也就确定了。

(2) 换向器的安装。换向器安装在纵梁上，输入轴与电动机输出轴同心，两端输出轴与减速机轴同心。纵梁底座上共有 8 个并排安装孔，每个换向器只使用其中 4 个，因此安装时要注意位置，保证换向器输出轴与减速机轴同心即可。要注意换向器的安装方向，保证铭牌上的字体向上。

(3) 柔性轴的安装。每套转向架驱动系统有 4 根纵向柔性轴，所有纵向柔性轴的长度相同。同一套驱动系统中有 2 根横向柔性轴，长度相同，但与电动机输出轴相连一端的联轴器孔径不同。

(4) 举升梁的安装。在安装完驱动系统后，将举升柱上升到一定的高度，调整完成后将转向架举升梁用螺钉紧固在转向架举升单元上。

3. 质量控制要点

(1) 驱动系统底座的安装要求水平，水平度不大于 2 mm/m。

(2) 驱动系统安装时注意电动机轴、换向器轴、减速机轴等输出方向及同轴度要求。

(3) 柔性轴的相关连接螺栓组装时要涂抹乐泰 242 螺纹胶。

(4) 要保证 2 个转向架举升梁之间的尺寸 (1 525±2) mm，任意一个举升梁到轨道中心线距离 (762. 5±1) mm，以及举升梁上表面的水平度要小于 1 mm/m。

转向架举升单元驱动系统及举升梁安装示意图如图 12-6 所示。

(五) 轨道桥安装

1. 部件介绍

轨道桥由辅助轨道、中间双立柱构架和端部双立柱构架组成，如图 12-7 所示。

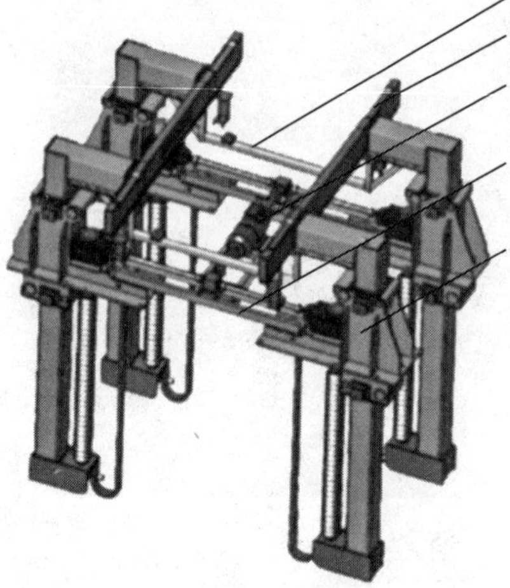

图 12-6　转向架举升单元驱动系统及举升梁安装示意图

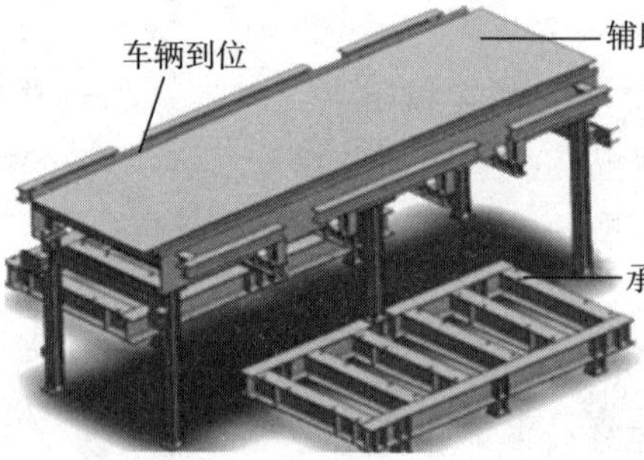

图 12-7　轨道桥

辅助轨道是车辆及转向架进出架车台位的轨道，当车辆被举升至规定高度时，转向架能在轨面上自由通畅移动。辅助轨道上设置有车辆定位传感器，车辆停止后，轮对的边缘触发车辆定位传感器，只有在车辆正确对位后，控制系统才允许架车机动作。

2. 安装方法

（1）将 2 个中间双立柱构架简单安装于承载底座上，用螺栓连接（不要拧紧），另一个长的双立柱构架在吊起辅助轨道时和辅助轨道用螺栓初步连接。

（2）将辅助轨道和中间双立柱构架用螺栓连接，不要拧紧。

（3）辅助轨道和端部双立柱构架之间用垫板调整，达到安装精度要求。

（4）将双立柱构架与辅助轨道和承载桥横梁用螺栓紧固。

（5）在一端打膨胀螺栓孔，松开这一端双立柱构架和其他件的连接，安装膨胀螺栓，固定该端双立柱。

（6）另一端的操作与步骤（5）相同。

3. 质量控制要点

轨道桥调整到和车间轨面同一高度，高度差不大于 2 mm。辅助轨道内侧面到车间轨道中心线距离偏差的绝对值不大于 1 mm。

第三节 设备调试

一、开箱检查

设备到货后，对照合同技术要求，核查部件结构齐全。对于核心元器件，例如 PLC 系统、起升电动机、行程开关、限位开关、编码器、变频器等，应检查实物的规格型号与技术规格书是否一致。

二、静态外观检查

根据固定式架车机电气原理图编制查线核图表格，对电气元件、点位及线号进行核对，确保电气原理图与实际相符。查线核图过程中对存在的问题进行记录，统一反馈设备厂家进行修正。

（一）安全注意事项

1. 检修设备电气部件时，作业前要先断电源，如需带电检修要做好防护。
2. 设备运行过程中严禁触碰上升或下降的设备。
3. 进入地坑前须提前通风 3~5 min，并按照有限空间作业规定进行气体检测，合格后才能进入地坑作业。
4. 使用化学物品时要戴防毒口罩、手套等劳动保护用品。
5. 爬楼梯下地坑动作要缓慢，双手抓紧扶手，严禁手拿工器具上下爬梯，应用工具包装工具。
6. 作业完后要确认地坑下人员已撤离现场才可以关闭风机、盖板。
7. 作业完后施工负责人或班长要对作业现场进行巡查，确保工清场清。

（二）有限空间作业要求

固定式架车机地坑属于有限空间，需按照有限空间作业要求做好安全防护措施。

1. 作业前预防措施

（1）严格执行“先检测、再评估、后作业”的原则。作业前要制订作业方案，必须履行审批手续。

（2）检修作业人员进入有限空间前 30 min 应取样，对氧浓度、有毒有害气体浓度等进行检测，如图 12-8 所示，检测结果合格后方可作业。常见气体正常参数见表 12-4。

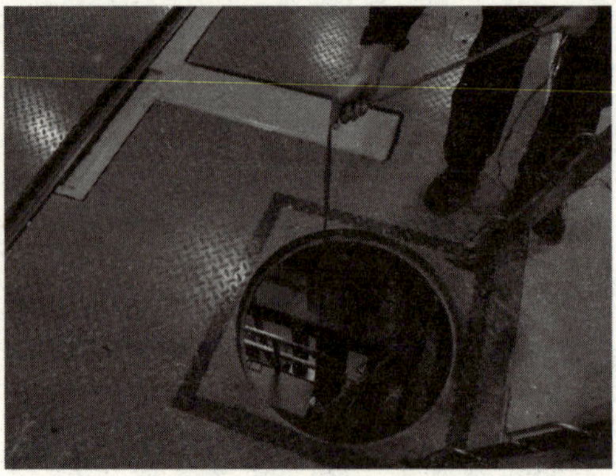

图 12-8　检测地坑内气体状况

表 12-4　常见气体正常参数

序号	气体	正常参数
1	氧	19. 5%～23. 5%
2	硫化氢	不大于 10 mg/m^3
3	一氧化碳	不大于 20 mg/m^3
4	易燃气体	不大于 5%

(3) 实施有限空间作业前和作业过程中，必须根据作业环境的情况和有毒有害气体的浓度等理化特性，采取专用的通风设备进行强制性、持续、全方位通风换气措施降低危险，保持空气流通，如图 12-9 所示。严禁用含氧量高于 23. 5%的空气或纯氧进行通风换气。

图 12-9　使用鼓风机通风

(4) 作业现场要配备一定数量符合规定的救援设备，如图 12-10 所示，并在每次作业前必须测试救援设备状态是否良好。

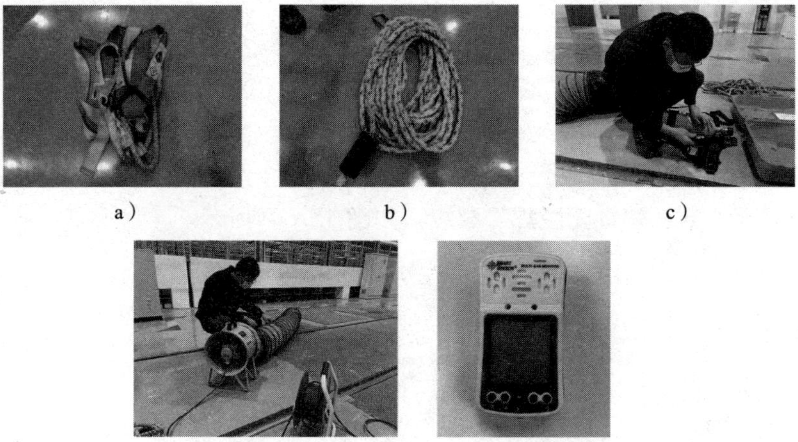

a）　b）　c）

d）　e）

图 12-10　救援设备

a）安全带　b）安全绳　c）呼吸器　d）防爆轴流通风机　e）气体检测仪

（5）进入有限空间作业时，必须随身携带气体检测仪，当发生报警时需立即撤离现场。

2. 作业过程中防控措施

（1）作业现场要配置监护人员，进入密闭空间作业时，至少有一人在有限空间外负责监护。监护人须随时与正在作业的人取得联系，做预防性防护。

（2）进入空间内作业应有足够的照明，照明电压应不大于 24 V。在潮湿地坑作业时照明电压应小于 12 V，所有灯具及电动工具必须符合防潮、防爆等安全要求。使用的电动工具必须装有防触电的电气保护装置。

（3）地坑内进行焊接作业时，应使用干燥绝缘垫。进行气割、气焊时，要使用不漏气的设备，不得随便开放乙炔或氧气。

（4）当发生事故时严禁盲目施救。

（5）作业人员在作业中如出现异常情况或感到不适或呼吸困难时，应立即向作业监护人发出信号，迅速撤离现场。监护人发现异常时，立即向作业人员发出撤离警报，并帮助作业人员从有限空间逃生，同时立即呼叫紧急救援。

（6）有限空间应急救援严格按照有限空间作业事故应急处理预案执行，设法将伤者救出有限空间后根据情况实施急救（包扎、清理皮肤、心肺复苏等），如图 12-11 所示。

图 12-11　现场施救

（三）检查步骤与要求

对固定式架车机部件紧固、配合及外观进行检查，确保设备静态外观正常无损伤。具体检查步骤及要求如下。

1. 目视检查转向架举升单元、车体举升单元立柱无变形、损伤，导向箱体导向接触面润滑良好无生锈，焊缝无脱焊、裂纹，如图 12-12 所示。

图 12-12　目视检查转向架举升单元和车体举升单元

2. 按压检查车体举升单元负载检测开关和车辆到位开关，如图 12-13 所示，活动应灵活，无卡滞。

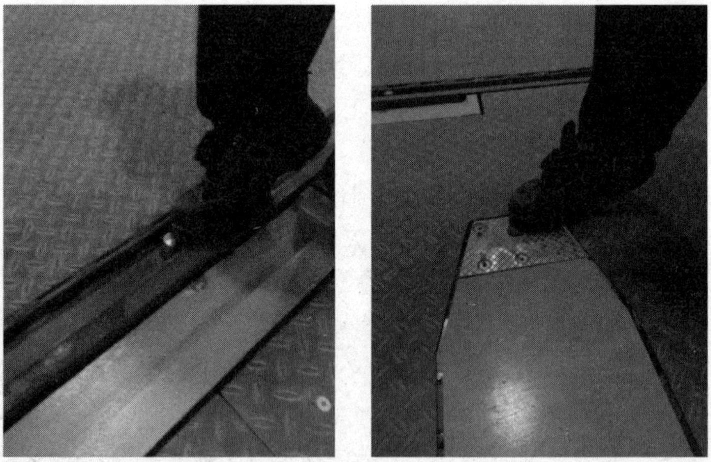

图 12-13　检查车体举升单元负载检测开关和车辆到位开关

3. 目视检查举升横梁照明装置灯管、外壳，应无破损，如图 12-14 所示。

4. 检查各个操作手柄指示灯、急停按钮、选择开关（见图 12-15），外壳应无破损；检查连接线缆橡胶护套表皮，应无开裂。

5. 检查立柱与盖板（见图 12-16），应无干涉。

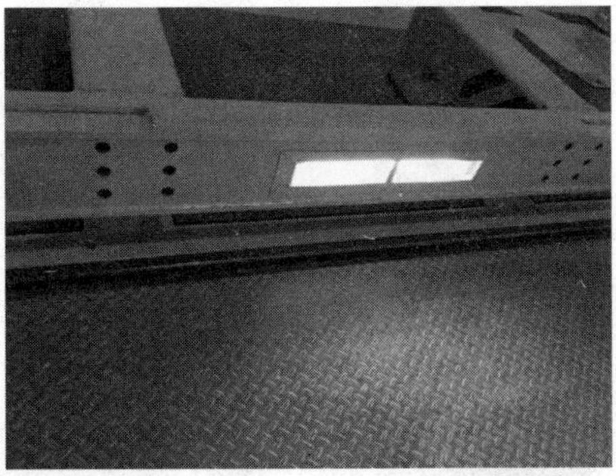
图 12-14　举升横梁照明装置

图 12-15　操作手柄指示灯、急停按钮、选择开关

图 12-16　立柱与盖板

6. 检查润滑油管，应无破损；检查管路、接头（见图 12-17），应无泄漏。
7. 检查润滑油泵（见图 12-18），要求润滑脂充足，润滑脂量不少于 1/3。

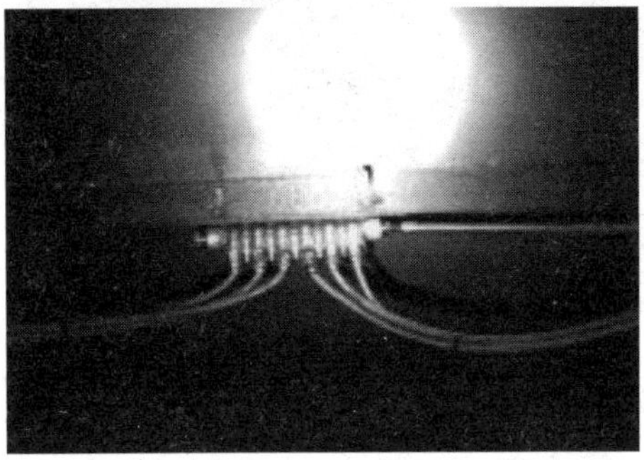
图 12-17　润滑油管及接头

图 12-18　润滑油泵

8. 检查丝杆保护套（见图 12-19），应无破损；检查管箍，应无松动。
9. 目视检查工作螺母和安全螺母（见图 12-20），要求正常、无裂缝。

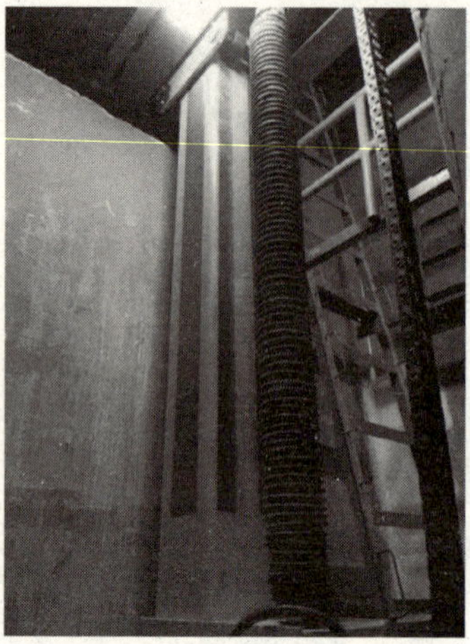

图 12-19　丝杆保护套

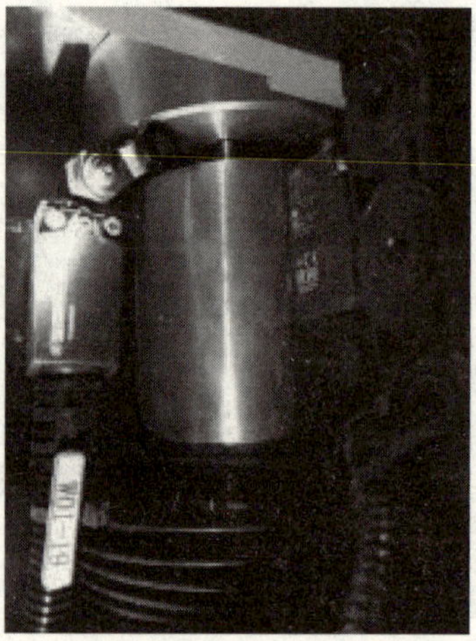

图 12-20　工作螺母和安全螺母

10. 目视检查基坑内转向架举升单元电动机及车体举升单元电动机齿轮箱（见图 12-21），应无漏油。用白布擦拭齿轮箱，若只有灰尘而无大面积油污，说明无漏油。

11. 目视检查各联轴器（图 12-22 为转向架柔性联轴器），应无损坏，无变形或裂缝。若联轴器漆面发生脱离、剥离，则需进一步检查是否有裂纹。

图 12-21　车体举升单元电动机齿轮箱

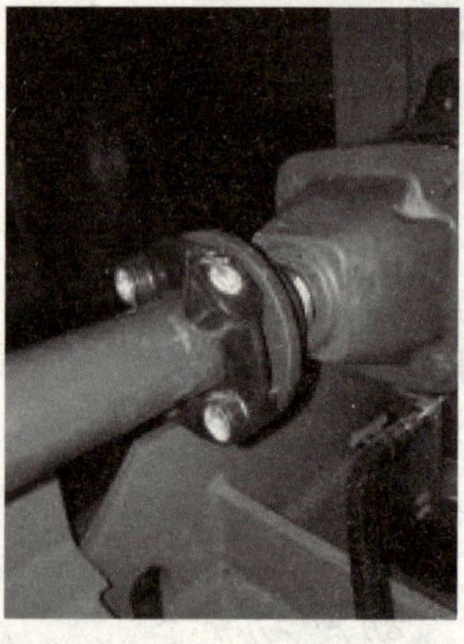

图 12-22　转向架柔性联轴器

12. 目测检查承重钢构件，应无裂纹。

13. 检查并清洁地坑（见图 12-23），应无渗水。

14. 检查基坑电气分柜、接线分盒各电气元件外观，应无损坏；检查电气线路，应无破损，如图 12-24 所示。清洁电气分柜。

15. 检查触摸屏、指示灯、按钮、蜂鸣器（见图 12-25），应无损坏。

16. 检查主控柜和各接线盒的接线（见图 12-26），应无松脱，接线端子无烧黑痕迹。

图 12-23　地坑

图 12-24　基坑电气分柜、接线分盒各电气元件外观及电气线路

17. 检查架车机二层平台钢结构与土建预埋件之间的安装、焊接质量，不应存在缺焊、漏焊、间隙过大等情况。

图 12-25　触摸屏、指示灯、按钮、蜂鸣器

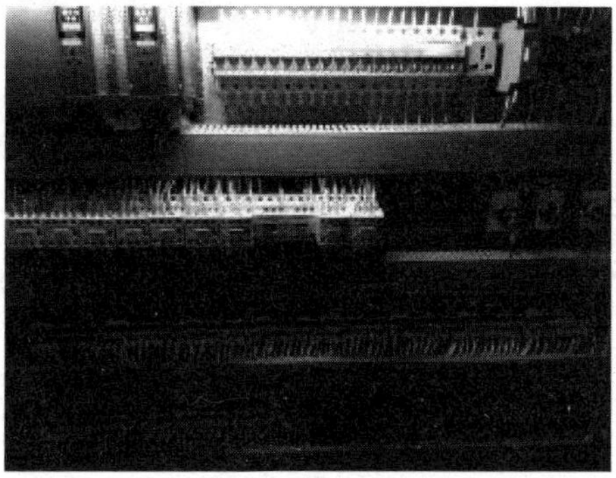

图 12-26　主控柜接线

三、动态功能试验

（一）功能检查

1. 手动压下负载检测开关及车辆到位开关，通过架车机操作主界面观察要求信号能否正确被 PLC 检测到。

2. 开启举升横梁照明装置，照明应正常。

3. 逐一拍下各操作手柄急停按钮及主控柜急停按钮，系统应能正常报警并停止动作。

4. 检查基坑内部通风风机，应正常运转。

5. 试机检查操作手柄各指示灯、按钮、选择开关功能，具体要求如下。

（1）授权灯。与本地选择一致，并且等待调节单元被授权，指示灯闪烁。

（2）安全区域灯。120 mm 安全区域到达，红灯闪烁。

（3）确认按钮。联控模式下用于本地确认功能，需要确认的本地控制器授权灯闪烁。

（4）急停按钮。当一个急停按钮被激活时，整个地坑式架车系统断电。

（5）车体-转向架选择开关。单控模式下，选择车体动作或转向架动作。

（6）上升按钮。按下按钮，条件满足，触发上升动作，释放自动停止。

（7）下降按钮。按下按钮，条件满足，触发下降动作，释放自动停止。

6. 检查工作上下限位开关、极限上下限位开关（见图 12-27）、50 mm 保护开关，功能应正常。

图 12-27　工作上下限位开关、极限上下限位开关

7. 检查脉冲发生器（见图 12-28），应正常工作；试机升降转向架、车体举升单元，通过主控界面应能及时反映举升柱高度，主控数据（见图 12-29）和监控数据应一致。

图 12-28　脉冲发生器

图 12-29　主控数据

8. 手动触发螺母磨损检测开关、障碍物监控开关（见图12-30），系统应能正常显示对应开关触发，并触发急停报警。

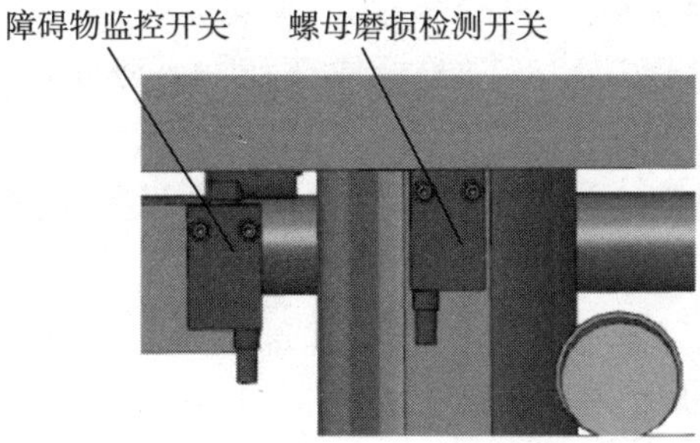

图 12-30　螺母磨损检测开关、障碍物监控开关

9. 检查基坑内液位传感器（见图12-31）功能，应正常。用手提起地坑内水位监测装置出地坑，听是否有报警声响起，若无报警声则需对水位监测装置进行检修。

10. 检查减速机（见图12-32）、联轴器，要求运转无异响。

11. 检查触摸屏、指示灯、按钮、蜂鸣器（见图12-33），外观应无损坏。试机检查触摸屏，应无失灵现象，指示灯正常点亮，按钮无损坏，蜂鸣器正常鸣响。

图 12-31　基坑内液位传感器

图 12-32　减速机

图 12-33　触摸屏、指示灯、按钮、蜂鸣器

(二) 安全保护检查

1. 急停回路功能检查

(1) 开机静态检查急停功能。按压急停按钮后，应能触发急停状态，正常报警；松开后设备恢复正常，报警消失。

(2) 操作设备动作过程中，按压任一急停按钮，设备动作应能立即中断。

2. 紧急旁路功能验证

启用紧急旁路，测试固定式架车机各动作部件 (包括车体、转向架联控升降和单控升降)，应能正常对应动作，无误动作。

3. 故障诊断功能核查

根据厂家提供的诊断说明验证各项故障，模拟相关故障，检查故障与 HMI 报警提示是否一致，将模拟故障与 HMI 报警提示显示不一致的列入表格中，如紧急停止故障、转向架上下极限位故障、同步超差故障、螺母磨损故障、防脱开监控故障、托头承载故障等。

4. 安全防护功能检查

对设备的安全防护功能进行检查，检查内容及要求见表 12-5。

表 12-5　安全防护功能检查内容及要求

序号	检查内容及要求
1	车辆到位开关未全部触发时无法进行车辆编组
2	主接触器失效，PLC 能进行监控、保护
3	辅助接触器误操作或失效，PLC 能进行监控、保护
4	架车机工作时必须有主要操作人员和辅助操作人员相互配合才能实现架车功能
5	丝杠/螺母传动系统采用了包括承载螺母和安全螺母的双螺母设计，两者之间留有设定的初始间隙，只有承载螺母承受载荷，安全螺母只是跟随上下运动。当承载螺母磨损到一定程度时，系统可以自动报警并触发控制系统自动停机
6	“上升”“下降”单项性保护：在联动操作时，电气线路保证设备只能向一个方向运作
7	电动机过载保护：架车机任何一台电动机发生过载等故障，该台电动机和其余电动机全部立即停止工作
8	断停电保护：架车机工作过程中一旦发生停电、短路、断路情况，控制系统控制设备自动停机并锁定，架车机记录此时工作位置，待上电后可以继续工作
9	单台电动机有过流保护。电动机供电系统采用空气断路器进行过流、过载保护，构成多重保护。用电器和电源间采用隔离变压器保护。当一台移动式架车机的电动机保护系统动作时，整个系统将自动停止工作
10	移动架车机的操作需要主要操作人员和辅助人员共同完成，相互配合，确保设备运行安全。主要操作人员在主控台授权后，辅助操作人员才能利用本地控制箱控制单台架车机升降（急停按钮无须授权），在架车机运行的某个阶段，辅助操作人员检查确认现场安全并按下确认按钮后，主要操作人员才能控制架车机继续升降
11	转向架、车体联控升降时实现同步联锁，同步误差控制在 8 mm 以内

（三）性能参数检验

1. 螺母间隙测量（见图 12-34）

使用钢直尺垂直于承载螺母下底面，再靠紧安全螺母外表面，目视安全螺母上表面边沿刻度，读取间隙值。螺母出厂间隙为 10 mm，不得小于 7 mm。

图 12-34　螺母间隙测量

2. 转向架/车体举升柱内侧距测量

转向架/车体举升柱内侧距使用卷尺测量。在转向架或车体举升柱升至最高点后，使用卷尺测量每一对立柱之间高低位横向距离，即为内侧距。每一对立柱之间的高低位内侧距误差应≤10 mm（选取的高位测量点与低位测量点垂直距离应≥1.5 m）。

3. 转向架/车体举升柱的垂直度测量（见图 12-35）

图 12-35　垂直度测量

使用铅垂线、直尺或卷尺配合测量举升柱垂直度。转向架/车体举升单元完全升起，将铅垂线固定端吸在举升柱顶部，放下铅垂线坠砣。保持铅垂线固定端处与举升柱表面之间距离为固定值，使用直尺测量铅垂线下部与举升柱表面距离并进行记录。测量举升柱表面刻度或卷尺上、下两个测量点高度差数值并记录。将上、下两个测量点距离举升柱的垂直距离相减，再除以两个测量点高度差，可得出垂直度偏差。在转向架/车体举升单元完全升起后，每根举升柱的垂直度应≤2/1 000。

4. 转向架举升柱上升速度测量

转向架举升柱上升速度和无举升功能车体举升柱上升速度均应与标准值误差范围不超过±10 mm/min。测量时通过卷尺测量举升柱升降高度，通过秒表计得升降时间，再计算得出升降速度。使用卷尺测量举升柱升降高度时应确保卷尺与地面垂直。

5. 转向架和车体举升柱最大起升高度测量

转向架和车体举升柱上升到最大起升高度，使用卷尺测量起升高度，与标准值误差范围应不超过±5 mm。测量时应保证卷尺与地面垂直。

6. 同步性误差测量

联控上升转向架/车体举升单元至工作高度，使用卷尺测量起升高度，同步误差必须≤5 mm。测量时应保证卷尺与地面垂直。

7. 其他（电动机电流波动测量）

使用钳表测量转向架/车体举升单元主回路升降电流，点动转向架/车体举升单元升降，观察并记录最小、最大电流值，波动应不超过 5%。

以上参数须在空载状态下和带负载状态下分别进行测量。首先进行空载状态下测量；空载状态功能检查一切正常后，才能安排城市轨道交通车辆进车带负载进行功能检查。

四、架升电客车试验

安排城市轨道交通车辆进入固定式架车机轨道进行配合调试，全部车辆到位开关显示到位后，在联控模式下操控列车整体上升，按照空载状态下测量方法对带负载时的垂直度、同步度等关键参数进行测量并记录。

第四节　经验小结

一、安装前起重机设备须安装完毕并投入使用

固定式架车机基坑内设备的安装需要起重机进行吊装，因此需提前调试好固定式架车机轨道上方起重机并取得使用登记证，以免影响安装调试进度。如场地条件允许，可采用汽车吊代替起重机来安装设备。

二、架车机轨道绝缘问题

架车机轨道在库门前应设置绝缘节，避免轨道回流电对设备电气部件造成过流、击穿等损害。

三、架车机基坑防水问题

架车机基坑若防水层未做好，地下水易渗入基坑内，造成基坑内部件泡水损坏，因

此在调试过程中应该重点关注基坑是否存在渗水。

架车机也是一种安全性要求极高的设备，举升柱升降高度不同步、举升柱垂直度等问题均可能导致列车在举升过程中发生倾覆，造成严重的设备损失和人员伤亡。因此在安装阶段就需要对安装技术质量进行把控，在调试阶段对关键参数进行测量，要求满足技术标准，在保证功能正常的情况下，确保架车机的安全性。

四、架车机安装时的环境与安全问题

架车机在安装过程中库房内可能存在其他专业的交叉作业，存在粉尘、噪声、有毒气体等有害环境因素，作业过程中存在焊接工序，且需进入基坑内部作业，作业整体风险较高。需注意防止作业人员坠落基坑，避免因焊接或短路引起火灾，留意现场消防水管和库顶是否漏水（会导致基坑积水），加强通风以消除库区地面自流坪施工或焊接作业时产生的有毒气体对作业人员的影响，防止架车机盖板等被载重汽车碾压等。

第十三章

移动式架车机

第一节 调试筹备

一、功能简介

移动式架车机一般为 3 编组或 6 编组，每个编组包含 4 个单机，主控台用于控制升降。移动式架车机用于轨道车辆场段内对轨道车辆检修实施架升作业，以方便对列车或工程车车体下部的机械、电气部件进行拆卸、维修、保养和更换。

二、调试目的

移动式架车机是一种大型的轨道车辆起升设备，其垂直度、同步性等主要技术指标必须得到保证，否则可能导致起升列车倾覆。因此移动式架车机的调试工作必须从设备土建基础建设时就开始严格把控，确保设备功能正常。

三、调试工作计划

移动式架车机的整个调试计划可以按表 13-1 开展，表 13-1 总结了设备调试全过程中各阶段的工作任务、工期计划、工作要求和人员组织，体现调试各阶段的任务要求和先后顺序。

表 13-1 移动式架车机调试计划

阶段	工作任务	工期计划	工作要求	人员组织
第一阶段	土建设施	施工计划	组织下现场跟进架车机库的土建施工，参与工地施工监理例会	技术专工 1 人、生产员工 2 人，不定期下现场跟进，做好问题记录
第二阶段	设备到货接收	新线合同采购计划	组织下现场，参与设备部件的到货接收	同上
第三阶段	机械设备安装	车辆段工艺设备安装计划	参与现场的设备部件安装，了解设备的安装过程、工艺要求、技术标准	同上
第四阶段	电气设备安装	设备厂家的安装计划	参与现场电气设备的安装，了解全安装过程、安装位置、工艺要求、技术标准	同上
第五阶段	功能调试	设备厂家的调试计划	参与现场功能调试，学习了解厂家技术人员的调试过程、方法和任务	同上
第六阶段	查线核图、扭力校正	调试计划	按调试计划组织开展调试，发现问题并提出整改	技术专工 1 人，生产员工 6 人
第七阶段	培训	培训计划	按计划开展维修与操作培训	技术专工，全员
第八阶段	城市轨道交通车辆架升试验	调试计划	按计划组织城市轨道交通车辆进行架车检验，各参数应满足架车标准	技术专工，全员
第九阶段	规程、工艺编制	年度工作计划	按新线设备筹备工作计划编制规程、工艺	技术专工

四、人员要求

为确保移动式架车机各系统及其部件的检修维护质量，作业人员都应了解架车机基本知识，熟悉架车机各系统的构造原理，熟悉相关设备操作规程，熟悉相关标准，熟练掌握并严格执行本工艺的各项规定，同时具备培训合格证书和上岗作业证书（特殊工种参考相关的工艺要求）。

五、物资需求

（一）备品备料（见表 13-2）

表 13-2　　备品备料

序号	名称	规格型号	单位	数量
1	纯棉布	米白色、卷布	kg	4
2	除锈润滑剂	WD-40、300 mL	支	2
3	精密电器清洁剂	2016C、312 g（11 oz）、CRC 牌	支	1
4	可耐压齿轮油	S2G220、20 L/罐、壳牌	罐	1
5	锂基润滑脂	3#、15 kg/罐、长城牌	罐	1

（二）工器具（见表 13-3）

表 13-3　　工器具

序号	名称	规格型号	功能作用
1	卷尺	3 m	测量托头实际高度
2	活动扳手	—	拆卸螺栓
3	内六角扳手	—	拆卸螺栓
4	一字、十字旋具	—	拆卸螺栓
5	兆欧表	—	测量电动机绝缘
6	钳形谐波功率表	—	测量电动机电流
7	万用表	—	测量进线电压

第二节　设备安装

一、安装基础检查

移动式架车机所在股道为整体道床，地面应进行硬化处理，同时地面平整度应满足≤3 mm/m 的要求。

二、电气接口安装

现场应配置有电力接口（动力插座）：AC 220 V/380 V（±10%）、50 Hz，供电方式 TN-S。电源配电盘（柜）建议设置在主控台附近，距离不要超过 6 m，以便于操作。

第三节 设备调试

一、开箱检查

设备到货后，对照合同技术要求，核查部件结构齐全。对于核心元器件，例如 PLC 系统、起升电动机、行程开关、限位开关、编码器、变频器等，应检查实物的规格型号与技术规格书是否一致。

二、静态外观检查

（一）安全注意事项

1. 进行电气部件清洁检查作业需关闭设备控制电源开关，并在开关处挂“有人工作，禁止合闸”警示牌。

2. 使用人字梯进行高处作业需一人作业一人扶梯，作业人员佩戴好安全帽、挂好安全带。

3. 设备运行过程中严禁触碰上升或下降的设备。

4. 使用除锈润滑剂等化学品喷剂时，需佩戴防毒口罩。

5. 作业完后施工负责人或班长要对作业现场进行巡查，确保工清场清。

（二）检查步骤与要求

移动式架车机的外观检查主要包括单机架车机、主控柜、连接电缆。

1. 检查推拉小车走行轮，要求转动正常无损坏，如图 13-1 所示；检查液压举升器液压油，要求无泄漏。

检查步骤：

（1）静态目视检查推拉小车走行轮，外观应完整，无缺块损坏。

（2）将控制把手推到上升位，然后下压操纵杆，试验液压举升器举升功能，应正常。

图 13-1　推拉小车走行轮

(3) 将控制把手置于中位，手动前后推拉小车各运动约 0.5 m 距离，检查运动过程中走行轮转动是否顺畅无异响。

(4) 将架车机移动至所需要停放的位置，缓慢按压控制把手置于下降位，试验液压举升器泄压下落功能，应正常。

(5) 检查液压举升器缸体，应无裂纹、无液压油泄漏。

2. 检查丝杆保护套（见图 13-2），要求无损坏。

检查步骤：

(1) 目视检查丝杆保护套上、下固定端管箍，应紧固良好，如图 13-3 所示。

图 13-2　丝杆保护套

图 13-3　目视检查管箍

(2) 用手轻托丝杆保护套中段部位，使保护套上下轻微活动，如图 13-4 所示，目视检查保护套，应无开裂。

图 13-4　目视检查保护套

3. 检查主控台各电气元件紧固状态。

根据接线端子不同类型，使用对应的旋具（一字、十字）对接线处进行紧固检查，确保接线无松动，如图 13-5 所示。

图 13-5　使用旋具进行接线端紧固检查

4. 检查设备漆面，要求平整无掉皮。

目视检查架车机单元的底座、支撑架、导轨等各机械构件外观，如图 13-6 所示，应质量完好，无裂纹、脱漆现象。

5. 检查钢结构各处焊缝，要求无裂纹、脱焊；检查钢结构，要求无变形迹象。

6. 检查设备自动润滑装置油罐的润滑脂位置，如图 13-7 所示，如低于 1/3，需补充至 2/3 以上。

图 13-6　目视检查架车机单元

图 13-7　检查润滑脂位置

7. 检查各驱动电动机的绝缘阻值，如图 13-8 所示，要求大于 5 MΩ。

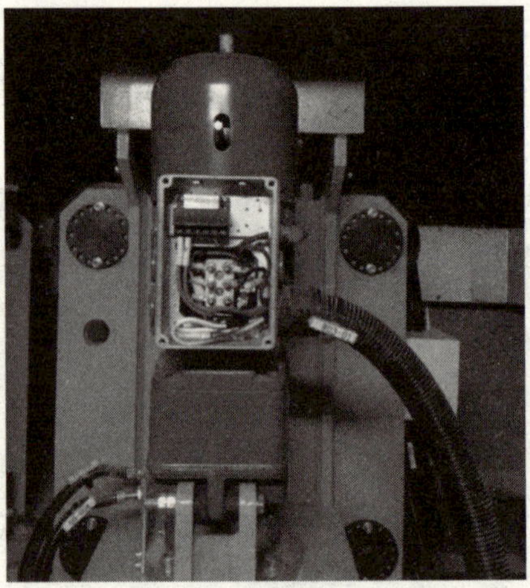

图 13-8　检查驱动电动机的绝缘阻值

检查步骤：

（1）检查人员穿戴安全带。

（2）使用 9 级以上的人字梯，放置于架车机单元侧面。一人扶住梯子，检修人员攀登至适当高度，将安全带挂钩挂扣于架车机单元顶端后，开始检查作业。

（3）拆除电动机电源线，使用油漆笔标记三相线路。

（4）松开绕组连接片固定螺母，拆卸绕组连接片，将 U/V/W 任意一相接线与 500 V 兆欧表“L-线路”相接，兆欧表“E-接地”与电动机外壳相接，以手摇 120 r/min 速度测量并记录各电动机绕组对地绝缘电阻（要求大于 5 MΩ）。

（5）测量结束后，按标记线路重新完成电动机接线。

（6）重复上述步骤，完成对所有架车机单元的检查。

8. 测量承载螺母和安全螺母的间隙。

检查步骤：使用钢直尺测量每台移动式架车机承载螺母与安全螺母的间隙，如图 13-9 所示，并记录测量值（初始值应为 10 mm）。

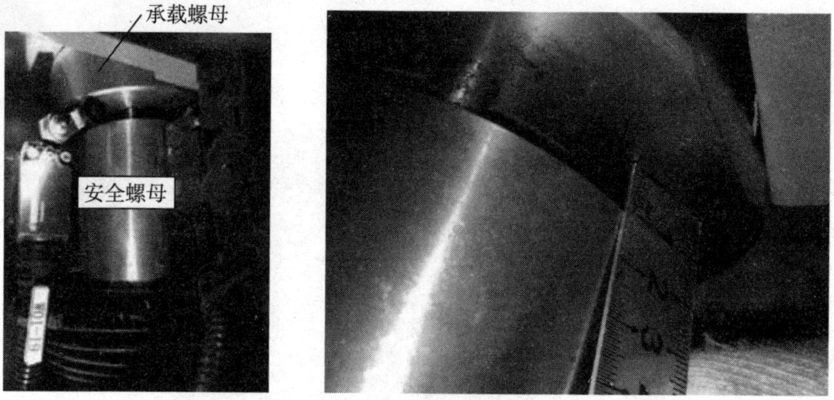

图 13-9　测量间隙

9. 检查机架上的电缆，要求无破损；检查电缆接头针插（见图 13-10），要求无明显氧化点；清洁插头。

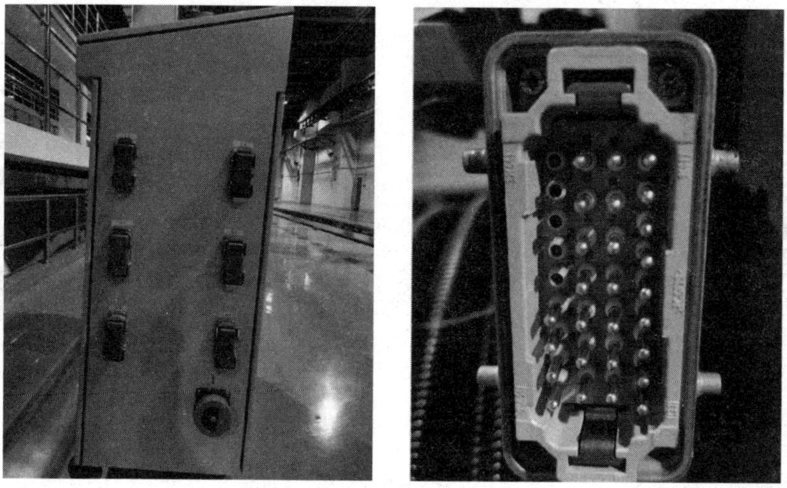

图 13-10　检查电缆接头针插

检查步骤：

（1）目视检查各架车机单元机架上的电缆，应无破损。

（2）目视检查主控台供电电缆，应无破损。

（3）检查电缆接头针插是否弯曲或损坏，并用旋具轻轻点触接头针插，检查针插有无松动，针插表面有无明显氧化点（如针插出现氧化点应采用砂纸进行轻柔打磨）。

（4）将插头底座打开，目视检查插头座盖，应无破损。

三、静态功能试验

（一）检查导向轮（见图 13-11）

图 13-11　导向轮

1. 连接架车机单元与主控柜之间的连接电缆，如图 13-12 所示。

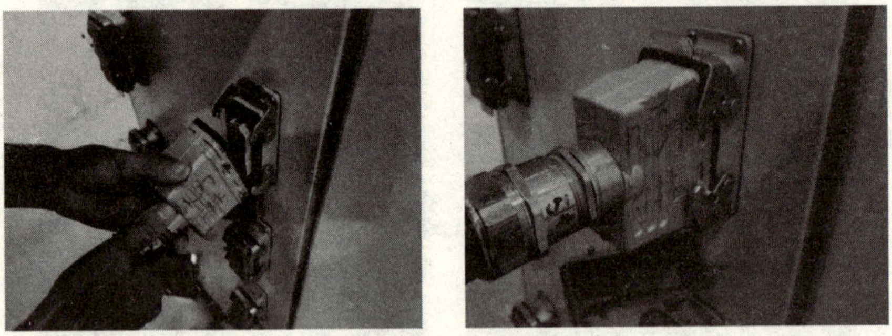

图 13-12　连接电缆

2. 接好主控台的电源插头，如图 13-13 所示。

3. 通过主控台授权单机动作，授权界面如图 13-14 所示。

4. 在架车机单元处，确认侧面单元控制箱（见图 13-15）“授权”灯亮起，通过按压“上升”和“下降”按钮操作架车机举升及下降。在升降运动过程中，目视检查导向轮动作应顺畅，不出现跳动、啃轨等异常振动现象。

图 13-13　接好电源插头

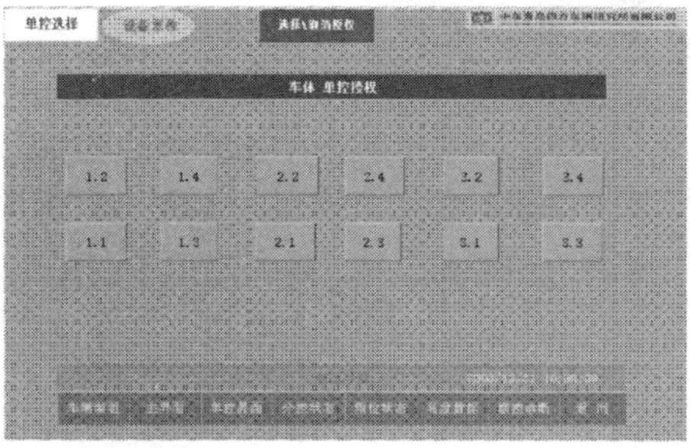

图 13-14　授权界面

图 13-15　单元控制箱

5. 重复上述步骤，完成全部架车机单元的检查。

（二）检查电动机（见图 13-16）、减速机

1. 通过主控台授权单机动作。

2. 在架车机单元处，确认侧面单元控制箱“授权”灯亮起，通过按压“上升”和“下降”按钮操作架车机举升及下降。目视检查升降运动过程，应平缓无冲动；聆听电动机和减速机运转，应无异响。

3. 重复上述步骤，完成全部架车机单元的检查。

图 13-16　电动机

（三）检查机架上的上、下限位开关（见图 13-17）

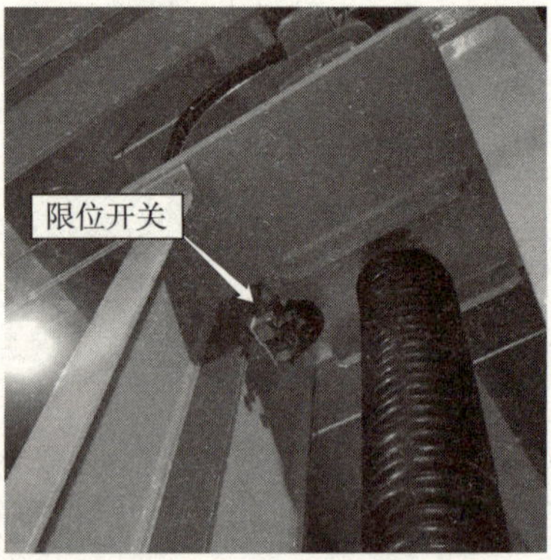

图 13-17　上、下限位开关

1. 连接架车机单元与主控柜之间的连接电缆，接好主控台的电源插头。

2. 手动拨动最低限位开关，检查最低限位开关动作（见图 13-18），应灵敏、无卡滞、回弹正常。

3. 检修人员穿戴安全带。

4. 使用 9 级以上的人字梯，放置于架车机单元侧面，一人扶住梯子，检修人员攀登至适当高度，将安全带挂钩挂扣于架车机单元顶端后，开始检查作业。

5. 手动拨动最高限位开关，检查最高限位开关动作，应灵敏、无卡滞、回弹正常。

6. 通过主控台授权单机动作。

7. 在架车机单元处，确认侧面单元控制箱“授权”灯亮起，按压“上升”和“下降”按钮，在升降过程中检查机架的最高限位开关、最低限位开关工作是否正常。控制面板上应能准确反映出各限位开关的实际状态，如图 13-19 所示。

图 13-18　检查最低限位开关

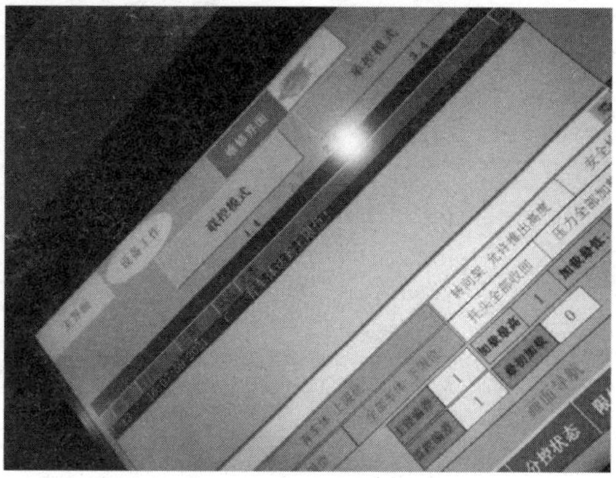

图 13-19　控制面板

8. 重复上述步骤，完成对所有架车机单元的检查。

（四）检查托头承载指示开关（见图 13-20）

图 13-20　托头承载指示开关

1. 连接架车机单元与主控柜之间的连接电缆，接好主控台的电源插头。
2. 手动下压托头承载指示开关，监控界面应能正确显示承载状态变化。
3. 重复上述步骤，完成对所有架车机单元的检查。

（五）检查各急停开关（见图 13-21）

1. 连接架车机单元与主控柜之间的连接电缆，接好主控台的电源插头。
2. 开机检查，按压主控台急停按钮后，设备应无动作，并在操作屏上显示急停被

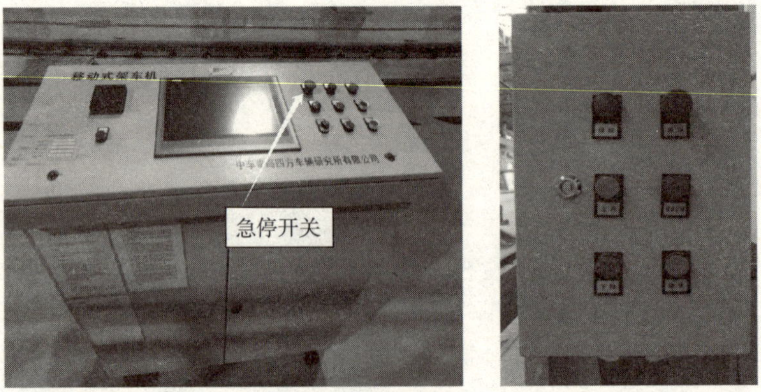

图 13-21　急停开关

触发。

3. 恢复急停按钮，操作架车机动作，按下主控台急停按钮，设备应停止动作，并在操作屏上显示急停被触发。

4. 通过主控台操作架车机动作，逐一按压架车机单元控制箱急停按钮，设备应停止动作，并在操作屏上显示急停被触发。

5. 恢复所有急停按钮。

（六）检查螺母磨损检测开关、障碍物监控开关（见图 13-22）

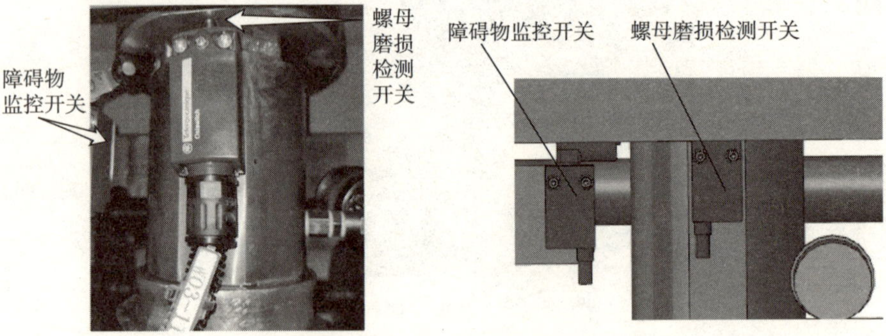

图 13-22　螺母磨损检测开关和障碍物监控开关

1. 该项目与其他带电检查项目一并开展。

2. 连接架车机单元与主控柜之间的连接电缆，接好主控台的电源插头。

3. 手动按压架车机单元的螺母磨损检测开关、障碍物监控开关，控制面板上应能准确反映出对应开关触发。

4. 重复上述步骤，完成对所有架车机单元的检查。

四、动态功能试验

（一）急停回路检查

触发单机和中控台急停开关，安全继电器动作，架车机应能马上停止上升或下降。

（二）设备联锁功能检查

1. 检查联控模式、单控模式，应能有效联锁。

2. 分别屏蔽某个架车机脉冲传感器，模拟接近开关断线、承载开关失效、编码器联轴器断裂，检查超过同步误差后系统是否能够有效进行同步控制保护。

3. 分别触发工作上下限位开关，系统应停止上升下降动作；分别触发极限上下限位开关，系统应紧急停止。

4. 触发双螺母系统及监控保护，系统应紧急停止。

5. 屏蔽一个托头承载指示开关，模拟升降过程中托头和车体脱开保护，系统应停止升降动作。

（三）紧急旁路功能验证

启用紧急旁路，测试移动式架车机各动作部件（包括车体联控升降、单控升降），应能正常对应动作，无误动作。

（四）设备权限检查

移动式架车机设置操作和检修两种模式。操作模式下，不能进入检修界面，不能修改高度数值；检修模式下，可以进入检修界面进行屏蔽操作，并能修改高度数值。

（五）故障诊断功能核查

根据厂家提供的诊断说明验证各项故障，模拟相关故障，检查故障是否与 HMI 报警提示一致，将模拟故障与 HMI 报警提示显示不一致的列入表格中，如紧急停止故障、转向架上下极限位故障、同步超差故障、螺母磨损故障、防脱开监控故障、托头承载故障等。

五、架升电客车试验

进行一次架城市轨道交通车辆试验（3 编组），一次架工程车试验（1 编组），如图 13-23 所示。

图 13-23　架城市轨道交通车辆试验

（一）基本要求

1. 整体性能

检查设备整体运行情况，要求灵活平稳，无异常响动。设备运行 1 个满行程，采用耳听、目测的方式进行观察。

2. 托架垂直升降行程

使用卷尺测量或通过主控台触摸屏观测托架垂直行程，要求达到理论行程。

3. 车体举升单元同步精度

通过主控台触摸屏观测车体举升单元同步精度，要求≤±4 mm。

4. 设备与车体接口

观察车体举升单元托头与车辆顶车座接口，要求能有效支撑。

（二）架升电客车

1. 架车准备

（1）开启主控柜电源，将主控台上的“控制电源”插入钥匙开关。

（2）检修车到位（明确检修车的位置及其编组模式）。

（3）所有参与检修作业的人员就位，准备必备的工具（对讲机等）。

（4）准备好 3 m 以上卷尺，用于测量规定设备的相关尺寸。

（5）列车转轨，需要电客车进入联合库架修线轨道，车辆检修分部配合准备好电客车的架升准备，设备厂家做好架车时的设备操作、培训及运行状态控制。

2. 设备空载运行

为保证设备及车辆、人员的安全，在设备架车前需要对设备空载运行状态进行检验，具体包括设备外观检查、设备性能指标测试、设备安全联锁内容测试等。

3. 设备架车运行

包括设备与车辆接口测试、架车测试。

设备检查项目见表13-4。

表 13-4　　设备检查项目

一、设备空载检查项目			
程序	考核试验与验收项目	规范标准	测试工具和方法
外观检查	整体尺寸	满足设计要求	卷尺测量
	整体结构	布局合理，无变形与损伤	目测
	表面质量，润滑、防锈处理	满足设计要求	目测、触摸
	涂装	色泽均匀，无漏刷、脱落	目测
	机械、控制零部件的安装	数据齐全、位置准确、安装牢固	目测，对照图样，用旋具、扳手检验
	控制系统布线	整齐美观	目测
	电气设备、电缆、导线等	接头牢固，标记准确	目测、手拉检查
性能指标测试	整体性能	运行灵活平稳，无异常响动	设备运行1个满行程，采用耳听、目测、卷尺测量
	托架垂直升降行程	≥1 500 mm	卷尺测量或主控台触摸屏观测
	车体举升单元同步精度	≤4 mm	主控台触摸屏观测
	承载螺母与安全螺母间隙	10 mm	卷尺测量
安全联锁内容测试	工作模式联锁	有效联锁	触摸屏观察
	同步控制保护	有效联锁	屏蔽某个传感器信号，触摸屏观察
	双限位保护	有效联锁	触发开关，触摸屏观察
	双螺母系统及监控保护	有效联锁	触发开关，触摸屏观察
	急停保护	有效联锁	触发开关，触摸屏观察
	升降过程托头和车体脱开保护	有效联锁	触发开关，触摸屏观察
	其他	设备防护措施有效	观察设备接地线连接情况
其他	本地控制器功能	动作灵敏，能起到控制作用	—
	其他	—	观察架车过程设备是否运转正常
二、设备架车运行检查项目			
程序	考核试验与验收项目	规范标准	测试工具和方法
设备与车辆接口测试	车体举升单元托头与车辆顶车座接口	有效支撑	测量、观察
架车测试	架车过程	有效架车	观察

4. 架车过程安全事项

（1）只要有人在提升柱下或在提升载荷的投影区域内，禁止进行任何顶升或降落操作。

(2) 联控动作中，若现场出现任何安全问题，现场人员松开确认按钮；若遇紧急情况，按下急停按钮停止系统工作。

(3) 联控车体动作之前一定按响“电铃”进行操作提示。

(4) 一般（即最低限度的）的人员安全防护装备包括安全鞋、安全帽和安全手套。

(5) 若操作过程中有急停按钮被激活，现场人员必须首先确定急停按钮位置及被激活的原因，在危险状况解除前不能解锁和取消紧急状态。

第四节　经验小结

一、移动式架车机地面水平度

地面水平度要求≤3 mm/1 000 mm。地面不水平会影响移动式架车机垂直度，架车支点与城市轨道交通车辆车体的接触面间隙较大，影响后期架车机使用安全。因此在验收前应严格对移动式架车机股道地面水平度进行测量（见图 13-24）。若发现不满足要求，应对地面进行整改。

图 13-24　地面水平度测量

二、移动式架车机作业须观察架车点的接触状态

架车调试是检验移动式架车机功能的最关键一步，需要观察所有架车点的接触状态（架车点的接触面状态不良见图 13-25），并且每抬升一定距离就需要停下来观测接触面的变化。建议高度抬升至 1 m 后加大观察频次。整个过程，架车机立柱的垂直度不应超过 10 mm/1 000 mm。

图 13-25　架车点的接触面状态不良

三、移动式架车机架车托头强度

架车时需要密切观察各架车托头的状态（架车托头见图 13-26），一旦出现变形则需要立即停机降落。为避免意外发生，在调试前需要重点校核支撑结构，需要厂家提供第三方的有限元受力分析报告。

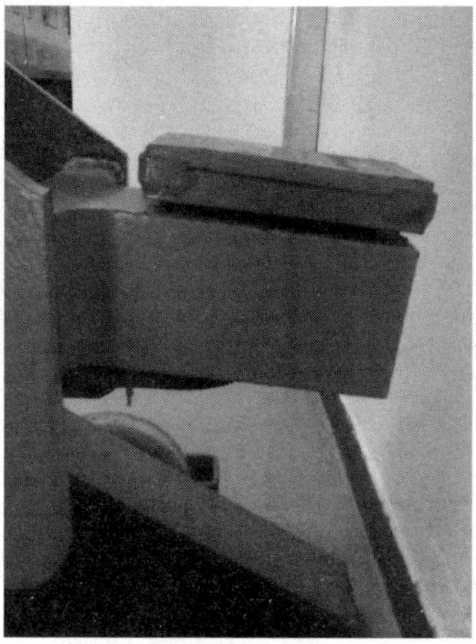

图 13-26　架车托头

第十四章 自动化立体仓库

第一节　调试筹备

一、功能简介

自动化立体仓库设备（见图 14-1）广泛用于各个城市轨道交通车辆段的物资存放，一般安装于物资总库内（室内环境），不受阳光、雨水影响。

图 14-1　自动化立体仓库设备

自动化立体仓库是集光通信、传感器、PLC 电气控制和计算机管理为一体的智能化仓储设备，可实现对各类备件的自动存取、智能化管理出入库。下面以 CLLK-Ⅱ型立体仓库为例进行介绍。

自动化立体仓库的主要功能包括：

（一）入库、单元出库、单元拣选出库再入库。

（二）手动控制，半自动控制，自动控制（机上自动控制、控制室自动控制）。

（三）出入库设定、货格地址设定、控制方式设定。

（四）自动认址、准确停位。

（五）托盘货物外形尺寸、质量的检测及显示。

（六）作业状态的监视及显示。

（七）故障的检测及报警。

（八）安全、联锁。

（九）库存、库位的管理。

（十）能支持用户编程，即用户能根据使用需要在现场对控制程序进行修改或升级。

二、调试目的

自动化立体仓库是一种用于存放货物的大型自动化设备，其主要的技术指标必须得到保证，否则可能引发高空坠物等安全事件。因此立体仓库的调试工作必须从设备的安装开始严格把控，确保设备功能正常。

三、调试工作计划

自动化立体仓库的整个调试计划可以按表 14-1 开展。表 14-1 总结了设备调试全过程中各阶段的工作任务、工期计划、工作要求和人员组织，体现调试各阶段的任务要求和先后顺序。

表 14-1　　自动化立体仓库调试计划

阶段	工作任务	工期计划	工作要求	人员组织
第一阶段	土建设施	施工计划	组织下现场跟进立体仓库、基础的土建施工，参与工地施工监理例会	技术专工1人、生产员工2人，不定期下现场跟进，做好问题记录
第二阶段	设备到货接收	新线合同采购计划	组织下现场，参与设备部件的到货接收	同上
第三阶段	机械设备安装	车辆段工艺设备安装计划	参与现场的设备部件安装，了解设备的吊装过程、工艺要求、技术标准	同上
第四阶段	电气设备安装	设备厂家的安装计划	参与现场电气设备的安装，了解全安装过程、安装位置、工艺要求、技术标准	同上

续表

阶段	工作任务	工期计划	工作要求	人员组织
第五阶段	功能调试	设备厂家的调试计划	参与现场功能调试，学习了解厂家技术人员的调试过程、方法和任务	同上
第六阶段	查线核图、扭力校正	调试计划	按调试计划组织开展调试，发现问题并提出整改	技术专工1人，生产员工6人
第七阶段	培训	培训计划	按计划开展维修与操作培训	技术专工，全员
第八阶段	出入库功能试验	调试计划	按计划组织出入货检验，各参数应满足合同技术标准	技术专工，全员
第九阶段	规程、工艺编制	年度工作计划	按新线设备筹备工作计划编制规程、工艺	技术专工

四、人员要求

为确保自动化立体仓库各系统及其部件的安装调试质量，作业人员都应了解自动化立体仓库基本知识，熟悉自动化立体仓库各系统的构造原理，熟悉相关设备操作规程，熟悉相关标准，熟练掌握并严格执行安装工艺的各项规定，同时具备培训合格证书和上岗作业证书（特殊工种参考相关的工艺要求）。

五、物资需求

常用清洁物资、润滑喷剂见表 14-2。

表 14-2　　常用清洁物资、润滑喷剂

序号	名称	规格型号	单位	数量
1	渗透润滑剂	HHS2000、DER WURTH	支	1
2	纯棉布	米白色、卷布	kg	2
3	除锈润滑剂	WD-40、300 mL	支	1
4	精密电器清洁剂	2016C、312 g（11 oz）、CRC 牌	支	1
5	机械油	30#	罐	1
6	锂基润滑脂	3#、15 kg/罐、长城牌	罐	1
7	可耐压齿轮油	S2G220、20 L/罐、壳牌	罐	1

第二节 设备安装

一、安装基础检查

自动化立体仓库设备安装于物资总库内，应当保证仓库设备不受雨淋，以免金属部件生锈损坏，同时应保证室内照明充足，以便于开展设备检修。

立体仓库设备对货架的地坪性能要求有：

（一）货架地坪平整度应符合 JB/T 9018—2011 的规定。

（二）采用胀锚螺栓安装的货架应按设计要求放线打孔。各孔应准确处于其规定的轴线上，并保证孔距。

（三）采用调整钢托板安装的货架应检测各钢托板的标高尺寸。所有钢托板的上表面应位于同一基准面。

二、安装配合

对于货架片，其各构件焊接精度、立柱安装的垂直度和弯曲偏差、货架片沿巷道长度和宽度方向的垂直度、货架同层载货托梁或横梁高度偏差等参数应符合相关的要求，以确保货架力学性能可靠、设备使用时不发生干涉。类似的，对于堆垛机轨道，其轨道长度、轨距、水平弯曲误差等也应符合相关要求。

第三节 设备调试

一、开箱检查

设备到货后，对照合同技术要求，核查部件结构是否齐全。对于核心元器件，例如PLC、变频器、货叉电动机、行走电动机、升降电动机、站台电动机、液压缸、旋转编码器、激光测距仪、激光通信仪、UPS（不间断电源）等，应确保实物的规格型号与技术规格书一致。

二、静态外观检查

（一）安全注意事项

设备安装完成后，根据设备出厂资料——设备机械组装图、液压原理图、电气原理图、电气接线图等——对现场设备进行核对，记录问题并督促厂家限时整改。

静态外观检查主要包含以下内容。

1. 所有电气类元件（包括 PLC、自动空气断路器等控制类元件及传感器、电动机等执行元件）均有与图样对应的唯一编码。

2. 所有实物线缆应有与图样一一对应的线缆编号。

3. 所有接线头、接线端子应与图样编号对应。

4. 所有元器件的接线应与电气原理图相符合。

5. 接线工艺应符合相关规范要求。

6. 所有元器件的安装应紧固可靠，并进行紧固画线。

7. 不存在缺装、漏装等异常情况。

8. 关键紧固件安装扭力应按要求进行校核。

9. 警示标识检查。

进行静态检查时，检查人员应穿戴护趾鞋、安全帽，并注意下述安全防护要求。

——在进行高处检查作业时，需按要求穿戴、使用安全带。

——试验过程中，避免碰撞托盘、各开关支架，以免发生移位、变形。

——在巷道中走动时，谨防地脚螺栓绊脚摔跤。

（二）静态调试作业

1. 载货台光电开关（见图 14-2）

检查载货台上的各个光电开关外观、紧固及接线是否正常；检查电源指示灯是否亮起；用手遮挡，观察对应的开关触发状态指示灯是否亮起。

2. 货叉接近开关（见图 14-3）

检查货叉左、右叉到位接近开关和回中到位接近开关的外观、紧固及接线是否正常；检查电源指示灯是否亮起；用金属件（例如旋具）靠近开关，观察对应的开关触发状态指示灯是否亮起。

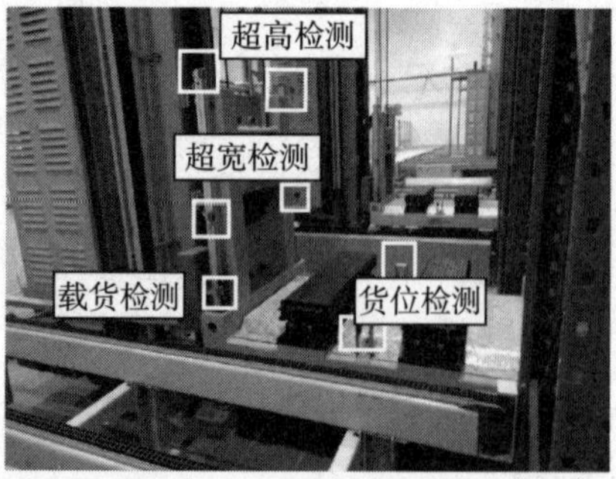

图 14-2　载货台光电开关

图 14-3　货叉接近开关

3. 堆垛机货叉伸缩编码器（见图 14-4）

检查堆垛机货叉伸缩编码器的外观、紧固及接线是否正常。

4. 堆垛机限位开关（见图 14-5）

检查堆垛机载货台上下、水平限位开关，以及堆垛机运行极限行程开关的外观、紧固及接线是否正常。扳动开关，检查状态功能是否正常。

图 14-4　堆垛机货叉伸缩编码器

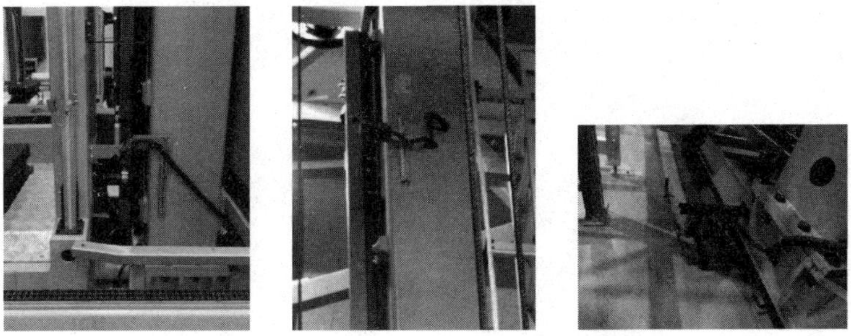

a）　b）　c）

图 14-5　堆垛机限位开关

a）下限位开关　b）上限位开关　c）水平限位开关

5. 载货台垂直高度激光测距仪（见图 14-6）

检查载货台垂直高度激光测距仪的外观、紧固及接线是否正常；检查电源指示灯是否亮起；检查激光是否落在反光板的中心位置；操作载货台进行上下移动，通过激光测距仪侧面显示屏观察升降高度是否正常变化。

图 14-6　载货台垂直高度激光测距仪

6. 堆垛机激光测距仪

检查堆垛机水平位置激光测距仪（见图 14-7）的外观、紧固及接线是否正常；检查电源指示灯是否亮起；检查激光是否落在水平位置反光板（见图 14-8）的中心位置；操作堆垛机进行前后移动，通过激光测距仪侧面显示屏观察水平距离值是否正常变化。

图 14-7　堆垛机水平位置激光测距仪

图 14-8　堆垛机水平位置反光板

7. 堆垛机激光通信仪

检查堆垛机激光通信仪（见图 14-9）的外观、紧固及接线是否正常，检查电源指示灯是否亮起，检查是否显示强信号状态（见图 14-10）。

图 14-9　堆垛机激光通信仪

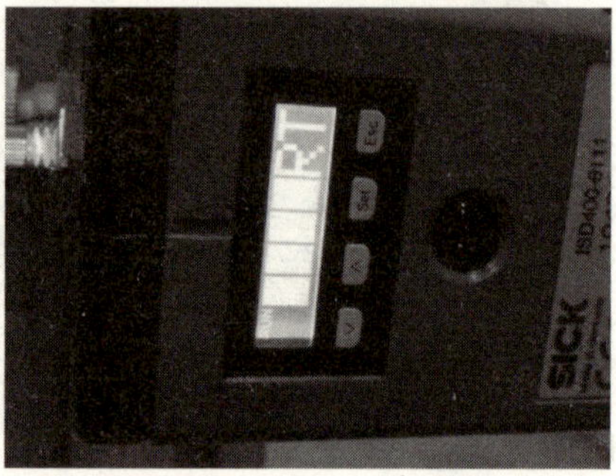

图 14-10　激光通信仪侧面信号显示

8. 操作台各按钮、旋钮、指示灯、触摸屏（见图 14-11）

检查堆垛机操作台复位按钮、急停按钮、电源旋钮开关、指示灯、触摸屏的外观、紧固及接线是否正常，检查各按钮、旋钮的操作是否灵敏无卡滞，检查对应的指示灯是否亮起，检查触摸屏操作是否灵敏。

9. 电气柜内各元件（见图 14-12）

检查堆垛机电气柜内的 PLC、变频器、断路器、接触器、继电器、开关电源、接线端子等元件的外观、紧固及接线（见图 14-13）是否正常，检查元器件编号、线号是否齐全准确。

10. 堆垛机起重装置的松绳和过载保护开关

检查堆垛机起重装置的松绳和过载保护开关的外观、紧固及接线是否正常；按压开关，检查功能是否正常，观察堆垛机是否急停报警，触摸屏是否显示相应报警代码。

图 14-11　操作台各按钮、旋钮、指示灯、触摸屏

图 14-12　堆垛机电气柜内各元件

图 14-13　电气柜接线

11. 堆垛机集电器结构

检查堆垛机集电器的外观、紧固及接线是否正常。

检查集电器臂（见图 14-14）结构表面有无裂痕；各相碳刷位置状态是否正常，有无裂纹及偏磨。

图 14-14　堆垛机集电器臂

12. 堆垛机滑触线（见图 14-15）

检查堆垛机滑触线的外观、紧固及接线是否正常，检查滑触线的支撑结构及防护罩的外观、紧固是否正常。

图 14-15　堆垛机滑触线

13. 堆垛机电动机（见图 14-16~图 14-18）

检查堆垛机行走电动机、垂直升降电动机、货叉电动机的外观、紧固及接线是否正常；拆开并检查堆垛机所有电动机的接线盒，检查电动机制动器整流模块的外观、紧固及接线是否正常，有无烧损情况。

操作堆垛机水平行走、垂直升降及货叉动作。停止动作时，观察制动功能是否正常，是否有制动失灵现象。

检查堆垛机行走电动机、垂直升降电动机、货叉电动机对地电阻。

图 14-16　行走电动机

图 14-17　垂直升降电动机

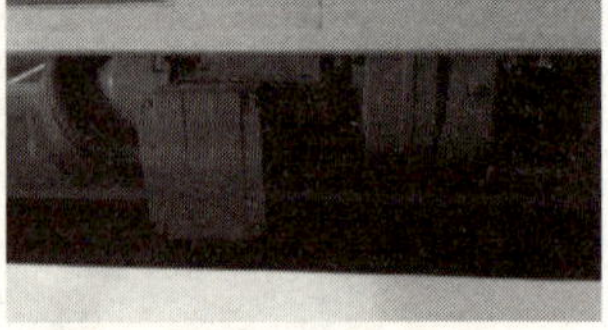

图 14-18　货叉电动机

14. 减速机（见图 14-19~图 14-21）

检查行走、垂直升降、货叉电动机减速机的外观、紧固及接线是否正常；检查减速机有无油液渗漏；检查油位是否正常（使用内六角扳手拧开减速机油位观察口，若有润滑油溢流，则油位正常）；检查油质是否正常；操作对应部件动作，检查减速机运行时有无异响和异常发热。

图 14-19　行走电动机减速机

图 14-20　垂直升降电动机减速机

图 14-21　货叉电动机减速机

15. 堆垛机立柱结构

检查双立柱和上、下横梁（见图 14-22）是否变形、扭曲、开裂；检查立柱与上、下横梁的连接螺栓（见图 14-23）紧固状况。

图 14-22　双立柱和上、下横梁

图 14-23　立柱与上、下横梁的连接螺栓

16. 上、下轨缓冲止挡和升降台缓冲止挡（见图 14-24~图 14-26）

检查堆垛机上轨道橡胶止挡、下轨道机械弹簧止挡和升降台缓冲止挡的外观、紧固是否正常，检查有无粉状或块状橡胶脱落。

图 14-24　上轨缓冲止挡

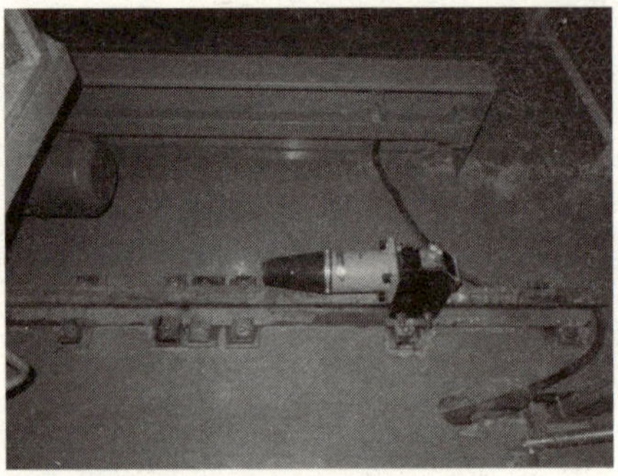

图 14-25　下轨缓冲止挡

图 14-26　升降台缓冲止挡

17. 立柱爬梯（见图 14-27）和防坠自锁器主绳（见图 14-28）

检查立柱爬梯的外观、紧固是否正常。

检查防坠自锁器主绳的外观、紧固是否正常，检查有无松股、断股等异常状态。堆垛机运行过程中主绳不得与货架干涉。

18. 立柱框架各处焊接位置（见图 14-29）

检查立柱框架各处焊接位置外观是否正常，有无裂缝。

19. 钢丝绳和滑轮

检查钢丝绳（见图 14-30）的外观、紧固是否正常，检查钢丝绳有无严重断丝、松股、弯曲、变形或生锈；检查钢丝绳滑轮（见图 14-31）的外观、紧固是否正常，检查滑轮的润滑状态是否良好；检查钢丝绳与载货台的连接螺栓（见图 14-32）紧固是否正常；操作堆垛机载货台升降，检查有无异响。

图 14-27 立柱爬梯

图 14-28 防坠自锁器主绳

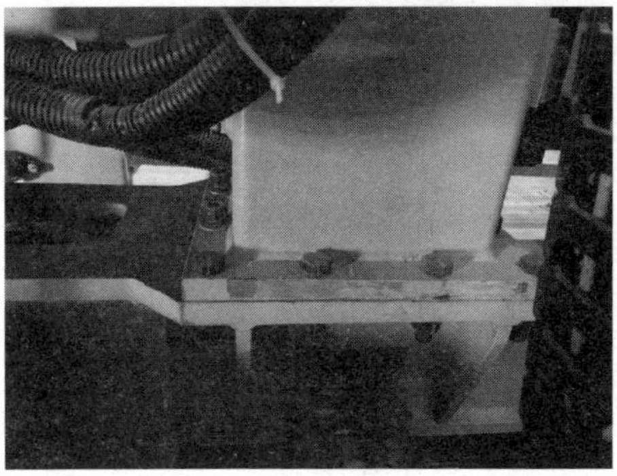

图 14-29 立柱框架焊接位置

图 14-30 钢丝绳

图 14-31 钢丝绳滑轮

图 14-32 钢丝绳与载货台的连接螺栓

检查钢丝绳两端固定绳夹的紧固状态，并使用游标卡尺测量钢丝绳的直径（出厂

直径参数 ϕ11 mm)，直径减小 15%（即减小至 9. 35 mm）时需加强检查，直径减小 25%（即减小至 8. 25 mm）时必须更换。

20. 升降导轨、导向轮及其轴承

检查升降导轨、导向轮（见图 14-33）的外观、紧固、润滑是否正常；操作堆垛机动作，检查滚动轴承（见图 14-34）转动时有无异响。

图 14-33　升降导轨、导向轮

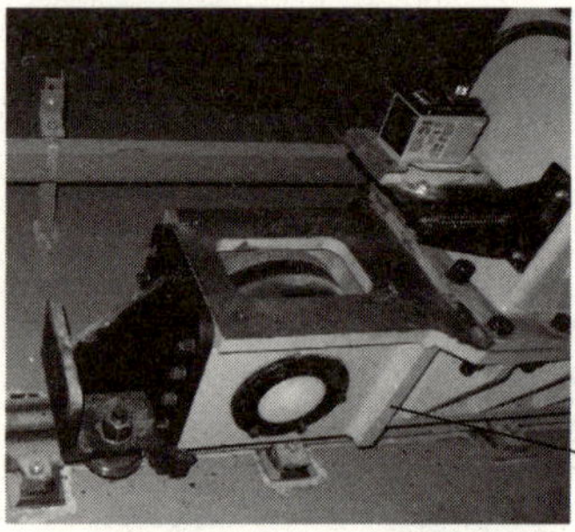

图 14-34　滚动轴承

21. 货叉

检查货叉工作面（见图 14-35）与滚轮（见图 14-36）的外观、紧固是否正常；检查货叉工作面有无磨损，摩擦力是否足够；检查货叉滚轮紧固是否正常，固定卡簧（见图 14-37）是否断裂；检查货叉与载货台连接螺栓（见图 14-38）的紧固是否正常；检查货叉链条（见图 14-39）的外观、紧固是否正常，检查链条松紧度、润滑状态是否正常；操作货叉伸缩，检查货叉的工作情况是否正常，水平与竖直方向的偏移是否影响货叉灵活动作，货叉动作过程中是否与货架横梁干涉。

图 14-35　货叉工作面

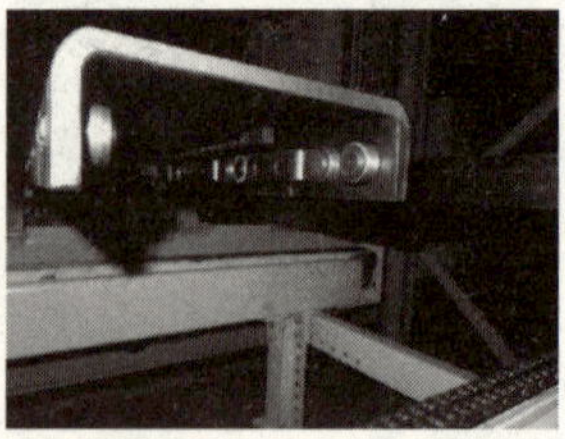

图 14-36　货叉滚轮

图 14-37　货叉滚轮固定卡簧

22. 载货台防坠落保护装置（见图 14-40）

检查防坠落保护装置钢丝绳、滑轮的外观、紧固及润滑状态是否正常，检查钢丝绳松紧程度是否正常。

图 14-38　货叉与载货台的连接螺栓

图 14-39　货叉链条

图 14-40　防坠落保护装置

23. 出入库系统操作面板

检查操作面板各操作开关、显示灯（见图 14-41）的外观、紧固及接线是否正常。

图 14-41　操作面板各操作开关、显示灯

24. 出入库系统电气接线柜

检查出入库系统电气接线柜内的 PLC、断路器、接触器、继电器、开关电源、接

线端子等元件（见图 14-42）的外观、紧固及接线是否正常。

图 14-42　出入库系统电气接线柜内各元件

25. 输送线光电开关

检查输送线各光电开关（见图 14-43）的外观、紧固及接线是否正常。用手遮挡模拟触发超高超宽检测、到位减速、到位停止检测光电开关，查看是否对应触发超限报警退回、减速、停止动作。

图 14-43　输送线各光电开关

26. 输送线电动机和减速机（见图 14-44）

检查输送线电动机的外观、紧固及接线是否正常；拆开并检查电动机的接线盒，检查电动机制动器整流模块的外观、紧固及接线是否正常，有无烧损情况；检查输送线电动机对地电阻。

检查输送线电动机减速机的外观、紧固及接线是否正常；检查减速机有无油液渗漏；检查油位是否正常（使用内六角扳手拧开减速机油位观察口，若有润滑油溢流，则油位正常)；检查油质是否正常；操作输送线辊子、链条动作，当停止动作时，观察制动功能是否正常，有无制动失灵现象；检查减速机运行时有无异响和异常发热。

图 14-44　输送线电动机和减速机

27. 输送线机械结构

检查输送链条、输送升降链条（见图 14-45)、传动辊链条（见图 14-46）与链轮的啮合情况，链条传动有无卡滞或跳齿。检查链轮、链条、滚动轴承（见图 14-47）的润滑情况是否良好，防止润滑油过量造成托盘打滑，或润滑不足造成异响。

图 14-45　输送链条、输送升降链条

图 14-46　传动辊链条

图 14-47　链轮、链条、滚动轴承

28. 升降台机械结构

检查液压升降台及其限位装置等的外观、紧固是否正常。

29. 升降台限位开关

检查升降台上、下限位开关（见图 14-48）的外观、紧固及接线是否正常；操作升降台至上、下极限位置，检查是否能触发限位开关并停止升降。

30. 称重系统

检查升降台称重传感器（见图 14-49）及称重显示器面板的外观、紧固及接线是否正常；试机取出任一托盘，检查称重显示是否正常。

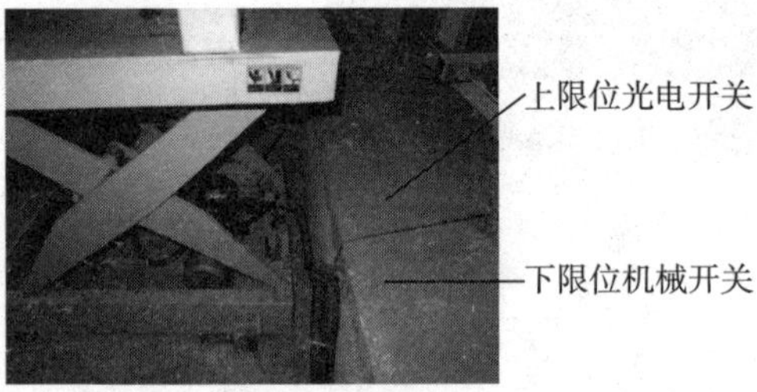

图 14-48 升降台上、下限位开关

图 14-49 称重传感器（每个升降台 4 个）

31. 升降台液压系统（见图 14-50）

操作升降台升至最高位，检查液压升降台油泵、油管、油缸是否渗漏；检查油箱油位是否在正常范围内；拧下液压缸油尺，用纯棉布将油尺擦拭干净并装回，操作升降台降至最低位，然后立即升至最高位，拧下油尺，观察液压油痕迹，位于高、低位刻度之间为正常（见图 14-51）。

图 14-50 液压系统（电动机、油泵及油箱）

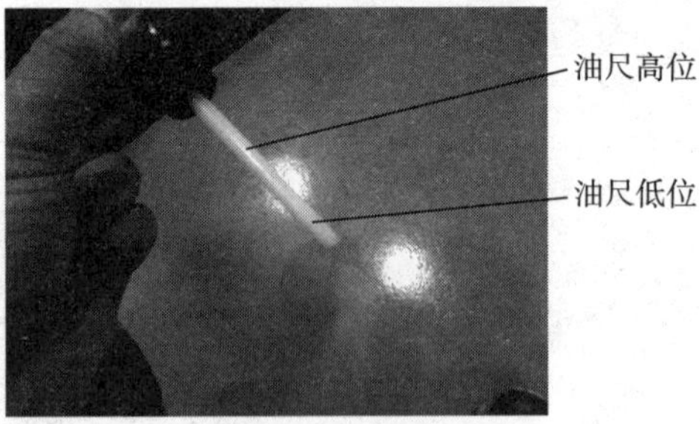

图 14-51 液位应位于高、低位刻度之间

32. 货架货位

检查货架货位所有托盘（见图 14-52）是否放置整齐，有无突出、倾斜、超限、损坏等异常情况；检查货架地脚螺栓（见图 14-53）外观及紧固状态是否正常。

图 14-52　货架货位托盘

图 14-53　货架地脚螺栓

33. 地面操作触摸屏和 LED 显示屏（见图 14-54 和图 14-55）

检查地面操作触摸屏、LED 显示屏的外观、紧固、接线是否正常；检查触摸屏操作是否灵敏、显示信息是否正确。

图 14-54　地面操作触摸屏

图 14-55　LED 显示屏

34. 计算机管理系统（见图 14-56）

检查计算机管理系统的外观、接线是否正常；开机检查计算机功能是否正常；检查设备软件是否完好，备份数据是否正常，有无安装非法软件。

三、动态功能试验

全部安装工作及静态外观检查工作完成后，按照技术规格书及设备的性能要求，检测立体仓库设备的部件性能及动态功能。

图 14-56　计算机管理系统

进行动态试验时，检查人员应穿戴绝缘鞋、安全帽，并注意下述安全防护要求。

——在进行高处检查作业时，需按要求穿戴、使用安全带。

——试验过程中，不可碰触带电部件，特别是滑触线。

——在多人配合作业时，操作设备动作、合闸、断闸等均应做好呼唤应答后再执行。

——操作堆垛机、输送线时，人员应该离开对应巷道，避免发生碰撞。

——对输送线链条、辊筒等旋转、运动部件进行检修时，避免使用手套，以免发生意外。

动态功能试验主要包括以下内容。

（一）货叉工作性能检查

货叉在各工况下的性能应满足设计要求，具体如下。

1. 有轨巷道堆垛起重机载货台升降时，货叉对每层货格的存取位置及最高、最低工作位置应满足设计要求：操作堆垛机在每一层货位进行取货，使用钢直尺测量货叉取货、放货位置到该层货位的钢结构之间的高度差，并核对是否符合设计要求。

2. 有轨巷道堆垛起重机货叉在承载额定起重量的状况下，工作行程应满足设计要求，并且伸出至最大行程时，叉端下挠应满足设计要求：使堆垛机承载额定起重量的砝码及托盘，并手动执行伸叉动作，使货叉伸出至最大行程，使用卷尺测量货叉端部的下挠高度，核对是否符合设计要求。

3. 货叉伸缩的额定速度应符合设计值，货叉伸缩和复位的停准精度应满足设计要求：操作货叉自动伸叉和缩回，观察货叉动作速度及极限位、回中位是否准确。

4. 货叉伸出过程中碰到障碍物，当阻力大于规定的数值时，货叉联轴器应打滑，使货叉停止伸出。

（二）有轨巷道堆垛起重机运行性能检查

有轨巷道堆垛起重机运行的额定速度应符合设计值，速度变换时不允许猛烈冲击。

（三）载货台升降性能检查

载货台升降的额定速度应符合设计值，速度变换时不允许剧烈振动，并应有良好的制动性能。

（四）PLC 控制系统调试

检查各堆垛机电气柜及载货台上的 PLC 模块、各输送线 ET（分布式远程 I/O）子站电气柜的 PLC 模块是否正常工作，各输入输出点信号是否正确灵敏：根据图样中 PLC 的输入、输出点信号含义，在现场进行相应的测试（例如，测试光电传感器输入信号，可由一人用手遮挡触发光电传感器，另一人观察 PLC 对应输入点指示灯是否亮起）。

（五）通信及计算机控制调试

主要检查各巷道光通信状态、信号灯状态，以及计算机系统中用于智能控制仓库出入库的软件功能是否符合满足使用需求，是否能实现智能控制功能。具体内容如下。

1. 检查各巷道堆垛机的光通信收发器的功能是否正常，每对收发器的信号强度指示是否处于要求范围。

2. 检查货架上的 LED 显示屏功能是否正常。

3. 检查各巷道堆垛机的信号指示灯功能是否正常。

4. 检查计算机控制系统、服务器连接状态，确保能正常监控、控制堆垛机和输送线。

（六）整体功能及安全调试

主要检验和确认立体仓库的各项功能是否符合合同要求，检查和确认各项安全性能是否符合合同要求。具体内容如下。

1. 检查各光电开关（例如输送线的减速开关及到位停止开关、载货台及输送线的货物检测开关、货位探测开关、货叉的左右及中位检测开关等）是否安装正确、功能正常：使用卷尺测量各光电开关的安装位置是否符合设计要求。漫反射光电开关可通过遮挡激光的方式，观察光电开关是否能正确触发；对射光电开关需检查激光是否落在反光板中心，并且能正确反射、接收激光信号。用手遮挡激光时，应能中断触发光电开关。

2. 检查各行程保护牛角开关（例如堆垛机的前后限位开关、载货台升降限位开关等）是否安装正确、功能正常。

3. 检查各超载、松绳及坠落保护开关（见图 14-57）是否安装正确、功能正常：检查开关的安装位置是否合理，在上升、下降过程中按压钢丝绳上的触发模块应能触发对应的开关。

图 14-57 超载、松绳及坠落保护开关

4. 各处保护功能的检测调试要求

(1) 载货台光电开关检测调试要求见表 14-3。

表 14-3 载货台光电开关检测调试要求

序号	性能、保护功能	实现功能的部件	触发条件
1	托盘/货物超宽	货物超宽检测光电开关及反光板（左、右各一对）	托盘、货物遮挡激光时触发
2	货物超高	货物超高检测光电开关及反光板（左、右各一对）	托盘、货物遮挡激光时触发
3	（载货台）有货检测	有货检测光电开关及反光板	托盘、货物遮挡激光时触发，可避免“空入库”或“重入库”
4	货位探测	货位探测光电开关（左、右各 2 个，双重保护）	货位上的托盘反射激光触发，可避免“重入库”
5	货叉限位	货叉出叉限位开关	货叉达到左、右极限时，下压行程开关触发，急停报警
6	货叉左、右到位	货叉出叉到位行程开关	货叉左、右出叉到位时，下压行程开关触发，货叉停止，继续下一动作
7	货叉回中定位	货叉回中行程开关（共 2 个）	货叉回到中位时，下压行程开关触发，货叉停止，继续下一动作
8	货叉左、右极限开关故障	货叉出叉限位开关	货叉出叉限位开关故障时，触发报警

续表

序号	性能、保护功能	实现功能的部件	触发条件
9	货叉伸出超时	货叉出叉限位开关	货叉伸出后，在规定时间内未回到中位触发
10	货叉电动机扭矩限制	货叉电动机扭矩限制保护装置	货叉超载或受阻时，其传动轴扭矩超过设定值，联轴器打滑触发保护

(2) 堆垛机保护检测调试要求见表 14-4。

表 14-4 堆垛机保护检测调试要求

序号	性能、保护功能	实现功能的部件	触发条件
1	堆垛机水平、垂直、货叉电动机堵转	堆垛机水平、垂直、货叉电动机堵转保护装置	堆垛机水平、垂直、货叉电动机堵转时报警急停
2	入库货物放置错误	有货检测光电开关及反光板	当使用堆垛机入库，货叉放置货物收回后，有货检测光电开关检测载货台上仍有托盘，触发报警急停
3	堆垛机停止前降速运行	程序控制	堆垛机即将到达目标位置时降速运行
4	堆垛机行走前、后限位	堆垛机行走限位牛角开关（前、后各一个）	堆垛机前进/后退到极限位置，地面上的挡板将拨动堆垛机上的牛角开关，从而触发保护（单向保护，如触发前进限位，则可以后退但不可前进）
5		水平前进/后退激光器极限保护	堆垛机前进/后退到极限位置，激光测距所传回的坐标值超限，触发保护
6	载货台升降上、下限位	堆垛机行走限位牛角开关（前、后各一个）	载货台上升/下降到极限位置，立柱上的挡板将拨动载货台上的牛角开关，从而触发保护
7		垂直上升/下降激光器极限保护	载货台上升/下降到极限位置，激光测距所传回的坐标值超限，触发保护
8	起重松绳	松绳保护开关	松绳时，钢丝绳所连接的弹簧回弹，长度变长，向下动作触发开关
9	起重超载	超载保护开关	超载时，钢丝绳所连接的弹簧受力压缩，长度变短，向上动作触发开关
10	限速防坠	限速器及制动夹紧装置	载货台下坠超过设定值，夹紧装置自动将载货台和货物锁在立柱起升导轨上，同时切断电源
11	货叉伸缩与载货台升降互锁	控制电路互锁	—

续表

序号	性能、保护功能	实现功能的部件	触发条件
12	货叉伸缩与堆垛机行走互锁	程序互锁	—
13	垂直、水平/货叉变频器故障	变频器	过载或变频器故障时触发，急停并报警
14	堆垛机电柜电源缺相	缺相保护装置	当电压缺相时触发
15	水平激光测距仪故障	水平激光测距仪	测量值不正确或无数据时（受遮挡等）报警
16	垂直激光测距仪故障	垂直激光测距仪	测量值不正确或无数据时（受遮挡等）报警

(3) 输送链保护检测调试要求见表 14-5。

表 14-5　　输送链保护检测调试要求

序号	性能、保护功能	实现功能的部件	触发条件
1	托盘/货物超宽	货物超宽检测光电开关及反光板	托盘、货物遮挡激光时触发
2	托盘/货物超高	货物超高检测光电开关及反光板	托盘、货物遮挡激光时触发
3	托盘到位停止	目标位置光电开关	当托盘运行到目标位置时，托盘反射激光触发，输送链立刻停止
4	托盘到位减速	目标位置光电开关	当托盘运行到目标位置时，托盘反射激光触发，在托盘到位前提前减速
5	换向升降台上、下限位	换向升降台上、下限位接近开关	当换向升降台上升/下降到目标位置后，触发接近开关，升降动作停止

(4) 升降台检测调试要求见表 14-6。

表 14-6　　升降台检测调试要求

序号	性能、保护功能	实现功能的部件	触发条件
1	过载	称重计	当升降台上的载重（托盘及货物总重）超过设定值（1 000 kg）时报警
2	升降台上、下限位	升降台上、下限位接近开关	当升降台上升/下降到目标位置后，触发接近开关，升降动作停止
3	托盘到位停止	目标位置光电开关	当托盘运行到目标位置时，托盘反射激光触发，输送链立刻停止

续表

序号	性能、保护功能	实现功能的部件	触发条件
4	托盘到位减速	目标位置光电开关	当托盘运行到目标位置时，托盘反射激光触发，在托盘到位前提前减速

（5）通信与程序保护检测调试要求见表 14-7。

表 14-7　通信与程序保护检测调试要求

序号	性能、保护功能	实现功能的部件	触发条件
1	光通信故障报警	光通信装置	当光通信失效时，如激光被遮挡等原因造成激光信号接收出错，即报警急停
2	控制模式互锁	逻辑电路、程序	自动、半自动、手动控制模式之间互锁
3	自动模式任务执行超时报警	程序	使用自动模式执行出入库任务时，达到设定时长仍未完成时触发报警
4	错误货位指令	程序	输入错误货位号码时触发

四、联机调试

完成设备的静态、动态测试后，基本确认设备功能正常，此时可以在上位机全自动、屏控半自动、单机半自动多个模式下，模拟货物出入库操作，检查立体仓库设备的使用功能是否正常。

在反复多次货物出入库操作试验之中，检验整个设备系统力学性能、安装精度、控制逻辑是否正常，并对发现的问题进行调试整改，确保设备功能正常、可以使用。

此外，针对各关键功能开展专项核查，主要包括以下方面内容。

（一）急停回路功能检查

1. 对设备的急停功能进行静态检查。要求按压任一急停按钮后，应能触发急停状态，正常报警；恢复后设备恢复正常，报警消失。

2. 对设备的急停功能进行动态检查。要求操作设备动作过程中，按压急停，相应的设备动作应能立即中断。具体包含以下设备动作：堆垛机货叉伸缩、堆垛机载货台升降、堆垛机前后行走、出入库升降台升降、出入库升降台辊子滚动、输送链辊子滚动等。

（二）设备联锁与逻辑功能检查

检查设备在自动模式下各项安全联锁与逻辑功能是否正常，具体见表 14-8。

表 14-8　　设备安全联锁与逻辑功能检查

联锁/逻辑类型	检查方式或逻辑条件
控制方式互锁	手动（半自动）、单机自动、在线联机控制方式只能选择其中一种
堆垛机水平、升降自动锁定	货叉不在中位时，堆垛机无法升降或前后移动
	货叉正在动作，堆垛机无法升降或前后移动
	托盘货物尺寸超差，堆垛机无法升降或前后移动
货叉伸缩动作自动锁定	堆垛机正在行走时，货叉不能伸缩
	载货台正在升降时，货叉不能伸缩
堆垛机强迫换速、停止保护	堆垛机进入作业危险区速度递减
	堆垛机触发前、后水平限位开关后停止
	堆垛机载货台触发上、下垂直限位开关后停止
堆垛机起重保护	堆垛机起重钢丝绳松绳报警停机
	堆垛机起重钢丝绳超载报警停机
输送链与堆垛机货叉联锁	货叉放货后未缩回时，输送链不动作
	输送链动作未停止时，货叉不出叉取货
输送链强迫换速、停止保护（漫反射光电开关）	托盘到达换速检测位置后，输送链自动降速
	托盘到达目标位置后，输送链自动停止
重入库、空出库报警	货位已有托盘时，无法执行入库
	货位为空时，无法执行出库

（三）设备权限检查

检查设备各级权限分级功能是否正常，要求如下。

1. 计算机开机即进入普通操作员权限，要进入相关检修控制界面需输入密码。
2. 堆垛机手动直通功能在普通操作模式下应无法触发，应设置启动密码。

（四）紧急旁路功能验证

启用紧急旁路（或检修模式等），测试仓库各部件能否正常进行对应动作，有无误动作，具体检查旁路功能包括：堆垛机前进后退、升降台升降、堆垛机载货台升降、升降台传送带动作、堆垛机货叉伸缩、输送链辊子和传送带动作。

（五）故障诊断功能核查

故障诊断功能对于设备的故障处理十分重要，应当确保设备故障诊断功能正常、能正确反映设备故障内容，或提供应对措施。

根据厂家提供的诊断说明对各项故障进行验证。具体就是模拟相关故障，检查实际发生的故障是否与操作界面的报警信息是否一致。

第四节　经验小结

一、堆垛机检修直梯防护

立体仓库的堆垛机设置有十余米高的维修用直梯（见图 14-58），使用风险较大。部分仓库设备在爬梯处设置有防坠安全绳，其不足之处有：

（一）维修梯是 90°无斜角的垂直直梯，梯顶部高达 12 m，维修人员在爬梯过程中容易产生目眩导致意外。

（二）铝合金材质的直梯可能因空气潮湿、汗水等变滑，容易导致维修人员因失手、滑脚发生安全事故。

（三）安全绳的挂钩滑动绳设置有锁紧机构，维修人员每向上爬一步需要松开一只手去握住锁紧机构往上移，再往上爬，在此过程中维修人员单手扶立梯，极易产生坠落意外。

（四）安全绳属于特种设备设施，需要定期检测，耗费很大的人力、物力，给维修工作带来极大的额外工作量。

根据国标《固定式钢梯及平台安全要求　第 1 部分：钢直梯》（GB 4053. 1—2009），超过 7 m 应设置防护笼；根据机械行标《巷道堆垛起重机　安全规范》（JB/T 11269—2011），超过 5 m 应设直梯，直梯应设保险圈或防坠落安全绳。鉴于堆垛机是 90°无斜角的垂直直梯，梯顶远超 5 m，要求采用防护笼形式防护加强安全措施（见图 14-59），这种做法符合国标、行标要求，厂家自动化立体仓库产品堆垛机直梯设置防护笼形式已有成熟的经验。

图 14-58　直梯（无防护笼）

图 14-59　直梯（有防护笼）

二、预留堆垛机高处作业维修平台

立体仓库的堆垛机设备，其顶部部件需要检修，而使用爬梯无法触及各个检修部位。检修人员站立在货架顶层的托盘上安全风险大，不符合使用需求。在仓库设备各个巷道最后一行的顶层应预留维修平台，以便于顶部起重机钢丝绳、走行轮等设备部件的检修维护。

三、货位托盘防坠落止挡设置

立体仓库有几千个货位，各个货位上存放着托盘和货物。如果货位后方无止挡防护（见图 14-60），当堆垛机发生故障时，可能导致货叉碰撞托盘，并将托盘从货架推出、从高处坠落，风险较大。在各个货位的后方设计机械止挡，可保证在堆垛机发生故障、货叉意外碰撞托盘的时候，托盘不至于被推出掉落。

图 14-60　货位后方无止挡防护

四、立体仓库堆垛机安全防护与联锁保护

梳理堆垛机的主要保护功能并逐一进行模拟试验，查看设备的实际保护功能是否正确触发，并保证人和设备的安全。

对于部分无法进行试验，或试验代价大、安全风险高的保护功能，应对其设计原理、部件结构或第三方检测报告等进行检查。

试验完毕后，针对试验过程中发现的各类安全隐患进行专项整改，并在整改后重新进行实验验证，以确保设备安全。

五、关注其他安全保护功能检查

除产品设计已考虑的保护功能之外，应结合实际现场情况，按照设备系统、区域位置进行逐一检查，以便发现安全隐患并予以整改。检查包括但不限于以下内容。

（一）实际出入库升降站台地坑与站台设备之间留有间隙较大，应铺盖钢制盖板进行防护。同时，盖板支撑架应确保稳固，以满足使用叉车进行货物出入库作业的需要。

（二）货叉表面摩擦力应足够，避免托盘空载情况下，堆垛机或货叉移动较快时托盘发生滑动。

（三）堆垛机应与货架、轨道地脚螺栓、滑触线外壳等无运动干涉，避免堆垛机行走过程中发生碰撞剐蹭。

（四）各检测开关的固定支架应安装稳固且强度足够，避免在货物轻微碰撞等情况下检测开关位置发生改变，从而导致设备故障或保护功能失效。

（五）检查堆垛机载货台超宽检测开关能否检测到宽度超限，如无法检测，应调整超宽检测开关的安装位置。

六、进出货架区隔离围网的门安全管理

立体仓库使用铁围栏将设备区域与操作区域划分开来，以避免人员误进设备区域发生危险。同时，应设置有多个检修门（见图 14-61），以便检修作业时进出设备区域。由于堆垛机滑动线设置在地面，在不停电的情况下进出货架区会有触电的风险，因此需要考虑加强对进出门的安全管理，如采用电磁锁的方式，使其在不断电的情况下锁闭，断电后才可以打开，以避免人员误进设备区域导致触电伤害。必要时，可增加维修模式，设备通电时也可进入设备区域进行检修。

图 14-61　检修门

七、故障案例分析（台油缸漏油）

（一）故障现象

站台在使用过程中出现渗油，甚至喷油的现象，在站台地面处可见油迹（见图 14-62）。

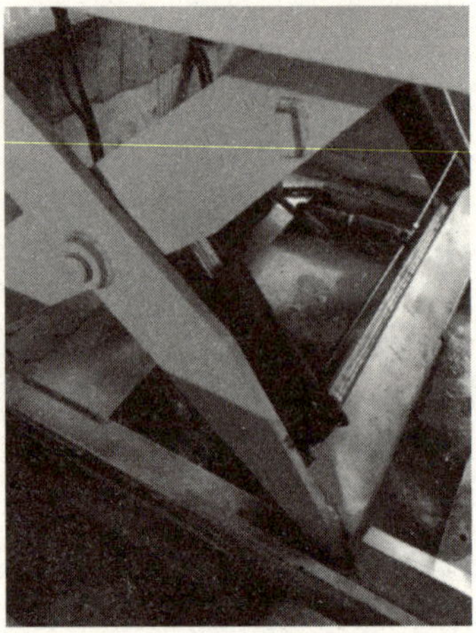

图 14-62　站台地面油迹

（二）故障分析

对站台液压系统进行检查，发现为油缸活塞处液压油渗漏，因此对油缸进行拆卸。拆卸后可见活塞处 Y 形密封圈有破损（见图 14-63），且油缸内壁有锈迹。由于 Y 形圈破损，密封失效，在站台升降过程中，油缸内的液压油从密封圈破损处挤出，从而导致漏油的故障现象。

该油缸为单向作用缸，在油缸动作过程中，活塞上方有空气进出，排气孔可能有灰尘、水气进入，造成密封圈磨损、油缸内壁锈蚀。此外，密封圈在使用过程中也可能出现破损（见图 14-64）。

图 14-63　破损的 Y 形密封圈

图 14-64　破损的密封圈

第十五章 列车自动清洗机

第一节　调试筹备

一、功能简介

列车自动清洗机（洗车机）是用于清洗列车外表面的灰尘、油污及其他污渍的专用设备。洗车机采用中性或酸性洗涤剂，可进行列车前后两端面、两侧面和侧顶弧面的刷洗工作。清洗后的水及洗涤药液通过回收水池收集，通过水处理系统循环后再利用。

洗车机能够与信号系统联锁，接收信号系统发送的洗车信号，实现全自动洗车功能。洗车机可以采用自动或手动操作控制，能自动洗车，所有的清洗刷子可以选择正转或反转，并能选择是否使用洗涤剂。洗车机在休班时可以停机，实现设备无人值班。洗车机能准确辨别列车在设备中的位置，自动开始和结束洗车的程序，并给司机必要的提示信号。对于需要列车停车对位置的洗刷工位，允许的停车对位精度应不大于±1 m。列车自动清洗机须具备远程控制功能。

二、调试目的

列车自动清洗机是车辆段重要的电客车配套工艺设备，清洗效果良好，对于提升城市轨道交通车辆形象具有重要作用。对洗车机调试作业进行管理、监督，对于保障设备功能有效、设备维护方式合理，提高设备运行质量，是非常必要的。

三、调试工作计划

列车自动清洗机整个调试计划可以按表 15-1 开展。表 15-1 总结了设备调试全过程中各阶段的工作任务、工期计划、工作要求和人员组织，体现调试各阶段的任务要求和先后顺序。

表 15-1　　列车自动清洗机调试计划

阶段	工作任务	工期计划	工作要求	人员组织
第一阶段	土建设施	施工计划	组织下现场跟进洗车机基础的土建施工，参与工地施工监理例会	技术专工 1 人、生产员工 2 人，不定期下现场跟进，做好问题记录
第二阶段	设备到货接收	新线合同采购计划	组织下现场，参与设备部件的到货接收	同上
第三阶段	机械设备安装	车辆段工艺设备安装计划	参与现场的设备部件安装，了解设备的吊装过程、工艺要求、技术标准	同上
第四阶段	电气设备安装	设备厂家的安装计划	参与现场电气设备的安装，了解全安装过程、安装位置、工艺要求、技术标准	同上
第五阶段	功能调试	设备厂家的调试计划	参与现场功能调试，学习了解厂家技术人员的调试过程、方法和任务	同上
第六阶段	查线核图、扭力校正	调试计划	按调试计划组织开展调试，发现问题并提出整改	技术专工 1 人，生产员工 6 人
第七阶段	培训	培训计划	按计划开展维修与操作培训	技术专工，全员
第八阶段	洗车试验	调试计划	按计划组织城市轨道交通车辆进行洗车检验，各参数应满足清洗标准	技术专工，全员
第九阶段	规程、工艺编制	年度工作计划	按新线设备筹备工作计划编制规程、工艺	技术专工

四、人员要求

为确保列车自动清洗机各系统及其部件的检修维护质量，作业人员都应了解列车自动清洗机基本知识，熟悉列车自动清洗机各系统的构造原理，熟悉相关设备操作规程，熟悉相关标准，熟练掌握并严格执行本工艺的各项规定，同时具备培训合格证书和上岗作业证书（特殊工种参考相关的工艺要求）。

五、物资需求

（一）备品备料（见表 15-2）

表 15-2　备品备料

序号	名称	规格型号	单位	数量
1	纯棉布	米白色、卷布	kg	4
2	除锈润滑剂	WD-40、300 mL	支	2
3	精密电器清洁剂	2016C、312 g（11 oz）、CRC 牌	支	1
4	可耐压齿轮油	S2G220、20 L/罐、壳牌	罐	1
5	超级齿轮油	MOBILGEAR 600XP680、18 L/罐、美孚牌	罐	1
6	锂基润滑脂	3#、15 kg/罐、长城牌	罐	1

（二）工器具（见表 15-3）

表 15-3　工器具

序号	名称	规格型号	功能作用
1	主控钥匙	—	开启设备
2	三角孔钥匙	—	开启柜门
3	油枪	—	添加润滑脂
4	高压水枪	—	清洗水池

第二节　设备安装

一、安装基础检查

在洗车机侧刷立柱、端刷框架等主要构件安装前，应进行基坑的二次浇注，并对基坑位置尺寸进行检测记录。

侧刷立柱、端刷框架等主要构件安装就位后，应立即进行校正、固定。洗涤剂涂抹工位立柱的垂直度偏差应<2 mm，清水管路、循环水路试压保压 30 min，压降 0.05 MPa，各处管件及喷嘴连接处不得有渗漏现象。

二、安装配合

工程安装应按施工组织设计进行，按照《列车自动清洗机安装手册》进行安装。安装前，应查验产品合格证。贯彻原材料、半成品和成品检验制度，施工员应会同质量检查员对半成品和成品进行复检，加强成品与半成品的质量监督工作。

所有管道沿机械间内墙壁及地沟内敷设，气控尼龙管必须于矩形线槽内安装，经地面时应埋设硬质串线管保护；沿水管布置时，用塑料卡带以适当间距将风管套绕在水管上，但风管通径不得变形。管道安装时，图标长度可因地适当伸缩；管件选用类型应考虑安装和维修方便。机械间大管径管道为不锈钢金属管道，连接方式为焊接，地沟内管道以 PE（聚乙烯）管为主，采用热熔焊接连接。电缆支架应安装牢固，横平竖直；托架支吊架的固定方式应按设计要求进行。各支架的同层横挡应在同一水平面上，其高低偏差不应大于 5 mm。托架支吊架沿桥架走向左、右的偏差不应大于 10 mm。在有坡度的电缆沟内安装的电缆支架应有与电缆沟相同的坡度，电缆支架全长应有良好的接地。

第三节　设备调试

一、开箱检查

设备到货后，对照合同技术要求，核查部件结构齐全，核心元器件（包括 PLC 系统、电动机、减速机、变频器、气缸等）规格型号与技术规格书要求一致，并填写 OCI 检查表。

二、静态外观检查

（一）安全注意事项

1. 须由持有隔离开关操作证人员断开相应维修股道的隔离开关刀闸，验电并挂上接地线后，方可登顶对毛刷立柱顶部旋转电动机及摆臂气缸等部件进行检修作业。

2. 进行电气部件清洁检查作业前，关闭设备控制电源开关，并在开关处挂“有人工作，禁止合闸”警示牌。

3. 如需人字梯作业，要一人作业一人扶梯，佩戴好安全帽，作业人员不能站在人字梯的最高一层作业。如作业高度超过地面高度 2 m 以上，要挂好安全带。

4. 对室内污水池进行清洗时穿好防滑工作鞋，不得站在水池的最边缘上。

5. 清洗污水池、开展污水池内设备维修时，严格按有限空间作业要求，办理审批手续；作业前做好通风、有毒气体检测等工作；作业人员佩戴防毒口罩，地面安排监护人员对地下作业进行监护；作业人员需要定时上地面休息。

6. 添加洗涤剂时，作业人员正确穿戴防酸碱手套、防酸碱围裙、护目镜等劳动保护用品，两人配合，防止洗涤剂倾倒至身体上。

7. 使用除锈润滑剂等化学品喷剂时，需佩戴防毒口罩。

8. 作业完后施工负责人或班长要对作业现场进行巡查，确保工清场清。

（二）检查步骤和要求

设备安装完成后，根据设备出厂资料，对照设备机械组装图、电气原理图、电气接线图等资料，对现场设备进行一一核对。对于发现的问题，一一进行记录，并督促厂家限时整改。

静态外观检查主要进行查线核图、扭力校核、线号标识检查等，具体包含以下内容。

——所有电气类元件（包括 PLC、自动空气断路器等控制类元件及终端传感器、电动机等执行元件）均有与图样对应的唯一编码。

——所有实物线缆应有与图样一一对应的线缆编号。

——所有接线头、接线端子应与图样编号对应。

——接线工艺应符合相关规范要求。

——所有元器件的安装应紧固可靠。

——不存在缺装、漏装等异常情况。

——关键紧固件安装扭力应按要求进行校核。

1. 不锈钢喷嘴（见图 15-1）

检查预冷机构、预湿机构、顶弧初刷洗机构、侧面初刷洗机构、喷淋机构、顶弧次刷洗机构、侧面次刷洗机构、侧面刷洗机构、初冲洗机构、顶弧精刷洗机构、侧面精刷洗机构、终冲洗机构的不锈钢喷嘴有无堵塞；如有堵塞，拧出喷头进行疏通后重新包扎生料带装回。

图 15-1 不锈钢喷嘴

2. 紧固件及连接螺栓（见图 15-2）

检查各处紧固件及连接螺栓有无松动，如有松动应及时紧固并按标准画线。

对位置传感器和车轮传感器的表面进行清洁，并检查其安装座及紧固螺母画线是否清晰无松动。

图 15-2　紧固件及连接螺栓

3. 位置传感器和车轮传感器（见图 15-3）

使用抹布对位置传感器（接近开关）和车轮传感器的表面进行清洁，并检查其安装座及紧固螺母画线是否清晰无松动，如有松动应进行紧固。

图 15-3　位置传感器和车轮传感器

4. 顶弧刷和侧刷减速机（见图 15-4）

检查顶弧刷和侧刷减速机运转是否正常，有无异响。

5. 传动机构

检查摆臂气缸、缓冲器伸缩有无卡滞；检查各传动机构动作有无异响或卡滞。图 15-5 为摆臂传动杆。

图 15-4 顶弧刷和侧刷减速机

图 15-5 摆臂传动杆

6. 配电箱

检查各个配电箱是否干燥无进水。图 15-6 为清洗区分线盒。

图 15-6 清洗区分线盒

7. 电磁阀、气管、侧刷和顶弧刷摆臂气缸（见图 15-7）

检查各气动组件是否正常无漏气。清洁各气控箱内元件，检查气压表，要求外观无损坏、指针动作正常。检查气缸缓冲器，要求工作正常、润滑良好。

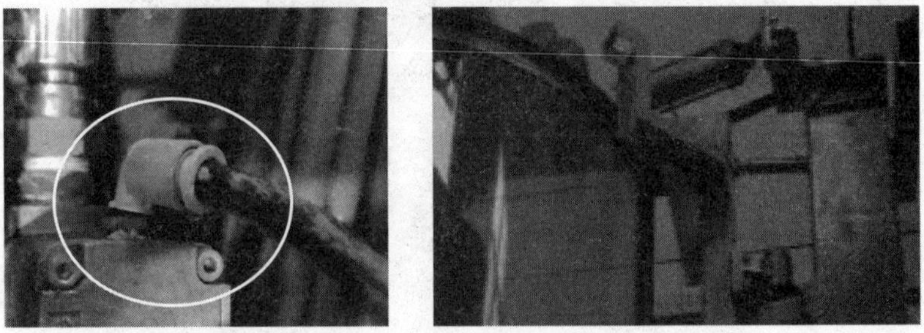

图 15-7　气管、侧刷和顶弧刷摆臂气缸

8. 管道、阀门（见图 15-8）

检查各清洗机构的管道、气动水阀、手动阀门功能是否正常，有无泄漏。

图 15-8　管道、阀门

9. 排水沟（见图 15-9）

检查排水沟有无异物或阻流。

图 15-9　排水沟

10. 洗车机机械间地面（见图 15-10）

对洗车机机械间地面进行清洁，要求地面无杂物油污。

11. 边刷止挡块

检查毛刷保持架（见图 15-11）上、中、下部三处焊接角钢是否稳固无裂纹，用手推动毛刷保持架应不出现晃动，检查边刷橡胶止挡是否紧固良好，有无垫片缺失。

图 15-10　机械间地面

图 15-11　毛刷保持架

12. 配电箱内的电气元件（见图 15-12）

检查各配电箱内的电气元件状态是否良好，有无破损。

图 15-12　配电箱内电气元件

13. 配电箱内电气接线端子（见图 15-13）

检查各配电箱内电气接线端子，要求接线无松脱，若松脱应使用旋具紧固。

14. 信号灯、声光报警器（见图 15-14）

检查各个入库/反向信号灯允许/禁止进车工况下是否显示正常；拍下任一急停开

关，检查蜂鸣器是否响起，报警灯指示是否正常。

图 15-13　配电箱内电气接线端子

图 15-14　信号灯、声光报警器

15. 紧急停止按钮（见图 15-15）

拍下各紧急停止按钮，检查功能是否有效，松开复位后是否能恢复正常。

图 15-15　紧急停止按钮

16. 轴承（见图 15-16）

手动模式下选择毛刷旋转，检查各毛刷转轴轴承及摆臂轴承有无异响、润滑是否良好。润滑不足时应使用油枪给轴承油嘴添加润滑油。

17. 减速机齿轮油（见图 15-17）

检查各减速机齿轮油油量是否足够，油质是否正常。若出现发黑、泡沫多、乳化、有异味、用手指研磨无黏稠感等情况，必须更换齿轮油；当油位不足时，打开放油阀，由注油口添加新 220#齿轮油。每两年应更换一次齿轮油。

图 15-16　轴承

图 15-17　减速机齿轮油

18. 电动机对地绝缘电阻

测量并记录各电动机的对地绝缘电阻（要求大于 5 MΩ），如图 15-18 所示。

拆除电动机电源线，使用油漆笔标记三相线路，松开绕组连接片固定螺母，拆卸绕组连接片，U、V、W 任意一相与 500 V 兆欧表“L-线路”相接，兆欧表“E-接地”与电动机外壳相接，以手摇 120 r/min 速度测量并记录清洗区各电动机绕组对地绝缘电阻（要求大于 5 MΩ）。测量结束后，按标记线路重新完成电动机接线。

图 15-18　测量电动机对地绝缘电阻

19. 毛刷

检查各毛刷安装紧固情况，要求毛刷刷板（见图 15-19）紧固可靠、无松动。

20. 地沟盖板下部件

对所有的地沟进行开盖检查，风、水管及电缆应无破损。检查各排水阀、排气阀，要求状态正常、无泄漏、无损坏、安装紧固。图 15-20 为水、气管路及阀件。

图 15-19　毛刷刷板

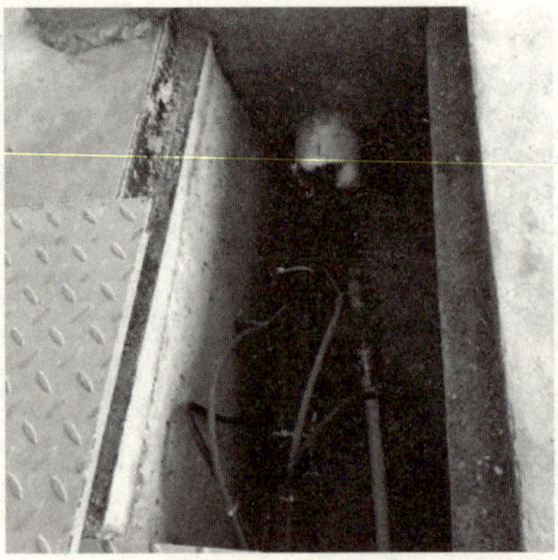

图 15-20　水、气管路及阀件

21. 机械间气动二联件（见图 15-21）

检查各分路风管上的气动二联件的压力表指示是否正常（应为 0.4~0.5 MPa），过滤器排水状态是否正常。

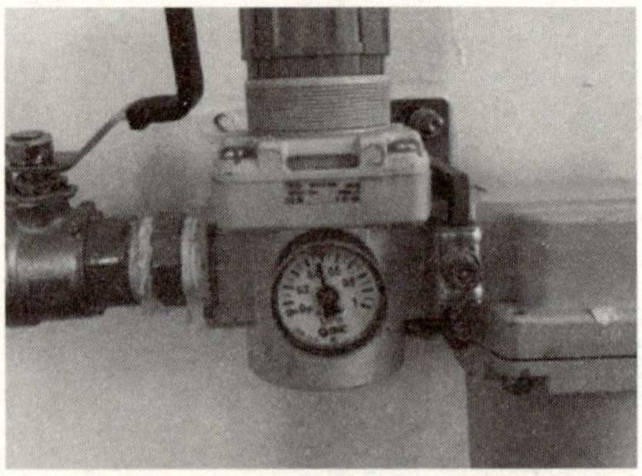

图 15-21　气动二联件

22. 空压机

打开空压机冷凝水排水阀（见图 15-22），排清空压机冷凝水。

图 15-22　空压机冷凝水排水阀

23. 阀门（见图 15-23）

检查气动水阀、电动闸阀、手动蝶阀、手动闸阀状态是否正常。试机观察各阀门动作是否正常，观察外观是否正常。

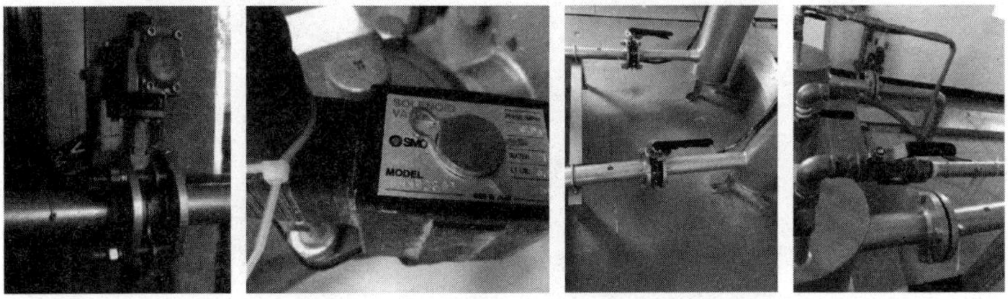

a）　b）　c）　d）

图 15-23　阀门

a）气动水阀　b）电动闸阀　c）手动蝶阀　d）手动闸阀

24. 空压机压力表、安全阀（见图 15-24）

检查空压机压力表、安全阀是否在有效期内，有无损坏。

图 15-24　空压机压力表、安全阀

25. 风、水管（见图 15-25）

检查各风、水管是否正常，有无泄漏。

26. 水泵（见图 15-26）

试机检查各泵运转状态是否正常，水泵电动机有无异响，叶轮旋转是否顺畅。

27. 水箱、罐、水池液位

检查各水箱、罐、水池液位是否处于正常液位区间。图 15-27 为罐、水池。

通过工控机操作界面（见图 15-28）右下角水池状态观察循环水池、清水池水位是否位于高报警位和低报警位之间，洗涤剂罐液位是否高于 1/3。

图 15-25　风、水管

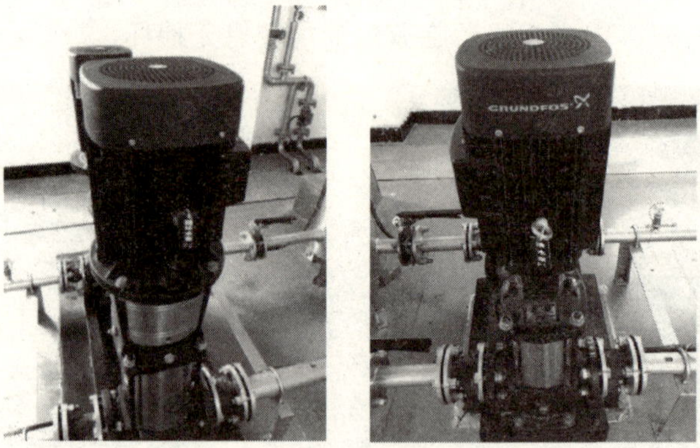

a）　　　　b）

图 15-26　水泵

a）循环水泵　b）清水泵

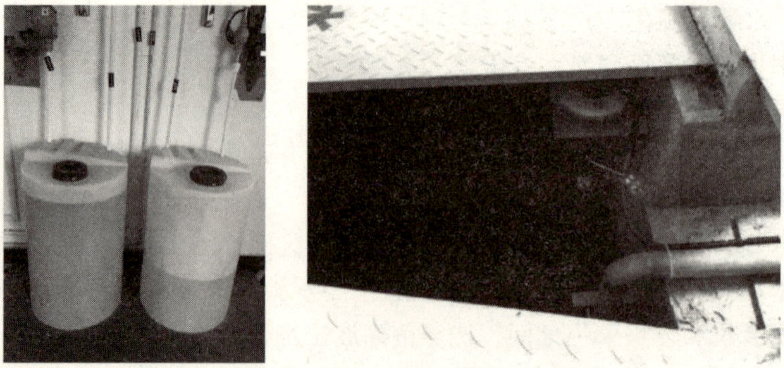

图 15-27　罐、水池

28. 水池池顶盖板（见图 15-29）

检查各水池池顶盖板是否盖严。

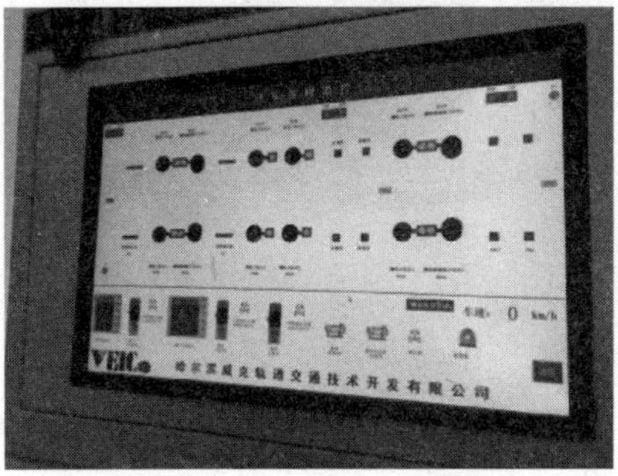

图 15-28　工控机操作界面

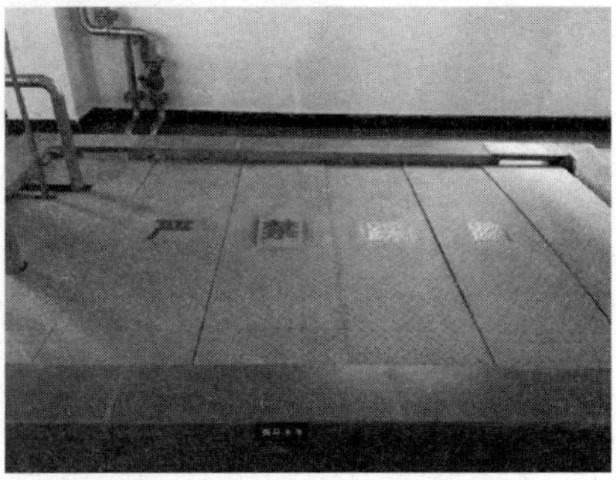

图 15-29　水池池顶盖板

29. 无人值守控制装置和远程视频监控画面

检查洗车机无人值守控制装置和远程视频监控画面（见图 15-30），视频监控状态应良好有效。

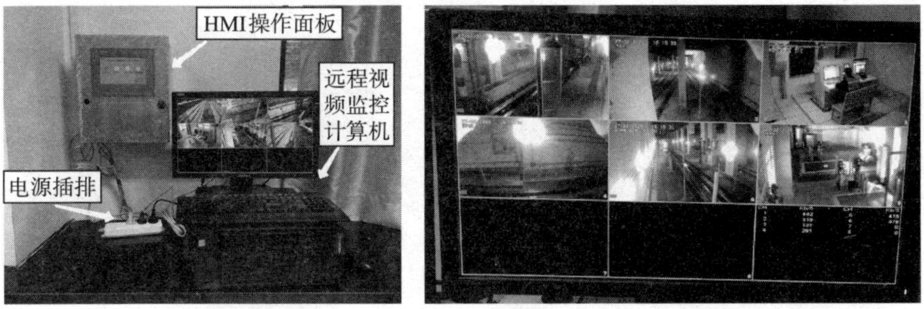

图 15-30　无人值守控制装置和远程视频监控画面

检查洗车机无人值守控制装置中光纤收发器、开关量光纤中继器、应急操作屏通信是否正常。检查洗车机无人值守控制盘、应急操作屏上各声光指示灯、蜂鸣报警器、复位按钮、急停开关功能是否正常。检查 DCC 调度室内无人值守远程监控计算机，应能清晰显示洗车机清洗区、控制区、机械间监控画面。

30. 空压机气压

检查空压机气压表（见图 15-31），气压应在额定范围之内（0. 5～0. 85 MPa），并记录实际压力值。

31. 水池的液位传感器（见图 15-32）

检查各水池的液位传感器在高低水位报警、高低补水位工况下能否正常工作。

32. 水池内悬浮物

（1）打捞清理各水池内悬浮物（见图 15-33）。

图 15-31　空压机气压表

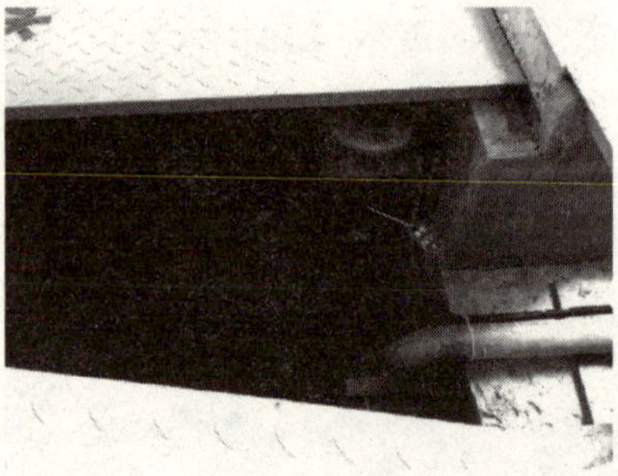
图 15-32　水池的液位传感器

（2）抽空沉淀过滤池内的水中杂质，清除池底沉淀物。如发现池内渗漏、池壁池底瓷砖剥离损坏，应及时联系修复。

（3）使用高压水枪对清水池与循环水池进行清扫，去除污垢；检查接管有无松缓、阀门是否正常。

（4）对水管底部单向阀（见图 15-34）进行清洗，检查有无损坏或泄漏。

（5）对所有的地沟进行开盖检查，风、水管及电缆应无破损。检查各排水阀、排气阀，要求状态正常、无泄漏、无损坏、安装紧固。

图 15-33　水池内悬浮物

图 15-34　水管底部单向阀

33. 电气控制柜和主操作台（见图 15-35）

清洁电气控制柜和主操作台。

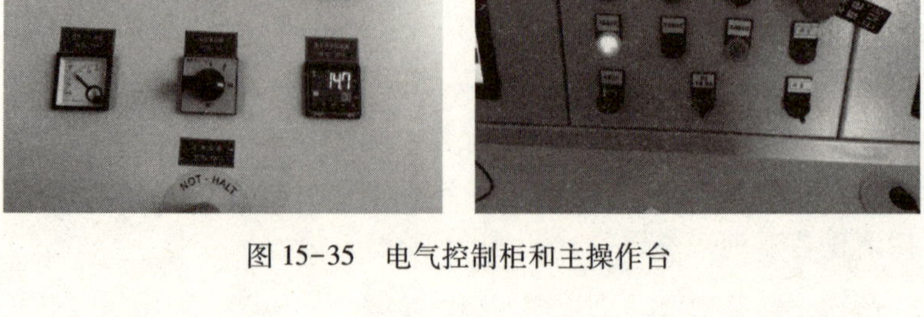
图 15-35　电气控制柜和主操作台

34. 主控柜、主操作台的电气元件（见图 15-36）

检查主控柜、主操作台的电气元件状态是否良好、接线有无松脱。

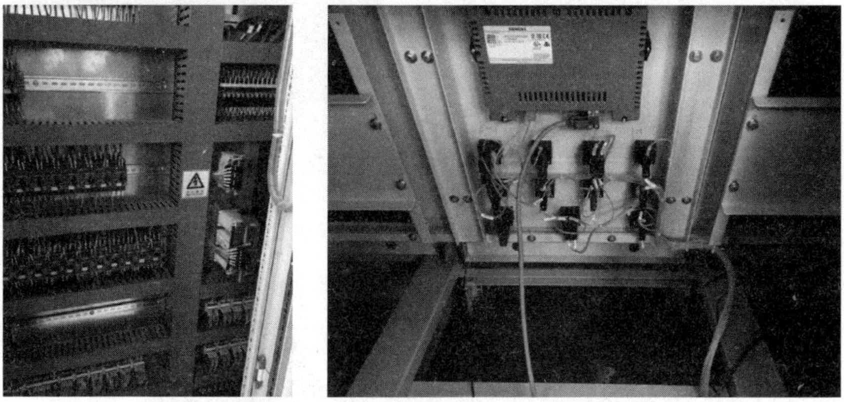

图 15-36　主控柜、主操作台的电气元件

35. 主控柜上仪表盘（见图 15-37）

检查主控柜上电压/电流表显示是否正确，温湿度仪表盘显示有无异常。

36. 主控台上操作按钮（见图 15-38）

试机检查主控台上的各个操作按钮是否正常有效。

图 15-37　主控柜上仪表盘

图 15-38　主控台上操作按钮

37. 工控机操作界面和小型操作面板（见图 15-39）

试机检查工控机 WinCC 操作系统功能是否正常，检查主控台中间的小型操作面板功能是否正常。

38. 闭路监控系统（见图 15-40）

检查闭路监控系统是否正常，并对摄像头的表面进行清洁。

39. 试机

开机进行一遍模拟洗车，测试洗车机各功能是否正常。

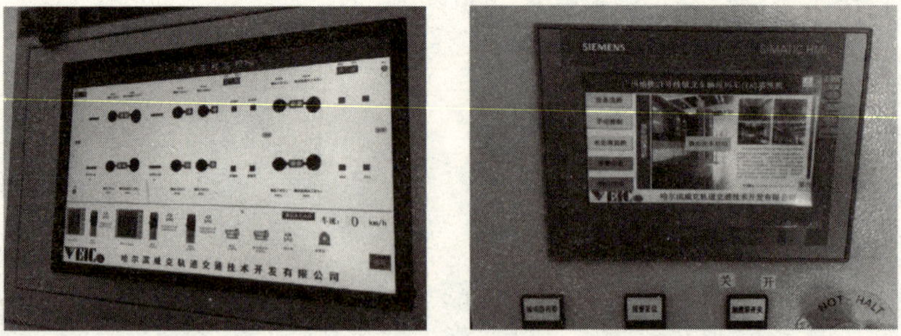

图 15-39　工控机操作界面和小型操作面板

图 15-40　闭路监控系统

三、动态功能试验

（一）系统准备

1. 组态 Profibus 网络，实现 SIEMENS S7-1500CPU 和分布式控制器 ET200S 数据通信。

2. 组态 Profinet 网络，实现 SIEMENS S7-1500CPU 和变频器、人机界面的数据通信。

3. 下载电动机保护器参数，实现对端刷旋转电流变化的实时监测。

4. 下载变频器参数，实现对端洗走行、水泵供水的变频控制。

5. 根据各电动机铭牌参数设置断路器保护量程。

（二）控制系统

测试 PLC 系统各输入输出点的状态，如：各断路器、接触器、车位传感器反馈正常，各信号灯输出准确，急停按钮停机有效等。

（三）气路、水路系统

气路系统：检查空压机状态，系统给风，调试压力下气路管道是否漏气；设置气压传感器参数。

水路系统：调整液位传感器，水池、水箱上水；水泵点动实验，调整水泵正反转；测试各工位水阀；测试排水系统；调整水压传感器参数。

（四）侧刷洗系统

测试每个旋转电动机，检查刷组旋转是否正常。测试侧刷摆臂电磁阀接线是否正确，调整侧刷摆臂速度。

测试喷淋管喷水功能是否正常，检查侧刷喷嘴、淋雨试验喷嘴水压是否在 0.3～0.4 MPa。测试淋雨试验连续喷水功能，应具备倒计时 5 min 功能，且循环水池水量足够满足一次试验。

（五）水处理系统

对水处理功能的各输入输出点进行检验测试，验证图样编号，根据技术功能要求修改程序动作。

（六）监控系统

调整 6 个定点摄像头监控的有效范围和清晰度，开启硬盘录像机记录功能，调整显示器画面质量。

（七）人机界面

调试操作台各按钮功能。更新工业控制机 WinCC 软件，更新触摸屏 KTP700 系统，组态操作界面，检查界面的控制和反馈与 PLC 程序的匹配准确度。

四、功能联调

（一）模拟洗车

测试系统的手动控制功能、系统复位功能、水处理功能、报警系统功能及其以上功能的相互联动动作，模拟洗车流程。

（二）进车调试

列车依次停在后端洗停车位置、前端洗停车位置，确定停车标志牌位置。当列车在后端洗停车位置停好后，调整侧刷摆出距离。当列车停在前端洗停车位置后，测量车头参数。用手动控制功能测试端刷在车头的升降位置及程序中的速度分段。

针对各关键功能开展专项核查，主要包括以下内容。

1. 急停回路功能检查

开机静态检查急停功能，按压任一急停按钮后，应能触发急停状态，正常报警，且设备主接触器 KMM、KM2 线圈失电设备无法动作；恢复后设备恢复正常，报警消失。

2. 设备联动与逻辑功能检查

设备开机，洗车选择自动位，系统循环水池自动补水，到达高液位停止，泵前补水启动。

设备开机，洗车选择自动位，在设备选择界面任意关闭系统功能，转回自动位，对应的任意系统功能应不能触发。

水压传感器报压力低故障，单一管路不喷水不影响其余水泵动作。

刷组回位接近开关不在原始位置，设备手动、自动不能将刷组摆出。

设备开机，洗车选择自动位，入车端 TP1L/R 光电开关被触发时，PR1/2、BS1L/R 依次启动喷水。

水软化装置自动补水过程中洗车机设备断电，应能切断 DV9 电磁阀，停止市政水补水。

3. 设备权限检查

开机后等待约 5 min 即进入 WinCC 操作界面，可以通过 HMI 触摸屏及工控机选择操作系统各部件功能，应无法获取 PLC 软件源程序代码及梯形图。

4. 故障诊断功能核查

根据厂家提供的诊断说明验证各项故障，模拟相关故障，检查实际发生故障是否与 WinCC、HMI 报警提示一致，且显示的故障信息时间一致。

5. 关键条款核查

根据设备采购合同及设备说明书，梳理设备关键条款，对照进行检查。

第四节　经验小结

一、洗车机轨行区地面与集电靴干涉问题

在车辆段洗车机现场施工中，发现洗车机清洗区地面超限，现场测量地面距轨中心 1 780 mm 处相对轨顶面高度为 48 mm，根据电力蓄电池工程车静态限界要求、城市轨道交通车辆第三轨安装要求和《地铁限界标准》（CJJ/T 96—2018）等，已超标，其中《地铁限界标准》（CJJ/T 96—2018）中明确 B 型车设备限界要求为 15 mm（见图 15-41）。为避免车辆走行过程集电靴与地面发生干涉，需要对地面进行整改。

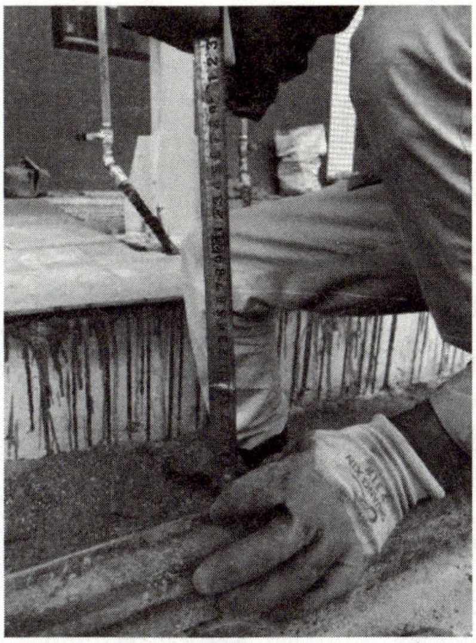

图 15-41 轨行区两侧地面不应高于轨平面 15 mm

二、洗车机刷毛安装问题

一般来说，洗车机立刷上每块毛刷由两块刷片组成，刷片壳体材质为聚丙烯，每块刷片上共有 4 个卡位（2 公 2 母），轴销、销槽上下交错卡紧咬合固定在铝合金方轴上（见图 15-42）。若在洗车机安装过程中没有落实安装紧固检查，在洗车过程中可能发生刷毛脱落刮伤城市轨道交通车辆的风险。

另外，刷毛组的顶部是由一 L 形直角挡块作为刷毛旋转上升的止挡（见图 15-43），务必保证止挡的安装牢固可靠，螺栓强度足够不发生断裂，一般建议采用“双保险”安装。

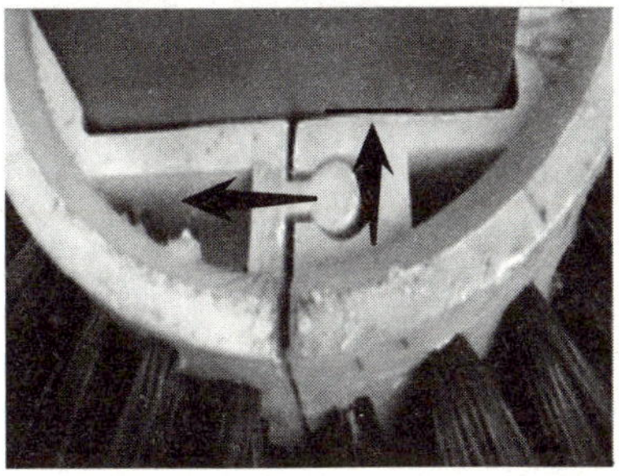

图 15-42 刷毛安装

图 15-43 止挡

三、洗车机侧刷顶部电动机轴承进水问题

洗车机侧刷整体结构由上至下由减速机、传动轴（轴上装有平键）、弹性联轴器、

传动轴（轴箱内装有调心球轴承）、法兰盘、铝合金方轴、法兰盘、传动轴（轴上装有调心球轴承和推力球轴承）、焊接的立刷钢结构底座构成。通过上部的电动机及联轴器带动下部方轴的转动。如图 15-44 所示，若电动机不设置挡水罩（见图 15-45），则水容易进入联轴器中，导致润滑油乳化变质失效，最终造成轴承损坏。

图 15-44　电动机联轴器无挡水罩

图 15-45　挡水罩设计图

四、洗车机无人值守功能改造

一般设置在车辆段的洗车机都不具备 DCC 调度室远程操控的功能，为了节约人力，提高设备使用率，可进行技术改造：在洗车机原有电控柜中新增 PLC 模块 1 个，DCC 调度室内新增 HMI 控制面板 1 个，新增 IO（输入/输出）模块、电源转换模块及蜂鸣器各 2 个，配合 HMI 控制面板使用完成远程信号显示及报警输出，同时借用通信管道敷设一组从洗车机至 DCC 调度室的光纤，设置 2 对光纤收发器用于洗车机本地到 DCC 调度室远程视频传输。

无人值守功能改造结构图如图 15-46 所示。无人值守控制装置整体图如图 15-47 所示。

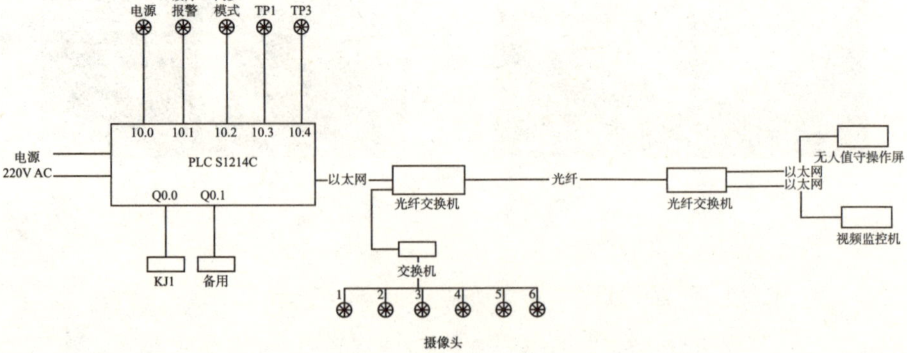

图 15-46　无人值守功能改造结构图

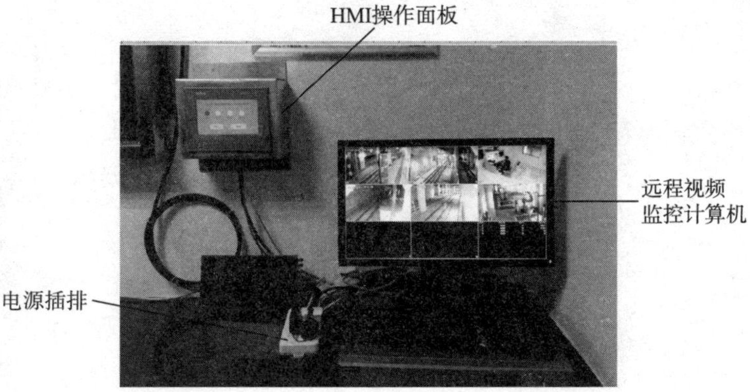

图 15-47　无人值守控制装置整体图

第十六章

在线检测系统

第一节　调试筹备

一、功能简介

在线检测是当前城市轨道交通智能运维的重要环节。在线检测系统可通过安装于正线隧道、轨旁的多种传感器，检测运行中的车辆受电弓、轮对、电动机等各关键部件状态及参数，实现远程、实时检测及故障预警、报警，并取代人工检测。

轮对尺寸在线检测设备可以对车轮踏面外形变化进行跟踪监测，在保证机车运行安全的同时，还可以对车轮不同部位磨耗情况进行记录和比较，为轮对外形尺寸研究提供实地资料。振动在线检测设备可以记录与分析车辆运行过程中轮轨振动情况，在轮对擦伤、轴承损伤等异常状态初发时即可及时发现，防止列车带病运行造成运行品质下降，甚至酿成事故。轴温在线检测设备可以实时检测通过设备的各个电动机、车轮轴承部位的温度，及时、迅速、准确发现温升异常的部件，消除了原有温度贴检查滞后、只能记录最高温度等缺点。受电弓在线检测设备能自动采集受电弓弓头图像温度等数据，通过分析，实现对受电弓滑板厚度、中心距偏移、羊角变形、温度等参数的检测。此外，还有直线电动机气隙在线检测等设备，可以实现对列车不同部件的状态检测。

以下就以轴温与振动在线检测设备（见图 16-1）为例，对在线检测系统的调试进行介绍。

二、调试目的

在线检测设备一般直接安装在运营正线轨旁，一旦发生侵限将直接危及行车安全，

图 16-1　轴温与振动在线检测设备

在安装阶段需严格把控各部件的安装质量，并在调试阶段进行复核，消除和控制各类隐患。另外，作为检测设备，必须通过调试确保其检测结果尽可能准确，消除误报、漏报，避免因误报影响正常运营组织和因漏报导致故障无法检测。

三、调试工作计划

轴温与振动在线检测设备按表 16-1 进行调试，调试工作涉及工作任务、工期计划、工作要求和人员组织，按照计划有序开展才能顺利完成调试安装工作。

表 16-1　轴温与振动在线检测设备调试计划

阶段	工作任务	工期计划	工作要求	人员组织
第一阶段	土建设施	设计联络规划	组织下现场勘察在线设备基础土建，核实设计需求及土建图样	各相关单位技术专工
第二阶段	设备到货接收	新线合同采购计划	参与设备部件的到货接收	各相关单位技术专工
第三阶段	安装方案确定	设备厂家的安装计划、安装方案	组织轨道、接触网、车辆等相关单位对设备安装方案进行审查	各相关单位技术专工
第四阶段	设备安装	设备厂家的安装计划	参与现场设备的安装，了解全安装过程、安装位置、工艺要求、技术标准	技术专工 1 人、生产员工 2 人，每班次作业均需做好进度记录
第五阶段	功能调试	设备厂家的调试计划	参与现场功能调试，学习了解厂家技术人员的调试过程和方法，主动参与查线核图	技术专工 1 人、生产员工 2 人，每班次作业均需做好进度记录
第六阶段	使用维护培训	设备厂家的培训手册	由设备厂家技术人员开展使用、操作的培训，讲解设备的结构原理以及读懂电气图的方法，掌握一般故障处理方法	技术专工，全员

续表

阶段	工作任务	工期计划	工作要求	人员组织
第七阶段	过车试验	调试计划	跟踪分析验证各参数，应满足合同技术精度	技术专工，全员
第八阶段	规程、工艺编制	常态化技术管理	设备投用前完成检修规程、检修工艺编制	技术专工

第二节　设备安装

一、设备结构原理解读

在线检测设备相对于洗车机等传统设备来说，属于较新的设备类型，且因其安装地点的特殊性（需安装于正线），与其他传统设备存在较大区别。此外，不同设备厂家技术路线大相径庭，从原理到部件安装均区别巨大，故需要在正式安装前，由技术专工组织安装配合员工，对设备结构原理进行仔细研究学习，掌握设备特征，对厂家安装计划进行审核，确定整体安装流程和施工细节。

（一）设备结构

轴温与振动在线检测设备包含振动检测和轴温检测两个功能。系统硬件由采集单元、控制单元、远程传输单元、数据分析单元、数据存储发布单元和客户端访问单元组成，结构示意图如图 16-2 所示。

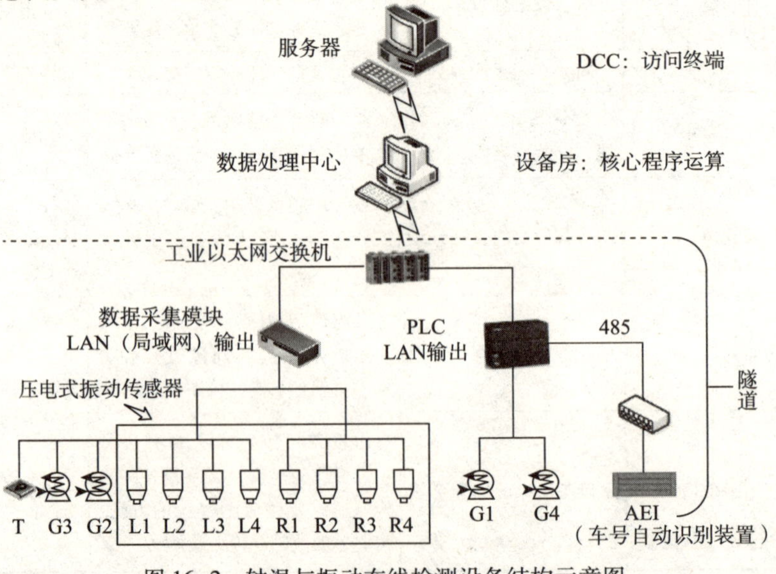

图 16-2　轴温与振动在线检测设备结构示意图

具体的设备布置图如图 16-3 所示。

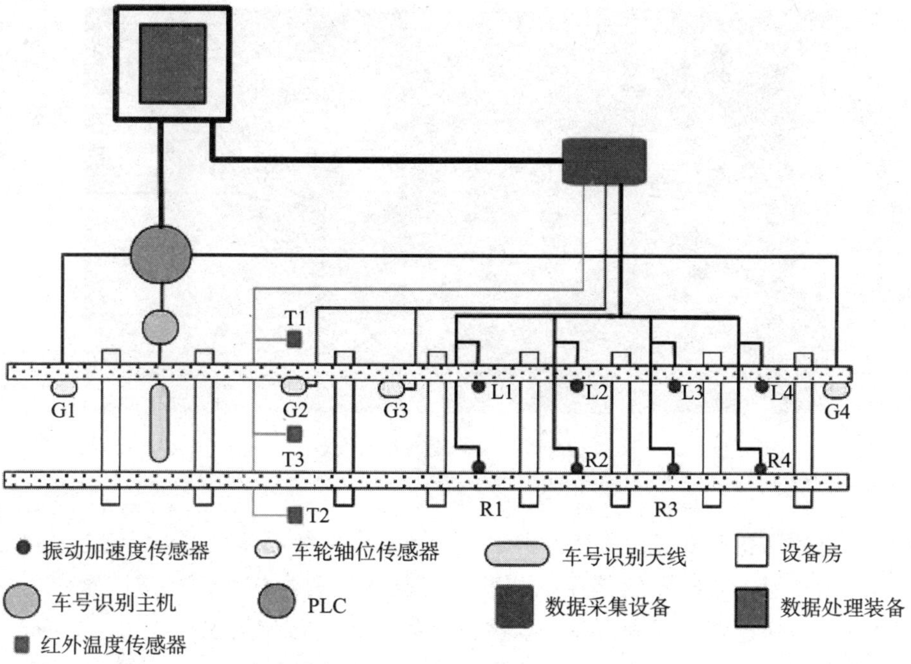

图 16-3 设备布置图

(二) 设备原理

车轮通过轨道时，会对轨道产生冲击振动，振动信号在铁轨内沿冲击点向两侧传播，并不断衰减（见图 16-4）。由于轨枕对振动的强抑制作用，振动信号的最强处在两个轨枕中间。

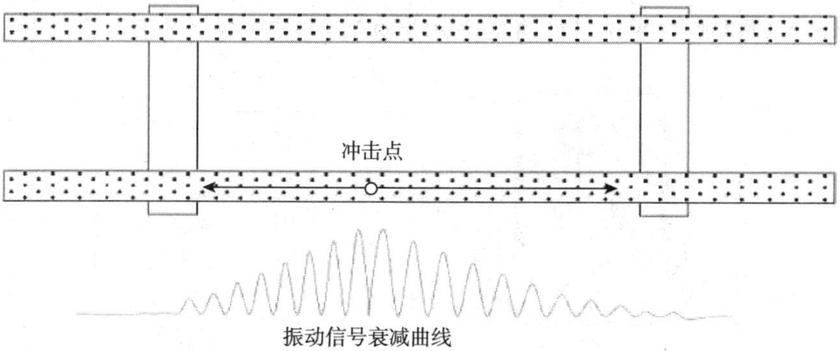

图 16-4 振动信号传播示意图

振动传感器通过夹具安装于轨道上的两个轨枕中央位置（见图 16-5），每一侧轨道安装 4 个传感器，综合获取轮对通过时对轨道产生的冲击振动信号。

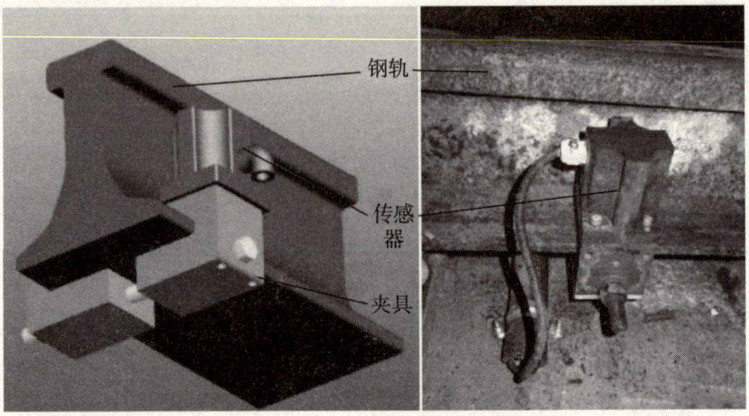

图 16-5　振动传感器的安装

振动传感器为压电式加速度传感器，是一种机电换能器，在震动测量过程中把振动加速度转化为电量。二阶系统是压电加速度传感器的力学模型，构成因素主要包括弹簧、质量块。将传感器牢固安装在需要被检测的物体上，如果这一物体出现振动情况，这时传感器由于同被检测物体一起被迫受到振动。被检测物体的振动状况由质量块的振动系数所表示。

$$mx+cx+k_m x=-ma$$

式中，m 表示质量块的质量；x 表示相比于被检测物，质量块的振动位移；c 表示阻尼系数；k_m 表示支撑质量块所需的弹簧强度；a 表示振动物体的加速度；负号表示惯性力同加速度的方向不同。

压电式加速度传感器选取的压电元件为人造陶瓷、天然石英石等。当需要负荷一定方向的形变或应力时，极化面出现同应力相对应的电荷。

图 16-6 为压电式加速度传感器结构原理和力学模型。

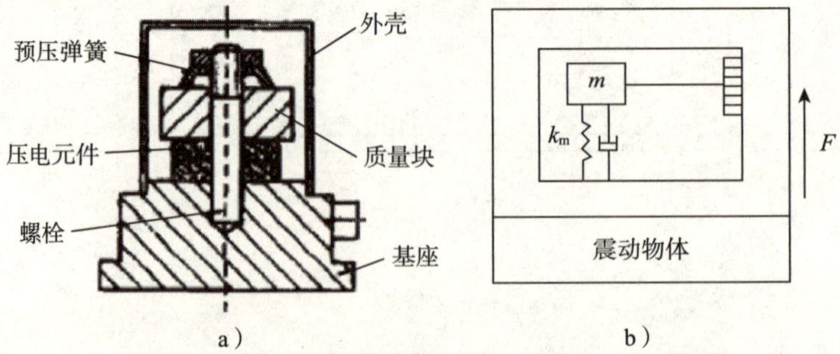

图 16-6　压电式加速度传感器结构原理和力学模型

a）结构原理　b）力学模型

如果同被检测物捆绑在一起的加速器传感器感受到了该物体的振动，在被检测物惯性力作用下压电元件产生一定的加速度，即 $F=ma$。其中，F 表示被检测物出现的惯性力，m 表示被检测的质量，a 表示加速度。另外，F 惯性力存在于传感器中，其自身的压电元件表面出现的电荷 Q 正比于作用力 F，同时跟被测试物的加速度成正比，所以有：$Q=df=dma$（其中，d 是压电元件的压电基数）。

振动在线检测系统将传感器采集的原始信息处理后得到振动的有效值、峰值，加权处理后得到振动检测系统的振动综合值。

1. 有效值

假设测量样本为 x_i，则其测量均值为

$$\overline{X}=\frac{\sum_{i=1}^{N}x_i}{N}$$

式中，x_i 为第 i 次样本，N 为样本个数。

有效值（也称为均方根）RMS 为

$$\mathrm{RMS}=\sqrt{\frac{\sum_{i=1}^{N}(x_i-\overline{X})^2}{N}}$$

2. 峰值

假设测量样本为 x_i，则其样本最大值为

$$x_{\max}=\max\ (x_1,\ x_2,\ \cdots,\ x_i,\ \cdots,\ x_N)$$

其中 max( ) 表示取最大值运算，同时可得样本最小值为

$$x_{\min}=\min\ (x_1,\ x_2,\ \cdots,\ x_i,\ \cdots,\ x_N)$$

其中 min( ) 表示取最小值运算。

峰值 P 为

$$P=\frac{(x_{\max}-x_{\min})}{2}$$

3. 综合值

综合值 CE 为有效值 RMS 与峰值 P 的加权平均，即：

$$\mathrm{CE}=\alpha\cdot\mathrm{RMS}+\beta\cdot P$$

其中 α、β 为权值因子且 $\alpha+\beta=1$。

二、安装配合

设备安装施工步骤为：施工准备→设备材料进场→支架安装→设备安装→线缆敷设→线缆固定→线缆成端→竣工验收，包括车号识别天线、磁钢、采集箱和控制箱等设备的安装。

（一）轨行区设备安装

轨行区设备包括车号识别天线、磁钢、振动传感器、轴温探测箱、控制箱，安装在下行进站方向，距离站台端门约 150~200 m 位置处。轨行区设备安装布局图如图 16-7 所示。

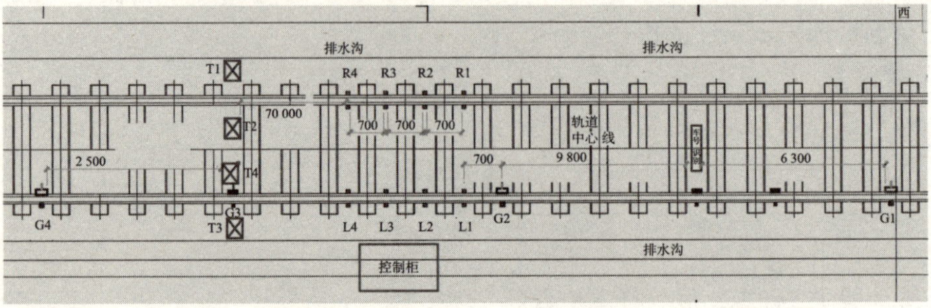

图 16-7　轨行区设备安装布局图

安装说明：

1. 车号识别天线安装在轨行区两根枕木之间，天线方向垂直于轨道方向。天线顶部低于轨面。两侧分别用两个不锈钢螺栓将车号识别天线固定于安装支架上。

2. 车号识别天线的工作频率为 910. 1 MHz、912. 1 MHz、914. 1 MHz。天线与信号专业信标保持 5 m 以上距离。

3. 磁钢和振动传感器夹具通过螺栓固定于轨道上，磁钢和振动传感器通过螺栓固定于夹具上。

4. 线缆敷设用钢丝橡胶管防护并用 U 形码固定于道床。

5. 磁钢夹具与地面接触位置垫绝缘垫片，做到对地绝缘。

6. 轴温探测箱分为支架和温度传感器箱两部分，支架用于调整温度传感器高度。

（二）设备房部件安装

1. 设备房机柜

设备房机柜为标准 19 in（1 in=2. 54 cm）机柜。在预定位置进行机柜安装，调整柜体底部水平角，稳固机柜。从配电箱向机柜敷设电源线，并将光缆敷设入机柜，做好机柜接地。

2. DCC 计算机终端

根据 DCC 设备布置要求，在 DCC 预定位置安放计算机主机和显示器，并接入网络。

3. DCC 控制箱与三色灯

DCC 控制箱与三色灯为一体化设备，可以根据业主要求直接安放在调度台台面。控制箱需要接入交流电源和网络。

4. 光缆接续

光缆接续工艺流程图如图 16-8 所示。

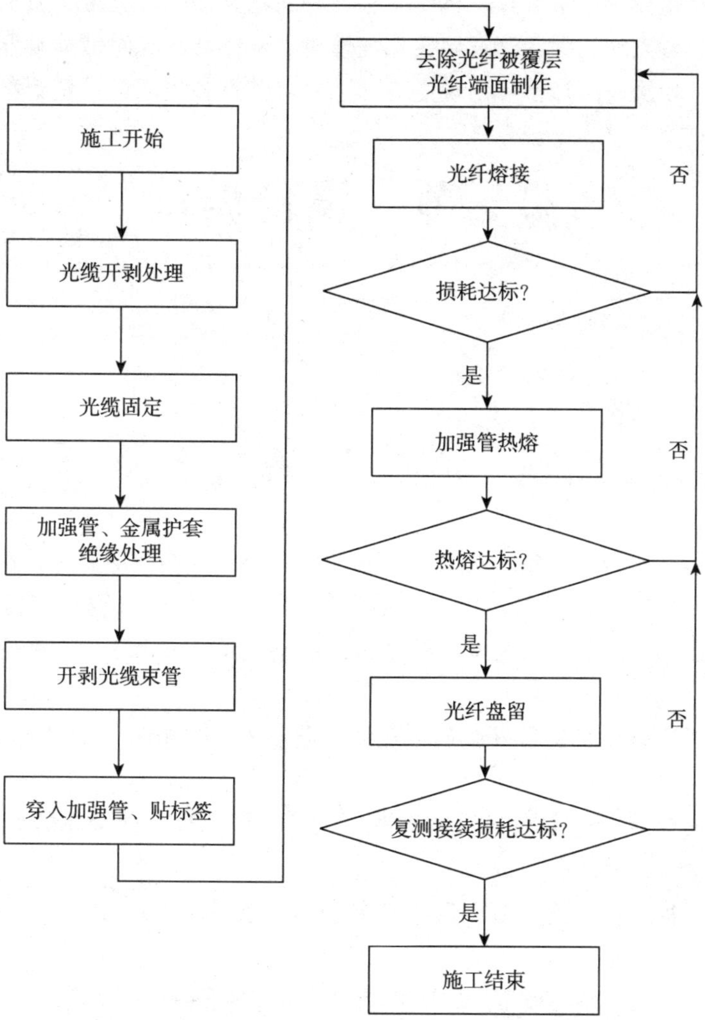

图 16-8　光缆接续工艺流程图

接续准备工作主要是接续材料和接续工具的准备。首先将端头切除，用专用开剥器开剥光缆，两侧光缆各套入一只橡胶挡圈待用。用酒精纱布擦拭光纤表面，一侧光纤穿入光纤热缩加强管，按顺序在每根光纤上用不干胶编码纸编上号。用酒精纱布擦拭熔接机的 V 形槽、开剥钳的钳口、光纤切割器的切口部位，达到无尘、无油污、无潮气。用被覆层开剥钳剥除光纤一次被覆层。用酒精棉轻轻擦拭剥除了一次被覆层的部位，顺一个方向除掉一次被覆层。光纤端面处理，熔接时其端面倾斜度小于 0.5°。光纤接续完毕后对接头点进行检查，若出现接头点有焊纹、接点成球状、接点变细、轴向偏差、气泡等现象需要重新接续。光纤接续合格后，立即用光纤加强管加强保护，确保收缩均匀、无气泡。每接完一根光纤，把余长盘留在盘留板槽道内，光纤接头（加强管）放在盘留板两侧固定槽内。光纤收容时弯曲半径应满足技术要求。全部光纤接续完毕后，按要求在收容盒内放置接头卡片，标明每根光纤的接续损耗值及接续人、接续日期、气温情况等。在盘留光纤和固定光纤接头加强管时，测试端用光时域反射仪随时监视接续点的接头损耗，如果有附加损耗出现应立即通知接续点找出原因或重新盘留。

第三节　设备调试

一、静态外观检查

（一）轨行区部分

1. 检查温度传感器箱、振动传感器夹具、磁钢、车号识别天线、螺栓连接是否紧固可靠。

在轨道左、右各有一处轴承温度传感器，检测轮对轴箱底部温度；在轨道中间有两处电动机温度传感器（见图 16-9），检测一个转向架上两个电动机的温度。

在左右两侧钢轨上各分布有 4 个振动传感器（见图 16-10），收集轮对通过时的振动信号。

在钢轨上固定有 4 个磁钢（金属接近传感器）（见图 16-11），收集轮对通过时的触发信号。

在轨道中央安装有一个车号识别天线（见图 16-12），读取车载无源标签的车号信息。

所有轨行区检测信息均汇聚于系统控制箱（见图 16-13）内进行初步处理，将数据传输至机房。

图 16-9　电动机温度传感器

图 16-10　振动传感器

图 16-11　磁钢

图 16-12　车号识别天线

图 16-13　系统控制箱

检查步骤：

（1）检查温度传感器箱固定螺栓是否紧固可靠，并使用油漆笔对固定螺栓进行画线，便于后续检查紧固状态。

（2）检查振动传感器夹具螺栓是否紧固可靠，并使用油漆笔对固定螺栓进行画线，便于后续检查紧固状态。

（3）检查磁钢夹具及安装螺栓是否紧固可靠，并使用油漆笔对固定螺栓进行画线，便于后续检查紧固状态。

（4）检查车号识别天线安装螺栓是否紧固可靠，并使用油漆笔对固定螺栓进行画线，便于后续检查紧固状态。

（5）检查系统控制箱安装螺栓是否紧固可靠，并使用油漆笔对固定螺栓进行画线，便于后续检查紧固状态。

2. 检查振动传感器表面及电缆管路有无破损。图 16-14 为振动传感器单体及夹具。

图 16-14　振动传感器单体及夹具

3. 检查控制箱交换机及 PLC 指示灯显示是否正常，检查控制箱地线连接是否良好，检查控制箱各接插件是否牢固可靠。控制箱内部结构如图 16-15 所示。

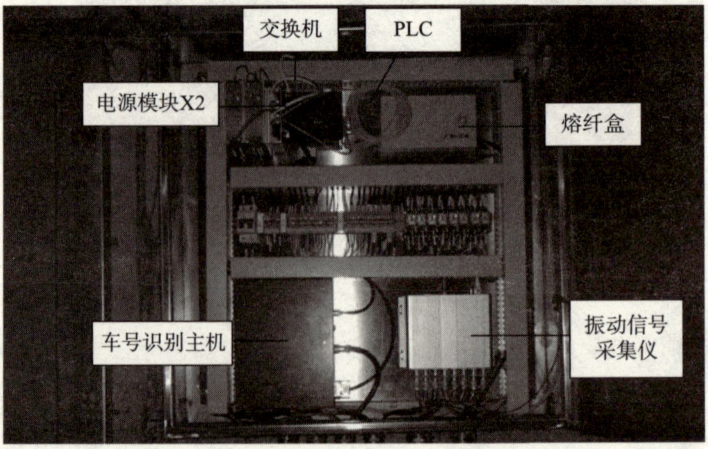

图 16-15　控制箱内部结构

4. 检查线槽、线管是否固定良好，有无破损，封堵是否良好。现场线槽分部如图 16–16 所示。

图 16–16　现场线槽分部

检查步骤：

（1）检查线槽、线管是否固定良好，有无松动。

（2）检查线槽有无破损缺失，线管有无损伤变形。

（3）检查线槽进线处橡胶管有无破损，封堵是否良好，如图 16–17 所示。

图 16–17　橡胶管与封堵

（4）检查线槽、线管是否与轨道及电气设备直接接触，应与带电设备保持带电间隔距离。

5. 使用卷尺测量磁钢最高点与轨面的距离（见图 16–18），保证磁钢最高点与轨面的距离在 38~42 mm。

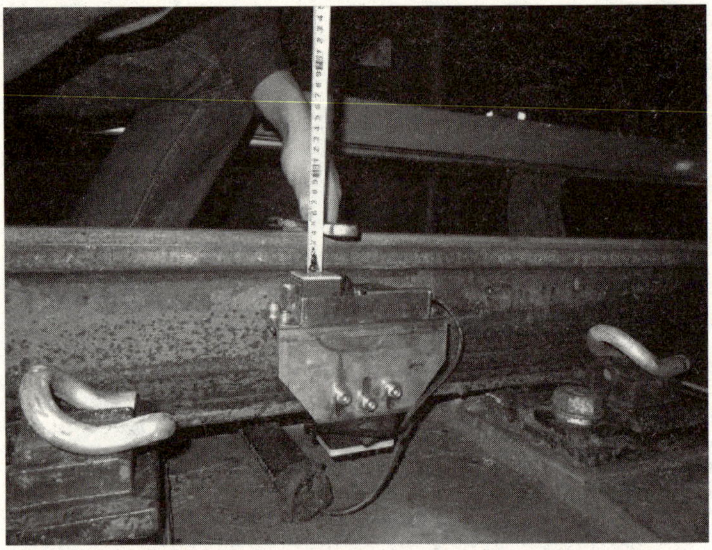

图 16-18　磁钢高度测量

（二）设备房部分

设备房内主要设备是服务器机柜（见图 16-19），主要作用是对现场采集及预处理的数据进行处理分析，并通过网络传输至终端设备。

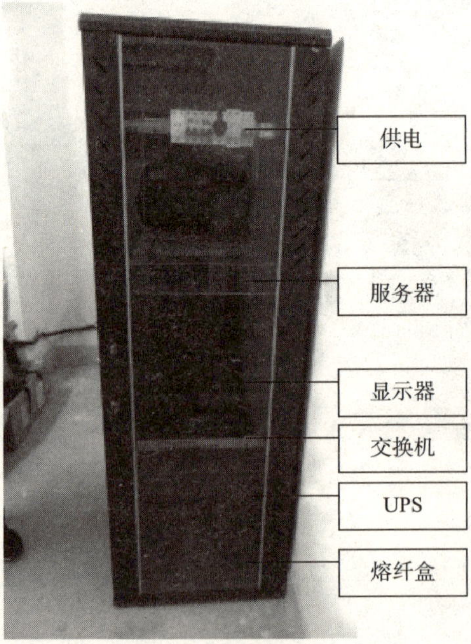

图 16-19　服务器机柜

1. 查看服务器软件系统是否正常运行。

检查步骤：

（1）打开机柜，检查服务器状态指示灯是否正常，应显示为绿灯，如图 16-20 所示。

（2）打开显示器，查看服务器软件系统是否正常运行。

（3）检查服务器有无报警信息。

图 16-20　服务器运行状态为绿灯

2. 查看交换机（见图 16-21）状态是否正常，网线及光纤插接是否良好（良好时指示灯为绿色）。

图 16-21　交换机

3. 检查设备房内各连接电缆有无破损，插座插头是否牢固，有无发热变形情况，电缆引入口封堵是否良好。

二、功能与精度试验

（一）振动落球试验

由动量定理 $Ft=mv$（F：冲击力，t：冲击瞬间时间，m：钢球质量，v：钢球冲击瞬间速度），根据牛顿第二定律 $v^2=2gh$（g：重力加速度，h：下落高度），可得 $F=\frac{m\sqrt{2gh}}{t}$。由于钢球冲击轨道在瞬间完成，因此假设冲击时间 t 相等。所以冲击力 F 同钢球质量（敲击力度）m 和下落高度 h 成正比关系，保持下落高度 h 不变，随着钢球质量（敲击力度）m 增加，冲击力 F 增大；保持钢球质量（敲击力度）m 不变，随着下落高度 h 增加，冲击力 F 同样增大。

试验检测所用工具包括质量为 200 g 匀制钢球、扳手、卷尺、秒表等。

试验步骤：将计算机和现场采集仪连接，选择其中一个振动加速度传感器安装点作为落球试验点；选取钢球在不同高度，分别用不同力度连续敲击钢轨，建议 3 次以上（见图 16-22）；钢球下落或持钢球敲击的同时，计算机采集实时振动数据（见图 16-23），采集时间为 10 s，采样数据以电压值表示。

图 16-22　敲击钢轨（模拟振动）

采用不同力度等级敲击轨道左右两侧同一位置传感器，在同一个人相同时间操作下，试验均进行两次，两次的特征值结果基本一致，见表 16-2 和图 16-24。

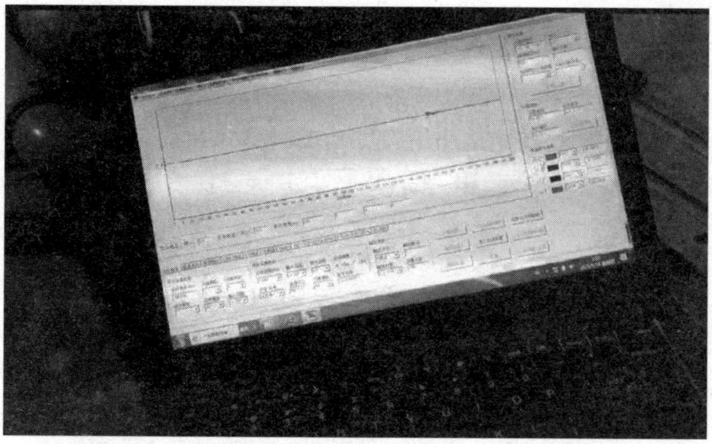

图 16-23　计算机采集端检测电压波形

表 16-2　　振动峰值有效值记录

传感器	力度等级	试验次数	有效值	峰值	有效值平均	峰值平均
右	1	1	2.80	36.32	2.80	37.24
		2	2.80	38.15		
	2	1	3.38	128.79	3.36	132.76
		2	3.34	136.72		
	3	1	9.46	513.82	9.51	521.81
		2	9.55	529.80		
左	1	1	2.92	37.23	2.92	38.15
		2	2.92	39.06		
	2	1	5.11	285.65	4.81	273.60
		2	4.51	261.54		
	3	1	11.14	671.10	12.02	732.60
		2	12.89	794.09		

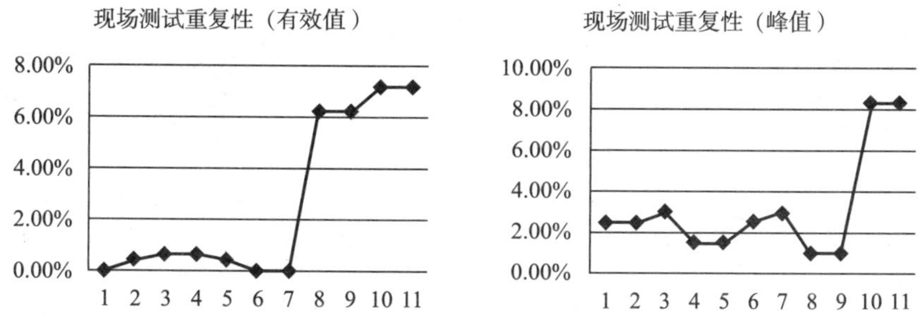

图 16-24　振动数据重复性记录

（二）温度检测标定

温度传感器箱设置于轨旁（左、右各 1 个）和轨中心（2 个），将计量检验合格的 CEM BX-350 型黑体红外校准仪加热至特定温度（该温度为标准温度），在红外测温仪测温探头的测温直线上选取不同的距离，放置校准仪并使温度传感器箱探头对准校准仪辐射面上温度最高的点，记录下各测温距离下红外测温仪的输出温度（取三次温度值做平均处理），要求精度在±2 ℃，如图 16-25 所示。

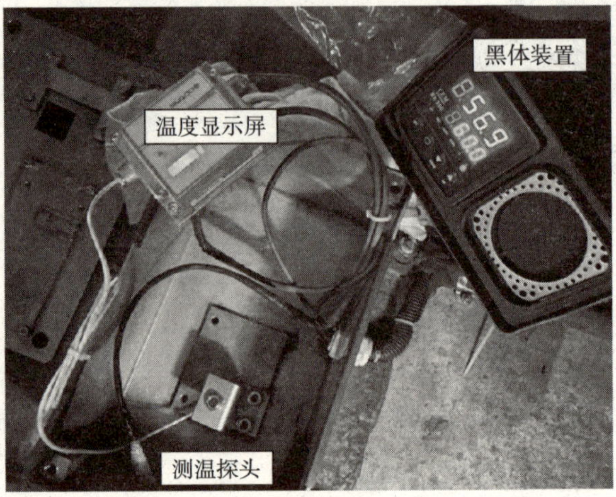

图 16-25　温度标定

对 2 个电动机温度传感器和 2 个轴箱端盖温度传感器进行 40 ℃和 60 ℃的温度测试，并记录校准仪与传感器输出的温度，结果符合±2 ℃，见表 16-3。

表 16-3　温度测试数据记录表

测量位置	标准温度/℃	输出温度/℃	误差/℃
左侧电动机	39.7	39.4	0.3
左侧电动机	59.7	59	0.7
右侧电动机	39.9	39.9	0
右侧电动机	60	59.7	0.3
左侧轴温	39.9	38.9	1
左侧轴温	60	59	1
右侧轴温	40	39.3	0.7
右侧轴温	60	59.6	0.4

第四节　经验小结

广州城市轨道交通某线某轴温与振动在线检测设备发生过一次振动传感器底部转接螺栓滑牙现象，可能造成车轮振动检测异常。加速度振动传感器是轴温与振动在线检测设备的关键部件，在投用维护的检修规程中应需要明确振动传感器的功能测试方式、拆检内容、拆检周期。建议补充维护内容：拆解加速度振动传感器夹具底座与保护罩连接螺栓，拨开线缆保护套管，检查连接线有无出现受力扭曲破损，检查传感器底部螺纹连接口与底座螺钉是否连接紧固，手动轻摇传感器有无松动情况。使用安装有振动测试软件的便携式计算机，连接轨行区电柜内采集器主机，用扳手轻敲钢轨，测试振动功能是否正常，软件应实时显示变化波形。

第十七章

列车360°外观图像故障检测系统

第一节　调试筹备

一、功能简介

列车 360°外观图像故障检测系统由 12 台高清摄像机组成，全方位采集列车外观图像，采用多种模式识别、深度学习等人工智能技术，实现列车部件故障检测和实时预警。

二、调试目的

列车 360°外观图像故障检测系统可实现列车部件故障检测和实时预警，替代人工目视检查，从而达到节约人力成本的目的，是人工智能技术在列车检修作业方面的应用。对列车 360°外观图像故障检测系统调试作业进行管理、监督，保障设备功能有效、设备维护方式合理，对于提高设备运行质量是非常必要的。

三、调试工作计划

列车 360°外观图像故障检测系统按照表 17-1 进行调试。调试工作涉及工作任务、工期计划、工作要求和人员组织，按照计划有序开展才能顺利完成调试安装工作。

表 17-1　　列车 360°外观图像故障检测系统调试计划

阶段	工作任务	工期计划	工作要求	人员组织
第一阶段	土建设施	施工计划	组织下现场跟进列车 360°外观图像故障检测系统安装基坑的土建施工	技术专工 1 人、生产员工 2 人，不定期下现场跟进，做好问题记录
第二阶段	设备到货接收	新线合同采购计划	组织下现场，参与设备部件的到货接收	同上
第三阶段	机械设备安装	车辆段工艺设备安装计划	参与现场的设备部件安装，了解设备的吊装过程、工艺要求、技术标准	同上
第四阶段	电气设备安装	设备厂家的安装计划	参与现场电气设备的安装，了解全安装过程、安装位置、工艺要求、技术标准	同上
第五阶段	功能调试	设备厂家的调试计划	参与现场功能调试，学习了解厂家技术人员的调试过程、方法和任务	同上
第六阶段	查线核图、扭力校正	调试计划	按调试计划组织开展调试，发现问题并提出整改	技术专工 1 人，生产员工 6 人
第七阶段	培训	培训计划	按计划开展维修与操作培训	技术专工，全员
第八阶段	过车试验	调试计划	按计划组织城市轨道交通车辆通过列车 360°外观图像故障检测系统，检查漏报率、误报率等指标是否满足要求	技术专工，全员
第九阶段	规程、工艺编制	年度工作计划	按新线设备筹备工作计划编制规程、工艺	技术专工

第二节　设备安装

一、安装基础检查

（一）基坑开挖施工

1. 开挖面积

中部 1. 1 m×2 m，侧部 0. 8 m×2 m。

2. 深度

大部分区域深度 0. 5 m，部分区域深度 0. 9 m。

3. 基坑内线槽

基坑内设备利用轨枕间隙过轨走线。

4. 排流网处理

开挖过程尽量不破坏排流网钢筋。若须挖过排流网，需评估拟破坏面积是否影响排流。若评估判定存在影响，应在新的底面重新恢复排流网。恢复的排流网钢筋直径和密度不小于原排流网，恢复的排流网钢筋与原排流网钢筋采用搭焊接连接，焊接长度不少于 30 mm。

5. 基坑处理

基坑开挖后，对有防水要求的地方按规定进行防水处理，表面用水泥砂浆找平。

（二）设备间至检测棚过轨走线

1. 过轨采用直径 100 mm、壁厚不小于 4 mm 的镀锌无缝钢管，钢管长度满足过轨要求（约 5 m）。

2. 钢管数量：6 根。

3. 钢管位置：钢管在枕木间隙间、碎石道床下。

4. 保证过轨钢管与钢轨之间绝缘距离，防止导通回流电。

（三）线缆进设备间和检测棚

1. 位置：利用线缆井进出线。

2. 防护：采用线缆防护套管防护。

（四）光纤施工

应预留检测棚至 DCC 光纤，确保有 4 芯以上光纤可以使用。光纤通信应良好无衰减。

二、安装配合

（一）设备安装过程中，相机安装角度、距离应满足要求，确保能得到较为清晰的样本图像。

（二）相机安装应满足车辆设备限界，避免侵限。

第三节　设备调试

一、开箱检查

设备到货后，对照合同技术要求，核查部件结构齐全，核心元器件（包括高清摄像机、安装支架、服务器、计算机终端等）规格型号应与技术规格书要求一致，并填写 OCI 检查表。

二、静态外观检查

（一）检测棚区域（见图 17-1）

图 17-1　检测棚区域

1. 检查侧面箱体（轨旁控制箱和走行部采集箱），箱体应安装紧固，箱门应锁闭良好。
2. 检查底部沉箱，箱体应紧固、无异物，底部无积水。
3. 检查侧面立柱相机固定是否紧固，底座安装螺栓及二次防松钢绳是否紧固。
4. 检查测速传感器安装支架是否紧固。
5. 检查检查棚中测速传感器距轨面高度，应在 37~42 mm，间距为（270±5）mm。

（二）设备间区域

1. 检查机柜及机柜内设备（服务器、交换机、熔纤盒等），应清洁无灰尘。
2. 检查设备间电缆引入口，封堵应良好。
3. 检查各连接电缆、光缆，应无破损；插座插头应牢固，无发热变形情况。

三、动态功能试验

（一）检测棚区域

1. 检查侧面箱体相机工作是否正常。
2. 检查底部沉箱相机工作是否正常。

（二）设备间区域

1. 查看服务器软件系统（见图 17-2）是否正常运行。

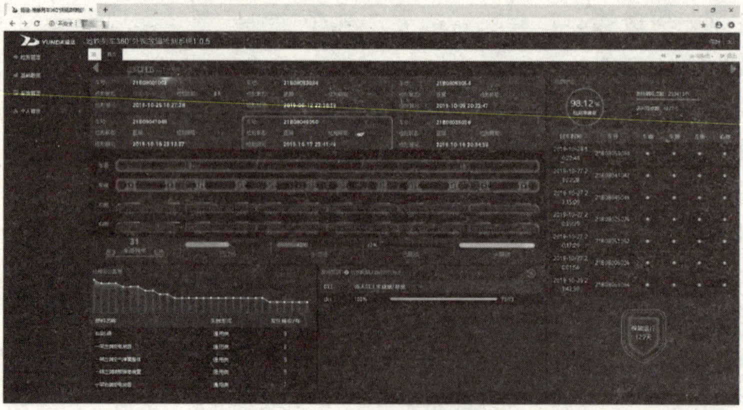

图 17-2　服务器软件系统

2. 检查服务器有无报警信息。

3. 查看交换机状态是否正常。

四、通过电客车进行故障模拟测试

针对系统检测性能做一次故障模拟测试，故障模拟检测流程如下。

（一）列车外观图像模板采集

安排列车经过动态检测棚，自动完成外观模板采集。

1. 列车动车进行列车外观图像采集。
2. 为了保证采集到整列车完整图像，需调试车车尾全部越过检测棚。
3. 换端，调试车以正常速度进库，经过检测棚后停稳。
4. 如此来回往返 3 次。

（二）图像系统验证调试

在车库内模拟设置外观故障后，多次经过动态检测棚，自动完成图像系统验证。

1. 列车在 21 号线动车进行列车外观图像采集。

2. 为了保证采集到整列车完整图像，需调试车车尾全部越过检测棚。调试车需越过 21 号动态检测棚前平交道，进入 21 号线入段线（转 1），列车在信号机 S2307 前停稳。

3. 换端，调试车以正常速度进库，在 D20 前停稳。

4. 如此来回往返多次（视试验情况定）。

（三）故障模拟

系统验证范围涵盖 67 项关键项点所有类型故障，以实际检修故障为原型进行模拟，模拟部件可能失效的形式及状态，可借鉴线网相关部件重大故障真实模拟验证。

1. 验证要点部位

检测范围，目前图像识别部署在67项关键项点中，超过标定方框的车体部件暂时没有部署机器识别能力，模拟故障应在标定方框内进行。

（1）A车底部（见图17-3）。包括部件：车轮内侧闸片及钩簧、整体起吊装置压紧把手、制动软管及接头。

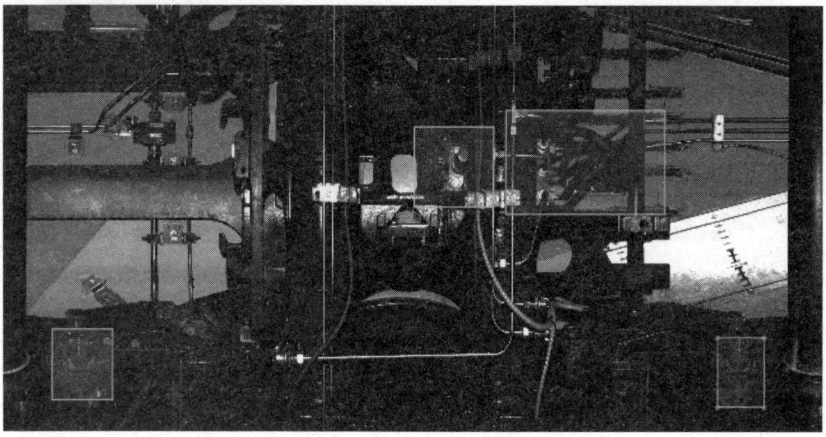

图17-3　A车底部

（2）B车及C车底部（见图17-4）。包括部件：电动机接线盒及接线、轴承异物检测装置、电动机固定螺栓、整体起吊装置、制动软管及接头、齿轮箱垂向吊杆底部固定螺栓、车轮内侧闸片及钩簧、空压机外接风源闸门。

图17-4　B车及C车底部

（3）A车车底轨外-1（见图17-5）。包括部件：一系垂向减振器底部、转臂定位座底部螺栓及二次防护、流装置底部、熔断器、车轮外侧闸片及钩簧。

（4）A车车底轨外-2（见图17-6）。包括部件：G阀及接头底部、一系垂向减振器底部、转臂定位座底部螺栓及二次防护、车轮外侧闸片及钩簧。

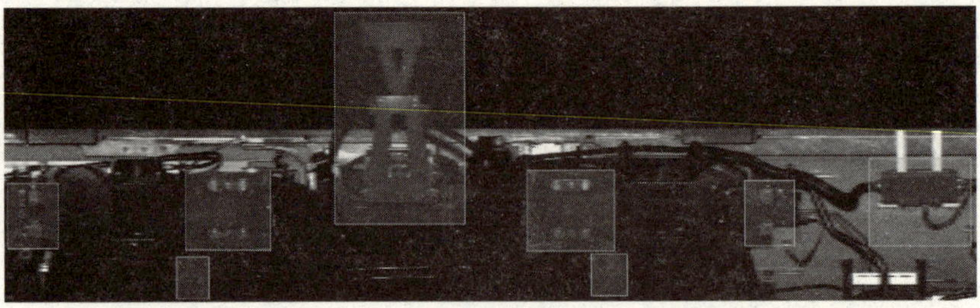

图 17-5　A 车车底轨外-1

图 17-6　A 车车底轨外-2

（5）B 车及 C 车车底轨外（见图 17-7）。包括部件：G 阀及接头底部、一系垂向减振器底部、受点装置底部螺栓、转臂定位座底部螺栓及二次防护、车轮外侧闸片及钩簧。

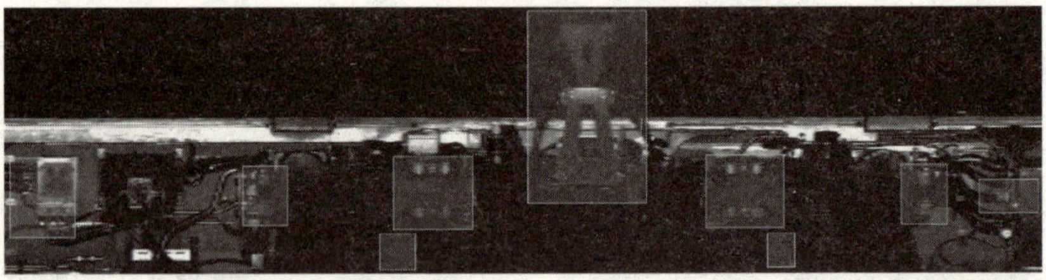

图 17-7　B 车及 C 车车底轨外

（6）A 车走行部侧面-1（见图 17-8）。包括部件：撒砂管管体、轴箱端盖及固定螺栓、一系弹簧标线部分、二系垂向减振器下端、受电装置整体、一系垂向减振器下端、侧面各箱体箱盖、G 阀阀门及接线。

图 17-8　A 车走行部侧面-1

（7）A 车走行部侧面-2（见图 17-9）。包括部件：轴箱端盖及固定螺栓、一系弹簧标线部分、二系垂向减振器下端、一系垂向减振器下端、侧面各箱体箱盖、空簧整体-白色异物。

图 17-9　A 车走行部侧面-2

（8）B 车走行部侧面-1（见图 17-10）。包括部件：轴箱端盖及固定螺栓、一系弹簧标线部分、二系垂向减振器下端、一系垂向减振器下端、侧面各箱体箱盖、空簧整体-白色异物、G 阀侧面阀门及接线。

图 17-10　B 车走行部侧面-1

（9）B 车走行部侧面-2（见图 17-11）。包括部件：轴箱端盖及固定螺栓、一系弹簧标线部分、二系垂向减振器下端、一系垂向减振器下端、侧面各箱体箱盖、空簧整体-白色异物。

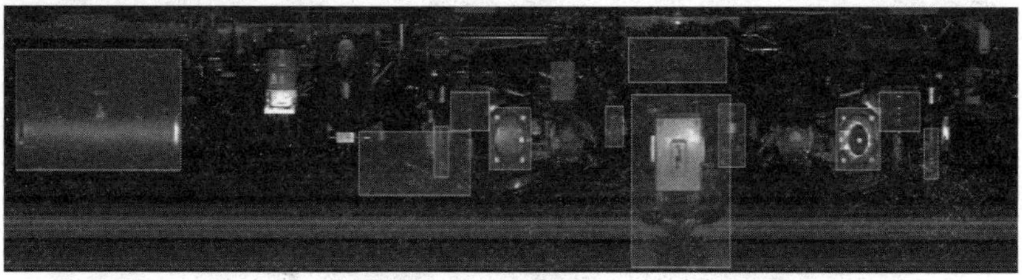

图 17-11　B 车走行部侧面-2

（10）C 车走行部侧面-1（见图 17-12）。包括部件：轴箱端盖及固定螺栓、一系弹簧标线部分、二系垂向减振器下端、一系垂向减振器下端、侧面各箱体箱盖、空簧整体-白色异物、G 阀侧面阀门及接线。

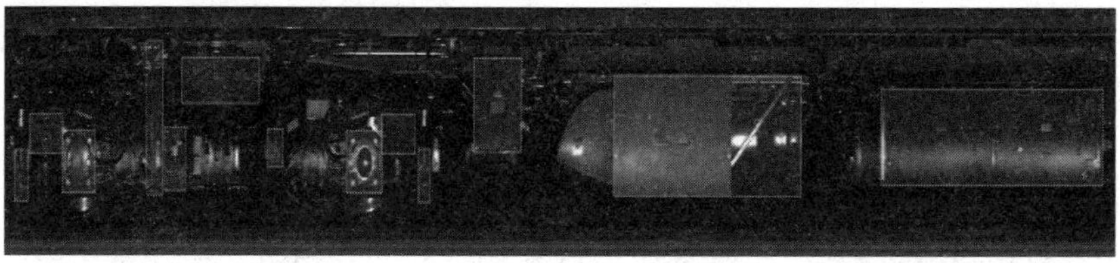

图 17-12　C 车走行部侧面-1

2. 注意点

目前一系垂向减振器、二系垂向减振器只覆盖了减振器下半部分，模拟故障应在区域内进行，如图 17-13 所示。

图 17-13　模拟故障区域

3. 模拟方式

人工模拟故障中如果增加扎带，应用白色扎带，异物最好为白色异物。如果贴黑胶布，应使部件变形而不是缠绕一圈（因为灰度问题，部件缠绕一圈黑胶布但是形态没有改变是无法被识别的），正确示范如图 17-14 所示。

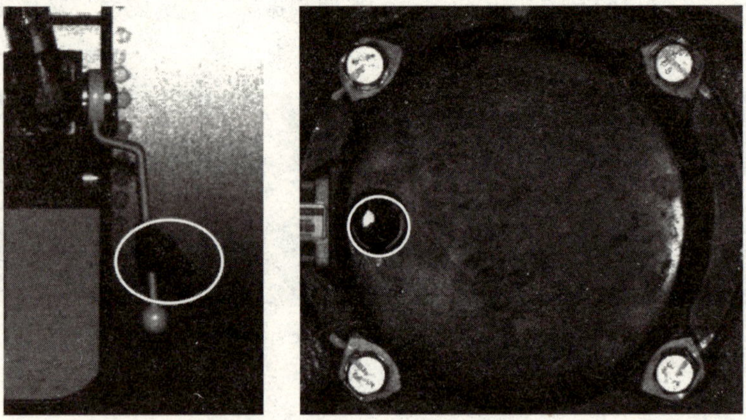

图 17-14　贴黑胶布应使部件变形

控制杆上做黑色不规则形状模拟异物，螺栓覆盖一部分使其不为原来的六边形（即改变原有形态）即可。

4. 安全注意事项

（1）作业时必须按要求穿戴好符合安全要求的工作服、安全帽、防静电工鞋等安全防护用品。

（2）列车动车试验时，人员不得进入检测棚，应听从现场施工负责人安排。

（3）作业前确认工器具数量。作业过程中不允许将工具放置在轨道表面。作业完毕及时恢复设备状态，出清工器具与物料。

（4）验证工序步骤及要求

1）验证前厂家调试人员确认动态检测棚的图像采集系统无误。

2）相关故障模拟拍照并记录情况，以便后期与检测系统核对。

3）模拟试验后，与厂家调试人员一起查看系统检测情况。

4）模拟过车应至少两次，以对比检测稳定性，也可印证检测的准确度。

5. 检测结果要求

（1）关键部件成像率不低于 99.9%。

（2）二维图像分辨率不低于 1 piexl/mm。

（3）三维图像分辨率不低于 5 piexl/mm。

（4）设备具备抗外界光源干扰性。

（5）彩色视频播放帧率不小于 20 FPS。

（6）主要部件自动识别率不低于 99%，关键部件故障漏报率不高于 1%，非关键部件漏报率不高于 5%，检测误报率不大于 5%。

第四节　经验小结

过车在经过检测棚中突然加速对成像有一定的影响，会造成大量的误报（见图 17-15）。在因速度匹配引起的图像拉伸压缩中，在不失真的情况下，不会造成对于故障的算法性漏报，只会增加保护性的误报提醒。

过车序号	过车时间	系统分析完成时间	用时	过车速度	报警数	模拟故障数	漏报数	误报数
第一趟过车	2019/10/25 16:02	2019/10/25 16:33	31 min	15匀速	55	60	11	6
第二趟过车	2019/10/25 16:14	2019/10/25 16:42	28 min	15—7	60	60	11	11
第三趟过车	2019/10/25 16:26	2019/10/25 16:58	32 min	15—7—15	101	60	11	42

图 17-15　过车速度变化造成误报数增加

一、第一类漏报：细小零件类

零件部件太小，可能无法采集到（见图 17-16），需要算法组对类似重要零件进行局部提高精度的调整。

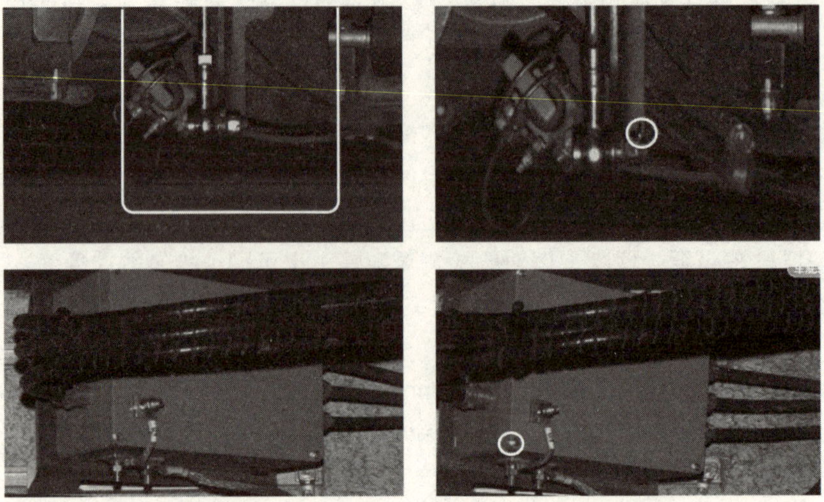

图 17-16　未采集到太小的零件部件

二、第二类漏报：背景混淆类

系统对于和底部背景颜色无差异的细小故障，目前没有办法采集分析（见图 17-17 和图 17-18），已经协调专家整理算法逻辑。

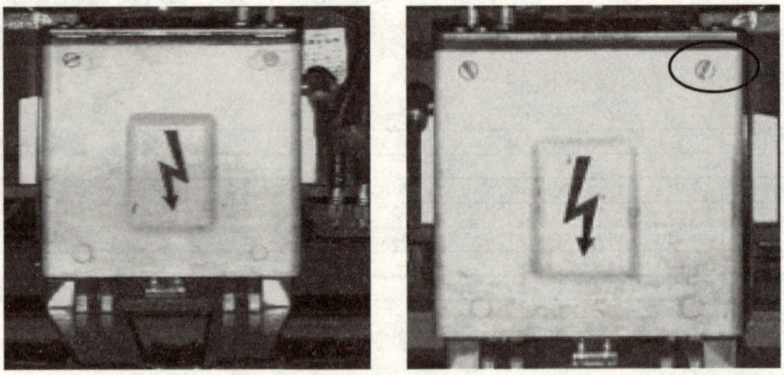

图 17-17　未检测到的受流装置面板右上方粘贴的美纹布

三、第三类漏报：算法部署类

软件算法整理所列项点，对于某些需要几个相机镜头判断的项点没有考虑全面，只在侧面或者底面一面部署了算法，针对此次模拟发现的因为没有部署算法的漏报（见图 17-19）已进行全面统计并改正。

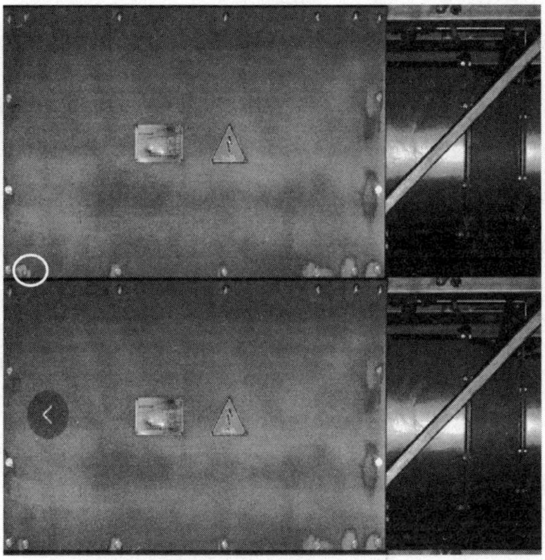

图 17-18　未检测到制动电阻箱左下部粘贴的美纹布

图 17-19　没有部署算法的漏报实例：未检测到的主风缸气门阀门

后 记

国家战略要求建设新时代城市轨道交通必须贯彻创新、协调、绿色、开放、共享的新发展理念，建设拥有强大运输保障、生产效率和优质服务品质，科技创新引领、管理体制完善，具有国际影响力的先进城市轨道交通体系，服务交通强国战略。因此，在城市轨道交通车辆段设备调试中，围绕生产组织优化、调试效率提升、新兴设备辅助、过程体系优化等方面，对未来的新线车辆段设备调试技术与管理工作进行展望，进一步提升车辆段调试设备体系的智慧性、高效性和科学性。

一、电子履历数据管理

在新线车辆段设备调试工作中，面临大量的台账记录。这些台账记录作为调试过程中的关键信息存档不可或缺，一方面增加了调试人员的工作负担，另一方面数量繁多不利于闭环管理。

开发利用信息管理软件系统，分派各角色权限，调试人员通过系统记录现场信息，现场图片及检修数据可直接上传归档，减少调试人员手动记录、翻阅大量纸质材料的负担，还可以高效搜索调用所需历史数据，实现检修现场记录无纸化及清单化管理。

调试人员穿戴智能设备可直接通过语音搜索查看调试记录表格和调试工艺视频，可直观地了解整个调试作业过程，方便指导现场作业，提高调试作业及数据管理效率。

二、设备数据互联互通

设备生产厂家不同，各种设备数据传输方式各有差异。

工业互联网、工业大数据、数据计算中心、5G 通信等将各环节流程整合起来，建立大数据应用展示平台，可以将各种设备检修及监测数据自动推送到平台进行智能比对。

将不落轮镟床及轮对在线检测系统测量的轮对数据自动上传至平台，对各轮对数据进行趋势分析，根据数据规律建立故障模型，可以对轮对磨耗进行预测，减少员工定期人工测量的工作量，提升作业检修效率。

洗车机无人值守改变了传统洗车机需要人员现场值守的弊端，可远程控制洗车机完成洗车任务，并自动拍摄现场图像，确认设备恢复及现场出清。通过系统自动识别洗车车号，调度人员可直观地看到各列车在不同车辆段的清洗频次，根据清洗间隔周期智能化调整清洁剂浓度及洗车时长，并可作为自动调度洗车计划的参考。

将立体仓库备件库存数据以设备子系统划分，形成各设备子系统的关键设备库存信息，根据历年库存消耗趋势分析下一年的备件采购数量，可以避免备件积压。备件消耗趋势分析可以降低采购成本。手机移动端可以实现快速需求申请、审批、领料及物流查询等。

通过网络将工程车正线运行数据及监控视频远程传输到车辆段，调试人员可实时查看工程车运行过程数据及调看故障履历，在发生故障的情况下可直接对现场进行故障处理指导，提高故障处理效率。同时，正线出现的冲撞或遗留异物，可通过在车辆段回放工程车行驶路径视频进行筛查，从而提高事件调查效率。

数据互联互通将各类设备数据紧密地联系到一起，充分整合各设备数据并加以利用，将大大推动城市轨道交通车辆段设备的网络化、数据化、智能化和服务化发展。

三、科技手段保障安全

作业现场的安全性对员工的生命安全尤为重要，依靠科技进步，加强技术创新，是实现作业现场安全生产长效机制的重要工作。

库区作业现场配备视频监控设备，并在调度室配置视频工作站，可实现视频监控库区作业现场。多感知数据融合的环境识别及人脸识别技术可以判断工作人员的劳保用品穿戴是否满足安全规范，若不满足则可以进行报警提示。

工程车行车安全系统将车辆段微机连锁系统信息传送至工程车，对前方的红绿灯进行识别判断，防止人员误操作导致行车安全事故的发生。

为避免外部侵入及恶劣天气条件对车辆段设备造成影响，可以通过各类型检测传感器形成无人值守状态下车辆段设备的智能安全防护体系。例如，对于水淹、地面沉降、火灾等突发事故，现场应能及时识别判断并触发报警，同时将信息推送到相应人员，使其及时进行处理，避免对设备造成进一步的损害。

四、智能设备提升效率

智能设备的使用可充分解放劳动力，避免机械化的工作，形成智能调试检修体系。

为实现工器具领用智能管理功能，可建立工器具领用智能仓库，通过远程视频监控，员工无须通过烦琐的登记领用流程，系统自动获取领用人员及物资信息，防止工器具遗失及人员冒领。标签扫描可以直接检查判断作业前后工器具有无遗漏，确保现场工清场清，提升检修人员检查清点的效率。

工程车加装轨道巡检设备可以直接对轨道设备进行巡检，减少轨道设备巡检工作量，用智能设备代替肉眼识别判断，提升工作效率，达到减员增效的目的。

车辆段设备设施种类繁多、数量庞大，长时间运行带来的不可预期故障对城市轨道交通运营服务影响很大，因此设备设施维修无法仅依靠传统人工检修模式进行。新技术的发展和应用为提升管理手段创造了可能，随着科技发展的日新月异，我们应加强对科学技术的探索，通过大数据、5G、人工智能等新技术，打破传统惯性思维，充分发掘新技术在城市轨道交通领域中的应用。

参考文献

［1］曾青中. 城市轨道交通车辆［M］. 4版. 成都：西南交通大学出版社，2020.

［2］陈林，汪科，李燕. 电力机车控制线路的调试与维护［M］. 成都：西南交通大学出版社，2021.

［3］何霖. 城市轨道交通运营筹备和组织［M］. 北京：中国劳动社会保障出版社，2008.

［4］何霖. 城市轨道交通车辆采购项目管理［M］. 北京：中国劳动社会保障出版社，2014.

［5］李运华. 安全生产事故隐患排查实用手册［M］. 北京：化学工业出版社，2012.

［6］罗昭强. 罗昭强工作法：动车组调试［M］. 北京：中国工人出版社，2019.

［7］王慧. 电力机车制动系统检修与维护（DK-1电空制动机）［M］. 成都：西南交通大学出版社，2017.

［8］崔犇. 地铁车辆调试工作探讨［J］. 山东工业技术，2017（1）：94.

［9］范玲，王玲. 城市轨道交通车辆调试技术的研究和探讨［J］. 中国新技术新产品，2020（15）：66-67.

［10］郭福涛. 地铁车辆调试工作要点分析与研究［J］. 中国战略新兴产业，2018（8）：186.

［11］郭婉露，彭新平，刘世杰，等. 广州新线蓄电池电力工程车电气系统设计［J］. 电力机车与城轨车辆，2018，41（3）：45-48.

［12］江新文. 地铁机电安装及调试工程监理协调工作要点分析［J］. 建设监理，2013（4）：27-30.

［13］李旭鹏. 城市轨道交通车辆监造实践研究［J］. 现代工业经济和信息化，2021，11（3）：46-48.

［14］娄超，郭婉露，邹洁旋，等. 浅谈蓄电池电力工程车布线设计［J］. 技术与市场，2018，25（6）：56-57.

[15] 吕建军. 电气安装与调试处理技术探究 [J]. 工程技术研究，2018 (13): 195-196.

[16] 马博. 浅谈地铁车辆调试潜在风险控制对策研究 [J]. 科技经济市场，2018 (2): 171-172.

[17] 王林祥. 浅议城轨交通动车综合调试 [J]. 现代城市轨道交通，2010 (2): 62-63.

[18] 魏良，王娜，石强，等. 轨道交通车辆工艺策划模式探讨 [J]. 城市轨道交通研究，2019，22 (1): 140-143.

[19] 魏巍. 地铁车辆调试工作要点分析与研究 [J]. 中国新通信，2019，21 (24): 131.

[20] 杨蕾. 论地铁车辆的调试 [J]. 民营科技，2012 (5): 34.